錢穆先生全集

錢穆先生全集

［新校本］

中國學術思想史論叢

（八）

九州出版社

圖書在版編目（CIP）數據

中國學術思想史論叢 .8 / 錢穆著 . -- 北京：九州出版社，2011.5（2020.12 重印）
（錢穆先生全集）
ISBN 978-7-5108-0894-4

Ⅰ.① 中… Ⅱ.① 錢… Ⅲ.① 學術思想－思想史－中國－清代 Ⅳ.①B2

中國版本圖書館 CIP 數據核字（2011）第 046740 號

中國學術思想史論叢（八）

作　　者　錢　穆　著
責任編輯　劉瑞蛟　張　婷
出版發行　九州出版社
裝幀設計　陸智昌　張萬興
地　　址　北京市西城區阜外大街甲 35 號
郵　　編　100037
發行電話　（010）68992190/3/5/6
網　　址　www.jiuzhoupress.com
印　　刷　三河市東方印刷有限公司
開　　本　635 毫米 ×970 毫米　16 開
插頁印張　0.25
印　　張　37.25
字　　數　417 千字
版　　次　2011 年 5 月第 1 版
印　　次　2020 年 12 月第 3 次印刷
書　　號　ISBN 978-7-5108-0894-4
定　　價　498.00 元（全十冊）

目次

序……一
*一　述清初諸儒之學……一
二　略說乾嘉清儒思想……五
三　讀朱舜水集……一七
四　陸桴亭學述……二七
*五　余君英時方以智晚節考序……七三
六　顧亭林學述……七七
*七　王船山學說……一〇五

八　王船山孟子性善義闡釋……一二五
九　跋康熙丙午刊本方輿紀要……一六三
*〔附〕　夏定域「讀錢賓四先生康熙丙午本方輿紀要跋」後語……一六九
一〇　跋嘉慶乙丑刻九卷本讀史方輿紀要……一七一
一一　陸稼書學述……一七九
一二　呂晚村學述……二〇三
*一三　跋車雙亭刊呂子評語……二二一
*一四　記呂晚村詩集中涉及黃梨洲語……二二九
一五　讀張穆著閻潛邱年譜再論尚書古文疏證……二四一
一六　記姚立方禮記通論……二五七
一七　續記姚立方詩經通論……二七九
一八　王白田學述……二八三
一九　記鈔本戴東原孟子私淑錄……三〇九
〔附〕　孟子私淑錄……三一六
二〇　讀姜白巖尊行日記……三四七

二一　錢竹汀學述……三四九
二二　讀段懋堂經韻樓集……三七七
二三　記鈔本章氏遺書……三九一
〔附〕附記……三九七
二四　崔東壁遺書序……三九九
二五　讀古微堂集……四一一
*二六　跋黃汝成日知錄集釋……四二九
*二七　讀鄭獻甫補學軒散文集……四三七
二八　羅羅山學述……四四五
二九　朱九江學述……四五七
*三〇　朱鼎甫學述……四六九
三一　讀康南海歐洲十一國遊記……四七七
三二　餘杭章氏學別記……四八九
三三　太炎論學述……四九五
*三四　略記清代研究竹書紀年諸家……五一七

*三五　漢學與宋學……五二五
*三六　四庫提要與漢宋門戶……五三五
三七　清儒學案序目……五四三
*〔附〕後跋……五六八
*〔附〕清儒學案摘鈔（柳詒徵摘鈔）……五七一

序

此爲余彙編中國學術思想史論叢之最後一册。初，余在民國二十年秋始赴北京大學任教，即開設「近三百年學術史」一課，講論有清一代之學術。越二年，全部講義成稿，付上海商務印書館承印出版；距今已四十餘年。稿既成，又獲戴東原孟子私淑錄一種，乃戴氏未刊之稿，又章實齋未刊稿二十餘篇。時日軍已占北平，余藏其稿於衣箱之底，輾轉自天津抵香港，攜赴衡山南嶽，又轉自昆明攜赴成都；始刊布於四川省立圖書館之圖書集刊。有關章氏各稿，嗣經大陸再版，又分散入章氏之文史通義中；而戴氏一稿，則抗戰勝利後，迄未爲人注意，今以附刊此集中。

又余在成都，受政府之命撰清儒學案一書。時政府擬編宋、元、明、清四朝學案，其前三朝分囑他人删約黃、全兩學案爲之；清代以諉余，定時限，定字數。余在成都郊外賴家園齊魯大學國學研究所，窮日夜之力依約草成。時適有友成都新識彭雲生教授亦治理學家言，赴西安，余懇其代搜有關清代關學各家成書。雲生覓得近二十種左右攜返，有清一代關學材料幾備，其中極多外面未流傳者。余撰學案此一部分，最自愜意。又余爲李二曲撰新年譜，凡二曲一生思想著作，分年編入，所化精力爲尤多。又余從四川省立圖書館及賴家園某氏藏書中得遍讀「甯都七子」之各書，自謂此一編亦甚得意。其次則爲蘇州汪大紳以下，彭尺木、羅臺山各家集，亦提要鈎玄，頗費苦心。竊意學案一書，此三編或稍有價值。惟其時生活，備極窮窘，中午喫麵湯，晚餐進稀粥，終未得白米飯入口。稿成不及另鈔副本，即郵寄重慶國立編譯館。不意其他宋、元、明三朝學案之節本皆遲未交稿；而編譯館擬俟全稿交齊始付印。而日軍忽投降，勝利還都。余之學案一稿，乃由編譯館雇船載返南京；有數箱書中途沉沒長江中，余稿亦在內。僅有序目一篇，余寄稿前錄存，曾刊於四川省立圖書館之圖書集刊內，一鱗片爪，姑供想像者惟此已。

及余既撰朱子新學案，又草寫研朱餘瀋一書。其前諸家均已散入本編之第六、第七兩册。此編所收。如顧亭林、呂晚村諸人，於學術史爲重見，但寫法微有不同；如陸桴亭、王白田諸人以下，則於學術史後又重寫；又有舊稿如顧景范、崔東壁諸篇，乃在北平舊作；本編最後章太炎一篇，則應中央研究院五十周年紀念所寫。彙收於此，先後亦逾四十年矣。回念前塵，不勝惘然。

余患雙目不能見字，及今已近兩年，此編各稿皆由及門何君澤恆代爲搜集，又代校字；積年陳稿，已不能親讀一過，一仍其舊，未能續有所改定，幸讀者諒之。

一九七九年九月孔子誕辰前兩週錢穆自識於臺北士林外雙溪之素書樓，時年八十有五。

述清初諸儒之學

言神州學風者，莫尚於清初。上承宋明理學之緒，下啟乾嘉樸學之端。有理學家之躬行實踐，而無其空疏；有樸學家之博聞廣覽，而無其瑣碎。宋明諸儒，專重爲人之道，而乾嘉諸儒則只講讀書之法。道德、經濟、學問，兼而有之，惟清初諸儒而已。言其環境，正值國家顛覆，中原陸沉，創鉅痛深，莫可告語。故一時魁傑，其心思氣力，莫不一注於學問，以爲守先待後之想。而其行己持躬，刻苦卓勵，堅貞不拔之概，尤足爲百世所仰慕。要而言之，則「厲實行」、「濟實用」之二語，蓋足以盡之也。

其在北方者，有夏峯、有二曲、有習齋，南疆則梨洲、船山、桴亭，而亭林則以南人居北，皆爲風氣宗主。其生活，北方三賢皆絕艱轂。二曲、習齋，崛起寒微，荼毒尤甚。南方諸君子則皆身預興復，心長力絀，退而窮居。首陽之餓，釣臺之哭，則南北同之。苦節貞操，尤以亭林、二曲爲顯。亭林之拒招也，曰：「願以一死爲謝。」又曰：「刀繩具在，無速我死。」崑山既貴，亭林遂絕意南首，曰：「昔歲孤生，飄搖風雨。今茲親串，崛起雲霄，思歸尼父之轅，恐近伯鸞之竈。且猶吾大夫，未見君子，徘徊渭川，以畢餘年足矣。」此之較之龔生之避莽、管君之逃魏，其意味異同爲何如耶！至如二曲，舁牀稱病，絕粒至六日夜，猶不得免。拔刀自刺，永棲堊室，幾二十年，所謂「從容懷白刃，決絕辭華輈」者。蓋富貴不能淫，貧賤不能移，威武不能屈，二曲與亭林，皆孟子所謂「大丈夫」者也。若梨州皭而不滓，船山聲光闇然，亦皆貞元之運之所托矣。

至言其性情，則此六七君子者，皆至誠惻怛、忠孝節義之人也。梨洲早歲，袖椎復仇。亭林守遺命不事二姓。船山引刀自刺肢體，投賊救父。夏峯慷慨急難，有「范陽三烈」之稱。而廬墓六年，不飲酒，不食肉，先後如一日，此豈志行薄弱者所能強僞？二曲養母終年，遂至襄陽覓父遺骨。習齋年五十走遼東，卒得父墓。皆哭泣如初喪，歸而終三年之禮，哀感動天地，非孟子所謂「大孝終身慕」者耶！

言其爲學。二曲幼孤，就塾不能具脯。師不納，母曰：「無師遂可以不學耶！古人皆汝師。」二曲感奮。家貧無書，從人借觀，悉讀經、史、二氏百家諸書。亭林足迹遍天下，每行以二馬二騾載書自隨。所至阨塞，呼老兵退卒詢問曲折，即坊肆中發書對勘。或經行平原大野，無足留意，即鞍上默誦諸君注疏。偶有遺忘，則坊肆中發書熟復。其力學如此。知今世以貧無師、忙無時爲不學諉者，皆「舍曰不欲而爲之辭」者也。凡此六七君子，居亂世不廢其業，豈偶然哉！

言其治生。夏峯、習齋，皆能躬耕。亭林墾荒塞上，具有成效。皆非口舌游食，異於他士。至強毅尚武，習兵戎，如桴亭十五學擊劍，習齋逆旅中與大使季子青較刀法，夏峯守容城，力拒流寇；入五公山，比之田子泰之徐無山。涉兵革、講自衛，固不徒在意氣操尚之間也。

此六七君子者，其生平大節，略具如是。卒皆躋於壽考，巍然有「後凋」之驗。故夏峯年九十二，梨洲年八十六，二曲七十九，習齋、亭林皆七十，桴亭亦六十一。同時有朱舜水，獨居異邦，遂開東國士風。唐子大陶著潛書，亦與諸賢桴鼓。其一時興起，如張蒿庵、李天生、王爾緝、陳確庵、劉獻廷、李恕谷、王崑繩、萬季野兄弟，皆篤學博聞，能措之世用，與空談心性及溺意訓詁考據者異其趨。蓋猶諸賢之精神也。

孟子曰：「天將降大任於斯人也，必先苦其心志，勞其筋骨，餓其體膚，空乏其身，行拂亂其所爲。所以動心忍性，增益其所不能。」又曰：「獨孤臣孽子，其操心也危，其慮患也深。」世亂無極，横流在眼，每讀史至此六七君子者，而使人低徊嚮往於不能已。夫亦時運之適逢者耶！因綜其要略著於篇，以期夫有志者共勉焉。至於學術之大且要，皆有成書，此不具。

（此稿寫於民國十七年，刊於該年三月蘇中校刊第二期。）

略說乾嘉清儒思想

清儒學術，就晚明諸遺老言，直承晚明而來，但未依晚明的路向發展。在晚明諸老心中，藏有兩大問題：一是宋明儒的心學，愈走愈向裏，愈逼愈渺茫，結果不得不轉身向外來重找新天地，這是學術上的窮途。另一則是身世上的窮途。晚明不比北宋中期，正當宋代無事將及百年，社會文物隆盛，他們不甘再沒溺於道、佛方外消沉的圈子裏，一時翻身來講人文大羣政治教育一切積極事業。他們心中只知道回復三代、孔、孟，這是全部樂觀的。晚明諸遺老則不然，他們是亡國之餘，孑遺的黎民，他們對中國傳統文化政治教育各方面都想從頭有一番仔細的認識，到底那些是有眞正價值確可保存或發揚的？那些是要不得的？當前大禍，究竟由何招致？均須加以思索研尋。因此北宋中期的心情是高揚的、喜劇式的，晚明諸遺老則是低沉的、悲劇式的。北宋中期常見其昂首好古，只要把三代、孔、孟來代替魏、晉、隋、唐與釋迦、達摩，他們的心情常見是情感的、宗教的與經學的。晚明諸遺老則在途窮路絕之際，重回頭來仔細審量與考察，他們的心情常是理智的、社會的與史學的。但是晚明諸遺老的學術路向卻並未能順遂發展。第一是滿清的部族政權，很快安定下來，社會有秩序了，民生轉入順境，又朝廷刻意牢籠，威怵利誘，把一輩讀書人盡要拉入政治界，雖不斷有極度慘酷的文字獄興起，但晚明諸遺老的悲劇心情到底是逐步消散了。而且拉入了政治界，又不許你認眞作政治活動，只要你消極順命、不貪汚、孤立安本分，教育更講不到，只須你應舉守法，如此則自不許你認眞用理智頭腦來講史學。晚明諸遺老的史學，其實是一種「變相的理學」，亦可說是一種「新理學」，他們要用史學來救世教人。現在則世已太平，人已安業，大家上奉朝廷法令，應科舉，守官職，一切有滿洲皇帝作主，不用操心，操心反而惹禍殃，晚明諸遺老一片史學心情到此無可寄託。心情變了，學術如何能不變？但清儒即晚明諸遺老以下，乾嘉時代的清儒，亦沒有大氣魄人來領導此學術之變，而且他們內心深處並不是要變，只是外面環境逼得你走委曲路。這有些像魏晉王弼、何晏講儒學，阮籍、嵇康講莊老，全是沒氣力，由外面誘導擺佈，並非內部激發推動。晚明諸遺老的史學，於是到清儒手裏便變成一種專尚考據的經學了。

經學本來帶宗教氣味，中寓極濃重的人生理想，但清儒經學則不然。清儒經學，其實仍還是一種史學，只是變了質的史學，是在發展路上受了病的史學。經學在外面是準則的，在內面是信仰的，因此治經學者必帶幾許宗教心情與道德情味。但清儒經學則是批評的，他們所研究的幾部經籍，只是他們批評的對象。他們並不敢批評經籍本身，卻批評那些經籍的一切版本形式與文字義訓。所謂「文字義訓」，亦只是文字的訓詁注釋，尤其是在與人生道義與教訓無關的方面。換言之，是那些隔離人生較遠的方面。他們治尚書，並不是爲的政治楷模；治詩經，並不是爲的文學陶冶；治春秋，並不是爲的人事褒貶；治易經，並不是爲的天道幽玄。他們只如史學家般爲幾部古書作校勘與注釋的整理工作。再換言之，他們只是「經學」，而非「儒學」。東漢經學還有儒生氣，清儒經學則只有學究氣，更無儒生氣。總之是不沾着人生。他們看重論語，但似並不看重孔子。他們只看重書本，但似不著重書本裏所討論的人生。這如何算得是經學呢？

清儒研經之外，亦治史學。但他們的治史，也像他們的研經，他們只研究古代史，不研究現代史。他們只敢研究到明代爲止，當身現實則存而不論。他們的治史，亦只爲史書做校勘整理工作，卻不注意史書裏面所記載的眞實而嚴重的人事問題。清代學風，即乾嘉時代的學風，總之是逃避人生。魏晉南北朝時代之逃避人生是研讀老子、釋迦，清代的逃避人生是研窮古經籍。

但清儒到底也有耐不住的時候，或者是他們的不自覺而對人生問題有所論列，則他們亦有一共同態度與共同意見。他們大抵反對擡出一個說法來衡量一切或裁制一切。換言之，他們反對思想上的專尊，或說人生理論上之獨斷。他們大抵主張解放，同情被壓迫者。他們的氣味，寧是反經學的，至少是非經學的，所以說經學不是清儒自己要走的路。

清儒思想之常主解放，同情被壓迫者，就乾嘉時代言，可舉戴東原與錢竹汀兩人爲例。此兩人乃乾嘉盛時最標準的學者。戴氏偏尙經學，錢氏偏尙史學，而兩人都抱有一種平民的同情，解放被壓迫者的情調。錢竹汀經、史、小學無不精擅，其學卓絕一時，其集中似乎很少涉及思想史方面的問題。此處特舉錢竹汀，正好做一個不自覺而流露其思想態度者之代表。至戴東原則高言放論，可謂是一位耐不住而披露其思想態度之代表人。錢竹汀有春秋論，謂春秋誠是一部褒善貶惡的書，但其褒善貶惡，只在直書其事，使人之善惡無所隱，用不着另有筆法來做褒貶。他說：「人之善惡，固未易知，論人亦復不易。」如此則豈非史書褒貶，正好在不褒貶，只直書其事以待後人之自下評判。這是何等平恕的見解！（王鳴盛十七史商榷自序，並與錢氏同此見地。）竹汀又有大學論，謂：

大學書與論語「忠恕一以貫之」之旨，若合符節。古之治天下者，未有不先治其身。身之不治而求治於民，非忠恕之道。天子以至庶人，其分不同，而各有其身，即各致其修身之功。故不曰「治天下」，而曰「明明德於天下」。德者，人之所同有，以一人治天下，不若使天下各自治其身。故曰「與國人交」。天子之視庶人，猶友朋也，忠恕之至也。天子修其身於上，庶人修其身於下，不敢尊己而卑人，不敢責人而寬己，不以己之所難者強諸人，不以己之所惡者加諸人，絜矩之道，即修身之道也。

這又是何等平恕的政治理論！其實照此理論，根本即不認有自上治下的政治。竹汀又論尚書洪範「思曰睿，睿作聖」，伏生作「容」，鄭玄作「睿」，竹汀謂未必鄭是而伏非：

伏生五行傳云：「思心之不容，是謂不聖。」說者曰：「思心者，心思慮也。容，寬也。孔子曰：『居上不寬，吾何以觀之哉？』言上不寬大包容臣下，則不能居聖位也。」許叔重說文解字云：「思，容也。」亦用伏生義。古之言心者，貴其能容，不貴其能察。秦誓云：「其心休休焉，其如有容。」論語云：「君子尊賢而容衆。我之大賢與，於人何所不容？」老子曰：「容乃公，公乃王，王乃天，天乃道，道乃久。」荀子曰：「君子賢而能容衆，知而能容愚，博而能容淺，粹而能容雜。」孟子以仁為人心，仁者必能容物，故視主明，聽主聰，而思獨主容。若「睿哲」之義，已於「明」、「聽」中該之矣。聖人與天地參，以天下為一家，中國為一人，由其心之無不容也。故曰：「有容德乃大。」（潛研堂文集卷五答問二）

今按：此條殊可注意。據段玉裁說，「思曰容」乃今文尚書，「思曰睿」乃古文尚書，此屬古書版本異同。惟人之思想究貴深通，抑貴寬容，此則非關訓詁，實乃一極重大之人生問題，即所謂義理問題也。以常識言，既曰「思想」，自當主通，不當主寬。「寬」是屬情感態度方面的字，不是屬思想理智方面的字。故段氏說文解字注徑爲許叔重改字，不用「思，容也」之原文，這是有理由的。竹汀亦小學訓詁大師，此處卻不免違背了他們當時「訓詁明而後義理明」的主張，要據義理來決定訓詁。他告段玉裁說：「若曰思主於睿，則恐失之刻深。」（語見段氏古文尚書撰異）此已明明透露了竹汀自己對人生問題的見解。清儒常笑宋儒主觀，此等便是清儒亦不免於主觀處。「聖人與天地參，以天下爲一家，中國爲一人」等語，宋明儒最所樂道。故宋明儒所唱，乃人生之高調，乾嘉清儒則對人生好唱低調，乃說：「與天地參，以天下爲一家，只在此心能寬容。」這樣的大口氣、大理論，到乾嘉清儒手裏，只是平民化了，做了他們同情弱者的呼聲。但在竹汀書裏，如此等處，不過偶一吐露，不易多得。他們常常逃避此等問題，不肯傾吐直說。惟戴東原則不然，他竟大聲疾呼，公開地表示他的意見，遂有他的晚年名著：孟子字義疏證。疏證中最大理論在其分辨「理」、「欲」，他說：

古之言理也，就人之情欲求之，使之無疵之為理。今之言理也，離人之情欲求之，使之忍而不顧之為理。

宋儒程子、朱子，易老、莊、釋氏之所私者而貴理，易彼之外形骸者而咎氣質。其所謂理，依然如有物焉宅於心，於是辨乎理、欲之分，謂不出於理則出於欲，不出於欲則出於理。雖視人之飢寒號呼，男女哀怨，以至垂死冀生，無非人欲，空指一絕情欲之感者為天理之本然，存之於心。及其應事，幸而偶中，非曲體事情求如此以安之也。不幸而事情未明，執其意見，方自信天理非人欲，而小之一人受其禍，大之天下國家受其禍。徒以不出於欲，遂莫之或寤也。凡以為理宅於心，不出於欲則出於理者，未有不以意見為理而禍天下者也。

又曰：

聖人治天下，體民之情，遂民之欲，而王道備。人知老、莊、釋氏異於聖人，聞其無欲之説，猶未之信也。於宋儒則信以為同於聖人。理、欲之分，人人能言之。故今之治人者，視古賢聖體民之情、遂民之欲，多出於鄙細隱曲，不措諸意，不足為怪。而及其責以理也，不難舉曠世之高節，著於義而罪之。尊者以理責卑，長者以理責幼，貴者以理責賤，雖失謂之順。卑者、幼者、賤者以理爭之，雖得謂之逆。於是下之人不能以天下之同情、天下所同欲，達之於上。上以理責其下，而在下之罪人，不勝指數。人死於法，猶有憐之者。死於理，其誰憐之！嗚呼！雜乎老、釋之言以為言，其禍甚於申、韓如是也。

這些都是東原極憤激的話。其實他的立場，還是極平恕，還是同情弱者，爲被壓迫階層求解放，還是一種平民化的呼聲。換言之，現在講經學，是社會的、不是宗教的；是學者的、不是教主的了。若我們再深一層求之，則乾嘉清儒此種對於傳統權威之反抗精神，其實還似有一些痕跡可見其爲沿襲晚明諸遺老而來。但他們的敵意，他們對上層統治者不能正面發洩，遂使他們的攻擊目標，轉移到宋儒身上。在晚明遺老只埋怨晚明儒學術誤國，現在則責備宋儒理論爲上層統治者張目，作護符。他們只是卑之毋甚高論，求平恕，求解放，此乃乾嘉諸儒之一般意見，而非東原個人的哲學理論也。如上引，東原明指「今之治人者」云云，則情見乎辭，此亦是一種不自覺之流露也。

乾嘉清儒反對宋學，一面固因他們新得了許多考據、訓詁、校勘的法門，確然在古經籍的整理上，可以越過宋儒。再則宋明儒是承接著魏、晉、南北朝、隋、唐以來長期的道、佛思想瀰漫之後，而刻意要爲中國政治教育各方面建立一正面積極的標準或基礎；而現在則宋明思想已成了學術界之新傳統，爲上層統治階層所利用，故乾嘉諸儒對當時統治權之敵意，亦以攻擊宋明儒爲發洩。所以晚明諸遺老對宋明儒的態度尚屬批評的，而乾嘉則幾乎近似反動。晚明諸遺老多半尚是批評陸、王，乾嘉則排斥程、朱。乾嘉的態度愈偏激，愈見他們內心波動之不自然。

總之，乾嘉經學考據極盛時期，卻是他們內心極沉悶的時期。他們攻擊程、朱，便證他們心裏之耐不得，重新要從故紙叢碎中回到人生社會之現實來。這一趨嚮，遂又從經學轉向史學。戴東原同時便有章實齋，樹起史學旗幟來和經學對抗，這依然是一種時代精神的委曲之流露。據章實齋自己說，當時經學考據乃承襲亭林一派上接程、朱。而他的史學則是承襲梨洲一派上接陸、王。此種意見，在近代學術思想史有稍深刻研究者，未必都能同意。但若求解放，則史學應比經學更解放。若求平恕，史學亦應較經學更平恕。經學未免偏向古代，史學則自應偏向近世。經學未免要立一標準，史學則自屬平鋪，事實即是標準，不須另外有標準。故在戴東原之後有章實齋，亦是乾嘉清儒學風自身應有之趨勢。實齋云：

> 天人性命之學，不可以空言講。……故善言天人性命，未有不切於人事者。三代學術，知有史而不知有經，切人事也。後人貴經術，以其即三代之史耳。近儒談經，似於人事之外，別有所謂義理矣。浙東之學，言性命者必究於史，此其所以卓也。

又曰：

史學所以經世，固非空言著述也。且如六經出於孔子，先儒以為其功莫大於春秋，正以切合當時人事耳。後之言著述者，舍今而求古，舍人事而言性天，則吾不得而知矣。學者不知斯義，不足言史學。

故實齋史學要旨在切人事，尤在切合當世之人事。所謂「經世之學」，即須切合當世之人事。但所謂史學切人事者，尤貴能爲複雜變化之人事籀出幾條公例，庶於當前可以應用。故史學雖求切當前之人事，而卻必還溯往古，乃始成其爲史學。史學必能爲人事籀公例，此即史學之義理。必於史學中見義理，此種史學乃可經世。「孟子道性善，言必稱堯、舜」，必稱堯、舜，即史學也。而主性善，則由歷史籀出公例，即義理。發明性善之義理，豈非經世一大法乎？陸、王心學，病在過重當前，忽略了往古。實齋自謂浙東史學原於陸、王，但實齋在當時，亦僅注意教人由博古轉入通今，由空言義理轉到切近人事，只可當作提出史學宗旨的一番導言，卻並未深入史學裏層。實齋說「六經皆史，皆三代先王之政典」，此固不誤，但彼謂：

學者崇奉六經，以為聖人立言以垂教，不知三代盛時，各守專官之掌故，而非聖人有意作為文章也。

如此言之，豈不變成教人同樣地遵守當代專官掌故即爲史學切人事乎？故依實齋之言，勢必轉成以時王制度爲貴，而譏同時學者以「但誦先聖遺言，不達時王制度，未必足備國家之用」。其實乾嘉清儒學風，其內裏精神，正在只誦先聖遺言，不管時王制度。此一層，實乃乾嘉清儒學術之主要精神所在，所謂汲源於晚明者正在此。故戴東原、錢竹汀，雖若消極逃避人事，其眞源則確近晚明諸儒，還是認眞人事，還有一種崛強反抗的意味。若實齋教人切人事，而歸於推尊時王，此在乾嘉清儒學風中轉成反動，決非正流。亦可說是倒退，非前進。故實齋雖有心矯挽當時經學家逃避人生之不當，而彼所提倡，實未足與之代興。必須明得此理，乃可認識此下即道咸以後之新經學，所謂「公羊學派」與「今文學派」之眞意義。

道咸以下，清代部族政權之淫威，已漸崩潰，學者開始從逃避人事轉回到預聞人事。但他們自然不甘於貴時王之制度。那時新史學並未建立，而經學積業則依然尙盛，因此道咸時代的清儒，遂不免仍要借助於經學權威用來指導當前之人事。此一趨嚮，恰與乾嘉相反。乾嘉只求解放，現在則求樹立。他們想借經學權威來裁制一切，此乃乾嘉諸儒內心所不取，抑且深所反對者。但道咸諸儒終於走上了這路。總之清儒學術，曲折紆回，始終未獲一條正當的直路，亦由此可見。

道咸諸儒要憑經學權威來指導當前，換言之，即是要把先聖遺言來壓抑時王制度也。這一要求，逼得清儒對經學的興趣集中到春秋，尤其是公羊家。因爲他們有「非常異義可怪之論」，有微言大義，可資借題發揮，有改制、變法等明白主張，有對人事褒貶之大條例。本來此等都應向史學中耐心覓取，晚明遺老曾有此意嚮，惜乎中途折入乾嘉經學，退避到古典研討中去，未克盡其能事。現在則即以古典爲堡壘，對時王制度開門出擊。因此晚清公羊今文學派外貌極爲守舊，內心極激進，此非從學術思想之淵源處深細追尋，不易明也。

但此是一條夾縫中之死路，既非乾嘉學派所理想，亦非浙東史學派之意見。考據、義理，兩俱無當。心性、身世，內外落空。既不能說是「實事求是」，亦不能說是「經世致用」。清儒到道咸以下，學術走入歧道，早無前程。又經太平天國一番摧殘，學術種子刮地淨盡，正待後人全部的更生。而同時西學東漸，挾其萬丈狂濤，席捲囊括，使人無可阻遏，乃亦無可吸取。一時措手不及，內部的虛空加上了外部的衝蕩，於是乃有晚清之維新運動。這在中國思想史上，實在是一幕徬徨、迷惑、淺薄、錯亂的悲喜劇。

（此稿原篇名論清儒，刊載於民國三十六年一月南京中央週刊九卷三期。一九六二年三月新天地一卷一期重載，改篇名爲前期清儒思想之新天地。一九七九年收入論叢。一九九二年整理遺稿，發現此篇改文，即作爲最後定稿。）

讀朱舜水集

朱舜水乃明亡後一大儒，梁任公曾按其生平，爲作年譜。一加誦覽，有典型不遠、精神如在之感。惟恨甲申崇禎殉國，舜水年四十五歲，雖學已有成，而國事鼎沸，曾未有表現之機會。此後四十六歲，即亡命日本。五十八歲在安南，強毅方正，鎮靜不屈，幾罹殞身之禍。六十一歲之冬，始獲在日本定居。此亡國後十七年之生命，長在波濤崎嶇中，未獲一日之安，亦未有寸尺之展布。及其定居日本，至八十三歲而卒。隻身寄居異域，窮困譏讒，出乎尋常。而獲得當時日本上下之師事禮養。至其開啟此下日本文化之新生，乃在日本學人自治其本國史者爲之研考論定。惟舜水定居在日前後二十三年，雖其心存祖國，要之乃若完全是一日本歷史上人物，於吾中華故土，可謂關涉至少。然其品格之卓越，德行之淳至，則固純粹是一中華大賢之傳統，讀者一覽梁氏年譜，當可依稀得之。惟梁譜詳其行事經歷，略其學思傳承。今欲稍加補述，而所可窺見者，亦只賸其居日後之幾許篇章文字可資尋索。除其針對日方而發者以外，其專對祖國歷史文化學術演變有所闡申，殆實無幾。蓋其時尚在日方江戶初期，佛學風靡全社會，尊朱乃受韓國李退溪影響。其創始第一人，即由釋轉儒，由僧回俗；彼邦其時學術界情況，即據此一端可推。及舜水在日定居時，日人已知有陽明，已知有朱、王異同，亦知有儒、釋之辨。舜水原籍餘姚，乃陽明同鄉，惟舜水頗不喜陽明之講學，既懲創於晚明之世風國事，其所追尋，乃儒學之大統，而志在經世；於當時理學家講堂錮習，門戶積見，實深排斥。今就其集中，專關此一態度者，稍加綴輯，庶以補梁譜之缺。而舜水一人，失於我而得之彼，其有關於此下中、日兩邦治教之大，亦於此可爲治兩國史者揭示一消息，固不限於舜水一人之生平而已也。

舜水文集有答佐野回翁書有云：

> 來問朱、王之異，朱子道問學，格物致知，於聖人未有所戾，王文成何得輕詆之？不過沿陸象山之習氣耳。王文成固染於佛氏，欲排朱子而無可排，故舉其格物窮理以為訾議耳。王文成為僕里人，然燈相炤，鳴鷄相聞。其擒宸濠，平峒蠻，功烈誠有可嘉。厄於張璁、桂蕚、方獻夫，牢騷不平之氣，託之於講學。不立異，不足以表見於世，故專主良知，不得不與朱子相水火，孰知其反以僞學為累耶！愚故曰，文成多此講學一事耳。今貴國紛紛於其末流，而急於標榜，愚誠未見其是也，又何論朱與王哉？

是舜水於陽明講學，菲薄之意溢於言外。縱所譏彈不得謂正，要之其是朱非王之意則昭然矣。

又文集卷七答安東守約第三書有云：

嘉、隆、萬曆年間，聚徒講學，各創書院，名為道學，分門別户，各是其師。聖賢精一之旨未闡，而玄黄水火之戰日煩。中國問學眞種子，幾乎絶息。賢契慨然有志，眞千古一人。此孔、孟、程、朱之靈之所鍾，幸唯萬勿為時俗異端所撓。至若以不佞為程、朱，不佞學問荒陋，文字麁疎，豈易當此？賢契求師之專，故以未似之有若為似也。媿極媿極。

舜水慨論明季門户講學之無當。東邦學人，尊舜水爲程、朱，而舜水自媿爲未似。此固舜水之尊程、朱，亦不願以所尊爲標榜而啟門户也。

文集卷二十二雜著三，加籐明友問：四書、六經用何人注？舜水答曰：

朱子之注不可廢。禮以陳澔，易以鄞庠，（謂寧波府學校所用。）尚書用蔡沈。此其大略也。然看書未必單單靠得注脚。經國理民，為學當見其大，實實有裨於君民，恐不當如經生尋章摘句也。

惜舜水終老異邦，若此寥寥數語，能在祖國暢發其旨，對此下乾、嘉學風能稍有糾挽，此於國瑞民福，將裨益何深乎？

問：僕素宗宋儒，至若陽明之學，陸氏之裔，我黨之所不雅言。答：

宋儒之學，可為也。宋儒之習氣，不可師也。陽明之事，偶舉其說，非僕宗陽明也。幸勿深疑。

洛、蜀之爭，亦宋儒之習氣。舜水深惡講學有門戶，故曰：「亦如宋朝程氏、蘇氏互相詆譏，朝廷之上舌戰不已，遂使國家被其害。」（亦見雜著三。）

林春信問：崇禎年中，巨儒鴻士爲世所推者幾人？答：

明期中葉，以時文取士，此物既為塵飯土羹，而講道學者又迂腐不近人情。如鄒元標、高攀龍、劉念臺等，講正心誠意，大資非笑。於是分門標榜，遂成水火，而國家被其禍。未聞所謂巨儒鴻士也。巨儒鴻士者，經邦弘化，康濟艱難者也。

嗟乎！舜水用心亦苦矣。如高、劉輩皆不得以巨儒鴻士目之，更何情爲之辨朱、王門戶乎？

野節問：先生所習之詩用何傳？舊說所言，與朱晦菴所傳大異。答：

晦翁之註，自當遵依。詩序等但可參考，不敢以古而戾今也。然看書貴得其大意。大意既得，傳註皆為芻狗筌蹄，豈得泥定某人作何解、某人作何議也？

是舜水之尊朱可知。若曰「不敢以古戾今」，則舜水又何爲是朱非王乎？「傳註爲芻狗筌蹄」，此與陸象山「六經皆我註腳」之說大不同，亦與乾、嘉之必尊漢儒註腳大不同。

問：聞昨吉水太守問格物之義。答：

前答吉水太守問格物致知，粗及朱、王異同耳。太守以臨民為業，以平治為功，若欲窮盡事事物物之理，而後致知以及治國平天下，則人壽幾何，河清難竢。故不若隨時格物致知，猶為近之。僕謂治民之官，與經生大異。有一分好處，則民受一分之惠，而朝廷享其功，不專在理學研窮也。晦翁先生以陳同甫為異端，恐不免過當。

隨時格物致知之說，羅整菴曾竭言之，不知舜水曾見其說，抑與之暗合耶？要之舜水論學，亦自明己意而止，不樂拘拘效經生。故亦不樂晦翁目龍川爲異端，然亦非是龍川而非晦翁也。

安東守約問曰：朱、陸同異，不待辨說，明矣。近世程篁墩道一編，席元山鳴冤錄，其誣甚矣。然尊德性、道問學，陸說亦似親切，奈何？答：

生知學知，安行利行，到究竟總是一般。是朱者非陸，是陸者非朱，所以玄黃水火，其戰不息。譬如人在長崎往京，或從陸，或從水。從陸者須一步一步走去，由水程者，一得順風，迅速可到。從陸者計程可達，從舟非得風，累日坐守。只以到京為期，豈得曰從水非、從陸非乎？然陸自不能及朱，非在德性、問學上異也。

舜水不喜辨門戶，然明謂陸不能及朱，則意有偏尊顯矣。細讀舜水全集，可謂舜水乃一提倡「儒學」之人，非提倡「理學」之人。若以理學論，朱、陸顯分門戶，陽明亦承此門戶者。但以儒學論，則象山成就顯不如晦菴。故舜水於理學上之朱、陸異同，亦不再加深辨也。

問：陽明之學近異端，近世多爲宗主，如何？答：

王文成亦有病處，然好處極多。講良知，創書院，天下翕然有道學之名。高視闊步，優孟衣冠，是其病也。其徒王龍谿有語錄，與今和尚一般，其書時雜佛書語，所以當時斥為異端。

舜水言陽明「好處極多」，乃指其功業言。陽明亦得爲一儒者，其講學乃其病處，即據龍谿爲證，亦可不煩多指摘也。

又舜水告守約曰：

明道先生甚渾厚寬恕。伊川先生及晦菴先生但欲自明己志，未免有吹毛求疵之病。

此亦舜水不喜後儒爭門戶，故有此語。

又文集卷二十三小宅生順問：皇明人物高出漢、唐者？答：

國朝人物，如薛文清、李夢陽，氣骨錚錚，足為國家砥柱。所謂烈風勁草，板蕩忠臣也。若王陽明，惜其後多坐講學一節，使天下多無限饒舌。王龍谿雖其高第門人，何足復道。袁了凡恬靜清和，亦其好處，全然是一老僧，何足稱為人物！其他或以理學名家，或以詩辭擅聲，未足可以著稱貴國者。其中如王弇州，猶少長於數子耳。

觀此，知舜水論學術、人物，並不拘拘當時之所謂理學家言。故以李夢陽、王弇州與薛敬軒並舉。如陽明，先擊劉瑾，後擒宸濠，亦明代一人物，惜其多了講學一節，無限饒舌，於經濟民生，有何實補；此則舜水之意也。

問：我國當今志學者，易用朱義，春秋用胡傳，書用蔡傳，詩用朱傳，間亦有好異者，捨宋儒之說，其所辨論，如長流之不可障，如之何而可？答：

為學當有實功，有實用。不獨詩歌辭曲，無益於學也；即於字句之間標新領異者，未知果足為大儒否，果有關於國家政治否，果能變化於民風土俗否。果能以為學、修身合而為一，則蔡傳、朱註、胡傳，儘足追踪古聖前賢。若必欲求新，則禹、稷、契、皐陶、伯益所讀何書也。

舜水論學大旨，重實功實用，又奉程、朱爲準繩，則以爲學與修身必合而爲一也。如其以李夢陽、薛敬軒並舉，李夢陽固非一理學家。又謂王龍谿「何足復道」，而王弇州「猶少長於數子」，王弇州亦絕不預於理學之流。然李夢陽、王世貞名列文苑，要不失爲一儒者，故舜水稱引及之。舜水亦不樂於北宋洛、蜀之辨。可見舜水論學，不拘拘於當時所目「理學」之樊籠也。後世奉程、朱爲理學創始，然程、朱在當時，特從孔、孟經義求重昌儒學耳。其所辨對象，在專意文章詩賦與老、釋異端之二者，不如後起反程、朱者，更在古經字句間標新立異，重起門戶也。大抵舜水尊程、朱，亦以其爲「儒學」而尊之，非以其爲儒學中「理學」一門戶而尊之。陸象山有言：「堯舜以前曾讀何書來」，此乃在「理學」中爭門戶；舜水亦言：「禹、稷、契、皐陶、伯益所讀何書」，此乃於「儒學」中重實功實用；其意自不同。若以舜水擬之當時之明遺民，則其論學之意，當近顧亭林。亭林謂：「經學即理學也，捨經學安所得理學哉。」其意實亦不滿於陸、王在理學中更創門戶耳。黃梨洲雖亦同時走上經史實學之途，然仍不忘理學中之門戶，此則與亭林、舜水不同。惟舜水終老異邦，其學與亭林亦有異，乃頗多似於陸桴亭，在社會民生之實功實用上用心。亭林矢志不仕清廷，然身在北方，接近政治界，故其論著，多著意治平之大經大法，以待後起之新王。舜水在異國，桴亭在閭里，措意乃多在社會民間，更近程、朱所提倡之格物。要之三人皆能言制度，亭林所重在政治制度上，桴亭、舜水所重在社會民間制度上。日本之得益於舜水者亦在此。所謂制度，皆即古代儒家之所謂「禮」也。若專就此一點論，則桴亭對當時之影響，似遠遜於舜水。因舜水居異國，故其效特顯也。又如桴亭頗有取於明初之劉誠意，而舜水則不許方正學爲通才（亦見文集卷二十二雜著三），亦兩人意趣相似處。朱子於古人尊陶潛，於時人尊岳飛，舜水於明末高、劉，亦不許其爲巨儒鴻士，又豈得專就理學一標準裁量古今人物乎？至於乾嘉諸儒，乃標榜漢學以與宋學爭門戶，更無實功實用可言。陸、王在理學中爭門戶，乾、嘉在經學中爭門戶，惟亭林、桴亭、舜水，較更著眼孔、孟儒學之傳統，故此三人，乃同尊程、朱；而三人之爲學，亦各自不同，然此乃流派之不同，非是門戶之各別也。

（一九八〇年三月臺北中國文化學院華岡文科學報十二期，壽張曉峯先生八十。）

陸桴亭學述

朱子學之流衍，余所最心折者有四人。在元曰黃震東發，明則羅欽順整菴。明、清之際，有顧炎武亭林及陸世儀桴亭。朱子之學，性理、經史，俱臻於極。黃、顧尤長於經史，羅、陸更邃於性理。故亭林日知錄屢稱東發，而桴亭思辨錄則時推整菴。亦見其學脈所自之有辨也。然若言理學經濟，明體達用，内聖外王，兼而有之，則桴亭轉若與亭林爲近。此亦晚明學風所趨，而兩人者足爲其表率。亭林日知錄分經術、治道、博聞三類，主「經學即理學」，於性理闡申，似視黃、羅、陸三家較遜。言治道，則猶未泯詁經考史之迹。桴亭思辨錄，博聞差堪比肩亭林，殆已超出黃、羅兩家之上。其闡明性理，則粹然考亭矩矱，所得似較整菴益勝。而其言治道，亦復原本經史，博究古今之變，而尤能泯化史學襞積。使讀者見其爲論治，不覺其爲論史。亦猶其言性理，使讀者惟見其言人生日常，而不見有理窟之勃窣。比擬思辨錄於東發之日鈔，整菴之困知記，亭林之日知錄，所詣固是在伯仲之間；而思辨錄一書，益見有清新特出之妙。陳辭措意，脫落恒蹊。稱心而道，擺盡纏縛，別開生面，洵不可多得之書也。

桴亭值易代之際，畢生未涉仕途，與亭林相類似，而聲光闇淡尤過之。全祖望始爲之作傳，謂：國初儒者，曰孫夏峯、黃梨洲、李二曲最有名，而桴亭先生少知者。及讀其書，而歎其學之邃。下迄清季，羣稱晚明三大儒曰亭林、梨洲、船山，於桴亭亦少稱述。惟其太倉同邑唐受祺彙刊其遺書二十一種。唐文治蔚芝主辦無錫國學專修館，思辨錄亦重加印行。余前在大陸所讀即唐氏本。抗戰時在成都，草爲清儒學案，桴亭一案即據唐本。惜此稿勝利回都時沉沒江中。今重寫此文，所據乃張伯行刊正誼堂本，及故宮博物院所藏文淵閣四庫本。唐本則不可見，並其梗概亦無可追憶矣。

考思辨錄乃桴亭隨筆記述，始於二十七歲時。文集有再答張芑山書，謂：「辛丑之冬，遭大祲，依友人安義令毛如石，如石索弟書鋟刻，遂竟授梓。」又謂：「弟承尊諭，『宜嚴訂定，毋輕授梓』八字，銘之心腑。冒昧一刻，未及論定之憾，知他年不能免矣。」辛丑桴亭年五十一，則其書乃桴亭生時親手交刻者。又其書付刻，即名輯要，每卷前題其同學友江士韶藥園、盛敬聖傳同輯，以小學、大學、立志、居敬、格致、誠正、修齊、治平八目爲前集，共二十二卷。天道、人道、諸儒、異學、經子、史籍六目爲後集，共十三卷。前後集共三十五卷。葉調生吹網錄云：「卷首有張能鱗序，作於順治戊戌，言原書四十餘卷，選輯僅十之三四。」戊戌桴亭年四十八，是此書早有删訂，必是桴亭自爲之。江、盛之名，殆是付刻時加入。其答芑山書，特表其謙冲之抱之未以自滿耳。惟今思辨錄後集，有出辛丑後者，如「丙午論性毘陵」諸條，最爲顯著，是則辛丑後又續有增入。丙午下距桴亭卒尚五年，思辨錄是否丙午後猶有增入，則不可知。其子允正所爲行實，稱思辨錄前集二十二卷已刻，後集二十二卷未刻。則殆是賸稿，桴亭所未欲刊行也。又有桴亭門人毛師柱增輯書文、詩歌、雜説三類，則是從未刊稿中增輯之也。

又考思辨錄輯要之刊行，在清順治十八年辛丑，張伯行正誼堂本則刻在康熙四十八年己丑，前後相距已五十年。至乾隆三十八年癸巳開四庫館，又後五十餘年。其所采乃正誼堂本，提要謂其「非世儀之完本」，不知完本實未行世。當時四庫館臣似於辛丑始刊本未獲寓目也。

此後道光十七年丁酉，安徽督學使者沈維鐈又覓得太倉王寶仁藏安義舊刻，爲之重刊。光緒三年丁丑，江蘇書局又據張本、沈本校刻。應寶時爲之跋，謂張本舛誤不一，據沈本校正，其重出者悉删去。余今仍將此兩本逐卷校對，乃知張本實全據安義輯要本。序謂「得桴亭思辨錄一編，爲之重訂行世」，其所得實即是思辨錄輯要。其曰「重訂」，亦頗未見有重訂之工。以張本校安義本，偶有遺漏，不似删削。而第六卷下半，兩書相異，更不知是何故。要之此卷張本遺脱爲多，並有兩條合爲一條，未加分辨者。此篇僅事選錄，將來儻有人能將江蘇書局本與無錫國學專修館本重事校勘，勒成一完善之定本，則甚幸矣。

桴亭之學，一本朱子，觀其思辨錄輯要，分門別類，廣博浩瀚，乃儼如朱子之語類。雖論其質量，若有未逮，要之爲朱子以下所未有。其爲學規模，實可謂是朱子之具體而微也。

桴亭之論學有曰：

為學之弊有五端，而好異學攻時文者不與焉。談經書則流於傳註，鄭玄、王弼之類是也。尚經濟則趨於權譎，管、韓、申、商之類是也。看史學則入於泛濫，明道譏上蔡為喪志，朱子以伯恭為眼麤是也。務古學則好為奇博，揚子雲玄而無當，張茂先華而不實是也。攻文辭則溺於詞藻，盧、駱、王、楊皆名士，畢竟稱為小才；韓、柳、歐、蘇為大家，亦不免於夾雜是也。要之只不知大道。不知大道，故胸無主宰，到處差錯。

桴亭之學，於此五者，皆所涉獵，然皆能祛其弊而見其大，可謂卓然不失爲道學之正統矣。然桴亭之論「道學」則曰：

原於天者謂之道，修於人者謂之學，貫天人而一之，方可謂之「道學」。此兩字正未易當。乃今人動以相戲，何也？

又曰：

要實見得道為天地間不可無之道，學為天地間不可無之學，我為天地間不可少之人，然後能擔當自任。

又曰：

天地間只有此箇道理，人人在內，人人要做，本無可分別。自宋以來，橫為蔡京、章惇、韓侂冑輩分出箇門戶，目為「道學」。甚至讀史者亦因而另立道學傳。日用不知，吾末如之何也已矣。

此說道學當統攝一切學問，非可外於一切學問而自立一道學之門戶。在前惟朱子有此見解，在後惟桴亭具此識趣也。故又曰：

道之外無學，道學之外無人。

不必說道學，只是做人。

欲為君，盡君道。欲為臣，盡臣道。欲為人，盡人道。

桴亭抱此意見，乃於晚明之講學家，甚表不滿。故曰：

近世講學，多似晉人清談。清談甚害事。孔門無一語不教人就實處做。

又曰：

天下無講學之人，此世道之衰。天下皆講學之人，亦世道之衰。俗儒不知內聖外王之學，徒高談性命，無補於世，所以來迂拙之誚。

又曰：

六藝古法雖不傳，然今人所當學者，正不止六藝。如天文、地理、河渠、兵法之類，皆切於用世，不可不講。

既曰道學即是爲人之學，而此等皆不在爲人之務之外，自亦不得謂其當在道學外。可見桴亭論學觀點，致廣大而盡精微，會性理、經濟而一之，實與向來一輩道學家不同，洵不失爲朱子學之正統嫡系也。

桴亭講學，又有一端最可取者，在其不立宗旨。嘗曰：

世有大儒，決不別立宗旨。譬之大醫國手，無科不精，無方不備，無藥不用。豈有執一海上方，而沾沾語人曰：「舍此更無科無方無醫也。」近之談宗旨者，皆海上方也。

理學家皆不免喜立宗旨，而晚明尤甚。桴亭則力非之。思辨錄又曰：

昔朱子，人問以宗旨，朱子曰：「某無宗旨，但只教人隨分讀書。」愚亦曰：「儀無宗旨，但只教人眞心做聖賢。」

此即桴亭在道學傳統中直承朱子之證。

或問「居敬窮理」四字，是吾子宗旨否？曰：「儀亦不敢以此四字為宗旨。但做來做去，覺得此四字為貫串周匝，有根脚、有進步。千聖千賢道理，總不出此。然亦是下手做工夫得力後始覺得，非着意以此四字為入門也。入門之法，只眞心學聖賢耳。」

又曰：

> 「居敬窮理」四字，畢竟是起手工夫上多。若論其全，則曰：尚志居敬以立其本，致知力行以勉其功，天德王道以會其全，盡性至命以要其極。能盡此四者，方是古今一大儒。

桴亭又嘗戒人，於朱子之說，但當申，不當闢。論爲學，貴能有根腳、有主宰，而又求有進步。朱子之學，即桴亭爲學之根腳主宰處。有此根腳主宰，乃可求進步。故其學之於朱子，乃有申無闢，如上所引皆可見。

桴亭又曰：

> 「窮理」二字，該得致良知，「致良知」三字，該不得窮理。

此條見遺書淮雲問答輯存。桴亭論學，於陽明、龍谿、心齋頗不滿。然亦特重在「無善無惡」之一義，其他亦多有申無闢也。

桴亭又曰：

用至則體立，人盡則天見。決無用未至而可與言體，人未盡而可與言天者。

桴亭論學，主於兼體用，合天人，而尤貴於盡人以合天，達用以明體。故每自人生界上窮至於宇宙界。朱子以上，桴亭又推尊濂溪，奉此兩人爲其治學之最高標的。桴亭極推濂溪之太極圖，謂：

「太極」二字，原本繫辭。「人極」二字，則自周子開闢出來。

尤於朱子理先於氣之說有深契。乃曰：

太極在陰陽之先，在陰陽之中，只不在陰陽之外。
太極在陰陽之先者，只是即陰陽而推其所以然。不是另有一箇太極在前，生出陰陽來。
未有火爐之時，但無此爐之形，所以為爐之理固在。

又曰：

整菴之言理氣亦固矣。「即氣是理」者，以為氣之中即有理，非氣即是理。「理先於氣」一語，明儒中惟崑山魏莊渠見到。

整菴恪守朱子，亦多發明，明儒中當推爲朱學巨擘。惟失之辨理氣，此下諸儒承其失者不少。梨洲以王學立場，主張「心即理」，乃深取整菴此辨。船山一本橫渠，在此問題上，實亦與整菴同調。桴亭雖極譽整菴，然亦時糾其誤。蓋不立宗旨，亦不立門戶，惟求其是，誠所謂卓爾不羣。而在桴亭當時，能剖辨及此者，殆已無人。亦可謂朱子之學，實亦至是而絕響也。

桴亭又曰：

理在天地之先，範圍天地之化。數在天地之後，曲通天地之情。明數之人，所以能事事前知者，以數合天地，非以天地合數。明理之人，所見在天地之先。以天地隨理，不以理隨天地。

二程爲北宋理學開山，然初不稱述及於濂溪之太極圖，尤於邵康節言數，閉拒不加講求。朱子始推尊濂溪，以爲乃二程之學所自出。又同推康節，稱之爲「振古人豪」。厥後理學家多知尊周，明儒如曹月川、薛敬軒於尊周外兼尊邵。桴亭亦同時兼知尊邵。嘗謂易自康節發明，而易數始顯。此條分別理、數，一屬先天，一屬後天，自朱子後，剖析到此，精闢得未曾有。思辨錄中陳義，往往舉重若輕，語極平淡，不見有苦心力索之致，亦復無博引曲證之勞，只是直抒己見，而眞從深思明辨中來。具此規模，乃可當得「述朱」二字。此非精熟宋、明兩代理學諸家源流派別離合向背之所在，亦不知其經千洗百鍊而獲此融會取捨調和鼎鼐之功也。

桴亭論宇宙界，終自推奉周、朱，於康節、橫渠各有評騭。如曰：

張子知「虛空即氣」，又曰「太虛不能無氣」，下語雖極精微，終不如周子、朱子之劃然。

又曰：

張子只就聚散上起見，認理氣原不分明。

又曰：

康節以四為數，言水火土石而遺金木，終欠自然。

又其論鬼神則曰：

以鬼神為陰陽則可，以陰陽為鬼神則不可。即以四書、五經中所稱鬼神證之，何嘗與陰陽相混。

此條不僅可以澄清張、程所言，並亦可以剖辨朱子所申。朱子論鬼神，本之張、程，多越出古人舊見，而桴亭亦不苟同。余嘗謂儒家應分先秦儒與宋明儒。宋明諸儒，雖曰語必本之先秦，然亦有違離遠出者。即如張、程、朱子論鬼神，與孔、孟所言，意實大殊。桴亭承兩宋道學大統，而一一必挽歸之於孔、孟。其論濂溪太極圖，則謂其一本易繫辭。其辨鬼神，則謂以鬼神爲陰陽則可，而不可以陰陽爲鬼神。此亦於張、程、朱子所說有所申，無所闢，而已卓然自見己意，不事蹈襲，亦不務爭駁，乃彌見其書之粹而醇。

桴亭論理氣，可謂善述周、朱。其論性，則尤能特標己見，不苟同於張、程分言天地之性、氣質之性一節。然玩其所言，仍是有所申，無所闢。語若平淡，而剖析精到。此一論點，尤爲桴亭反覆研尋後所得，而亦極爲自信。因曰：

言氣質，原未嘗離天命，是就人言天。若離人言天，不但易入虛無，即極高明，與人何涉。

又曰：

未生以前，此理在天。既生以後，此理在人。萬物皆備，飽滿具足。不從此中識取性善，而仍講未生以前，縱極至善，已被禽獸草木分取一半。

又曰：

性者，氣質之理。人，氣質之理善；物，氣質之理雜。性為萬物所同，善惟人性所獨。性善不必離氣質而觀。孟子當時，只就氣質中説善。孔子、子思之言，無不同條共貫。孟子以後，周則無不胳合。程、朱間有一二未合，而合常八九。

桴亭絕不主張離人言天，因亦不主張離氣質而言性。理只在氣中，性亦只在氣質中。惟同時又必主理先氣後，又主人性之善。此皆其特見精深處。桴亭又謂性善乃指恒性，指性之常。故曰：

孟子言性善，於氣質之中道其常。荀卿言性惡，於氣質之中道其變。

此條頗近亭林日知錄。又曰：

此中間靈處謂之心。心中所秉而一定者謂之性。性中之妙而合理者謂之善。分義理、氣質而言性，猶是意圓語滯。

因此桴亭不言性中無惡，而極贊明道「善惡皆是性」一語。因曰：

孟子原止說性中有善，不曾說無惡。人皆可以為堯、舜，論其理。惟至誠能盡性，語其實。不必說到渾然至善，未嘗有惡，然後謂之性善。「渾然至善，未嘗有惡」，語極精微。然着意精微，便有弊病。此處已隱隱逗出「無善無惡」。「無善無惡」語更精微，卻已隱隱走入釋氏「離一切心即汝眞性」一邊去。

桴亭學本朱子，固不以朱子之學爲「支離」，然常以「精微」戒人，此亦桴亭之獨見。其以「精微」爲戒，正是其特見精微處，惜乎欲索解人不易得也。桴亭極反陽明四句教「無善無惡」一語，而又曰：

喜怒哀樂，好惡生殺，無非天理。故曰善惡皆天理。

善惡皆天理，即是說善惡皆性。桴亭於此特標出中庸「中和」二字。其言曰：

論性精微，莫若中庸，然只說喜怒哀樂。喜怒哀樂未發是性，已發是情。中與和是善。未發無不中，已發無不和，是聖人之性善。未發未能無不中，而未嘗無中。已發未能無不和，而未嘗無和，是常人之性善。性善二字只如此看。

於是桴亭乃提出其自己之「性無善惡」說。其言曰：

人性中無所謂善惡。只有中與過不及。故聖人盡性，只是致中和。

此處極見桴亭論學常有由宋明回返先秦之傾向。宋明理學家言似嫌多涉精微，先秦孔孟儒則語多平實。桴亭乃以宋明儒之精微回闡孔孟之平實。既歸平實，斯可免精微之流弊。故桴亭並不闢宋明之精微，乃以孔孟平實來作闡申，則一切精微自歸平實也。於此見桴亭之自下語，雖若一一平實，而於平實中實有愈見精微之處。

惟專就論性一節言，朱子已竭論非氣質無以見性，而又主性即理，理不離氣，亦不雜於氣。桴亭所論，似偏重「不離」一面，可以糾張、程分別天地之性與氣質之性之流弊。而於性之「不雜於氣」一面，則發揮似嫌薄弱，仍不如朱子所論之較更深密。

桴亭又曰：

同是萬有不齊，於物則謂之雜，於人則謂之純。人可以學問，而物不可以學問也。

此條見性善圖說。即宋儒所謂「變化氣質」。而推擴言之，則氣質雖萬殊，而可以純於一善也。

由論性轉到論心，桴亭亦獨有其精湛之見解。今姑舉遺書論學酬答中答王周臣一書爲例。其言曰：

張子曰：「心統性情」，邵子曰：「心者性之郛郭」，二說皆得之，而皆未全。張子偏於內，邵子偏於外。蓋心者，合神與形而為名。其所統，亦非特性情。有是性，感物而動，喜怒生焉，謂之情。情生思維圖度，謂之意。意念專決，謂之志。志定而浩然盛大充於中，不撓不屈見於外，謂之氣。有是數者，擴而充之之謂才。莫非心之所全，則莫非性之所具，亦莫非天之所賦。

此處融合天人體用而會歸於一心，非深契朱子論學淵旨者不能及。後儒徒以陸、王爲心學，不知朱子乃造心學之極詣，似惟桴亭能窺見到此。

思辨錄中又論人心、道心，其言曰：

道心只就人心中合於道者言之，非有二心。曰：「然則如何言道心常為之主而人心聽命？」曰：「此是說工夫。」

又曰：

整菴看人心、道心大誤。道心是不離陰陽之太極，人心是不離陰陽之太極。

「合道」即猶謂合理。理在氣中而非即是氣，道心亦只在人心中，非有二心。道心、人心不雜不離之妙，亦猶理之於氣之不離而又不雜也。整菴未能深瞭朱子理氣之辨，故亦不深瞭朱子人心、道心之辨。桴亭以朱子之辨理氣者移之以辨人心、道心，語極簡淨，平實。然不精讀朱子書，則不知思辨錄此條之精微而平實處。桴亭此處又用「太極」字，太極即理。桴亭極讚「一物一太極，統體一太極」之語，又極讚「理一分殊」之說。天人合，故人心可即又謂之道心，又謂之太極也。朱子辨理氣心性，後儒得其淵旨者，當端推桴亭。東發、整菴、亭林，於此或遠或近，或得或失，要皆非桴亭之比矣。

桴亭又辨此心之已發、未發，其言曰：

所謂未發，不過念慮轉接鬭筍處毫髮之間。

此問題，朱子辨論已極詳密，故到桴亭手上，乃可片言解紛。凡如此類，非得前人之着意精微，不得有後人之落歸平實。然求能於前人精微處落歸平實，此正大非易事。故非細讀朱子書，將不易見桴亭思辨錄之精采。桴亭思辨錄正多爲朱子論學作畫龍之點睛。縱是細讀朱子書，不讀思辨錄，亦每使人有不見壁上飛去之憾。

桴亭又曰：

工夫存乎我，境界因乎外。除卻戒慎恐懼，別尋未發，不是槁木死灰，便是虛無寂滅。

前念方滅，後念方起，此處有桴亭所謂「轉接鬬筍處在毫髮之間」者。桴亭從此境界點出中庸「戒愼恐懼」四字工夫，實是平實之至，又極精微之至。然若誤認此時境界，以爲把柄入手，則非槁木死灰，即是虛無寂滅。桴亭早年，曾學靜坐養生工夫，故能識得此一境界。然非後來正學功深，則不易得此見解。

桴亭又曰：

朱子以思慮未萌、知覺不昧釋未發，整菴以為恐學者認從知覺上去，亦是一見。不如說思慮未萌、本體不昧。

朱子常言心體本即是一知覺。是則「本體不昧」即是「知覺不昧」也。若恐人誤認從知覺上去，改說「本體不昧」，豈不又將使人誤認從本體上去。於此諸條參互推求，終於舉出中庸「戒愼恐懼」四字工夫。此四字，亦可謂即是此心本體，但不得謂之有知覺，亦不得謂之無知覺。由此求之，則本體在是，功夫亦在是。然必工夫到，乃可言本體。故從兩宋理學家言而向上求之，歸之孔孟先秦，則一一易於落實。若自兩宋理學家言而向下求之，更欲各闢門戶，窮極精微，則弊病終不免。整菴困知記不如桴亭思辨錄，正在此一上一下之間。故讀困知記，則人見其精微。讀思辨錄，則徒見其平實。能兼得於此二者，始爲能善讀思辨錄，思辨錄之不易讀處亦在此。

由辨已發、未發，乃有存養、省察工夫之辨。桴亭又言：

存養、省察，要看得他是一事，又要看得他是兩事。工夫纔有把柄，一切不放下，中無一毫沾滯。

朱子論理氣，論心性，總是教人要看得是二，又看得是一。桴亭此等處，皆是善學朱子。既要一切不放下，又要中無一毫沾滯，則惟「戒愼恐懼」四字，可以恰切道出此體段。

因辨存養、省察，又有動、靜之辨。桴亭曰：

心從靜中得，功向動中求。

此十字，要言不煩，玄珠在握。非眞下工夫，不易有此體悟。又曰：

心不靜，便是動；心不動，便是靜。不在念起念息上討分曉。

靜者安乎理之謂。未發安此天理，既發安此天理。無事安此天理，有事安此天理。久久純然，天理爛熟。雖千變萬化，總名為靜。

此兩條見論學酬答與陳言夏。

以上辨涵養省察，辨動靜，朱子皆以歸納入一「敬」字。桴亭之論「敬」則曰：

古人言敬多兼天說。今人不然，天自天，敬自敬。又曰天即理，把天字亦說得平常。此為上等人說則可，為中下人說，便無忌憚。不能作其恭敬之氣。子瞻欲打破敬字，若如古人說敬天，子瞻能打破天字否？

又曰：

今人多不識天字，只說敬字，許多昏憒偷惰之心，如何得震醒。

又曰：

先儒有曰「天即理」，予曰「理即天」。

「天即理」見朱子論語注，亦是道學精微之言。程門言敬，曰「主一」，曰「心中無一物」，所言似皆涉精微。桴亭論天一從周、朱，其論太極，論理先於氣，又曰天氣地質，自亦承認朱子「天即理也」之義。但此處乃謂此等可爲上等人說，不能爲中下人說。此亦桴亭論學，常主從精微轉歸平實之一證。故其答人書，謂「精微之理，乃未及知」也。

桴亭又曰：

道學不可著意。予有志斯道時，只是發念要做一箇人。字字句句要依四書做，初未嘗知所謂道學。一向只是如此。使知所謂道學，反多一番著意矣。

此亦主從道學精微轉歸孔孟平實也。

其與人書有曰：

性命之理，孔子罕言，而宋儒始明白而析言之。宋儒乃不得已而言。

此處謂是宋儒之不得已，亦是極平實。而較之亭林，則見爲有精微之趣。

或問知與行，桴亭曰：

> 有知及之而行不逮者，知者是也。有行及之而知不逮者，賢者是也。未可以概而論之。及其至也，眞知即是行，眞行始是知，又未可以歧而言。

知每易涉精微，行則落於平實，然此二者亦是一而二，二而一。孔孟平實，道學精微，精微盡歸於平實，平實一本諸精微，此乃桴亭論學趨嚮所在。

凡桴亭論理氣心性，大旨具如上述。今再進而論其言居敬窮理者。桴亭有曰：

> 居敬是主宰，窮理是進步處。

其言主宰，亦猶上引言「根腳」。有此心主宰作根腳，乃可向前求進步。論學酬答答王周臣書有云：

> 兼言理氣，道其全。專言理，明其主。欲知性知天，則不可不觀其全，欲率性事天，則不可不知其主。
>
> 理者人之所同，氣者我之所獨。從乎同，則理至而氣從焉，而日進以至於天。從乎獨，則氣勝

而理亡焉，而日流以汩於人。故君子有窮理之學。理在吾心，而求之天下之物，此儒者之道，所謂體用合一。性未可遽盡，而理可以漸窮。學者有志於窮理，必事事而察，日日而精，時時而習，漸造漸進以至於極。為神為聖，莫非是也，而又非馳騖於窮大之謂。馳騖於窮大而莫為之主，則事至而紛糾，事去而放逸。雖有所得，旋亦放失，故君子又有居敬之學。居敬窮理，在聖人為一貫之學，在學者為入德之門。即此下學，亦即此上達。

此書所言，皆通透明達。以人合天，必貴有作之主者。作之主者即此人心，然貴能從人心之大同處作主。有了主，又貴能有進步，故必外窮物理。如是始可合天人，兼體用，此心達此境界而才始見。下學在此，上達亦在此。聖人之與學者，其道與學，乃亦成爲一貫。

又文集答陳介夫有云：

吾輩為學，只是「真切」二字。真則得其本心，切則不離日用。得其本心，則居敬之道得矣。不離日用，則窮理之功密矣。

言居敬窮理，終有精微之嫌，桴亭釋之以「眞切」二字，則彌見爲平實。思辨錄中其他討論道學傳統上種種問題，莫不談言微中，明白扼要，脫盡理學家窠臼，而指示出理學中無窮蘊奧。此等精采處，幾於隨處可見。茲再拈錄數條示例。如曰：

事物到面前，只看外一層，是玩物喪志。能看裏一層，是格物致知。

「玩物喪志」與大學「格物致知」語皆出程門。桴亭以只看外一層與能看裏一層來作解釋，可謂親切明白矣。

又如曰：

化生之初，未有萬物，誰為輪廻。化生之後，自少而眾，自一而萬，如何輪廻。

此由朱子言鬼神意而推申言之，極淺顯淨括之致。

桴亭言道統，亦極有深義。桴亭實可謂是宋明道統殿軍。自桴亭以下，未有能闡明道學更如桴亭之親切淵懿者。桴亭有曰：

道統重聞知，不重見知。聞知者，無師傳而有開闢之功者也。宋仁宗時，有同時開闢三人。周濂溪、張橫渠、邵堯夫。二程雖同時極盛，然卻有師傳家教。

又曰：

大程以天資言，則近於周而勝於朱。以事功言，則開先之力固讓於周，而啟後之勞亦遜於朱。

又曰：

大程實是天資勝，學問則次程儘有深入處。橫渠集中亦推次程，然行處卻每有窒礙。

又曰：

從祀諸賢，如周子、朱子，其功不在孟子下，尤當在配享之列。

又曰：

論者每以孔子為賢於堯、舜，朱子為賢於周、程。尚論之説有二，有以聖人論聖人者，有就天下萬世論聖人者。以聖人論聖人者觀其德。以天下萬世論聖人者觀其功。謂孔子賢於堯、舜，朱子賢於周、程，亦就其功與業言之也。古今聖賢，蓋莫不有時焉。或者以業之故而並議及於德，更議及於體用之不合，則謬甚也。

此條見論學酬答答顧殷仲，乃桴亭對兩宋諸儒之評騭。桴亭崛起明末，其學直承周、朱，然實不能盡其用。若論成學之功業，則尚不如亭林日知錄。桴亭於闡申理學義藴，雖爲卓至，其開啟此下學術新途徑，則不得不謂其有遜於亭林。此則亦時爲之也。桴亭在明儒中惟時時稱道羅整菴，而於論學大節，則駁正整菴處亦多。全謝山傳有曰：「思辨錄所述，疏證剖析，無不粹且醇。其最足以廢諸家紛爭之説，而百世俟之而不易者，在論明儒。」是桴亭在理學傳統中，亦一聞知者。易代以後，築亭水上，潛龍不用。身居江南人文薈萃之區，而聲光獨闇。此固大儒之學養，資後人之觀其德則可矣，然亦豈桴亭之所欲乎！其論易之明夷有曰：

明不可息。雖晦於外，不可息於內。混迹庸眾，所謂晦。專心聖賢，所謂明。

又論易之「潛龍」曰：

非龍德不能當潛，今之潛而龍者又誰乎？

此見其自負與自處。又曰：

聖人能盡其所以然，不能盡其所當然。能盡體，而不能盡用。體在我者也。用乘乎形勢時位者也。

此條見論學酬答答盛聖傳。惜乎桴亭之所志所學，終以限於形勢時位，而不獲大彰顯於後也。桴亭學之最值稱道者，乃在其理學與經濟之兩面兼盡。桴亭爲學，一一依蹈朱子軌轍。自朱子後，能本末精粗，內外體用，一以貫之，實惟桴亭有此蘄嚮，亦有此造詣。所謂天德王道，內聖外王，以人合天，以用見體，皆桴亭所標舉以爲學的者。故曰：

孔子而後有眞學，周公以來無善治。漢、唐、宋竭力經營，只做得補偏救弊。三代規模，全未夢見。

桴亭實欲推致眞學以達之於善治，其分別漢、唐、宋與三代之意，亦即承襲朱子之答陳龍川。惟不專用王霸字，不專從漢祖、唐宗居心上說，故亦言之若更見爲切實。如曰：

撥亂不難，致治難。三代以下，但有能撥亂者，未有能致治者。

此處提出撥亂、致治兩項，亦於朱子辨王霸外别標新義也。又曰：

三代以上，主於用君子。三代以後，主於防小人。小人惟有不用法，更無防法。

又曰：

孔孟以後，待小人太寬，待君子太嚴。議論繁苛，甚於束濕，使君子坐失機會，不能展動分毫，亦主持世道者之過。

此兩條，若相反，實相成。法制議論，多偏陷於防禁一邊。然防禁不了小人，而終於束縛了君子。又曰：

古之治也以道，後世一決簿書，成為吏胥世界。

又曰：

家法與家禮，此一家中王霸之辨。

又曰：

漢、唐以下，治天下之法最密，然實處處滲漏，以其意欲一綱收盡天下也。天下之大，豈能一綱收盡。古之欲明明德於天下者，先治其國。看周禮一部書，止辨得王畿千里以內事，何等乾圓潔淨。

此說「欲一綱收盡天下」，可謂最能申述朱子之意。至謂治天下與治國異道，更屬卓論。曰：

周禮是治國之書。古人封建，王者所治，止於王畿以内。王荆公不識此意，是以治國之道治天下。

此等說法，又是何等乾圓潔淨乎！

桴亭又曰：

封建、井田、學校三者，孟子一生大學問，為致治之大綱。

與郁儀臣論學校書有曰：

向作治通，只推原孟子封建、井田、學校三大旨，而尤以學校為致治之本。

其論封建，謂：

封建之得，在於分數明，事權一，歷年久，禮樂刑政易施。賢明可以自立，無掣肘之患。郡縣之失，在於防制太密，權位太輕，遷轉太數。小人得售其奸，君子不得行其志。善治者當循今郡縣之制，重其事權，寬其防制，久其祿位。有封建之實，而無封建之名。有封建之利，而無封建之害。郡邑之爵祿權位，當悉如古封建，但當易傳子為傳賢。

此等說法之背後，必先具一番公天下之心。惟桴亭則專從平實言，不從精微言。讀者徒震驚於其用「封建」字，而疑以爲迂，則誠無可與語思辨錄之書。桴亭又曰：

當今最要務。

三代以上立法，常使人有為善之利。三代以後立法，常恐人有為惡之弊。收人才，去文法，是

又曰：

以人才用國家，未嘗為國家用人才。

又曰：

治天下必自治一國始，治一國必自治一鄉始。

分鄉是小封建法。

鄉約是個綱。社倉、保甲、社學是個目。社倉是足食事，保甲是足兵事，社學是民信事。

此等立論，皆是乾淨俐落，精微平實兼盡。其論井田，謂：

鄉邑欲行井田，須修古鄉大夫之職。

桴亭又特著治鄉三約詳其法。其論封建，只在分職權。其論井田，只在均財富。其論由治鄉而治國而治天下，尤爲能盡本末內外而一以貫之，而尤要則在其論學校。

其論學校謂：

儒治所不同於吏治者，儒治從教化上做起，吏治從刑政上做起，其原本只在學校之興廢。

此見論學酬答答郁儀臣。又曰：

聖賢之生，必由學校，而學校之振必由師儒。

此條見文集蘇學景賢錄序。又曰：

古者有大學之法，後世但有大學之道，無所謂大學之法，故成就人才較難。

古法盡亡，必須制作。

又曰：

伊川看詳學校，不如文公貢舉私議，然皆不過就近代言。明道請修學校劄子，則通於三代。

又曰：

學校之制，惟安定湖學教法、明道上神宗書，尤得貫通推行之法。

而桴亭特所注重者，則在學校之師。謂：

「師」之一字，是天地古今社稷生民治亂安危善惡生死之關。學校之制，其在鄉學，不過讀書識字，歌詩習禮而已。至於國學，決當做安定湖學教法而更損益之。如經義、治事，宜各各分為諸科，聘請專家名士以為之長。為學校之師者，則兼總而受其成。如此則為師者不勞，而造就人才亦易。

重師道而不廢專家，此亦申朱子義。又倡「師尊於君」之論，謂：

非師之尊，道尊也。道尊故師尊。

洪武初設四輔官，位尚書上，聘耆儒自布衣徑為之。此與予「天子擇師」之說同，惜乎其遂廢而不行。

又曰：

太子即須為擇師，及即位則終身師之。

問之以道，而不勞之以政。隆之以禮，而不授之以權。庶乎名實兩得。

又曰：

設臺諫，不如設師傅。

其論禮樂，雖亦備究精微，而終亦一歸平實。謂：

朱子語錄中冠、昏、喪、祭皆淺近切實可行。伊川便太泥古。

又曰：

朱子儀禮經傳集解，此書成於門人，未及折衷，亦且多泥古禮，使後世無所遵守。

又曰：

審樂斷以聲為主，紛紛論器論數，皆後一著事。審音不難，即以俗樂論之，如琴瑟疏而雅，琵琶繁而哀，笙簫和而柔，羌笛厲而勁。中正和平之音，非必不可求。欲知雅樂，未始不可於俗樂、胡樂中參求反觀而得。

其論經史，則曰：

書與春秋，即後世之史。書兼載文章，即後世之古文。詩即後世之詩。禮則紀三代之典禮。後世一代有一代之制作，禮未嘗無。五經中，惟易在所不必續。其餘詩、書、禮、春秋，皆在所必續。自漢、唐以來，皆以五經為聖人所定，註疏論解，無慮數千百家。五經而外，則以為非聖人所定而忽之。其有擬經、續經者，咸共非笑詆排，以為得罪聖人。此世儒尊經之過。

文集曹頌嘉漫園文稿序有曰：

義、文之易，所以述天人，即後世性理諸書是也。虞、夏、商、周之書，孔子之春秋，所以紀政事，即後世史傳諸書是也。商、周之雅、頌，十五國之風詩，所以言性情，即後世樂府詩歌之類是也。周公之周禮、儀禮，漢儒之禮記，所以載典禮，即後世八書、十志之類是也。

如此論經，較之「六經皆史」之說，更爲允愜。其自爲書鑑、詩鑑，乃師法王通之續經。又曰：

凡作史，志書須詳於紀傳。文中子曰：「史之失也，其於遷、固乎！紀繁而志寡。」此言眞千古確論，亦千古絕識。

又曰：

二十一史列傳甚冗亂，其諸志卻不可不讀。蓋一代之禮樂刑政存焉，未可忽也。予嘗欲去二十一史紀傳，別取諸志合為一書。文獻通考亦髣髴其意，但終不若獨覯一代，為覯一代之全。

桴亭論性理常求其一貫，經濟亦當求一貫，故論法制，亦貴能觀一代之全也。又曰：

讀史有必不可少諸書，如歷代地圖建置沿革、歷代官制建置沿革、建都考、歷世統譜等，意欲彙為一集，名曰讀史要覽，亦是便學者之事。

又曰：

讀史當以朱子綱目為主，參之資治通鑑以觀其得失，益之紀事本末以求其淹貫，二十一史雖不讀，備查足矣。

此皆卑之無甚高論，極平實之至。桴亭又分讀書爲三節，一曰「誦讀」，自五歲至十五爲一節。一曰「講貫」，自十五至二十五爲一節。又一曰「涉獵」，自二十五至三十五爲一節。其所列書目，自經、史、理學外，在講貫、涉獵兩類者，又有天文、地理、水利、農田、兵法諸種，而古文、古詩則三節皆列。又有本朝事實、本朝典禮、本朝律令，皆在講貫、涉獵中，謂：「此最爲知今之要。今之學者，有終身未之聞。」謂：

今天下之精神，皆耗於帖括，誰肯為眞讀書人，而國家又安得收讀書之益。

重師道，即是重道學也。重讀書人，即是求進步也。凡讀思辨錄中論善治，必當會歸之於其論眞學而一以貫之，斯可得其深趣矣。

桴亭之學，一依朱子格物窮理之教，故主隨事精察，謂：

向讀區田法而異之，民間何以竟不傳。及讀元史，見元時嘗以此法下之民間，迄無成功。予嘗欲親試之。

今思辨錄中備詳其說。

桴亭又論兵法有曰：

唐有李靖兵法，今僅存杜氏通典所載戚南塘紀效新書從此書中脫出。予嘗欲輯兵書為三卷，曰道，曰法，曰術。「道」只是道理，四書、五經中言兵，及聖賢古今論兵格言，必有合於王者之道者乃取。「法」則法制，如司馬法、李靖兵法及紀效新書、八陣發明之類。「術」則智術，如孫吳兵法及古今史傳所記攻戰之迹。令學兵者先知道，次學法，次論術，庶體用不殺，而人才有造。

又曰：

戚繼光紀效新書特勝，以其曾經實歷。練兵實紀不如紀效新書。

明末天下多寇，桴亭又輯城守全書，自稱頗爲詳密。

桴亭於農政、兵書，平日既多究心，其他如天文曆數、地理險要、河渠水利、醫學藥物，幾於無不研究。茲不摘引。

桴亭又留心詩文，有書鑑一編，專取古文中有關興衰治亂者。又有詩鑑一編，專取漢、唐以後詩有合於興觀羣怨者。而其論詩，尤具隻見。嘗曰：

不論人論世而論詩，論詩又不論志而論辭，總之不知詩。

選詩必欲人與詩合，詩與事合，乃可入選。不然，詩雖佳，皆僞言也。

又曰：

唐詩多寫景，宋詩多談理。然唐詩未嘗不言理，宋詩未嘗不寫景。予意欲選唐人宋詩，宋人唐詩，以破當世之成見，病未得暇。

又曰：

邵堯夫擊壤集，前無古，後無今，其獨造處，直是不可及。堯夫詩胸次極妙，直與天地萬物上下同流。康節直任天機，縱橫無礙，從來詩體不得而拘，謂之風流人豪，豈不信然。康節詩直把詩作際天際地一事，豈止篇章辭句而已。唐人詩，康節做得。康節詩，唐人做不得。白沙之詩，合道理與風雅為一，所作詩有「子美詩之聖，堯夫更別傳」云云，蓋欲合子美、堯夫為一人。

凡其興趣之廣泛，途轍之開濶，實可謂是朱子後一人。

桴亭又曰：

聖人之教，無所不該，論語所稱有四科。後世人才果能於四科之中出類拔萃，此即聖人之徒也。後世不知此義，孔孟之後，概以伏生、申公、歐陽高、夏侯勝之徒當之，不過文學中人耳。乃歷漢、唐以來，儼然專兩廡之席，而功業彪炳，志行卓犖，為古今人所信服者，不得與從祀之列，概擯之門牆之外。是止以吾夫子為一經生，而裒集後世許多無用之老儒，共作一堂衣缽也。無怪乎奇偉英雄之士，掉臂而去，而作史者必另為道學傳以載其人；而為道學者，亦甘自處於一隅之陋；此其失非細故也。

又曰：

聖人之教，無所不該。當一洗向來學究之習，而成聖人大無外之教。

或問：「吾輩為學，如釋、老之類，亦當博涉否？」曰：「欲為大儒，欲任斯道之責，二氏之書，豈得閉而不窺。」

又曰：

愚意聖門從祀，自及門七十子，及周、程、張、朱具體大儒之外，皆當分為四科，妙選古今以來卓犖奇偉第一等人物，盡入從祀。如黃憲、文中子「德行」，張良、李泌「言語」，孔明、房、杜、韓、范、司馬「政事」，遷、固、李、杜、韓、柳、歐、蘇「文學」，庶幾一洗向來學究之習，而成聖人大無外之教。

又曰：

如周子、朱子，其功不在孟子下，此尤當在配享之列，非僅從祀已也。

又曰：

凡古來節義名臣，如關羽、顏眞卿、張巡、岳飛，皆當在「德行」之列。小儒不知，而二氏反得竊之以惑眾。在二氏固為援儒入墨，在吾儒未免推而遠之。

又曰：

聖人生末世，眞是任大責重。使達而在上，則凡井田、學校，前人已壞之法皆其事。窮而在下，則凡理學、經濟，前賢未備之書皆其職。雖矻矻孳孳，夜以繼日，猶將不足。豈得自託涵養，悠悠終日乎？

孔子刪述六經無論矣。孔子而下，德之盛者莫如朱子，然朱子一生功業，亦只在著書。

又曰：

凡有功業，皆與人共之。著述者無論矣。讀而傳之者居其半，表彰而尊信之者居其半，舉而措之行事者居其半。苟於斯道有一分之力，則於斯道有一分之功。

凡桴亭之所志所學，亦可於此想見其大概。

（一九七〇年七月臺北故宮圖書季刊一卷一期）

余君英時方以智晚節考序

晚明諸遺老之在清初，立節制行之高潔、成學著書之精嚴，影響清代兩百六十年，迄今弗衰。惟方以智密之著書雖流傳，而行事隱晦不彰，關心諸遺老史迹者，每以爲憾。蓋密之入清以來，即披薙爲僧。不如夏峯、靑主輩，雖曰高尙其事，遁匿終身，要是在士林冠帶之列；其爲學亦不出性理、經、史，雖亦蹊徑各別，而承先啟後，固同在學術大傳統之下。密之則藏身方外，學思言行，不能無殊。軌途既隔，傳述遂寡。志猶合而道則乖，所以有顯晦之相歧也。

及門余君英時，發憤有作，爲密之晚節考，於密之披薙後生涯，博稽廣搜，備引同時各家詩文，旁涉雜史方志、寺院碑碣、禪門掌故，下逮近代諸家所考索。一鱗片爪，精思密會，排比既詳，條貫秩然，凡分「靑原」、「廩山」、「七祖道場」三節，於密之方外流遁始末，乃一一呈現，如在目前。顧密之雖縱放山林，而塵累未淨，姓字落人間，聲名被寰宇，英時又特撰俗緣考，擇其靑原時期往來接觸者十餘人，就其可以透露密之晚節大概者加以論列。於是密之生活之內、外兩面，入、出世雙方，皆得披豁兼盡，朗若列眉。三百年間一若沉若浮、若隱若顯之人物，乃得躍然如在紙上，宛然如在目前。考覈之功之有裨學術，而終爲不可廢，有如此。

而英時此文之貢獻，所謂「發潛德之幽光」，其對於密之生平志節之表揚，以證晚明諸遺老遭際沉痛深哀之一斑，乃及滿清異族政權所加於中國傳統士氣之摧殘壓迫，不啻是鈎畫一輪廓，描繪一形態，使後之讀者，更益有以想見其時之情況，而不禁穆然以思，惕然以驚，而油然生其對當時諸遺老無窮限之同情；而悼古愍今，亦必有不勝之感慨發乎其間者，則莫如此文最後之死節考一章。

清史稿密之本傳、馬其昶桐城耆舊傳，皆僅記密之卒，不詳其遇禍事。康熙十二年重修桐城縣志，上距密之卒僅兩年，亦不著其罹難死節。此事在當時，殆舉世所諱，後人遂少傳述；而英時獨爲搜剔抉發。密之死難在辛亥，英時此文適亦在辛亥，前後適三百年，事之難能與巧合有如此。而英時又推定密之死在惶恐灘一節，更可謂思入微茫，精通玄冥，三百年前人所懷心事，爲三百年後人重新發得。所謂浩氣之常存，精魄之不散，即此亦略可信矣。

密之究犯何案，英時此文亦尚未考獲。然計密之遁迹空門，滅影巖壑，亦逾二十年以上。縱是俗緣未盡斬絕，則從來高僧大德，又誰歟無此？要可謂不食人間煙火，不問當世理亂。而禍發之厲，鈎連之廣，其子乃有「家人齏粉在俄頃」之語。以密之聲光，其事必震動一世。而事後皆閉口不敢言，擱筆不敢記。密之通雅一書，清四庫收入明人之列。提要極稱之，謂其考據精核，迥出楊愼、陳耀文、焦竑諸人之上，在明代考證家中可謂卓然獨立。明明是勝國遺民入昭代，四庫館臣豈不知！乃並此亦避不敢提。殆由愛生諱，其疎失即其謹愼；而密之乃居然得乾淨爲一明代人。提要撰文在乾隆四十六年，上距康熙十年密之卒，亦已整整一百年，尚猶如此避忌，則百年前情景可想。

英時考密之晚節與殉難事外，復有晚年思想管窺一章，提及「三教合一」之說。此乃晚明學風一大趨嚮；然應可加分疏。姚江流衍，頗主此說，乃欲撤除門牆，自放於無涯涘，以破俗儒之拘攣。若果逃儒歸釋，寧有復主「三教合一」之理？縱不然，亦牽孔、老爲偏裨，奉瞿曇於一尊。至如密之，則逃儒歸釋乃其跡，非其心，否則將不使其三子僕僕皖、贛間，常年奉侍。又其爲僧無定名，如無可、五老、藥地、墨歷、極丸老人等，此在名賢大儒如晦翁朱子有不免，文人尤喜染此習，佛門大德則少見。密之身浮屠，而猶言「三教合一」，豈誠結習之難忘乎！故密之晚節，顯然仍是勝國一遺老，不得以一禪師目之，此則讀英時此文而更皎然也。

英時遠道郵稿示余，乞爲一言弁之，爰撮述原稿大旨，姑以塞請。一九七二年錢穆。

（原載一九七二年九月香港新亞書院研究所中國學人第四期）

顧亭林學述

章實齋文史通義，分淸初學術爲浙西、浙東兩派。謂浙西宗顧亭林，尙經學，淵源自朱子。浙東宗黃梨洲，尙史學，淵源自陽明。竊謂淸初學風，乃自性理轉向經史。顧、黃兩家，爲其代表，皆經史兼擅，而亭林造詣尤卓。蓋由朱子轉經史，其道順。由陽明轉經史，其道逆。在晚明諸遺老中，孫夏峯、李二曲、黃梨洲皆治陽明，稱三大儒，知其時王學尙盛。亭林論學，則時若有反理學之嫌，至少若與理學面目不同。然其確尊朱子，則斷無可疑。日知錄中屢引黃震東發日鈔，及陸桴亭思辨錄兩書，可證其學脈。余舊爲近三百年學術史，亭林有專章敍述，茲篇專拈其於理學中尊朱斥王之一節，學術史已詳者不復著。

日知錄卷九夫子之言性與天道條有曰：

孔門弟子不過四科，自宋以下，為之學者則有五科，曰「語錄科」。

此言「語錄」，並不指全部理學言，乃指理學中之部分言。文集卷六下學指南序有云：

今之言學者，必求諸語錄。語錄之書始於二程，前此未有也。今之語錄，幾於充棟矣，而淫於禪學者實多。然其說蓋出於程門。故取黃氏日鈔所摘謝氏、張氏、陸氏之言以別其源流，而衷諸朱子之說。嗚呼，在宋之時，一陰之姤也。其在於今，五陰之剝也。有能由朱子之言以達夫聖人下學之旨，則此一編者，其碩果之猶存也。

下學指南一書今不傳。亭林之斥語錄，乃就其淫於禪者言，在宋如上蔡、橫浦、象山，而更暢衍於明代王學盛行之後。亭林此編，採錄東發，折衷朱子，可證其對宋、元、明三代理學之態度。

又文集卷三與施愚山書有曰：

古之所謂理學，經學也。非數十年不能通。今之所謂理學，禪學也。不取之五經，而但資之語錄，校諸帖括之文而尤易也。

又文集卷四與人書四有曰：

經學自有源流，自漢而六朝而唐而宋，必一一考究，而後及於近儒之所著，然後可以知其異同離合之指。

是亭林所謂經學，乃自漢至宋通言之。「古之所謂理學」，指宋。以其合於經，同於經，故曰即經學。「今之所謂理學」，指明。亭林謂其不取之五經，但資之語錄，亦如釋氏之有禪，可以不誦經典而成佛也。

又文集卷六答友人論學書有曰：

世之君子，苦博學明善之難，而樂夫一超頓悟之易。滔滔者天下皆是，無人而不論學矣。

又文集卷三與友人論門人書有曰：

今百人之中，尚有一二讀書而又皆躁競之徒，欲速成以名於世。語之以五經則不願學，語之以白沙、陽明之語錄，則欣然矣。

是亭林之惡夫禪與語錄者，乃惡其開速成之路，而隳下學之基，並顯指白沙、陽明言。而其瓣香所宗則在朱子。

文集卷五，華陰縣朱子祠堂上梁文有曰：

宣氣為山，衆阜必宗乎喬嶽。明徵在聖，羣言實總於眞儒。兩漢而下，雖多保殘守缺之人。六經所傳，未有繼往開來之哲。惟絕學首明於伊雒，而微言大闡於考亭。不徒羽翼聖功，乃亦發揮王道。啟百世之先覺，集諸儒之大成。

是亭林言經學，尤重宋儒，而其推崇朱子，誠可謂高山仰止。而「不徒羽翼聖功，乃亦發揮王道」二語，更值注意。所謂內聖外王，明體達用，亭林意，惟朱子有之。亭林日知錄，上篇經術，中篇治道，下篇博聞，自謂「有王者起，將以見諸行事，以躋斯世於治古之隆」。故其爲學，羣經之外，兼及諸史。晚年卜居華陰，與王山史同修朱子祠堂，而爲此文。其平生學業志氣精神所注，血脈所自，端在朱子，信不誣矣。

亭林餘集與陸桴亭札有云：

昨歲於薊門得讀思辨錄，乃知當吾世而有眞儒如先生者，孟子所謂「窮則獨善其身，達則兼善天下」，具內聖外王之事者也。近刻日知錄八卷郵呈。思辨錄刻全，仍乞見惠一部。

與亭林同時，治朱子學最具精詣者，莫過桴亭，而亭林以「內聖外王」之「眞儒」稱之，則亭林志業可想矣。

日知錄卷十八配享條有曰：

周、程、張、朱五子之從祀，定於理宗淳祐元年。顏、曾、思、孟四子之配享，定於咸淳三年。自此之後，國無異論，士無異習，歷胡元至于我朝，中國之統亡，而先王之道存。理宗之功大矣。

此所謂「中國之統亡而先王之道存」者，猶即其辨「亡國」之與「亡天下」，是亭林認爲元儒尚能守中國道統；而其重視宋五子，以爲直接孔孟，故謂先王之道猶存也。

又同卷嘉靖更定從祀條有曰：

舊唐書太宗貞觀二十一年，詔以左丘明、卜子夏等二十二人，代用其書，垂于國胄。自今有事于太學，並令配享宣尼廟堂，蓋所以報其傳注之功。迄乎宋之仁、英，未有改易，可謂得古人敬學尊師之意。神宗元豐七年，（此年以孟子同顏子配享殿上。）始進荀況、揚雄、韓愈三人。此三人無傳注之功，祀之者，為王安石配享、王雱從祀地也。理宗寶慶三年，進朱熹。淳祐元年，進周敦頤、張載、程顥、程頤。景定二年，進張栻、呂祖謙。度宗咸淳三年，進邵雍、司馬光。以今論之，唯程子之易傳，朱子之四書章句集注、易本義、詩集傳，及蔡氏之尚書集傳，胡氏之春秋傳，陳氏之禮記集說，是所謂「代用其書，垂于國胄」者爾。南軒之論語解，東萊之讀詩記，抑又次之。而太極圖、通書、西銘、正蒙，亦羽翼六經之作也。嘉靖九年，逞私妄議，輒為出入。棄漢儒保殘守缺之功，而奬末流論性談天之學，於是語錄之書日增月益，而五經之義委之榛蕪。有王者作，其還遵貞觀之制乎！

又曰：

嘉靖之從祀，進歐陽修者為大禮，出於在上之私意。進陸九淵者為王守仁，出于在下之私意。與宋人之進荀、揚、韓三子而安石封舒王配享，同一道也。

此所衡評，即其平素「經學即理學，捨經學安有所謂理學」之主張。自左丘明、卜子夏以下，迄於杜預、范甯二十二人，皆於傳註六經有功。程、朱乃及胡安國、蔡沈、陳澔亦然。即張栻、呂祖謙，亦在又次之列。周、張雖不傳經，於羽翼六經有功。在亭林之意，固未嘗爲漢、宋分疆，故經學中即包有理學，而理學亦不過爲發揮經學。至於明代中晚以下盛行之語錄，乃離異經學以爲學，故亭林不以理學許之。下及乾嘉，嚴分漢、宋，經學獨歸兩漢，理學全受排斥，此又與亭林意見大爲不同。

又卷二十四書五經大全條有曰：

自朱子作大學中庸章句、或問、論語孟子集註之後，黃氏榦有論語通釋。而采語錄附於朱子章句之下，則始自眞氏德秀。名曰集義，止大學一書。祝氏洙乃倣而足之，為四書附錄。後有蔡氏模四書集疏，趙氏順孫四書纂疏，吳氏眞子四書集成。昔之論者病其泛濫，於是陳氏櫟作四書發明，胡氏炳文作四書通。而定宇之門人倪氏士毅合二書為一，頗有刪正，名曰四書輯釋。自永樂中命諸臣纂修四書大全，頒之學官，而諸書皆廢。倪氏輯釋今見於劉用章剌所刻四書通義中。永樂中所纂四書大全特小有增刪，其詳其簡，或多不如倪氏。大學中庸或問則全不異，而間有舛誤。至春秋大全，則全襲元人汪克寬胡傳纂疏，詩經大全則全襲元人劉瑾詩傳通釋。其三經，後人皆不見舊書，亦未必不因前人也。當日儒臣奉旨修四書五經大全，將謂此書既成，可以章一代教學之功，啟百世儒林之緒；而僅取已成之書抄謄一過，上欺朝廷，下誑士子。唐、宋之時有是事乎？豈非骨鯁之臣已空於建文之代，而制義初行，一時人士盡棄宋、元以來所傳之實學，上下相蒙以饕祿利，而莫之問也。嗚呼！經學之廢實自此始。後之君子欲掃而更之，亦難乎其為力矣。

是亭林明以朱子四書爲經學，而謂經學之廢始於明。又謂宋、元尚傳實學，元儒吳澄、明儒程敏政，皆鑒於當時之徒務文字訓釋以爲學，激而爲朱、陸異同作平反。然當亭林之世，情勢又非。實學日荒，虛談益張，故更寧取於元儒也。

亭林餘集與潘次耕札有曰：

如炎武者，使在宋、元之間，蓋卑卑不足數。而當今之世，則已似我者多，而過我者少。俗流失，世壞敗，而至於無人如此，則平生一得之愚，亦安得不欲傳之其人，而望後人之昌明其業乎！惟願刻意自厲，身處於宋、元以上之人，與為師友，而無狥乎耳目之所濡染者焉，則可必其有成矣。

此見亭林於宋、元、明三代學術高下之評騭。蓋亭林深崇朱子，黃東發闡申朱學，特爲亭林所欣賞，故日知錄中屢引其說。即日知錄爲書，亦似與東發日鈔有淵源。後人每以與王伯厚困學紀聞相提，抑紀聞猶其次也。

日知錄屢引黃氏日鈔，尤其關於論心學之近禪者。前引夫子言性與天道條引曰：

夫子述六經，後來者溺於訓詁，未害也。濂、雒言道學，後來者借以談禪，則其害深矣。

亭林寧取元儒，深惡晚明，即此意。

又卷一艮其限條引曰：

心者，吾身之主宰，所以治事而非治於事。惟隨事謹省，刻心自存，不待治之而後齊一也。孔子之教人曰：「居處恭，執事敬，與人忠。」曾子曰：「吾日三省吾身。為人謀而不忠乎？與朋友交而不信乎？傳不習乎？」不待言心而自貫通於動靜之間者也。孟子不幸當人欲橫流之時，始單出而為「求放心」之說。然其言曰：「君子以仁存心，以禮存心。」則心有所主，非虛空以治之也。至於齋心服形之老、莊，一變而為坐脫立亡之禪學，乃始瞑目靜坐，日夜仇視其心而禁治之，及治之愈急而心愈亂，則曰「易伏猛獸，難降寸心」。嗚呼！人之有心，猶家之有主也。反禁切之使不得有為。其不能無擾者勢也，而患心之難降歟。（省齋記）

又曰：

存心之說有二。古人之所謂存心者，存此心於當用之地也。後世之所謂存心者，攝此心於空寂之境也。造化流行，無一息不運。人得之以為心，亦不容一息不運。心豈空寂無用之物哉！世乃有遊手浮食之徒，株坐攝念，亦曰存心。而士大夫溺於其言，亦將遺落世事，以獨求其所謂心。迨其心迹冰炭，物我參商，所謂老子之弊流為申、韓者，一人之身已兼備之，而欲尤人之不我應，得乎？（山陰縣主簿廳記）

又卷二十心學條，引日鈔解尚書「人心惟危，道心惟微。惟精惟一，允執厥中」四句有曰：

近世喜言心學，舍全章本旨而獨論人心、道心。甚者單摭「道心」二字，而直謂即心是道。蓋陷於禪學而不自知。蔡九峯作書傳述朱子之意曰：「古之聖人，將以天下與人，未嘗不以治之之法而並傳之。」可謂深得此章之本旨。其後進此書傳於朝者，乃因以三聖傳心為說。世之學者，遂指此書十六字為傳心之要。愚按：心不待傳也。流行天地間，貫徹古今而無不同者理也。理具於吾心而驗於事物。心者所以統宗此理而別白其是非。人之賢否，事之得失，天下之治亂，皆於此乎判。此聖人所以致察於危微精一之間，而相傳以執中之道，使無一事之不合於理，而無有過不及之偏者也。聖賢之學，自一心而達之天下國家之用，無非至理之流行。明白洞達，人人所同，歷千載而無間者，何傳之云。

又同卷內典條引曰：

論語「曾子三省」章集註載尹氏曰：「曾子守約，故動必求諸身。」語意已足矣。又載謝氏曰：「諸子之學皆出於聖人，其後愈遠而愈失其眞，獨曾子之學專用心於內，故傳之無弊。」夫心所以具衆理而應萬事，孔門未有專用心於內之說也。用心於內，近世禪學之說耳。象山陸氏因謂：「曾子之學是裏面出來，其學不傳。諸子是外面入去。今傳於世者皆外入之學，非孔子之眞」。自謂論語之外得不傳之學，凡皆源於謝氏之說也。後有朱子，當於集註中去此一條。

東發最尊朱子，然於朱子語亦多糾挽。「傳心」一語，朱子在鵝湖會前，屢有提及，而東發明加反對。

上引心學條，亭林亦曰：

中庸章句引程子之言曰：「此篇乃孔門傳授心法。」亦是借用釋氏之言，不無可酌。

此承東發意，惟措辭較緩。又卷九忠恕條有曰：

延平先生答問曰：夫子之道，不離乎日用之間，自其盡己而言則謂之忠，自其及物而言則謂之恕。莫非大道之全體。雖變化萬殊於事為之末，而所以貫之者未嘗不一也。曾子答門人之問，正是發其心爾，豈有二邪？若以謂夫子「一以貫之」之旨甚精微，非門人所可告，姑以「忠恕」答之，恐聖賢之心不若是之支也。如孟子言：「堯、舜之道孝弟而已矣。」人皆足以知之。但合內外之道，使之體用一原，顯微無間，則非聖人不能爾。朱子又嘗作忠恕說，其大指與此略同。按此說甚明，而集註乃謂「借學者盡己推己之目以著明之」，是疑忠恕為下學之事，不足以言聖人之道也。然則是二之，非一之也。

此條下面又引東發言相發明。亭林一承東發矯朱子，正證其一意崇朱之亦猶東發也。

同卷予一以貫之條又曰：

「好古敏求，多見而識」，夫子所自道也。然有進乎是者。六爻之義至賾也，而曰「知者觀其彖辭則思過半矣」。三百之詩至泛也，而曰「一言以蔽之曰思無邪」。三千三百之儀至多也，而曰「禮與其奢也寧儉」。十世之事至遠也，而曰「殷因於夏禮，周因於殷禮，雖百世可知」。百王之治至殊也，而曰「道二，仁與不仁而已矣」。此所謂予一以貫之者也。天下之理，殊塗而同歸，大人之學，舉本以該末。彼章句之士，既不足觀其會通，而高明之君子，又或語德性而遺問學，均失聖人之指矣。

上引前一條以「尊德性」言一貫，下一條以「道問學」言一貫，若兩者相衡，則亭林論學大意，毋寧更重後者。蓋其學脈，端承朱子而來。而盡掃虛玄，一歸平實，存理學之精神，而脫去理學之面貌，於學術思想之轉變上，尤有關係。

日知錄卷十求其放心條有曰：

學問之道無他，求其放心而已矣。然則但求放心，可不必於學問乎？與孔子之言「吾嘗終日不食終夜不寢，以思無益，不如學也」者，何其不同也？他日又曰：「君子以仁存心，以禮存心。」是所存者非空虛之心也。夫仁與義，未有不學問而能明者也。孟子之意蓋曰：能求放心，然後可以學問。「使弈秋誨二人弈，其一人專心致志，惟弈秋之為聽，一人雖聽之，一心以為有鴻鵠將至，思援弓繳而射之，雖與之俱學，弗若之矣。」此放心而不知求者也。然但知求放心，而未嘗窮中罫之方，悉雁行之勢，亦必不能從事於弈。

此條用論語釋孟子，而孟子「求放心」之定義自顯。又曰「仁義未有不學問而能明」，此語益見深趣。孟子言良知，與言仁義自別，細讀孟子書自得之。

又同卷行吾敬故謂之內也條有曰：

先王治天下之具，五典五禮五服五刑，其出乎身、加乎民者，莫不本之於心以為之裁制。此道不明，而二氏空虛之教，至於搥提仁義，絕滅禮樂，從此起矣。自宋以下，一二賢智之徒，病漢人訓詁之學得其粗迹，務矯之以歸於內，而達道達德九經三重之事置之不論，此所謂「告子未嘗知義」者也，其不流於異端而害我道者幾希。

務求一歸之內，空言德性，而輕視問學，忽略實務，此爲亭林所不滿。乃主於事爲上見德性，於功業上講義理。亭林之於大學八條目，可謂尤重「修齊治平」之後四項，與宋代理學尤重「格致誠正」前四項者稍不同；然其精神命脈，固是一貫相承，卻與此下乾嘉考證學大異其趣，此層不可不辨。

又卷九不踐迹條有曰：

先王之教，若說命所謂「學于古訓」，康誥所謂「紹聞衣德言」，以至於詩、書六藝之文，三百三千之則，有一非踐迹者乎？善人者，忠信而未學禮，篤實而未日新，雖其天資之美，亦能闇與道合，而卒以不學，無自以入聖人之門。治天下者亦然。故曰「周監於二代，郁郁乎文哉」。不然，則以漢文之幾致刑措，而不能成三代之治矣。

不學無以入聖人之門，不學無以成三代之治，聖功、王道一歸於學，此爲亭林論學要旨。又同卷夫子之言性與天道條有曰：

夫子之教人，文行忠信，而性與天道在其中矣，故曰「不可得而聞」。朱子曰：「聖人教人，不過孝弟忠信，持守誦習之間。此是下學之本。今之學者以為鈍根，不足留意。其平居道說，無非子貢所謂不可得聞者。」又曰：「近日學者病在好高，論語未問『學而時習』，便說『一貫』。孟子未言『梁惠王問利』，便說『盡心』。易未看六十四卦，便讀繫辭。此皆躐等之病。」又曰：「聖賢立言本自平易，今推之使高，鑿之使深。」

凡亭林所糾摘理學之流弊，正即承朱子之意，觀此條可見。又上引心學條，引唐仁卿答人書有曰：

古有學道，不聞學心。古有好學，不聞好心。「心學」二字，六經、孔、孟所不道。今之言學者，蓋謂心即道也。子曰：「有能一日用其力於仁矣乎？」又曰：「一日克己復禮。」又曰：「終日乾乾，行事也。」外仁外禮外事以言心，雖執事亦知其不可。心學者，以心為學也。以心為學，是以心為性也。心能具性，而不能使心即性也。是故求放心則是，求心則非。求心則非，求於心則是。我所病於心學者，為其求心也。

仁卿名伯元，萬曆甲戌進士。明史入儒林傳。深疾王學。陽明從祀孔廟，仁卿上疏爭之，因請黜陸九淵而升周、程、張、朱五人於十哲之列。其人又屢見於顧憲成之小心齋劄記。胡直廬山曾貽書兩首，力辨其詆王學之非。亭林於仁卿語不惜詳引，又如同卷舉業條引艾南英皇明今文待序，亦就當時人語指陳當時流弊，如此乃更爲有力也。而亭林之自言之，則尤慨切憤痛。前引夫子之言性與天道條有曰：

> 五胡亂華，本於清談之流禍，人人知之。孰知今日之清談，有甚於前代者。昔之清談談老、莊，今之清談談孔、孟。不習六藝之文，不考百王之典，不綜當代之務，舉夫子論學論政之大端一切不問，而曰「一貫」，曰「無言」。以明心見性之空言，代修己治人之實學，股肱惰而萬事荒，爪牙亡而四國亂。神州蕩覆，宗廟丘墟。

學術非而人才喪，國運隨之，亭林目擊身受，於此更有深感。故其於朱子晚年定論一節，尤鄭重置辨。

日知錄卷二十朱子晚年定論條有曰：

王文成所輯朱子晚年定論，今之學者多信之，不知當時羅文莊已嘗與之書而辨之矣。東莞陳建作學蔀通辨，取朱子年譜、行狀、文集、語類及與陸氏兄弟往來書札，逐年編輯而爲之辯曰：近世東山趙汸對江右六君子策，此朱、陸早異晚同之説所萌芽。程篁墩因之，乃著道一編。朱、陸早異晚同之説於是乎成。王陽明因之，遂有朱子晚年定論之録。專取朱子議論與象山合者，與道一編輔車之卷正相唱和矣。朱子有朱子之定論，象山有象山之定論，不可強同。主敬涵養以立其本，讀書窮理以致其知，身體力行以踐其實，三者交修並盡，此朱子之定論也。今乃指專言涵養者爲定論，以附合於象山，其誣朱子甚矣。宛平孫承澤謂：吾夫子以天縱之聖，不以生知自居，而曰「好古敏求」，曰「多聞多見」，曰「博文約禮」，至老刪述不休。朱子一生效法孔子，進學必在致知，涵養必在主敬。德性在是，問學亦在是。如謬以朱子爲支離，爲晚悔，則是吾夫子所謂「好古敏求」「多聞多見」「博文約禮」，皆早年之支離，必如無言、無知、無能爲晚年自悔之定論也。

以此觀之，則晚年定論之刻，眞爲陽明舞文之書矣。蓋自弘治、正德之際，天下之士厭常喜新，風氣之變已有所自來。而文成以絶世之姿，倡其新説，鼓動海内。嘉靖以後，從王氏而詆朱子者，始接踵於人間。王世貞發策，謂：「今之學者，偶有所窺，則欲盡廢先儒之説而出其上。不學則借一貫之説以文其陋。無行則逃之性命之鄉以使人不可詰。」此三言者，盡當日之情事矣。故王門高第，為泰州、龍谿二人。泰州之學一傳而為顏山農，再傳而為羅近溪、趙大洲。龍谿之學一傳而為何心隱，再傳而為李卓吾、陶石簣。昔范武子論王弼、何晏二人之罪深於桀、紂。以為一世之患輕，歷代之害重。自喪之惡小，迷衆之罪大。而蘇子瞻謂李斯亂天下，至於焚書坑儒，皆出於其師荀卿，高談異論而不顧者也。困知之記，學蔀之編，固今日中流之砥柱矣。

又曰：

以一人而易天下，其流風至於百有餘年之久者，古有之矣。王夷甫之清談，王介甫之新說。其在於今，則王伯安之良知是也。孟子曰：「天下之生久矣，一治一亂。」撥亂世反之正，豈不在於後賢乎！

此條所論，尊朱貶王之意，可謂透竭無遺。然亭林固不爲墨守之學者，陽明與朱子持異，主要起於朱子之格物補傳，王門後學，「格物」異解蜂起，而亭林於大學「格物」亦創新解。日知錄卷九致知條有曰：

致知者，知止也。為人君止於仁，為人臣止於敬，為人子止於孝，為人父止於慈，與國人交止於信，是之謂止。知止然后謂之知至。君臣父子國人之交，以至於禮儀三百威儀三千，是之謂「物」。

詩曰：「天生烝民，有物有則。」孟子曰：「舜明於庶物，察於人倫。」昔者武王之訪，箕子之陳，曾子、子游之問，孔子之答，皆是物也。故曰「萬物皆備於我矣」。惟君子為能體天下之物。故易曰：「君子以言有物而行有恆。」記曰：「仁人不過乎物，孝子不過乎物。」

以「格物」為多識于鳥獸草木之名則末矣。知者無不知也，當務之為急。

此條歷舉詩、易、孟子、戴記諸篇散見「物」字以釋大學之「格物」，此即所謂以訓詁明義理也。厥後乾嘉諸儒，鄙薄宋儒義理，而競治訓詁，然能如亭林此條眞能以訓詁明義理，而有關思想上之重大節目者，實不多見。可見徒治訓詁無當經學。乾嘉諸儒與亭林之區別即在是。一通宋儒義理，一則門戶自閉，於理學全不關心，高下得失由之而判。今謂亭林乃此下漢學開山，不知其間精神血脈固迴不相侔也。

又同卷性相近也條有曰：

人亦有生而不善者，如楚子良生子越椒，子文知其必滅若敖氏是也。然此千萬中之一耳。孟子曰：「乃若其情則可以為善矣，乃所謂善也。」蓋凡人之所大同，而不論其變也。若紂為炮烙之刑，盜跖日殺不辜，肝人之肉，此則生而性與人殊。亦如五官百骸，人人所同，然亦有生而不具者，豈可以一而槩萬乎？故終謂之性善也。

孟子論性，專以其發見乎情者言之。且如見孺子入井，亦有不憐者。嘑蹴之食，有笑而受之者。此人情之變也。若反從而善之，吾知其無是人也。

曲沃衛嵩曰：「孔子所謂相近，即以性善而言。若性有善有不善，其可謂之相近乎？」

論性乃有宋理學一大題目。然如孔子言「性相近」，朱子集註曰：「此所謂性，兼氣質而言者也。」程子曰：「此言氣質之性，非言性之本也。若言其本，則性即是理，理無不善，孟子之言性善是也。何相近之有哉！」既分別孔、孟言性，又增出「義理之性」與「氣質之性」之分別，似不如亭林所言之直捷明確。蓋亭林實能擺脫理學窠臼，而攝取理學精髓。若使此下經史之學能循此發展，則洵可爲儒學開一新境。而惜乎學脈中斷，乃專走上考據訓詁一路，經學非經學，又何當於亭林所謂「捨經學安所得理學」之經學乎？桴亭論性善亦辨宋儒，詳桴亭篇。

亭林於經學言義理，尤有高見卓識，超宋代理學言義理之上者。日知錄卷九管仲不死子糾條有曰：

君臣之分，所關者在一身。夷夏之防，所繫者在天下。故夫子之於管仲，略其不死子糾之罪，而取其一匡九合之功。蓋權衡於大小之間，而以天下為心也。夫以君臣之分猶不敵夷夏之防，春秋之志可知矣。

有謂管仲之於子糾未成為君臣者，子糾於齊未成君，於仲與忽，則成為君臣矣。狐突之子毛及偃，從文公在秦，而曰：「今臣之子名在重耳有年數矣。」若毛、偃為重耳之臣，而仲與忽不得為糾之臣，是以成敗定君臣也。可乎？又謂桓兄糾弟，此亦強為之說。夫子之意，以被髮左衽之禍尤重於忘君事讐也。

論至於尊周室攘夷狄之大功，則公子與其臣一身之名分小矣。雖然，其君臣之分故在也。遂謂之無罪，非也。

論語集註謂桓兄糾弟者，程子之說也。謂管仲有功而無罪者，朱子之說也。「忘君事讐」四字，亦取之集註。亭林此條，針對集註，獨揭「夷夏之防」大於「君臣之分」之一義，而謂是春秋之志。經學義理發揮至此，可謂功在萬世。

日知錄卷九素夷狄行乎夷狄條，相傳刻本無之，見近人張繼所得原鈔本，有曰：

文中子以元經之帝魏，謂「天地有奉，生民有庇，即吾君也」。何其語之偷而悖乎？宋陳同甫謂：黄初以來，陵夷四百餘載，夷狄異類，迭起以主中國，而民生常覬一日之安寧於非所當事之人。以王仲淹之賢而猶為此言，其無以異乎凡民矣。夫興亡有迭代之時，而中華無不復之日，若之何以萬古之心胸而區區於旦暮乎！此所謂偷也。漢和帝時魯恭上疏曰：「戎狄雜居中國，則錯亂天氣，汙辱善人。」夫以亂辱天人之世，而論者欲將毀吾道以殉之，此所謂悖也。孔子有言：「居處恭，執事敬，與人忠，雖之夷、狄，不可棄也。」夫是之謂「素夷狄行乎夷狄」也。若乃相率而臣事之，奉其令，行其俗，甚者導之以為虐于中國，而藉口於素夷狄之文，則子思之罪人也已。

亭林以明遺民，處易代之際，抱亡國之痛，而幸使吾中華民族得免於亡天下之大刼者，斯惟當時諸遺民修身講學不懈益勵之功，而亭林之功爲尤大。此亭林所謂「保天下者，匹夫之賤與有責焉」。抑當亡國之際，非匹夫之賤，亦將不足以盡保天下之責。其君其臣肉食者有所不能預。此義亦當深辨。

今綜觀亭林所言，實有由孟子上返之論語之傾向。故文集卷三與友人論學書有曰：

命與仁，夫子所罕言。性與天道，子貢所未得聞。聖人之為學，平易而可循。今之君子，聚賓客門人之學者數十百人，一皆與之言心言性，舍多學而識，以求一貫之方。置四海之困窮不言，而終日講危微精一之說。是必其道之高於夫子，而其門弟子之賢於子貢，祧東魯而直接二帝之心傳也。

漢儒不重孟子，僅自孔子而上推之周公。孟子自二程始加提倡。同一經學，漢、宋之辨在此。理學中有「心學」，則皆推本於孟子。亭林尊朱貶王，故其言義理，必折衷孟子於論語，使持心學者無所措其辭，而經學、理學亦未見相歧，此實學術思想上一大關鍵。晚明東林顧、高講學，已於論、孟有微辨，語詳顧、高篇，讀者可參觀。乾嘉經學少具此識，乃尊康成取代孟子，主訓詁取代義理，高擡漢儒，而孔子地位亦轉晦。此實乾嘉經學之迷途。戴東原爲孟子字義疏證，乃欲並天理、人欲之辨而泯之。不知此乃理學上大綱領所在。陽明與朱子，雖有異同，在此辨別上，未有歧見。「心學」與「理學」，亦惟在此可以打併歸一。而乾嘉以下之經生，乃並此不加理會。此可謂之是「經學」，而不得謂之是「儒學」矣。若使亭林轉生乾嘉以下，更不知又將如何措辭也。

亭林於經學考據，亦斟酌漢、宋，能見其大。日知錄卷一朱子周易本義條有曰：

周易經分上下二篇，傳分十篇，彖傳上下、象傳上下、繫辭傳上下、文言、說卦傳、序卦傳、雜卦傳。自漢以來，為費直、鄭玄、王弼所亂。程正叔傳因之。朱元晦本義始依古文。洪武初，頒五經天下儒學，而易兼用程、朱二氏，亦各自為書。永樂中修大全，乃取朱子卷次割裂附之程傳之後。而朱子所定之古文仍復淆亂。後來士子厭程傳之多，棄去不讀，專用本義，而大全之本乃朝廷所頒，不敢輒改，遂即監版傳、義之本刊去程傳，而以程之次序為朱子次序，相傳且二百年矣。惜乎朱子正定之書竟不得見於世，豈非此經之不幸也夫。

此校版本，主采朱子本義之古文易，純本考據立場，東漢費直、鄭玄皆失之，而南宋朱子獨得之。若必以時代先後論，而謂漢儒近孔子，故必是；宋儒遠孔子，故必非；此則又何俟乎考據！

又日知錄卷十九經條有曰：

宋史，神宗用王安石之言，士各占治易、詩、書、周禮、禮記一經，兼論語、孟子。朱文公乞修三禮劄子：「遭秦滅學，禮樂先壞，其頗存者，三禮而已。周官一書，固為禮之綱領，至於儀法度數，則儀禮乃其本經，而禮記郊特牲、冠義等篇，乃其義說耳。前此猶有『三禮通』、『禮學究』諸科，禮雖不行，士猶得以誦習而知其說。熙寧以來，王安石變舊制，廢罷儀禮，而獨存禮記之科，棄經任傳，遺本宗末，其失已甚。」是則儀禮之廢，乃自安石始之，至於今朝，此學遂絕。

此論禮，主采朱子說恢復儀禮之科。是亦經學上犖犖大端，朱子開其先，亭林承於後。惟其深通理學，故得於經學有卓識也。

又文集卷二儀禮鄭注句讀序有曰：

儀禮一經，漢鄭康成為之注，魏、晉以下至唐、宋，通經之士無不講求。熙寧中，王安石變亂舊制，始罷儀禮不立學官，而此經遂廢。南渡已後，二陸起於金谿，其說以德性為宗，學者便其簡易，羣然趨之，而於制度文為，一切鄙為末事。賴有朱子正言力辨，欲修三禮之書，而卒不能勝夫空虛妙悟之學。沿至於今，有坐皋比，稱講師，門徒數百，自擬濂、洛，而終身未讀此經一徧者。

凡尚虛談，必蔑經學。基實已隳，高玄無益。蓋亭林之批判經學、理學者，此亦其一端。王安石極尊孟子，而晚年亦喜釋氏，學脈異同，所貴善辨。後人僅以日知錄爲考據之書，則宜於其着精神處多所遺失矣。

又文集卷六與毛錦銜有曰：

比在關中，略倣横渠藍田之意，以禮為教。

又文集卷五華陰王氏宗祠記有曰：

自二戴之傳，二鄭之注，專門之學以禮為宗，歷三國、兩晉、南北、五季，干戈分裂之際，而未嘗絕。至宋，程、朱諸子，卓然有見於遺經，而金、元之代，有志者多求其說於南方以授學者。及乎有明之初，風俗淳厚，而愛親敬長之道達諸天下。其能以宗法訓其家人，累世同稱義門者，亦往往而有。

凡亭林論學，舉其尤要者，曰人材，曰教化，曰風俗，而尤致謹於禮，此皆其論經學之要端深旨所在也。厥後乾嘉漢學家治三禮，乃耑耑於名物考據，而風俗教化作育人材之大，則懵焉無知。正因鄙棄理學而一意治經，則宜其所得之有限也。

亭林又考中國古籍用「體用」二字之起源，亭林佚文補與李中孚手札有曰：

承教，謂「體用」二字出於佛書，似不然。易曰：「陰陽合德而剛柔有體。」又曰：「顯諸仁，藏諸用。」此天地之體用也。記曰：「禮，時為之，順次之，體次之。」又曰：「降興上下之神，而凝是精粗之體。」有子曰：「禮之用，和為貴。」此人事之體用也。經傳之文，言體用者多矣，未有對舉為言者爾。

又一札云：

魏伯陽參同契首章云：「春夏據內體，秋冬當外用。」伯陽，東漢人。並舉「體用」始於伯陽。

朱子少時嘗注參同契，不可以朱子為用慧能之書。

此於「體用」二字備詳其起源所在，亦爲治中國思想史者必當注意一問題，此考證之學之有益於言義理者之一例也。乾嘉學者治經學，心中無義理，遂若義理、考據可以分途，不知分則兩失，合者兩得。理學家中惟朱子深識此意，而亭林之學，其精髓所在皆出朱子，則在學者之細參。

綜上所陳，可知亭林之學尤要者在其日知錄，實爲後人治朱學者開闢新疆宇，灌輸新血脈。亦可謂昔人多注意羽翼聖功，而亭林特潛心發揮王道。學者本於此書，旁參陸桴亭之思辨錄，上溯黃東發之日鈔，自當局面恢張，路脈分明。由此以上窺朱子學之全體，以及後來之流衍，康莊大道，庶或遇之。而如晚明心學之與乾嘉考據，其得失自可不待辨而知。

（一九七三年十月臺北故宮圖書季刊四卷二期）

王船山學說

一

船山先生是一個落漠的學者，比較他同時亭林、梨洲、二曲、夏峯諸人。但是船山很有新穎的貢獻，對於中國思想史方面，有好多處和後來戴東原派學說相似。自鄧湘皋、曾國藩先後爲船山刊行遺書後，譚嗣同、梁啟超起首注意到他。我現在試把他學說的根本主要點，約略介紹一二。

先介紹船山的形而上論與其惟器主義（工具主義）。

船山是主張心物交相爲用的，新經驗論的，故說：

心無非物也，物無非心也。（尚書引義堯典一）

又曰：

物之不可絕也，以己有物；物之不容絕也，以物有己。己有物而絕物，則內戕於己；物有己而絕己，則外賊乎物。物我交受其戕賊，而害乃極乎天下。（同上）

船山因爲主張「心物互用」的新經驗論，所以反對空洞的本體即「道」，而注重現實的大用即「器」。他說：

善言道者，由用以得體。不善言道者，妄立一體而消用以從之。「人生而靜」以上，既非彼所得見矣。偶乘其聰明之變，施丹堊於空虛，而強名之曰「體」，聰明給於所求，測萬物而得其影響，則亦可以消歸其用而無餘，其邪說自此逞矣。則何如求之感而遂通者，日觀化而漸得其原也？故執孫子而問其祖考，則本支不亂。過宗廟墟墓，而孫子之名氏其有能億中之者哉？此亦言道者之大辨也。（周易外傳卷二大有）

船山言「觀化」，即是注重經驗之意。又云：

天下惟器而已矣。道者器之道，器者不可謂之道之器也。無其道則無其器，人類能言之。雖然，苟有其器矣，豈患無其道哉？……無其器則無其道，人鮮能言之，而固其誠然者也。……故古之聖人，能治器，而不能治道。治器者則謂之「道」，道得則謂之「德」，器成則謂之「行」，器用之廣則謂之「變通」。器效之著則謂之「事事」。……君子之道，盡夫器而已矣。

（周易外傳卷五繫辭上傳第十二章）

所論尤透闢。所謂「道盡夫器」，猶之「根本的經驗以外無本體，根本的經驗以外無理法」也。分析「器」字有三要點：器是人類自己創造的；器是實際呈現的；器是隨時應用而變化的。船山先生的「惟器主義」，就是現在杜威一派的「工具主義」（Instrumentalism）。

二

船山又深一層說：

天者道，人者器，人之所知也。天者器，人者道，非知德者其孰能知之？……天下之器，皆以為體而不可遺也。人道之流行，以官天府地，裁成萬物，而不見其跡。故曰：天者器，人者道。

易繫辭上說：「形而上者謂之道，形而下者謂之器。」天的道是形而上的，人的器是形而下的。船山卻反轉來說，天地間一切現象，都是可供人類利用的器，卻把人道底「官天府地，裁成萬物」來代替了形而上的道。這是何等的議論！何等的見識！

船山根據上面的見地，就提出他的「人本主義」。他說：

道行於乾坤之全，而其用必以人為依。不依乎人者，人不得而用之，則耳目所窮，功效所廢，其道可知而不必知。聖人之所以依人而建極也。

船山的人本主義，同時注重到人的「用」，（對於人的「功效」。）所以與從來儒者以天道範圍人生的人本主義不同。船山又明白地說：

人之所知，人之天也。物之所知，物之天也，若夫天之為天者，肆應無極，隨時無常，人以為人之天，物以為物之天，統人物之合以敦化，各正性命而不可齊也。……故聖人所用之天，民之天也。不專於己之天，以統同也。不濫於物之天，以別嫌也。不僭於天之天，以安土也。吾弟則愛，秦人之弟則不愛，民之典也。若夫天，則昆弟亦異形，秦、越亦同類矣。孳孳為敬，箕踞為傲，民之禮也。若夫天，則寒慄非教以恭，暑析非導以嫚矣。……不若於民，舉天以彈壓之。臆測乎天，誣民以模仿之。月令、五行傳之天，非民之天也。……春秋謹天人之際，洪範敘協居之倫，皆「聰明」自民，「明威」自民之謂也。漭漭乎以窮其所極，斤斤乎以執之為常，天固未嘗欲人之如此也。（尚書引義卷一皋陶謨）

老子見天之「昆弟亦異形」，故曰：「天地不仁」，而主張「大道廢，有仁義」。（「大道」是天道，「仁義」是人道。）墨子見天之「秦、越亦同類」，故曰：「天志在兼愛」，而教人「視人之父若其父」。這都是不知「依人建極」的緣故。莊、列的虛無派，是「漭漭窮其所極」的。程、朱的理性派，是「斤斤執之爲常」的，多與船山的「民本主義」不合。後來戴東原一派竭力攻擊的也就是莊、列的虛無派和程、朱的理性派。

這是船山根據「器」字第一個觀念得來的理論。現在講他根據「器」字第二個觀念「現實」的理論。他說：

言無者，激於言有者而破除之也。就言有者之所謂有，而謂無其有也。天下果何者而可謂之無哉？言龜無毛，言犬也，非言龜也。言兔無角，言麋也，非言兔也。言者必有所立，而後其說成。今使言者立一無於前，博求之上下四維，古今存亡，而不可得窮矣。（思問錄內篇）

三

船山所論「有、無」之辨，本諸張橫渠，而益見明盡，極似柏格森（H. Bergson）「創化論」中所云。船山又說：

夫可依者有也，至常者生也，皆无妄而不可謂之妄也。奚以明其然也？既已為人矣，非蟻之仰行，則依地住；非螾之穴壞，則依空住；非蜀山之雪蛆不求煖，則依火住；非火山之鼠不求潤，則依水住；以至依粟已饑，依漿已渴。其不然而已於饑渴者，則非人矣。粟依土長，漿依水成。依種而生，依器而挹。以荑種粟，粟不生；以塊取水，水不挹。相待而有，無待而無。若夫以粟種粟，以器挹水，無楓柳枝，粟無棗實。成功之退，以生將來，取用不爽，物物相依。所依者之足依，無毫髮疑似之或欺。而曰此妄也，然則彼之所謂眞空者，將有一成不易之型，何不取兩間靈蠢姣醜之生，如一印之文，均無差別也哉？（周易外傳卷二无妄）

船山這段有幾層很重要的觀念：以謂天地萬「有」因爲有「差別」（「異」）而生變化（「生」），而此萬有差別的生生變化中間，卻有很可信的「相待」的因果關係（「依」）。我們人類就因這相待關係之可信（「可依者之足依」），而此萬有遂爲吾人之「用」。船山的「眞理論」，（「无妄」便是眞理。）眞與現在「實驗主義」派之眞理論相差不遠。

船山因爲講「惟用」的眞理，所以他評論智識，都有很好的見解。他說：

> 能有跡，知無跡。故知可詭，能不可詭。（周易外傳卷五繫辭上傳第一章）

他又說：

知也者，固以行為功者也。行也者，不以知為功者也。行焉可以得知之效也，知焉未可以得行之效也。（尚書引義卷三說命中二）

這是一種很徹底的「實驗主義」論，皮耳士（C. S. Peirce）說：「一個觀念的意義，完全在於那觀念在人生行爲上所發生的效果。」就是船山所謂「知以行爲功」。詹姆士（W. James）說：「如果這個觀念能做到這步田地，他便眞到這步田地，便含有那麼多的眞理。」就是船山所謂「行可以得知之效」。墨子也是很重實驗主義的，他說：「知其所以不知，說在以名取。」（經下）又說：「非以其名也，亦以共取也。」（貴義篇）「名」即是「無跡之知」，「取」即是「有跡之能」。

船山既重現前的應用，所以很排斥無謂的「本體論」，他說：

天地始者，今日也；天地終者，今日也。其始也，人不見其始；其終也，人不見其終。其不見也，遂以謂邃古之前，有一物初生之始；將來之日，有萬物皆盡之終。亦愚矣哉！（周易外傳卷四未濟）

不問絕對究竟之眞理，只講此地這時的對付，這是實驗主義者顯明的態度，船山也是這樣。

四

現在講船山對於「器」字第三個觀念「變化」的論調。他有兩句很精粹的話說：

不動之常，惟以動驗。既動之常，不待反推。（周易外傳卷二无妄）

這是說：「只有活動可以體驗絕對之眞理（「常」），而活動只是向前，不能反本而復始。」和老子「歸根曰靜，是謂復命，復命曰常」的話，恰立在正相反對的地位，所以他又說：

非恒也而後可以恒，恒者且不恒矣。天地之久照久成，聖人之久道，豈立不易之方，遂恃之以終古乎？故曰：「大匠能與人規矩，不能使人巧。」規矩者，恒也；巧者，天地、聖人之所以恒也。而僅恃乎天尊地卑，雷出風入之規矩乎！（周易外傳卷三恒）

「規矩」是在「物」的死式，「巧」是在「我」的活用。別人以在物的死式爲「常」，船山以在我的活用爲「常」。

五

再看船山的論「命」。他說：

性者生理也，日生則日成也。則夫天命者，豈但初生之頃命之哉？……形日以養，氣日以滋，理日以成。方生而受之，一日生而一日受之。受之者有所自授，豈非天哉？故天日命於人，而人日受命於天。故曰：性者生也，日生而日成之也。……性也者，豈一受成侀，不受損益也哉？故君子之養性，行所無事，而非聽其自然，斯以擇善必精，執中必固，無敢馳驅而戲渝已。……懸一性於初生之頃，為一成不易之侀，揣之曰：「無善無不善」也，「有善有不善」也，「可以為善可以為不善」也；嗚呼！豈不妄與！（尚書引義卷三太甲二）

又說：

「天地之生，人為貴」，惟得五行敦厚之化，故無速見之慧。物之始生也，形之發知，皆疾於人，而其終也鈍。人則具體而儲其用。形之發知，視物而不疾也多矣，而其既也敏。孩提始知笑，旋知愛親。長始知言，旋知敬兄。命日新而性富有也。君子善養之，則耄期而受命。（思問錄內篇）

他講的命，和舊義絕然不同，簡直是一種日新的生活，一種繼續改變增加的經驗。杜威也說：「最下等的動物，他初生之嬰孩，與父母大致相同，所異者形體之大小而已。等級漸高，嬰孩時期也漸久，直到最高級的人類，嬰孩與大人便完全不同。這個很長的嬰孩期，正可盡量的施教育。」船山卻推進一層，從成人的修養而言，故云「耄期受命」。可見船山講命，是軟性的、可塑性的，不是死的、固定的命。又說：

命日降，性日受。性者生之理，未死以前皆生也，皆降命受性之日也。初生而受性之量，日生而受性之眞。為胎元之說者，其人如陶器乎？（思問錄內篇）

船山說的性，就是「本能」；「性之量」是本能的形式。幾千年糾纏不清的「性命論」，到船山手裏，好算斬盡葛藤，獨闢蹊徑的了。實驗主義派說「實在」是常常變的，是常常加添的，常常由我們自己改造的。詹姆士說：「理性主義以爲實在是現成的，永遠完全的。實驗主義以爲實在還在製造之中，將來造到什麼樣子，便是什麼樣子。」船山論性，也是這個意思。

船山的論「性善」，更有他創見的話，他說：

道大而善小，善大而性小。道生善，善生性。道無時不有，無動無靜之不然，無可無否之不任受。善則天人相續之際，有其時矣。善具其體而非能用之，抑具其用而無與為體，萬彙各有其善，不相為知，而亦不相為一。性則斂於一物之中，有其量矣。有其時，非浩然無極之時；有其量，非融然流動之量。故曰：道大而善小，善大而性小也。……性則因乎成矣，成則因乎繼矣。不成未有性，不繼不能成。天人相紹之際，存乎天者莫妙於繼。然則人以達天之幾，存乎人者，亦孰有要於繼乎？……繼之則善矣，不繼則不善矣。天無所不繼，故善不窮。人有所不繼，則惡興焉。……至於繼，而作聖之功蔑以加矣。（周易外傳卷五繫辭上傳第五章）

這段議論，完全和後來戴東原的說法相同。「性」只是動物歷代遺傳下來的幾種本能，「道」是天演的現象，「善」是天演淘汰中繼續生存的適者。所以說「道大於善，善大於性」，眞是顚撲不破的名言。善的價値只在他的生存能够永久繼續下去，人類的事業亦只在求人類的生存能够永久繼續下去。

六

明得這層意思，再看他對於「理欲」的批評。他說：

陽主性，陰主形。理自性生，欲以形開。其或冀夫欲盡而理乃孤行，亦似矣。然而天理人欲，同行異情。異情者，異以變化之幾；同行者，同於形色之實；則非彼所能知也。（周易外傳卷一屯）

「理、欲」同根，爲後來戴東原一派所竭力主張，而船山早已言之。其最痛快者則如論洪範五事：

或曰：五事之思，視、聽、貌、言之君也，亦以約察乎詳，以微治乎著，何居乎寄四事之中，而不可統道以為極？曰：思亦受成於好惡者也。非其所好，不思得也；非其所惡，不思去也。好惡者，初幾也；思者，引伸其好惡以求遂者也。好惡生思，而不待思以生。是好惡為萬化之源，故曰：極也。（尚書引義卷四洪範四）

「好惡」爲萬化之源，即是說「欲」爲萬化之源。杜威說：「思想起於實際的困難。」但是什麼是「實際的困難」呢？餓了不得喫，是實際的困難麼？倘使他並不要喫，餓也不是困難。冷了不得穿，是實際的困難麼？倘使他並不要穿，冷也不是困難。好好的平地，他偏不跑過去，他偏要擺一個架子練習跳過去，這就成了困難了。可見困難還是生在我們的「欲」（「好惡」）。船山說：「好惡生思，而不待思以生。」就是這個道理。

「欲」是發乎人類生活內部的衝動，他表現於外部之要求是叫「養」。船山說：

> 夫畜有養道焉。陽任治，陰任養。天下不以養始者，終不能止。飫以所需，則情留而息。自有人事以來，壯夫危行而卻步於陰柔者，皆養為之膠飴，而孰能軼此以徑行哉？（周易外傳卷一小畜）

船山老實承認人類的思想、行爲，總逃不出「欲」和「養」的範圍，況且也不該離開「欲」和「養」的範圍。所以他說：

> 天下之志亦淺矣，而求其通則深也。天下之務亦大矣，而泝所成則幾也。……是故，不曰我高

以明，而天下之知不足知，我靜以虛，而天下之務不足為。極天下之固有，攘君誶母，皆志之所必悉；極天下之大有，酒漿瓜棗，皆務之所必勤。……要豈立易簡於事外，以忍於不知，而敢於不為也哉？（周易外傳卷五繫辭上傳第十章）

又曰：

天下之思而可得、學而可知者，理也；思而不能得、學而不能知者，物也。……今試取一法而思之，無形而可使有形，無跡而可使有跡，張之使大，研之使密，委曲經營，即若有可繪可刊之圖，了然於心目，如是者自信以為至矣。乃更端思之，又有一成型者，亦未嘗不至也。則執其一以概見於施行，其不盡然者必多。（宋論卷十二）

又曰：

人情者，非一人之思所能皆慮，非古人之可刻畫今人而使不出其域者也。乃極其所思，守其所學，以為天下之不越乎此，求其推行而準焉，不亦難乎！（同上）

船山是反對把「空想」來駕馭「事實」的，是反對執「一」以概其「餘」的，是反對把「理」來束縛「情」的。應該從事實上着想，本情以建理，故理想不能有「一貫」的外表，而當隨時地以變遷。這都很像是戴東原說的話。

故船山對於性情（各種生活之衝動），是主張利導，不主張抑塞的，他說：

> 陰陽奠位，一陽內動，情不容吝，機不容止，破塊啟蒙，燦然皆有。（周易外傳卷二无妄）

又云：

> 性主陽以用壯，大勇浩然，亢王侯而非忿。情賓陰而善感，好樂無荒，思輾轉而非欲。而盡用其懲，益摧其壯，竟加以窒，終絕其感。一自以為馬，一自以為牛，廢才而處於錞；一以為寒巖，一以為枯木，滅情而息其生。彼佛、老者，皆托損以鳴其修，而豈知所謂損者，因三人之行而酌損之，惟其才之可任而遇難辭也。豈並其清明之嗜慾，強固之爭質，概衰替之，以游惰為否塞之歸也哉？故尊性者必錄其才。達情者必養其性。故未變則泰而必亨，已變則損而有時。既登才情以輔性，抑凝性以存才情。損者，衰世之卦也。處其變矣，而後懲窒之事起焉。若夫未變而億其或變，早自貶損以防意外之遷流，是懲羹而吹韲，畏金鼓之聲而自投車下，不

亦愚乎？（周易外傳卷三損）

此簡直酷肖後來戴東原的聲口！

講實驗主義的人，大抵帶有冒險的精神，不願做「畏金鼓之聲而自投車下」的愚夫，船山說「損是衰世之卦」，可見理想的盛世，一定很「泰」、很「亨」，各種衝動都得盡量發展而得滿足。羅素說：「創造的衝動應發展，占有的衝動應限制。」但是能有衝動的踰限，也是現社會不正刺激所發生的一種病態，正是衰世所以當損。創造衝動盡量發展，則佔有衝動也自歸正途，毋須限制了。

七

上面因論「命」字，牽連引到「性」、「情」、「才」、「欲」諸字，皆是後來戴東原學派討論最鬧熱的問題。現在再返到上面考察船山對於「動靜」的態度。他說：

才以用而日生，思以引而不竭。……今日其始立則杳冥恍惚以為眞也，其方感則靜且輕者以為根也，是禹……周公……孔子……日動以負重，將且紛膠瞀亂，而言行交詘；而飽食終日之

徒，使之窮物理，應事機，抑將智力沛發而不衰。是圂豕賢於人，而頑石飛蟲賢於圂豕也。（周易外傳卷四震）

這是船山竭力反斥「主靜」的學說。大凡實驗主義的學者，一定是主張「多元」的，一定是主張一點一滴地改進向前的，決不想學那「秉本執要」的「靜」的態度，船山也是這樣的一個，所以他說：

天積日以為歲功，歲功相積而德行其中。然期三百六旬之中，擅一日以為之始，則萬物聽命於此一日，德以有繫而不富矣。且一日主之，餘日畔之；一日勤之，餘日逸之；其為曠德，可勝言哉！……然則一元之始，一代之治，一人之生，一善之集，一日之修，一念之始，相續相積，何有非自強之時？可曰得其要而不勞，擇其勝而咸利乎？故論必定於蓋棺，德必馴於至極，治必臻乎累仁。用九之吉，吉以此爾。（周易外傳卷一乾）

船山之意，只是無始無終一個不息的「動」而已。他又用絕妙的議論批評那派怕動的人，說：

知吉凶悔吝之生乎動也，則曰：不動不生，不生則不肇乎吉，不成乎凶，不貽可悔，不見其吝，而以逍遙乎蒼莽，解脱乎火宅。嗚呼！無以勝之，而欲其不生，則將謂稻麥生夫饑，絲麻生夫寒，君師生夫亂，父母生夫死，亦奚為而不可？（周易外傳卷六繫辭下傳第一章）

船山不怕他「生」，只是生而「有以勝之」。

船山著述浩繁，要把他詳細敘出，頗非容易。但是上所論列，敢説是船山學説的主要發源處，也是他的主要歸宿處。

（原載民國十二年二月九日、十日上海時事新報學燈）

王船山孟子性善義闡釋

自孟子唱「性善」之說，後儒如荀卿、董仲舒、揚雄、荀悅以及唐之韓愈，皆不信奉。經宋代程、朱之推尊，而後孟子性善之說，遂成爲此下儒家之定論。然程、朱之說性善，其果有當於孟子當時之眞意與否，明、清兩代，遞有爭議。尤著者，爲顏習齋與戴東原，二人皆攻詆程、朱，又徧及宋儒，其所辨說，果爲得孟子眞義否，仍滋疑難。晚明王船山，猶在顏、戴之前，獨尊橫渠以糾程、朱之失，較之顏、戴，似爲持平，而抑又深至。抑且於朱、陸異同之外，又提出張、程異同之新公案，爲治宋儒思想者所不可不知。舊著近三百年學術史於船山思想，敍述粗備，獨於此節，略而未及。本篇乃專就船山讀四書大全說一書，有關於闡釋孟子道性善之義者，撮要列舉，以資討論孟子性善論者作參考，亦爲治宋學有意研究張、程異同者作例示。昔嘗有意爲舊著學術史拾遺補闕，草爲外篇，成稿四五篇；中經離亂，盡已散佚。此稿亦往昔作爲外篇之意。有志治船山思想者，可取與舊著學術史並觀，凡彼所詳，此不復贅也。

孔子極少言性與天道。論語惟「性相近」一章言及性字，茲先引船山說此章者於前，其言曰：

程子創說個「氣質之性」，初學不悟，遂疑人有兩性。所謂氣質之性，猶言氣質中之性也。質是人之形質，質以函氣，而氣以函理。質以函氣，故一人有一人之生。氣以函理，故一人有一人之性也。自人言之，則一人之生，一人之性。而其為天之流行者，初不以人故阻隔而非復天之有。是氣質中之性，依然一本然之性也。以物喻之，質如笛之有笛身有笛孔相似，氣則所以成聲，理則吹之而合於律者也。以氣吹笛，則其清濁高下，固自有律在，特笛身之非其材而製之不中於度，又或吹之者不善，而使氣過於輕重，則乖戾而不中於譜。故必得良笛，而吹之抑善，然後其音律不爽。造化無心，而其生又廣，則凝合之際，質固不能以皆良。氣麗於質，則性以之殊，故不得必於一致，而但可云相近。乃均之為笛，則固與簫管殊類。人之性所以異於犬羊之性，而其情、其才皆可以為善，則是概乎善不善之異致，而其固然者未嘗不相近也。程子之意固如此，故必云「氣質中之性」而後程子之意顯。以愚言之，則性之本一，而究以成乎相近而不盡一者，大端在質不在氣。質，一成者也。氣，日生者也。一成則難乎變，日生則乍息而乍消矣。故知過在質，不在氣。乃其為質也，均為人之質，則既異乎草木之質、犬羊之質矣。是以其為氣也，亦異乎草木之氣、犬羊之氣也；故曰近也。孟子所以即形色而言天性也。乃人之清濁剛柔不一者，其過專在質，而於以使愚明而柔彊者，其功則專在氣。氣日生，故性亦日生。性本氣之理而即存乎氣，故言性必言氣而始得其所藏。乃氣可與質為功，而必有其與為功者，則言氣而早已與習相攝矣。氣隨習易，而習且與性成。然則氣效於習，以生化乎質，而與性為體，故可言「氣質中之性」，而非本然之性以外，別有一氣質之性也。質受生於氣，而氣以理生質，善養者何往而不足與天地同流哉。質之不正，非犬羊草木之不正也，亦大正之中偏於此而全於彼，長於此而短於彼，乃有其全與長之可因，而其偏與短者之未嘗不可擴，能踐形者亦此形，而萬物皆備於我矣。孟子惟並其相近而不一者推其所自而見無不一，故曰「性善」。孔子則就其已分而不一者，於質見異，而於理見同，故曰「相近」。孔子固不舍夫理以言氣質，孟子亦不能裂其氣質之畛域而以觀理於未生之先。則豈孔子所言者一性，而孟子所言者別一性哉？雖然，孟子之言性，近於命矣，命善故性善，則因命之善以言性之善可也。若夫性則隨質以分凝矣，一本萬殊，而萬殊不可復歸於一。易曰：「繼之者善也。」言命也。命者，天人之相繼者也。「成之者性也。」言質也，既成乎質而性斯凝也。質中之命謂之性，亦不容以言命者言性也。故惟「性相近也」之言，為大公而至正也。

以上節錄船山讀四書大全說論語陽貨篇「性相近習相遠」章之大意。其中有特值注意者，船山論性，毋寧更主張孔子「性近習遠」之說，而於孟子性善之說，猶有微辭焉。此下說孟子性善，不能忘此處之所揭一也。又張、程首有「義理之性」與「氣質之性」之分別，而朱子取以注此章，謂：「此所謂性，兼氣質而言。」又引程子曰：「此言氣質之性，非言性之本也。若言其本，則性即是理，理無不善，孟子之言性善是也，何相近之有哉？」今船山曰：「豈孔子所言者一性，而孟子所言者別一性哉？」是乃針對朱注而發，語極明顯。又曰：「所謂氣質之性，猶言氣質中之性。」而又將氣質二字分別言之，是於程說顯不贊同，而特婉言之、隱言之而已。並於義理之性一面，文中全未提及。此固因朱注亦未提及此四字，然船山云：「初學不悟，遂疑人有兩性。」即指義理之性與氣質之性之分別言。此一分別，船山顯所不取，而此處不明白指出，語氣中多似對程、朱留地步；其明白對程、朱之說加以辨難者，多見於孟子篇中。此因著書體例，分條列說，不能於一處說盡也。船山於宋儒之學，獨尊橫渠，「義理之性」與「天地之性」之分別，亦最先創始於橫渠，二程盛許其說以為可以補孟子所未及，然船山謂：「程子所言氣質之性，實與橫渠原義不同。」其言見於其所為張子正蒙註，下文當再引述。而船山論性，此節最為簡盡。讀者先於此細翫，則此下所引錄，如綱在綱，有條而不紊矣。

此下摘錄其關於孟子論性善諸章之說，惟另分條理，不復拘其章次之先後，亦不備注章名，讀者有意深求，自可進窺其原書也。

論性則必溯及於天人之際，而船山於此，最有深見。其言曰：

天人之蘊，一氣而已。從乎氣之善而謂之理，氣外更無虛託孤立之理也。乃既以氣而有所生，而專氣不能致功，固必因乎陰之變、陽之合矣。有變有合而不能皆善，其善者則人也。其不善者則犬牛也。

又曰：天行於不容已，故不能有擇必善，而無禽獸之與草木，然非陰陽之過而變合之差。是在天之氣，其本無不善明矣。

又曰：在犬牛則不善，在造化之有犬牛則非不善。因於造化之無心，故犬牛之性不善，無傷於天道之誠。

以上之說，有可注意者：一則船山惟以氣說天，惟以一氣之陰陽變合造化者說天；故謂天惟有「誠」而不能盡「善」。變合之未盡善，亦不得謂天有不善，以天之造化本出無心，而僅由於一氣之變合之行於不容已也。船山此說，全本於易，而頗近莊子。船山殆可謂即本先秦觀念以言孟子之性善義者也。則其與當時孟子之眞意較近，殆宜然矣。

既明於船山之辨天人，乃可進而言船山之辨理氣。船山之言曰：

天下豈別有所謂理，氣得其理之謂理也。氣原是有理底，盡天地之間無不是氣，即無不是理也。變合或非以理，則在天者本廣大，而不可以人之情理測知。

又曰：

陰陽顯是氣，變合卻亦是理。純然一氣，無有不善，則理亦一也，且不得謂之「善」，而但可謂之「誠」。有變合則有善，善者即理。有變合則有不善，不善者謂之非理。謂之非理者，亦是理上反照出底，則亦何莫非理哉？大要此處著不得「理」字，亦說不得非理，所以周子下箇「誠幾」二字，甚為深切著明。

以上船山只認天地乃一氣之實體，而此體可以有變化；故謂濂溪下「誠幾」二字最合。「誠」即是此實體，「幾」即是此實體之變化也。船山謂此處尚著不得一「理」字，自更著不得一「善」字。蓋「天理」二字，本自明道始拈出，明道以前，濂溪尚不言「天理」二字。濂溪言「誠」，本於中庸，言「幾」本於易。今船山重申濂溪「誠幾」之旨，是亦本先秦舊見以闡孟子也。

船山又曰：

理非一成可執之物，不可得而見。其始之有理，即於氣上見。迨已得理，則自然成勢，又只在勢之必然處見。

明道言理，升而上躋之於天；船山言理，退而下儕之於勢。亦可見其旨趨之相異矣。

既明船山理氣之辨，乃可進而申述其致辨於「性即理」之說。船山之言曰：

理即是氣之理，氣當得如此便是理，理不先而氣不後，理善則氣無不善，氣之不善，理之未善也。（如犬牛類。）人之性只是理之善。

此處船山分辨人性與犬牛之性不同。理有善不善，則性亦有善不善。孟子所謂性善，乃專指人性言，則程、朱所謂「性即理」者，其說固是，然不足以釋孟子之性善。蓋既曰「天理」，則宜無不善。既曰「性即理」，則犬牛之性亦是理，固非謂犬牛之性皆善不可矣。抑且「理不先而氣不後」，則朱子所謂「理先於氣」者，自不爲船山所贊可，而「義理之性」先於「氣質之性」之說，亦可不待言而知爲船山所不取矣。

於是船山乃繼此而辨「貴性賤氣」之說。所謂「貴性賤氣」之說，即謂「義理之性無不善，自有氣質之性而始有不善」是也。此說唱自張、程而朱子承之。船山於橫渠之說則別有解釋，詳於其正蒙註，而於程、朱所言則不表贊同，其言曰：

貴性賤氣之說，似將陰陽作理、變合作氣看，即此便不知氣。變合固是氣必然之用，其能謂陰陽之非氣乎？

又曰：

離理於氣而二之，則以生歸氣，而性歸理，因以謂生初有命，既生而命息。初生受性，既生則但受氣而不復受性。其亦膠固而不達於天人之際矣。

此處所謂「以生歸氣而性歸理」，即朱子之繼承於二程而爲說者然也。又曰：

氣所以與兩間相彌綸，人道相終始，唯此為誠，唯此為不貳。故曰「誠者天之道」，「立天之道曰陰與陽」而已。又安得尊性以為善，而謂氣之有不善哉？

又曰：

> 貴性賤氣，以歸不善於氣，則亦樂用其虛而棄其實，其弊亦將與告子等。夫告子之不知性也，則亦不知氣而已矣。

船山之宇宙觀，亦可謂是一種唯氣的一元論，其說頗近於先秦道家莊、老之說，然畢竟與莊、老道家不同，因船山極致嚴於虛實之辨故也。船山之言曰：

> 氣之誠則是陰陽，氣之幾則是變合。若論氣本然之體，則未有幾時固有誠也。故淒風苦雨，非陰之過，合之淫也。亢陽烈暑，非陽之過，變之甚也。且如呼者為陽，吸者為陰，不呼不吸，將又何屬？所呼所吸，抑為何物？老氏唯不知此，故以「橐籥」言之。且看這橐籥，一推一拽，鼓動底是什麼？若無實有，儘橐籥鼓動，那得這風氣來？唯本有此一實之體，自然成理，以元以亨，以利以貞，故一推一拽，動而愈出者皆妙。實則未嘗動時，理固在氣之中，停凝渾合得那一重合理之氣，便是「萬物資始，各正性命，保合太和」底物事。故孟子言「水無有不下」，水之下也，理也，而又豈非氣也。理一氣，氣一理，人之性也。孟子此喻與告子全別。

告子專在俄頃變合上尋勢之所趨，孟子在亙古亙今充滿有常上顯其一德。（如言潤下，潤一德，下又一德。）此唯中庸鄭注說得好，「木神仁，火神禮，金神義，水神信，土神知。」（康成必有所授。）火之炎上，水之潤下，木之曲直，金之從革，土之稼穡，不待變合而固然。氣之誠然者也。天全以之生人，人全以之成性。故水之就下，亦人五性中十德之一也。其實亦氣之誠然者而已。故以水之下言性，猶以目之明言性，即一端以徵其大全，即所自善以顯所有之善，非別借水以作譬，如告子之推測比擬也。

以上船山從唯氣的一元論，轉出德性的一元論，其所陳義，蓋本之易傳與中庸。就先秦思想言，唯氣一元，乃易、庸與莊、老之所同；德性一元，乃易、庸之所獨，此乃後起儒家采取莊、老道家之說以自成其儒家之新宇宙論者。船山取易、庸以釋孟子，較之程、朱「天即理」，「性即理」，以唯理一元說宇宙，終見其爲宋儒之說。居今而審辨之，船山之論性善，其較近於孟子當時之本意，蓋亦可無疑也。至其引鄭玄注中庸以五行說性，縱謂於孟子書中無此的證，要之五行說乃從陰陽說遞禪演變而來，漢儒之說如是，即濂溪太極圖說亦何莫不如是。下至明道，始以天理說性善。明道自謂：「吾學雖有所授受，天理二字，卻是自家體貼出來。」此明謂天理之說，乃明道一己之所自創。今船山越過程、朱以天理說性之新義，而重返於濂溪以前先秦兩漢之舊說，以思想傳統言，其爲較接近於孟子當時之眞義，亦可無疑也。

然以上所引，所重乃在釋「性」字，說明「性」只在氣質之中，非於氣質之中之性之外，別有一「義理之性」以爲之本原，如此而已。至於性之善與不善，則請繼此再加引述。

船山論性之善不善，主要在其辨情才之說。船山之辨理氣，其說較習齋爲邃密。至其辨情才，其說亦較東原爲深至。顏、戴皆出船山後，皆於程、朱有駁難，然以船山較之，則遏乎遠矣。惜乎船山之說，湮沒不彰，學人之非難程、朱，則僅知有顏、戴而已。清代道、咸以後，船山之書始行於世，然至此學術將變，遂亦終未有能整理船山之書以重提此一公案，此亦學術界一至可惋惜之事也。

船山之言曰：

> 天不能無生，生則必因於變合，變合而不善者或成。其在人也，性不能無動，動則必效於情才，情才而無必善之勢矣。

又曰：

> 氣之誠則是陰陽，是仁義。氣之幾則是變合，是情才。

氣不能無變合，性不能無動，動則必情才用事，而情才用事則無必善之勢，此爲船山言性最明通平實處。船山又詳言之，曰：

孟子不曾將情才與性一例竟直說箇善字，本文自明白。「可以為善」，即或人「性可以為善」之說也。曰「若夫為不善非才之罪」，即告子「性無不善」之說也。彼二說者，只說得情才，便將情才作性，故孟子特地與他分明破出。言性以行於情才之中，而非情才之即性也。孟子言情可以為善，而不言可以為不善。言不善非才之罪，而不言善非才之功，此因性一直順下，從好處說。則其可以為不善者，既非斯人所必有之情，固但見其可以為善，而不見其可以為不善。若夫為善雖非才之功，而性克為主，才自輔之，性與才合能而成其績，亦不須加以分別，專歸功於性而擯才也。

船山言情可以爲善，亦可以爲不善，又言爲不善非才之罪，而爲善亦非才之功，此兩說者，當再詳引闡述於後。船山曰：

孟子言「惻隱之心，仁也」，明是說性，不是說情。仁義禮智，性之四德也。雖其發也，近於情以見端，然性是徹始徹終，與生俱有者。孟子竟說此四者是仁義禮智，則即此而善矣。即此而善，則不得曰可以為善。惻隱即仁，豈惻隱之可以為仁乎！（有擴充，無造作。）若云惻隱可以為仁，則是「惻隱」內而「仁」外矣，若夫情則特可以為善者爾。可以為善，非即善也。故以知惻隱、羞惡、恭敬、是非之心，性也，而非情也。夫情則喜、怒、哀、樂、愛、惡、欲是已。喜怒哀樂未發，則更了無端倪，亦何善之有哉？中節而後善，則不中節者固不善矣。其善者則節也，而非喜怒哀樂也。學者須識得此心有箇節在，不因喜怒哀樂而始有，則性、情之分迥然矣。

又曰：

惻隱是仁，愛只是愛，情自情，性自性也。情元是變合之幾，性只是一陰一陽之實。情之始有者，則甘食悅色，到後來蕃變流轉，則有喜、怒、哀、樂、愛、惡、欲之種種。性自行於情之中，而非性之生情，亦非性之感物而動，則化而為情也。

又曰：

普天下人，只識得箇情，不識得性，卻於情上用工夫，則愈為之而愈妄。性有自質，情無自質，故釋氏以「蕉心倚蘆」喻之。無自質則無恒體，故莊周以「藏山」言之。無質無恒，則亦可云無性矣。

以上引船山性情之辨，極爲深微，誠亦可謂發前儒之所未發矣。船山又於此極言之，曰：

釋孟子者，不察於性之與情，有質無質、有恒無恒、有節無節之異，乃以言性善者言情善。夫情苟善而人之有不善者又何從而生？乃以歸之於物欲。則亦老氏「五色令人目盲，五音令人耳聾」之緒談。抑以歸之於氣，則誣一陰一陽之道以為不善之具，是將賤二殊，厭五實，其不流於釋氏「海漚」「陽燄」之說者幾何哉？愚於此盡破先儒之說，不賤氣以孤性，而使性託於虛。不寵情以配性，而使性失其節。竊自意可不倍於聖賢，雖或加以好異之罪，不敢辭也。

後人專就「歸罪於物欲」排宋儒者，戴東原是也。專就「賤氣以孤性」排宋儒者，顏習齋是也。船山之說，已導顏、戴之先路；至於歸其本於性情之失辨，而又舉有質無質、有恒無恒、有節無節以爲性情之辨者，則船山一人之創說也。

船山又曰：

集註謂「情不可以為惡」，只緣誤以惻隱等心為情，故一直說煞了。若知惻隱等心，乃性之見端於情者而非情，則夫喜怒哀樂者，其可以「不可為惡」之名許之哉？

以上引述船山之情可以爲惡義。以下引述船山之爲善非才之功義。船山曰：

程子以才稟於氣，氣有清濁，歸不善於才，又與孟子天性之說相背。

又曰：

程子全以不善歸之於才，愚於論語說中有笛身之喻，亦大略相似。然笛之為身縱不好，亦自與簫管殊，而與枯枝草莖，尤有天淵之隔。人之所以異於禽獸者，其本在性，而其灼然終始不相假借者，則才也。惻隱、羞惡、恭敬、是非，唯人有之，而禽獸所無。人之形色，足以率其仁義禮智之性者，亦惟人則然，而禽獸不然。若夫喜、怒、哀、樂、愛、惡、欲之情，雖細察之，人亦自殊於禽獸，而亦豈人獨有七情，而為禽獸之所必無，如四端也哉？一失其節，則喜禽所同喜、怒獸所同怒者多矣。乃雖其違禽獸不遠，而性自有幾希之別，才自有靈蠢之分，到底除卻情之妄動，則性無不善，而才非有罪者自見矣。故愚決以罪歸情，異於程子之罪才也。

又曰：

為不善，非才之罪，則為善，非才之功矣。（杞柳之為桮棬，人為之，非才之功。即以為不善之器，亦人為之，非才之罪。）

又曰：

「或相倍蓰而無算者，不能盡其才者也」，而不可云「不能盡其情」。若盡其情，則喜、怒、哀、樂、愛、惡、欲之熾然充塞也，其害又安可言哉！才之所可盡者，盡之於性也。能盡其才者，情之正也。不能盡其才者，受命於情而之於蕩也。惟情可以盡才，亦惟情能屈其才而不使盡。蓋惻隱、羞惡、恭敬、是非之心，其體微，而其力亦微，故必乘之於喜怒哀樂以導其所發，然後能鼓舞其才以成大用。喜怒哀樂之情，雖無自質，而其幾甚速，亦甚盛；故非性授以節，則才本形而下之器，蠢不敵靈，靜不勝動，且聽命於情以為作為輟，為攻為取，而大爽乎其受型於性之良能。

又曰：

不善雖情之罪，而為善則非情不為功。惟其然，則亦但將可以為善獎之，而不須以可為不善責之。故曰「乃所謂善也」，言其可以謂情善者此也。功罪一歸之情，則見性後亦須在情上用功。既存養以盡性，亦必省察以治情，使之為功而免於罪。

又曰：

人苟無情，則不能為惡，亦且不能為善，如何盡得才，更如何盡得性。

以上所引，凡船山之致辨於情才者，大體已具。則請繼此而引述船山之辨心性。船山曰：

金仁山謂：「釋氏指人心為性，而不知道心為性。」此千年暗室一燈也。如人至京都，不能得見天子，卻說所謂天子者，只此宮殿嵯峨、號令赫奕者是。凡人之有情有才，有好惡取舍，有知覺運動，都易分明見得。惟道心則不易見。如宮殿之易見，號令之易聞，而深居之一人，固難得而覿面也，故曰「道心惟微」。在人微者，在天則顯，故聖人知天以盡性。在天微者，在人則顯，故君子知性以知天。孟子就四端言之，亦就人之顯以徵天之微耳。孔子「一陰一陽之謂道」一章，則就天之顯以徵人之微也。

又曰：

情便是人心，性便是道心。道心微而不易見，人之不以人心為吾俱生之本者鮮矣。朱子曰：「非才如此，乃自家使得才如此」，「自家」二字，尤開無窮之弊。除卻天所命我而我受之為性者，更何物得謂之自家也。情固是自家底情，然竟名之曰自家，則必不可。情者，不純在外，不純在內，或往或來，一來一往，吾之動幾與天地之動幾相合而成者也。釋氏之所謂心者正指此。唯其為然，則非吾之固有而謂之「鑠」。金不自鑠，火亦不自鑠，金火相搆而鑠生焉。

又曰：

必須說箇仁義之心，方是良心。但言心，則不過此靈明物事，必其仁義而後為良也。心之為德，只是虛靈不昧。所以具眾理應萬事者，大端只是無惡，而能與善相應，然未能必其善也。須養其性以為心之所存，方使仁義之理不失。孔子曰：「操則存，舍則亡，出入無時」，皆言此仁義之心，雖吾性之固有，而不能必其恒在也。

又曰：

以知覺為心，以收攝不昏為求放心，不特於文理有礙，而早已侵入於異端之域矣。程子云：「纔昏睡，便放了」，朱子云：「收斂此心，不容一物」，看來都有疵病。求放心者，求仁耳。孟子喫緊教人求仁，程、朱卻指箇不求自得、空洞虛玄底境界。異哉！非愚所敢知也。

又曰：

所放所求之心，仁也。而求放心者，則以此靈明之心而求之也。仁為人心，故即與靈明之心為體，而既放以後，則仁去而靈明之心固存，則以此靈明之心而求吾所性之仁心。以本體言，雖不可竟析之為二心，以效用言，則亦不可槩之為一心也。而朱子所云：「非以一心求一心，只求底便是已收之心」，亦覺與釋氏「無能無所」，「最初一念，即證菩提」，「因地果生」之說無以別。識得所求之心與求心之心本同而末異，而後聖賢正大誠實之學不混於異端。愚不敢避粗淺之譏，以雷同先儒，亦自附於孟子距楊、墨之旨以俟知者耳。

又云：

朱子云：「心如一家主，有此家主，然後能灑掃門户，整理事務。使放心不收，則何者為學問思辨？」又云：「存得此心，方可做去。」只教此知覺之心不昏不雜，此異端之所同。而非但異端也，即俗儒之於記誦詞章，以至一技一術之士，也須要心不昏雜，方能習學。求其實則孟子所謂「專心致志」者而已。朱子之釋此章，大段宗程子之説，程子規模直爾廣大，到魁柄處，自不如橫渠之正。橫渠早年，盡抉佛、老之藏，識破後更無絲毫黏染。一誠之理，壁立萬仞。故其門人，雖或失之近小，而終不失矩矱。程子自得後，卻落入空曠去，一傳而後，遂有淫於佛、老者，皆此等啟之也。此又善學古人者之所當知。

此處船山自述學統，一尊橫渠，而於程、朱之説多所駁難，乃竟自比於孟子之距楊、墨；以此較之習齋、東原，意態之激，殆猶過之矣。惟船山之學，博大精深，其自述己見處多，其非難前賢處少，至其讀四書大全説，學人研讀船山遺書者尚多忽之，故其異同之間，亦遂不易覺察耳。

以上略引船山之辨心性，請繼而再引船山之辨性命。船山之言曰：

愚嘗謂「命日受，性日生」，竊疑先儒之有異。今以孟子所言「平旦之氣」思之，乃幸此理之合符也。朱子言「夜氣如雨露之潤」，雨露者，天不為山木而有，而山木受之以生者也。豈不與天之有陰陽五行，而人受之為健順五常之性者同哉？在天降之為雨露，在木受之為萌櫱；在天命之為健順之氣，在人受之為仁義之心。今之雨露，非昨之雨露，則今日平旦之氣，非昨者平旦之氣亦明矣。此豈非天之日命而人之日生其性乎？乃或曰：氣非性也，夜氣非即仁義之心，乃仁義之所存也。則將疑日生者氣耳，而性則在有生之初。抑又思之，夫性即理也，理便在氣裏面，豈於氣之外，別有一理以游行於氣中者乎？天無無理之氣，而人以其才質之善，異於禽獸之但能承其知覺運動之氣，尤異於草木之但能承其生長收藏之氣。天之與人者，氣無間斷，則理亦無間斷，故命不息而性日生。若云惟有生之初，天一命人以為性，有生以後，惟食天之氣而無復命焉，則良心既放之後，而但一夜之頃，物欲不接，即此天氣之為生理者，能以存夫仁義之心哉？

又曰：

愚於周易、尚書傳義中，說初有天命，向後日日皆有天命。「天命之謂性」，則亦日日成之為性。其說似與先儒不合。今讀朱子「無時而不發現於日用之間」一語，幸先得吾心之所然。

今按：此一條錄自其大學說。「命日受，性日生」，此蓋船山之創說，船山極自喜之，故此兩章之說云云也。此見船山心中先自存有一番義理，然後再細按諸孟子而見其誠然；又細按諸程、朱之說，而見其有不然；又細按之於橫渠而始見橫渠之說爲獨可遵而無弊也。若論船山此一番見解之來處，則疑若其有得於易者爲獨多。橫渠亦深於易，故船山之於橫渠，亦最所心契也。故船山之於宋儒，雖獨契橫渠，而余必謂船山乃主以先秦義說孟子，而不謂其乃一本之於橫渠以說孟子。知言之士，亦必首肯於吾言也。

船山又言曰：

在天則同，在命則異，故曰「理一而分殊」。迨其分殊，而理豈復一哉？其同者，知覺運動之生而異以性，生成性，性亦主生，則性不同而生亦異。

又曰：

孟子言性，從不以氣稟之性為言，先儒論之詳矣。況孟子言君子所性與所樂、所欲一例，則更何天命、氣稟之別，豈眾人之欲樂陷於私利者，亦天使之然而不能自瘳耶？性者，人之同也。命於天者同，則君子之性即眾人之性也。眾人不知性，君子知性；眾人不養性，君子養性。是君子之所性者，非眾人之所性也。聲色臭味安佚，眾人所性也。仁義禮智，君子所性也。實見其受於天者於未發之中，存省其得於己者於必中之節也。不養則四德非不具於心，面、背、四體非不有自然之天則，足以成乎德容；而根之既仆，生以槁也。故性者，眾人之所同也，而以此為性，因以盡之者，君子所獨也。知性養性，是曰「性之」，惟其性之，故曰「所性」，豈全乎天而無人之詞哉？周子曰：「性焉安焉之謂聖。」惟其「性焉」，是以「安焉」。性云者，聖功之極致也，而豈獨以天分表異，求別於氣質之累不累者乎？孟子曰：「君子不謂性也。」義通此矣。

此一條似與上引一條有異。上一條言性不同，言天之生人，其性與物不同也。此一條言性者人之同，言人性則自大體相同也。究其極，則亦只當謂人性相近，卻不必說凡人之性必盡相同。此則就上引各條而微窺之，亦可見矣。

又曰：

不以氣稟言性，則猶言性在氣稟之中，而非氣稟之即是性也。故曰：孟子始終闢「生之謂性」一種邪說，程子乃以「生之謂性」為「未是告子錯處」。故其差異如此。

又曰：

中庸說「天命之謂性」，作一直說，於性、命無分。孟子說性命處，往往有分別。蓋天命不息，而人性有恒，有恒者受之於不息，故曰「天命之謂性」。不息者，用之繁而成之廣，非徒為一人，而非必為一理。故命不可謂性，性不可謂命也。孟子大言命而專言性，以人承天，而不以天治人。朱子注「不謂之命」，惟小註中「或說以五者之命皆為所值之不同，君子勉其在己而不歸之命」一段，平易切實，為合孟子之旨；其他言理言氣，言品節限制、清濁厚薄，語雖深妙，要以曲合夫程子氣禀不同之說，而於孟子之旨不相干涉。程子固以孟子言性未及氣禀為不備矣，是孟子之終不言氣禀可知已。

今按：此處所辨甚細，船山只謂：

天以其理授氣於人謂之命，人以其氣受理於天謂之性。

故又曰：

一言命而皆氣以為實，理以為紀，不容析之，以為此兼理，此不兼理矣。

故船山只謂性不當棄氣而言，理亦不當棄氣而言，而一言氣質、氣禀，則又與僅言氣者不同。此辨深微，非通觀於船山立論之全體，則亦不易明此辨也。

蓋性命之辨，實亦猶天人之辨也，船山又言之曰：

人不能與天同其大，而可與天同其善。

此可謂一言而深闡及於孟子盡性知天之學之淵旨而無遺焉也已。

凡船山之闡述孟子性善之旨，其要皆以自附於橫渠，而於程、朱之說則不能盡同，茲再引述一節，以見其要。船山曰：

程子統心、性、天於一理，於以破異端妄以「在人之幾」為心性，而以「未始有」為天者，則正矣。若其精思而實得之，極深研幾而顯示之，則橫渠之說尤為著明。蓋言心言性言天言理，俱必在氣上說，若無氣處則俱無也。張子云：「由氣化有道之名。」而朱子釋之曰：「一陰一陽之謂道，氣之化也。」周易陰陽二字是說氣，著兩「一」字方是說化，故朱子曰：「一陰而又一陽、一陽而又一陰者，氣之化也。」由氣之化則有道之名。然則其云「由太虛有天之名」者，即以氣之不倚於化者言也。氣不倚於化，元只氣，故天即以氣言，道即以天之化言，固不得謂離乎氣而有天也。程子言「天，理也」，既以理言天，則是亦以天為理矣。以天為理，而天固非離乎氣而得名者也，則理即氣之理，而後天為理之義始成。而曰「天一理也」，則語猶有病。夫天之為天，雖未嘗有俄頃之間、微塵之地、蜎子之物，或息其化；而化之者天也，非天即化也。化者天之化，而所化之實則天也。天為化之所自出，惟化現理，而抑必有所以為化者，非虛挾一理以居也。所以為化者，剛柔健順中正仁義，賅而存焉。賅存則萬理統於一理，一理含夫萬理，相統相含，而經緯錯綜之所以然者不顯，必由此不可由彼之當然者無迹。若是，固不可以理名矣。故可云「天者理之自出」，而不可云「天一理也」。氣之化而人生焉，人生而性成焉，由氣化而後理之實著，則道之名亦因以立。是理惟可以言性，而不可加諸天也，審矣。就氣化之流行於天壤，各有其當然者，曰道。就氣化之成於人身，實有其當然者，則曰性。性與道本於天者合，合之以理也。其既有內外之別者分，分則各成其理也。故以氣之理，即於化而為化之理者，正之以性之名，而不即以氣為性。所以張子云：「合虛與氣有性之名。」虛者理之所涵，氣者理之所凝也。若夫天，則中庸固曰「誠者天之道」也。誠則能化，化理而誠天，天固為理之自出，不可正名之為理矣。程子之竟言「天一理也」，自不如張子之義精矣。若謂「心一理也」，則其弊將有流入於異端而不覺者，尤不可以不辨。原心之所自生，則固為二氣五行之精，自然有其良能，而性以託焉，知覺以著焉。此氣化之肇夫神明者，固亦理矣。而實則在天之氣化自然必有之幾，則但為天之神明以成其變化之妙，斯亦可云化理而已矣。以本言之，天以化生而理以生心；以末言之，則人以承天而心以具理。理以生心，故不可謂即心即理，諉人而獨任之天。心以具理，尤不可謂即心而即理。心苟非理，理亡而心尚寄於耳目口體之官。如其云「心一理矣」，則是心外無理，而理外無心也。以云「心外無理」，猶之可也，然而固與釋氏唯心之說同矣。父慈子孝，理也。假令有人焉，未嘗有子，慈之理終不生於心，其可據此心之未嘗有慈而遂謂天下無慈理乎？謂未嘗有子而慈之理固存於性則得矣，如其言未嘗有子而慈之理具有於心則豈可哉？故惟釋氏之認理皆幻，而後可以其認心為空者言心外無理也。若其云「理外無心」，則隨所知覺隨所思慮而莫非理，將不肖者之放辟邪侈，與夫異端之蔽陷離窮者而莫非理乎？孟子曰：「盡其心者知其性也」，正以言心之不易盡，由有非理以干之，而舍其所當效之能以逐於妄；則以明夫心之未即理，而奉性以治心，心乃可盡其才以養性。棄性而任心，則愈求盡之，而愈將放蕩無涯以失其當盡之職矣。伊川重言盡心而輕言知性，則其說有如此。張子曰：「合性與知覺有心之名。」其不得謂之「心一理也」又審矣。告子惟認定心上做，故終不知性。孟子惟知性以責心之求，故反身而誠，以充實光輝而為大人。釋氏言三界惟心，則以無為性。聖賢既以有為性，則惟性為天命之理，而心僅為大體以司其用。伊川於此纖芥之疑未析，故或許告子「生之謂性」之說為無過。然則欲知心、性、天、道之實者，舍橫渠其誰與歸？

今按：此條辨析已甚詳明，語無遺蘊矣。循而讀之，辭旨皆顯，可不煩再加以闡釋。蓋自明道特拈一「理」字以統綜一切，而曰「天即理」、「性即理」，伊川、晦翁循之益進。而陸、王繼起，乃以「心即理」之說與程、朱之言「性即理」者相抗衡。而「理」字固爲先秦儒家所言。今船山越過程、朱，一依濂溪、橫渠之說，會通之於易傳與中庸，於以闡發孟子當時之本義，宜爲得其近是。至明道之說，可謂其乃是開創此下理學一派，於濂溪、橫渠本有差異；而朱子乃重爲之綜合。後人羣尊朱子，遂認爲濂、洛、關、閩，只是一家。雖亦有加以辨析者，然終不能如船山之明顯也。

船山之致辨於張、程異同者如上述，然二程分辨「氣質之性」與「義理之性」一層，自謂襲自橫渠。橫渠之說，見於正蒙。其言曰：「形而後有氣質之性，善反之，則天地之性存焉。故氣質之性，君子有弗性者焉。人之剛柔緩急，有才與不才，氣之偏也，天本參和不偏。養其氣，反之本而不偏，則盡性而天矣。」船山既於明道言氣質之性者加以駁正，又謂橫渠之說，本與明道不同，其辨見於其所爲張子正蒙註，茲再引錄如下。

船山曰：

氣質者，氣成質而質還生氣也。氣成質，則氣凝滯而局於形，取資於物以滋其質。質生氣，則同異攻取，各從其類，故耳目口鼻之氣與聲色臭味相取，亦自然而不可拂違。此有形而始然，非太和絪緼之氣、健順之常所固有也。舊説以氣質之性為昏明彊柔不齊之品，與程子之説合。今按：張子以昏明彊柔得氣之偏者繫之才而不繫之性。此言氣質之性，蓋孟子所謂口耳目鼻之於聲色臭味者爾。蓋性者，生之理也。均是人也，則此與生俱有之理，未嘗或異，故仁義禮智之理，下愚所不能滅；而聲色臭味之欲，上智所不能廢；俱可謂之為性。而或受於形而上，或受於形而下，理與欲皆自然而非由人為，故告子謂食色為性，亦不可謂非，而特不知有天命之良能爾。

以上釋横渠「氣質之性」。又曰：

天地之性，太和絪緼之神，健順合而無倚者也。即此氣質之性，如其受命之則而不過，勿放其心以徇小體之攻取，而仁義之良能自不可掩。蓋仁義禮智之喪於己者，類為聲色臭味之所奪，不則其安佚而惰於成能者也。天地之性原存而未去，氣質之性亦初不相悖害，屈伸之間，理、欲分馳，君子察此而已。

以上釋横渠「天地之性」。又曰：

弗性，不據為己性而安之也。此章與孟子之言相為發明，而深切顯著。乃張子探本窮歸之要旨，與程子之言自別，讀者審之。

以上釋「氣質之性君子弗性」並兼釋全章。以下再引其釋「氣之偏也」數語，此即船山所主張之性才之辨也。其言曰：

昏明彊柔敏鈍靜躁，因氣之剛柔緩急而分，於是而智愚、賢不肖若自性成，故荀悅、韓愈有三品之說，其實才也，非性也。性者，氣順理而生人，自未有形而有形，成乎其人，則固無惡而一於善，陰陽健順之德本善也。才者，成形於一時升降之氣，則耳目口體不能如一，而聰明幹力因之而有通塞精粗之別，乃動靜闔闢偶然之機所成也。性藉才以成用，才有不善遂累其性，而不知者遂咎性之惡，此古今言性者皆不知才性各有從來，而以才為性爾。商臣之蠭目豺聲，才也；象之傲而見舜則忸怩，性也。居移氣，養移體，氣體移則才化，若性則不待移者也。才之美者未必可以作聖；才之偏者，不迷其性，雖不速合於聖，而固舜之徒矣。程子謂天命之性與氣質之性為二，其所謂氣質之性，才也，非性也。張子以耳目口體之必資物而安者為氣質之性，合於孟子，而別剛柔緩急之殊質者為才。性之為性，乃獨立而不為人所亂。蓋命於天之謂性，成於人之謂才。靜而無為之謂性，動而有為之謂才。性不易見而才則著，是以言性者但言其才而性隱。張子辨性之功大矣哉！

本文後船山子敔又加按語云：

動而有為之謂才，才所謂心之官。心之體為性，心之用為情，心之官為才。

今按：船山性情之辨，備見於其孟子說，而性才之辨顧不詳，乃別見於正蒙註。可證正蒙註之成書，猶在讀四書大全說之後。今試設爲推想，方其說論語「性相近習相遠」章，已辨程子氣質之性之非是，而下語猶若有迴護之意；及其說孟子「性善」諸章，乃始於程、朱之說辭而闢之者甚爲暢盡而不再有隱焉，然猶於橫渠之分辨氣質之性與義理之性者未有解釋；其所解釋之辭則備見於正蒙註。此雖著書體例宜然，然亦可見船山正蒙註之成書，當猶後於其爲讀四書大全說也。船山一人思想進展之迹，亦可於此窺見。今若再進而綜述船山關於張、程異同之意見，則一言蔽之，乃是理氣問題之意見也。橫渠亦可謂是主惟氣一元，進而爲德性一元之說者，因其根據易傳與中庸而立說，則必歸於此也。程、朱則主張唯理一元，或可說理氣二元者。此「理」字之特別提出，首由於明道。其實魏晉間如王弼、郭象皆已特提此「理」字，此後乃爲釋家所援用，尤著者如竺道生乃及唐代之華嚴宗。伊川稱明道「出入於老、釋者十年然後乃歸求之於六經而得之」，則明道之特提此「理」字，實不能謂其全不受老、釋二氏之影響。至於橫渠年十八，范仲淹即授以中庸，及其在汴京初遇二程，已擁皋比講易。雖橫渠亦曾旁求諸釋、老，然其於易、庸濡染之深，亦可知矣。故橫渠之主張唯氣一元與德性一元之說，乃自先秦舊說來；而二程之提倡唯理一元，則於宋儒言義理中獨爲一種新說。此乃入虎穴而得虎子，拔趙幟而立漢赤幟之所爲也。惟主張唯理一元之說，終不免重於天而輕於人，陸、王之反對程、朱，主張以「心即理」代替「性即理」，亦不失爲一種側重於人本位之要求。而矯枉者過其正，船山不滿於陸、王，乃追溯之於濂溪、橫渠，求以矯挽程、朱立言之所偏。即就本篇引錄者觀之，其意已可見。今若撇開其整個思想體系於不論，而專就其於天道範圍之內增重人事分量之地位一節言，則船山思想實亦與陸、王相近，要之皆爲針對程、朱過分尊重「理」的一觀念之反動。此一趨勢，即下逮顏、戴，亦無以異也。

今試再雜引上文所未及者數條，以補申此義。船山曰：

> 在天為命，在人為性，盡性固盡人道也。論語言「性與天道」，性天之分審矣。直至贊化育、參天地，而後聖人之體天道者見焉。要其體天道者，亦以盡人道者體之爾。

船山此條，謂性與天道有分，盡性只是盡人道，持以與程、朱「天即理」「性即理」之說相較，其異旨顯然矣。船山於天與人之外，又推以言物，曰：

物有物之性，終不可云物有物之道。今以一言蔽之，曰物直無道。若牛之耕、馬之乘，乃人所以用物之道，不成牛馬當得如此拖犂帶鞍。倘人不使牛耕而乘之，不使馬乘而耕之，亦但是人失當然，於牛馬何與？乃至蠶之為絲，豕之充食，彼何恩於人，而捐軀以效用，為其所當然而必由者哉？故道者專以人而言也。

本條引自其中庸說。余嘗謂先秦兩漢之儒重言道，魏晉道家及以後釋氏重言理。宋儒程、朱、陸、王皆重言理，故謂之「理學」則允。若如宋史特立道學傳，則名實殊未相符，因程、朱所重實在理不在道也。若論理，則「物理」二字更是常用，卻極少用於「人理」爲辭者，故程、朱喜言物理，如晦翁之格物窮理是也。格物窮理與人何涉？因性即理，物性、人性同屬一理，故窮理即所以盡性也。横渠正蒙開宗明義第一句即曰：「太和所謂道。」可見横渠猶遵舊轍，與二程之特創新軌實有異矣。惟既言「道」，則誠如船山之說，物直無道可言；而又天道遠，人道邇，則人之分量地位自重矣。

船山又曰：

使馬乘，使牛耕，固人道之當然。若馬之性，豈以不乘而遂失；牛之性，豈以不耕而遂拂乎？

巴豆之為下劑，為人言也，鼠食之而肥。又安得謂巴豆之性果以尅伐而不以滋補乎？反之於命而一本，凝之為性而萬殊。在人言人，在君子言君子，則存養省察而即以盡吾性之中和，亦不待周普和同，求性道於貓兒狗子黃花翠竹也。

本條亦采自其中庸說。則船山之意，亦不認普通之所謂物性者之誠可定爲此物之性矣。船山又言之曰：

即可言物有物性，終不可言物有物道。如虎狼之父子，萬不得已，或可強名之曰德，而必不可謂之道。

船山又曰：

道者專以人言。

本條亦采自其中庸說。中庸開首即曰「天命之謂性，率性之謂道」，見橫渠正蒙正自中庸來，故船山亦不期而屢提此一「道」字。言「道」即必關屬在人身上，若言天道，則必明加一「天」字於「道」

字之上矣。若言物，則物直無道可言矣。程、朱惟其不言求道而言窮理，則天理之外必先及於物理矣。故此之一辨，實關重要也。

宋儒言理，又有一極關重要之觀念，即理欲對立之觀念是也。凡理則曰「天理」，凡欲則曰「人欲」，而船山於此所抱意見亦極通明。船山曰：

> 不離人而別有天，不離欲而別有理。

又曰：

> 人欲中擇天理，天理中辨人欲。

若就「人道」之觀念言，則上引船山兩條之語，殆無可疑難者。但若轉就「天理」之觀念言，則程、朱天理、人欲不兩立之說，亦頗無可否認，此由思想立言之出發點不同，亦所謂言之各有當也。

本篇所欲引錄，大體已竟，凡所引錄，則亦僅以見船山一家思想有如是云云焉者而已。至船山所辨張、程異同，其在張、程之間其所異同，果一如船山之所辨析否？此乃另一問題，非本篇所欲深論。惟有一事當附帶述及者，船山之辨張、程異同，主要在於性與天道；以今語說之，乃在形而上的問題上有所異同而已。其他程、朱所言義理，爲船山所信服所稱揚者，即就一部讀四書大全說看，已是竟體皆是。蓋船山仍是尊奉程、朱，以爲闡發孔、孟義理之眞傳，雖有異見，不害其爲信守也。故船山又曰：

朱子於學庸章句、論語集註屢易稿本，惟孟子註未經改定，故其間多疏略，未盡立言之旨。

如是而已。若讀者見本篇所引錄，遽疑船山之於程、朱，其態度亦一如習齋、東原，此則大誤之尤，所不得不於此附及也。①

又本篇所引錄，船山引據橫渠，上及易、庸，以闡釋孟子道性善之意義，其果有當於孟子當時之原本眞意否，此亦另是一問題，亦非本篇所欲進而深論者。惟船山之說，雖於張、程異同有所別擇，要之爲援據宋儒以立說。而張、程之上距孟子已越千數百載，固不得謂其間絕無違異。即易傳之與中庸，其書皆較孟子爲晚出，皆已雜有當時道家意見，以自成爲一套儒家之新說。在易、庸作者，自可接受孟子思想之影響，然在孟子心中固尚不知有易、庸，縱謂其時代相近，其間亦儘可有違異。故欲

① 舊著正蒙大義發微，曾指陳橫渠與程、朱相異處，橫渠與濂溪相異處，又橫渠與先秦儒之相異處。並又指陳船山正蒙註仍不免遵循程、朱遺說，而陷於誤解曲解處。本文主要在敍述船山一家意見，關於此等分析批評方面，凡已詳舊著正蒙大義發微者，此不贅及。該文收編在本書第五册，讀者須取兩文參閱。

究孟子道性善之原本真意，最佳方法，自當專就孟子原書，即就孟子所自言者，就其所用之辭語以闡說孟子自有之觀念；就其所用之事證，以證孟子眞實用意之所在。晚清如陳蘭甫東塾讀書記討論孟子性善，雖其見解或尚未能深入，要之其所用方法，較爲可取。船山猶守舊見，即認爲易繫爲孔子作，中庸爲子思作，孔、曾、思、孟四子之書，一脈相傳，一遵朱子之所定，宜其於孟子眞義闡發多於辨認。則船山之言，正亦猶之横渠之與程、朱，謂其因於孟子書而自有所發揮則可，謂之即是孟子之所見，則終有所不可也。凡治思想史者，當不河漢於斯言。②

（此稿作於一九六一年，刊載於香港大學五十週年紀念論文集。）

② 舊著孟子要略，曾將孟子「性善」義，即就孟子原書而加以闡釋，其塗轍較與陳澧東塾讀書記相近。今此稿已彙印入四書釋義中。

跋康熙丙午刊本方輿紀要

顧祖禹讀史方輿紀要，最先刊本在康熙丙午，僅州域形勢說五卷；今本歷代州域形勢凡九卷，第九卷明代爲丙午本所無，餘亦詳略迥殊，亦有五卷中舊說而今本加改訂者。蓋丙午五卷本爲今本之初稿也。丙午本有顧氏凡例一篇，與今本全異。自稱：

余方輿紀要凡七十二卷，而此編實為之冠。……其繼此編而出者，曰兩京紀要，分省紀要，古今川瀆異同說，海防海運說，鹽漕屯牧合考，九州郡邑合考，十二州分野說。又集古今輿圖更為訂正，職官、輿程諸圖皆以類從，而後此書始成全構。

今本凡一百三十卷，視初本殆增一倍。計歷代州域形勢九卷，各省一百十四卷，川瀆六卷而漕河、海道居其一，分野一卷。丙午凡例尚有郡邑合考，則今本殆散入各省也。今本又附輿圖要覽四卷，凡海防、海運、鹽漕、屯牧、職官、輿程諸大端並約略附見焉。今本凡例云：「余初撰次歷代鹽鐵、馬政、職貢及分野共四種，尋皆散軼，惟分野僅存。病侵事擾，未遑補綴，其大略僅錯見於篇中，以俟他時之審定」云云。疑原稿散軼，或當在祖禹南遊時。又祖禹爲黄守中六十壽序，謂「予辛酉病後，雖視息猶存，而神明未善」。庚申祖禹始客徐乾學家，則所謂「病侵事擾」，或其時語。然則今本凡例，殆成於祖禹五十一以後也。蓋今本總敍三篇成在前，凡例成在後，而皆在丙午刊本之後；輿圖要覽則尤晚成也。顧氏卒年六十二（據無錫縣志），少魏叔子七歲（據魏季子集先叔兄紀要），叔子卒於康熙十九年庚申，年五十七，是歲顧年五十；上推丙午，則顧年三十六也。今本彭士望序，謂「祖禹之創是書，年二十九」，則距丙午初刊，已歷八載。丙午本首頁，有「分省即出」四硃字，則所刻雖僅五卷，而全書七十二卷之大體必已完就，蓋即成此八年中矣。

閻若璩尚書古文疏證（卷六下）謂「景范地志之學蓋出於家，其尊人耕石先生著山居贅論」云云，下引其論黄河一大段凡數百字。今按：祖禹父名柔謙，字剛中，耕石其別號也。據魏禧所爲墓誌銘，柔謙卒在康熙乙巳，年六十，則正在丙午前一年。今丙午刊本凡例自稱「棘人顧祖禹」其證也。是柔謙及見其子著書且潰於成，先後歷七年之久也。

柔謙以明遺民，抱宗國之痛，抗節不仕，祖禹亦棄舉子業。柔謙常教之曰：「汝能終身窮餓不思富貴乎？」曰：「能。」「汝能以身爲人机上肉，不思報復乎？」曰：「能。」柔謙乃大喜曰：「吾與汝偕隱矣。」（據魏禧顧柔謙墓誌銘。）祖禹志節得之家訓，蓋不啻顧炎武之於嗣母也。而祖禹爲方輿書，亦以得於其父之教命者爲多。今本總敍第一祖禹自述先世，當明嘉靖間有光祿丞顧大棟，爲祖禹高祖父，好談邊徼利病，躍馬遊塞上，撰次九邊圖說，梓行於世。其子奉訓大夫文耀，萬曆中奉使九邊，以論邊備中忌諱，仕不獲振。祖禹祖龍章，早卒，則所謂「請纓有志，攬轡無年」者。其父柔謙，得疾且卒，呼祖禹而命之曰：

「及余之身，四海陸沈，九州騰沸，獲保首領，具衣冠，以從祖父於地下耳。園陵宮闕，城郭山河，儼然在望，而十五國之幅員，三百年之圖籍，泯焉淪沒，文獻莫徵，能無悼嘆乎！余死，汝其志之。」祖禹匍伏嗚咽而對曰：「小子雖不敏，敢放棄今日之所聞？」

彭序謂祖禹爲是書，「秉厥考之遺言，及先祖所爲之地志，九邊之圖說」，即謂此也。是顧氏一家輿地之學，祖孫相傳，淵源已歷五世，固非偶爾而然矣。然今丙午本卷首凡例，絕不道及其父隻字，何耶？蓋柔謙卒於康熙乙巳十二月之二十九日（據魏誌），而丙午刊書成於夏杪，歷時甚暫；祖禹斬焉在喪服中，悲痛未已，固無暇以詳也。

丙午本首列嘉魚熊開元、無錫秦沅兩序；熊序今本有之，秦序則已删去。又首行列「三韓吳興祚伯成鑒，錫山華長發商原參」兩行，首頁又有「華府藏板」印，則是書乃華長發付刊者。今本有吳興祚序，謂「余因華子商原，始覩其書」，而丙午本無之。可證此本刊行甚促，吳序稍遲，故不及載耳。

又按：丙午本原名二十一史方輿紀要，敍次迄於元末，今本則下及明代。今本總序，祖禹自述其

「父卒一年而祖禹以疾廢，又三年疾愈，不揣愚昧，思欲遠追禹貢職方之紀，近考春秋歷代之文，旁及稗官野乘之說，參訂百家之志，續成昭代之書」，是祖禹之續爲此書，當在丙午後之三年，即己酉、庚戌之間也。今本有魏禧序，已稱「讀史方輿紀要一百三十卷」，則應尙在庚戌後。今按魏氏爲柔謙墓誌銘有云：

甯都魏禧客吳門，見方輿紀要，奇之，曰：「此古今絕無而僅有之書也！」既交其人，沈深廉介，可屬大事，相與為齒序，弟畜之。祖禹因出君狀乞誌銘。

是顧、魏相識，顧父已先卒；而魏氏於吳門所見紀要，殆即丙午刻本；否則未識其人，無由讀其全書之寫稿。及兩人既深交，乃得盡見其全稿而爲之序，乃曰「讀史方輿紀要一百三十卷」矣。魏氏長祖禹七歲，四十始出遊，至江浙，時祖禹年三十三，其父尙未卒，書亦未刊，兩人相識應在後。魏氏於康熙十一年壬子又客吳（據黃子錫墓誌銘），上距庚戌又已三年，則祖禹書之自七十二卷擴大爲百三十卷者應在此三年內也。

祖禹抗節首陽，窮槁不仕，人知之。方三藩事起，而祖禹跳身走閩海，期興復，則知者甚少。近張子曉峯創爲祖禹年譜，親至膠山訪搜遺聞，得黃氏宗譜，有黃守中與祖禹交游踪跡，而其事乃大白。（詳見國風半月刊四卷十期膠山黃氏宗譜選錄專號。）滇變作於癸丑，閩變起於甲寅，祖禹南遊當在癸、甲之際，出魏氏作序後，故熊、吳、魏三序及祖禹自序，皆有「足不出吳會」之語。康熙丙辰，耿精忠復降滿洲，祖禹亦不久留。其在閩海，先後不出三年也。黃統爲其父守中府君行略，謂：「顧子以雄才大略，慨然願有爲於天下，乃寄妻孥於吾父。吾父則以養以教，數年如一日。」即此矣。

今本復有彭士望序，謂：「望行年七十，得此一士。」又曰：「祖禹之創是書，年二十九，經二十年始成。藉資遊歷，更獲新勝，即改竄增益，雖十易草不憚。」今考彭氏年七十，當康熙十八年己未，時祖禹年適四十九。翌年魏禧卒。彭序成於今年，故述及魏序而未及其死。其稱述祖禹爲人，謂「其膽似韓稚圭，而先幾旁矚，不敢置勝負於度外」，則祖禹之不淹滯於閩可知也。又謂「其奇才博學似王景略，雖去桓溫必不爲苻堅所用」，尤明屬閩海歸來語。自丙辰至己未亦四年，祖禹之「十易其草不憚」者，應以此數年間爲尤勤也。

康熙十九年庚申十一月，魏禧卒於儀眞，而祖禹始客徐乾學家。彭士望徐氏五十壽序（按顧、徐同年。）云：

> 庚申八月，余在吳江。崑山徐子藝初、章仲二孝廉遣書使，因顧子景范，迎余居其家。

又曰：

公既延武林陸子拒石、太倉顧子伊人，與共晨夕，欣賞析疑，及四方士過從，禮之無倦；而虞山顧景范，不求聞達，落落人外，惟潛心方輿紀要一書。公禮而致之，不煩以事，聽自纂述。更為具脡餼筆札書史，以相佽助。

是祖禹五十以後仍肆力此書。彭序謂「經二十年始成」者，仍非定稿也。

自是祖禹與徐氏往來之迹頗密。康熙二十六年丁卯，清廷修一統志，命徐乾學爲總裁，徐氏羅致祖禹於幕下。閻氏尚書古文疏證（卷六上）謂「己巳與顧景范同客京師」，時顧年已五十九。翌年庚午，徐氏歸里設局洞庭，祖禹仍爲分纂，而其子士行亦在志局（見裘璉纂修書局同人題名私記。）既父子同硯席，又得恣意博覽四方圖册，復與胡渭、閻若璩、黃鴻諸人上下其議論。越三年癸酉，卒（翌年徐亦卒）。此數年中，紀要一書當必又有所增訂。

然則祖禹此書，既上承其家高、曾兩世之餘緒，又及身父、子、孫三代討論潤色。而祖禹則畢精萃力於其書者達三十四年，先則槁臥窮廬，專心一志；繼則南遊嶺海，北上燕冀，遠搜博涉；又得徐氏藏書之探討，賓客之研窮；取精而用宏，體大而思深，宜其可以躊躇無餘憾矣。

然祖禹雖溷迹顯貴之門，其皭然不汚之節，則固終其身無少渝也。姚椿通藝閣集顧處士祖禹傳略，謂：「一統志書成，徐將列其名上之，祖禹不可，至於投死階石始已。」又全祖望鮚埼亭集題徐狷石傳後，謂：「狷石最善祖禹，有事欲就商，會其在徐館中，狷石徘徊門外不入。適祖禹從者出，因以告，乃得見。徐乾學聞之，亟遣人出迎，則猾石已解維去矣。」磨而不磷，涅而不淄，殷有三仁，固不在形迹之間也。

余觀今本首卷所列各序均無年月，此蓋不署永初之旨耳。又以「昭代」稱明，敍史跡亦至明而止，絕不涉建州入關，拳拳故國之情溢於言表。而祖禹自序及魏、彭兩序，尤躍躍不啻探口出。雖祖禹詩文事蹟流傳極少，然此書幸免焚禁，不可謂非大幸矣。（四庫未收其書，殆時人未敢輕進也。）丙午本首頁即大書「吳伯成先生鑒定」，秦序、顧凡例皆著康熙丙午年月，益證祖禹自在喪中，事出華氏，非祖禹本意。今祖禹書傳布極廣，然其立身大節，及著書用意所在，與夫數十年辛勤之經歷，則人鮮知者；爰因讀丙午本而縱論之如此。

（此稿刊載於民國二十四年十月禹貢半月刊四卷三期）

〔附〕　夏定域「讀錢賓四先生康熙丙午本方輿紀要跋」後語

謹按：顧氏年六十二，見無錫縣志，據推當卒壬申；拙文偶憑平日覩記，未繙原書，遂誤「六十二」爲「六十三」，因謂卒於癸酉，一誤也。文中謂「康熙十九年庚申，顧年五十」，並不誤；而云「上推丙午，顧年三十七」，實應年三十六，二誤也。文中引彭躬菴徐氏五十壽序證顧氏客徐家年歲，明在庚申，乃又云始辛酉，三誤也。月前讀葉君揆初藏顧家方輿紀要原稿，明作顧氏年六十二，卒壬申，已悟拙文之失誤，乃竟忽忽未暇爲文。頃又讀夏君文，匡其疏謬，謹自檢舉，以告罪於禹貢之讀者。惟魏、顧締交，及魏爲顧序方輿書，拙文推在壬子，夏君謂應在辛亥。拙文本約略定之，未檢魏集；因讀夏君文，特繙魏集，覺尚有未協。蓋叔子遊江、浙，最先在壬寅、癸卯。庚戌重至揚州（卷九閔賓連遊廬山詩敍），十月在揚州（卷十二跋嘉興高念祖先世手迹卷後），十一月自揚州歸（卷十七大鐵椎傳）。明年辛亥四月又客揚遊金、焦（卷九遊京口南山詩引），六月仍在揚（卷九一石山房詩引）。九月曾遊乍浦，交李潛夫，至靈岩，訪徐昭法（卷六與周靑士書）。又客毘陵，不審在何月（卷八惲遜庵先生文集序，疑在秋冬之際）。臘月亦在揚（卷十六燎衣圖記，卷十八阿邗墓記）。集中是年無「客吳門」語，稱「客吳門」者皆繫之壬子（卷八脉學正傳敍，卷十一剞氏劉永日六十序，又朱太母八十壽序，又卷十四哭吳秉季文，又卷十八阿邗墓記）。蓋是年六月始至吳（卷十六畫貓記，又卷十一歸元公六十序），八月亦在吳，已作歸計（卷九虎邱中秋宴集詩敍，又卷十三書全沖堂卷後，惟卷十二東房奏對大意跋謂「壬子七月客揚州」），而十月仍滯吳（卷十二跋歸莊黃孝子傳後），十一月始束裝歸（卷十贈劉毅可敍，又卷十四哭萊陽姜公崑山歸君文）。叔子爲耕石作墓誌，自稱「客吳門，見方輿紀要」，則恐仍繫之壬子爲是。未識夏君以爲何如？

（此篇「後語」原附載民國二十五年一月禹貢半月刊第四卷第九期夏定域「讀錢賓四先生康熙丙午本方輿紀要跋」一文之後。所述原文誤處，其先後收載入中國學術思想史論叢第八冊及古史地理論叢者，並已據正。）

跋嘉慶乙丑刻九卷本讀史方輿紀要

顧氏方輿紀要最先刻本康熙丙午，僅刻州域形勢凡五卷，余既爲文論之。茲本亦祇刻歷代州域形勢，而已及明代，分九卷，與今本同，故書稱讀史方輿紀要，不稱「二十一史」，前列熊開元、秦沅序及顧氏自爲凡例，仍五卷本之舊；惟吳興祚一序爲五卷本所無。

此書余見者凡兩本：一藏燕大圖書館，書前頁有「嘉慶乙丑新鐫，友蘭堂藏版」兩行，逐卷末頁有「當塗彭萬程刊」六字。又一本得之顧君起潛，無前頁而末多讀方輿紀要摘錄統論歷朝形勢一篇，署吳中朱棠。檢長元和諸生科第譜，朱棠字蔭南，乾隆三十八年癸巳彭元瑞科試入吳縣學，乾隆六十年乙卯恩科副榜。此書鐫於嘉慶十年乙丑，殆即出之朱氏。燕大藏本脱其附篇。顧君所得則爲繙本，如吳興祚作「吳典祥」，似故意改之。又卷末「當塗彭萬程刊」六字均脱，惟卷八、卷九有之，知原刊有。葉君揆初亦藏此書，書末有朱文，每卷後有「當塗彭萬程刊」字樣。則殆與燕大藏本同爲初刊，而無缺者。以此本校今刻，大體盡同，惟卷九間有一二異處則皆語涉避忌而改，如頁二十，顧氏曰：

太祖挈漢舊壤，還之中華，比於去昏墊而之平成，功烈有加焉。（按：燕大藏鈔本作「比之去昏墊而致平成」。）

今本改「中華」爲「職方」。又如頁三十二敍土木之變一節：

北虜分道入寇。

今本作「北部」。

虜氛甚惡。

今本作「兵氛」。

虜自後追襲。

今本「虜」作「敵」。

次土木，人馬疲渴，虜鐵騎四合，死傷無算。

今本「虜」作「而」，則文理不明順。三十三頁：

是時東至遼東，西至陝西，皆虜騎充斥。

今本作「敵騎」。

未幾強胡款塞。

今本作「強敵」。頁三十四：

無以離戎虜之交。

今本作「戎朔」。頁三十五：

備羌禦胡，日不暇給。

今本作「禦朔」。頁三十五：

國初李文忠敗虜於豐州。

今本作「敗元」。

嘉靖以來，北虜部落益強。

今本作「北邊」。

虜酋吉囊。

今本作「台吉吉囊」。頁三十六：

虜旋入宣薊。

今本作「敵旋入」。而頁四十三，敍九邊後，有文兩節，凡四五頁字，葉藏顧氏定稿及燕大藏鈔本皆有之，而今本全删。其文曰：

孫氏曰：太祖平天下嘗垂訓曰：「四方諸夷，其限山隔海僻在一隅者，但使彼不相侵擾，即當共安無事，慎毋恃中國強大，興兵起釁。惟胡戎密邇邊境，累代為中國患，宜謹備焉。」嗚呼！聖謨何洋洋也！成祖初定安南，本非利其土地，宣宗棄之，不害為善守；獨是大寧廢而遼東、薊州、宣府之備多，河套失而太原、大同、榆林、固原、寧夏之患急，哈密棄而甘肅、西寧、洮河、松茂之寇滋。然則祖宗成憲，洵未可輕變矣。君子觀於九邊之制而不勝升降之慨焉！（按：此條大字正文，下一條雙行小注。）

王氏曰：昔狄梁公有言：「天生四夷，皆在先王封略之外，故東距滄海，西阻流沙，北控大漠，南界五嶺，此天所以限夷狄而隔中外也。」三代以前，夷狄之患少，其備邊之制，惟來則拒之，去則勿追。秦漢以降，更相角逐，生民之禍始烈；要未有迭主中夏，甚且天地一民，皆得而臣服（燕大鈔本作「伏」）之也。夫中原之不競，肇於和親，極於納幣稱臣。我國家張皇六師，式廓萬里，乃循秦漢之長城，九邊之定制，雪恥除凶，度越往古；然猶有虞者，封貢不降，互市不革，無以消奸民外誘之端、黠虜內窺之漸也。蓋虜必不能忘情中國者，以中國之多可欲；而非有內地叛民（燕大鈔本作「氓」）為之嚮導，則其患猶可量。宋元以後之虜情，不可準以漢唐之舊制，乃欲高語來朝（燕大鈔本作「庭」），虛張歲市，養禍伏釁，而恃為弭邊善政，不亦惑乎！嗚呼！削株掘根，毋與禍鄰，必也閉關折符，單使勿通也；投珠卻玉，匹馬勿入也；因機溝會，則西塹玉門，北固受降，東修柳城，隔絕其往來，杜塞其耳目，使中外之限，如九天九地，絕不可干也，庶足以紓悠悠之患乎！

又五卷本卷五末頁引：

劉氏曰：元德既衰，九土糜沸，鴟張狼顧之豪，彌滿山澤，萬姓魚喁，無所籲告。眞人出而撻伐之，拾宋掇秦，掣趙拔燕，不數載而天下定。治亂相因，理則然已。

九卷本及今本卷八末「撻伐之」下多：

起自東南，掃平氛翳，然後

云云十字；「治亂」兩句，今本作：

進取先後，因時乘勢。夫豈偶然之故歟。

而九卷本則作：

去茲草昧，復我光華，夫豈偶然之故歟。（此與鈔本合）

二本相校，尤可明其先後增易删改之迹也。

又按：卷九十頁「汛掃幽燕」條下：

下德州（今屬濟南府），克長蘆（即河南府滄州），逾直沽（見前毛貴逾直沽），舟師步騎夾河而進。

今本脱「克長蘆逾直沽」兩語，而鈔本有之，葉君藏本、燕大鈔本均有，尤可證此本淵源有自，雖僅刻九卷，而尚存眞相，殊足珍惜也。

又余讀燕大所藏鈔本，此九卷前有歷代州域形勢紀要序一篇，爲九卷本所無，而今刻足本則有之。（鈔本「存乎弈者之心手而已矣」，今刻本作「心思」，餘盡同。）惟鈔本又有「辛未立冬前一日宛溪顧祖禹自序」十四字，辛未爲康熙三十年，宛溪年六十一，翌年宛溪卒，則此篇乃其晚年手筆。九卷刻本無之者，此或朱氏所據付刊之稿，尚是辛未前所傳鈔，故不載此文也。（又按：葉藏顧氏原稿定本北直方輿紀要序首上方有眉注「辛未六月四日」一行，疑諸序頗多晚年筆。）

又九卷刻本不列魏、彭兩序，未識何故。豈以熊、吳、秦三序本爲州域形勢作，而魏、彭爲全書之序，乃以是爲取捨歟？抑此本底稿本無魏、彭兩序，則其書傳鈔應甚早。顧、魏締交，顧書已成百三十卷，則此九卷祖本之流傳尚在叔子一序之前。葉藏顧書原稿，惟此九卷無硃墨校改，此或亦證矣。

（民國三十一年二月責善半月刊二卷二十二期）

陸稼書學述

自晚明諸遺老逝世，而清初理學之風漸熄。然尚有朱、王之爭。在諸遺老間，不論述王反王，皆不失其宗邦之恫，有亡國之餘悲。繼起而尊朱者，則多朝廷顯貴，仰承帝王意旨，其制行多爲人指摘。而宗王者則多尚氣節，不爲權勢屈抑。余已略著其梗概於近三百年學術史李穆堂一章。清廷於康熙五十一年壬辰，特升朱子配享孔廟；雍正二年甲辰，陸稼書從祠兩廡；先後僅隔十二年。上距稼書卒歲則已三十二年。稼書兩爲縣尹，一任諫官，仕宦不達。魏環溪薦疏稱其「清操如冰，愛民如子」，彭定求序其書，亦謂其「造履嚴苦，律己服官。一介不取以貞其操，直道而事以遂其志。凜然樹乞墦壟斷之防，泊然守陋巷簞瓢之素」。四庫提要稱其「操履純正」。蓋其爲人，頗自與當時朝貴尊朱者有不同。故清廷崇揚朱子，而特以稼書從祠。

然夷考稼書之爲學，於朱學後起中，如黃東發、吳草廬、羅整菴、陸桴亭諸人，深沉博大遠不逮。四庫全書收其三魚堂文集、外集、附錄共二十四卷，又讀朱隨筆四卷，三魚堂賸言十二卷，松陽鈔存二卷，四書講義困勉錄三十七卷，松陽講義十二卷，凡六種逾九十卷，可謂豐備。又四庫館臣爲提要，於宋、明理學家言，掎摭無所不至；獨於稼書諸作，皆極稱道，絕無貶斥。勇於呵先儒，怯於違朝旨，此亦可見四庫館臣之爲態矣。

其實稼書於朱學，僅爲一種四書之學而止。朱子生平學問，用力四書最深。其指示後學，亦必先四書，謂五經爲可後，諸史百家自當更次。治朱學而特研四書，固不爲非。特當以四書爲主，從而求之則可；非謂逐字逐句讀四書，即爲盡學問之能事也。徒解字義，在漢儒爲「章句」，在明儒爲「講章」，顯非朱子之學。稼書亦只是明末之講章家言，又烏得爲朱子之正傳。

治朱學而專重四書，其事遠有端緒。至明代永樂時之四書大全而集其成。清四庫提要略云：

眞德秀始采朱子語錄，附於大學章句之下為集編。祝洙復仿而足之為四書附錄。其後蔡模集疏，趙順孫纂疏，吳眞子集成，薈粹眾說，不免稍涉泛濫。陳櫟四書發明，胡炳文四書通，較為簡當。櫟門人倪士毅合二書為一，頗加刪正，名曰四書輯釋。明永樂中，詔儒臣胡廣、楊榮等編集諸家傳註之說，彙成一編，為四書大全。御製序文，頒行天下學校。於是明代士子為制義以應科目者，無不誦習大全，而諸家之說盡廢。然廣等撰集此書，實全以倪氏輯釋為藍本。顧炎武謂其中特少有增刪。其詳其簡，或多不如倪氏。朱彝尊亦譏其專攘成書。惟是倪氏原書，義理明備，采擇精醇，實迥出他家之上。則當日諸臣據以編訂，亦不為無因。且明世解四書者，如蔡清之蒙引，陳琛之淺說，其折衷是正，皆以此書為宗。

今按：大全采摭諸儒名氏，首鄭玄、孔穎達。宋自濂溪以下至於胡炳文、陳櫟、張存中、倪士毅、許謙共逾百人以上。夥頤沉沉，可見以研四書治朱學，宋末迄於明初，已成一大趨。四書與五經同尊，抑且猶增重要。朱子集註、章句、或問諸書，亦尊視如經注。治朱學者循此闡釋發揮，則如經注之有「疏」。四書大全乃如唐初之五經正義。朝廷功令所在，應舉求仕者罔不誦習。然自有大全而大全所收諸家書乃幾於盡廢，亦如有正義而正義所收南北朝諸經疏亦盡廢也。

倪氏書爲大全藍本，有汪克寬一序，亦爲提要所本，今並録以資參證。序曰：

> 紫陽集諸儒之大成，作為集註、章句、或問以惠後學，而其詞渾然猶經。於是眞氏有集義，祝氏有附錄，蔡氏、趙氏有集疏、纂疏，而吴氏集成最晚出。同郡定宇陳櫟、雲峯胡炳文，睹集成之書輾轉承誤，莫知所擇，乃各摭其精純，刊繁補缺。定宇著四書發明，雲峯著四書通，而定宇晚年欲合二書而一之，未遂也。友人道川倪氏，實遊定宇之門，乃薈萃二家之説，鳩僝精要，考訂訛謬，名曰四書輯釋。學者由是而求朱子之意，則思過半矣。

蓋朱子後之四書學，最先有成書者爲眞西山，黄梨洲評之，已謂其「依門傍戶，不敢自出一頭地，蓋墨守之而已」。繼此以下，大率盡然。大全之來歷與其梗概，據是可見。後有蔡清虛齋之四書蒙引，黃梨洲明儒學案稱其書，謂：

先生平生精力，盡用之易、四書蒙引，繭絲牛毛，不足喻其細。蓋從訓詁而窺見大體，不為訓詁支離所域。

四庫提要云：

此書本意，雖為時藝而作，而體味眞切，闡發深至，實足羽翼傳注，不徒為舉業準繩。刁包稱：「朱注為四書功臣，蒙引又朱注功臣。」陸之輔稱：「說四書者不下百種，未有過於此者。」其為學人推重如此。與後來之剽掇儒先賸語以為講章者，相去固霄壤矣。

梨洲學案又曰：

傳其學者有陳琛、林希元。其釋經書，至今人奉之如金科玉律，此猶無與於學問之事者也。

陳琛爲四書淺說，林希元爲四書存疑，皆從蒙引來。後人讀蒙引，亦必兼及此兩書。

言朱子後之四書學，金華一派尤爲脈絡分明，傳緒秩然。黄、全學案有「北山四先生」，始何基北山，爲黄勉齋門人。其學以熟讀四書爲宗旨。並曰：

四書當以集註為主，而以語錄輔翼之。語錄既出衆手，不無失眞。當以集註之精微，折衷語錄之疏密。以語錄之詳明，發揮集註之曲折。

又曰：

集註義理自足，若添入諸家語，反覺緩散。

北山門人有王柏魯齋，年踰三十始讀四書，取論、孟集義，別以鉛黄朱墨，求朱子去取之意。約語錄精要，名曰通旨，以補勉齋通釋之缺。其於大學則謂無待補，於中庸則主分「誠明」以下別爲一篇，以符漢志中庸說兩篇之舊。金履祥仁山，事魯齋而從登北山之門。宋亡，屏舍金華山中。有大學章句疏義兩卷，論語孟子集註考證十七卷，黄百家稱其「發朱子之所未發，多所牴牾，而非立異以爲高」。許謙白雲，長值宋亡，家破，往從仁山。嘗曰：「聖人之心具在四書。四書之義備於朱子。」有讀四書叢說四卷，爲四書大全所收諸家之最後一人。

復有章元江四書正學淵源，蕭陽復爲之序，曰：

> 金華何文定先生，雖生朱子後，而口傳心授，得之勉齋。自是而傳之王文憲、金文安、許文懿，僅二百年間，四先生踵武相承。凡四子書，悉為之闡微疏奧，以翼朱註。國朝采集大全，書中溯其源流所自，謂非朱子之適傳不可也。

以上略述朱學後起研治四書之大概，其詳則不勝覼縷。讀者試繙明史藝文志及清代所編續文獻通考，一檢兩書中有關四書一類之書目，可以想像得之。直至明末，猶有陳明卿四書語錄一百卷，析義十卷，備考八十卷。張溥四書纂注大全三十七卷。則此一風氣，先自宋末，下迄明亡，歷久不衰，經亂彌盛，實爲宋、元、明三代學者心力所奔湊萃集之一淵藪，羣奉以爲學問嚮往之標的。論其實，則只限於朱子之集註與章句，闡釋復闡釋，演繹復演繹，不僅無逃於象山所譏之「支離」，北山所憂之「緩散」，梨洲所評之「無與於學問之事」；抑亦如顏習齋所斥：「字上添字，紙上添紙，率天下之文字而食天下之神智。」以此衡評古今學術著作，固屬過激無當；以之指此一頹趨，則實屬恰允。習齋初亦尊朱，殆亦未能脫此窠臼，倦而思變，故乃發此感切之深慨也。

晚明諸遺老，身嬰亡國之痛，激而反王學，實不過爲一部分人。而厭棄此種四書義講章之學者，則實爲清初諸儒之一般趨勢。遂有廢止科舉之主張。然其中有最激昂者如呂晚村，奇軍突出，乃即以宋末以來元、明相傳四書義之外形，寄寓其深切之民族情感，憑藉朝廷功令，以之激動一世。身後遭奇禍。余已略著其事於近三百年學術史。稼書較晚村生晚一年，其治朱學，亦受晚村影響。所著書，屢屢稱引及晚村。在其松陽鈔存中有一節云：

> 呂氏云：儒者正學，自朱子沒，勉齋、漢卿，僅足自守，不能發皇恢張。再傳盡失其旨。如何、王、金、許之徒，皆潛畔師說，不止吳澄一人也。自是，講章之派，日繁月盛，而儒者之學遂亡。永樂間纂修四書大全，一時學者為成祖殺戮殆盡，僅存胡廣、楊榮輩苟且庸鄙之夫主其事，故所摭掇，多與傳注相繆戾，甚有非朱子語而誣入之者。蓋襲通義之誤而莫知正也。自餘蒙引、存疑、淺說諸書紛然雜出，拘牽附會，破碎支離。其得者，無以逾乎訓詁之精。其失者，益以滋後世之惑。上無以承程朱之旨，下適足為異端之所笑。故余謂講章之道不息，孔孟之道不著也。腐爛陳陳，人心厭惡，良知家挾異端之術，起而決其樊籬。聰明向上之士，翕然歸之。隆、萬以後，遂以背攻朱註為事，而禍害有不忍言者。識者歸咎於禪學，而不知致禪學者之為講章也。

此引呂氏即晚村。何、王、金、許即北山四先生。其謂「襲通義之誤」者，倪士毅著四書輯釋大成四十卷，又有重訂四書輯釋章圖通義大成四十卷，通義出王逢。逢出洪初野谷之門。大全多本倪書，故晚村云云也。晚村此論可謂痛切。稼書雖加稱引，而其自下語則依違兩可，謂：

呂氏惡禪學而追咎於何、王、金、許，以及明初諸儒，乃春秋責備賢者之義，亦拔本塞源之論也。然諸儒之拘牽附會，破碎支離，潛背師說者誠有之，而其發明程朱之理以開示來學者亦不少矣。使朱子沒後，非諸儒，則其樊籬不至隆、萬而始裂。而今之欲闢邪崇正者，豈不愈難也哉！故君子於諸儒，但當擇其精而去其粗，無惑於拘牽附會破碎支離之說，而不沒其守先待後之功，則正學之明，其庶幾焉。

稼書爲朱學，其實主要工夫亦只在此。文集中有與席生漢翼漢廷書，指示爲學大要云：

每日應將四書一二章，潛心玩味，不可一字放過。先將白文自理會一番，次看本註，次看大全，次看蒙引，次看存疑，次看淺說。如此做工夫，一部四書既明，讀他書便勢如破竹。

文集中又有四書大全序，自述用功經過，謂：

舊本四書大全，余舊所讀本。用墨點定，去其煩複及未合者。又採蒙引、存疑、淺說之要者附於其間。自戊戌至癸卯，用力六載而畢。

此六載乃自順治十五年至康熙二年，時陸桴亭已刊思辨錄。兩人同治朱學，而其高下淺深廣狹大小之異，則誠不可以相擬。稼書著有四書講義困勉錄三十七卷，彭定求爲之序，曰：

稼書先生既點定四書大全，輔以蒙引、存疑諸解，羽翼傳注，深切著明。而遺篋中復有困勉錄前後二編，即先生自題大全序所云「萬曆以後諸家之說則別為一冊」者也。其高弟席子漢翼昆季，並梓以行。

此書功力，當開始在上述之六年間。其書之卒潰於成，則不定在何年。其梓行乃在身後，由席漢翼兄弟整理之。

至康熙二十九年庚午，稼書自序其松陽講義，已距其讀四書大全爲四書講義困勉錄之最先六年工夫相隔逾二十五年以上。然其講義中，亦時引大全、蒙引、存疑、淺說，並亦屢引及於呂晚村。蓋稼書此三十年來，依然故我，實未見有大進步。雖獲締交於晚村，而受晚村啟沃之益者實不深。豈乃資稟相距，無可勉強乎！

稼書之所以爲清廷特所引重，一則在其專力於四書學，上自大全、蒙引、存疑、淺說以來，統緒皎然，有合於當時清廷重定科舉一尊朱學之宗旨。次則因稼書持門戶之見特深，於朱子後諸儒皆所排斥。其文集中有答某書，謂：

近年所見，覺得孟子之後至朱子，知之已極其明，言之已極其詳。後之學者，更不必他求。惟即其所言而熟察之，身體之，去其背叛者，與其陽奉而陰叛者，則天下之學，無餘事矣。

昔自孔子之亡，楊、墨、莊、老、申、韓百家言，羣起攻孔，乃有孟、荀起而衛孔。孔學大昌，而攻孔諸家終亦存傳於後世。兩漢以後，魏晉清談，隋唐佛學，躋釋迦、老聃於孔子之上，遂有北宋之理學，奮起相抗。而朱子集其大成。孔道又復昌，然釋迦、老子道、釋之學終亦存傳不輟。朱子後，理學中有陸王，清儒中有漢學，皆與朱子爲敵。然此七百年來，朱子終巋然爲宗師巨擘。而陸王之學與漢學家言，亦皆存傳無可廢。稼書尊朱，其意雖篤，然果如其言，則人人可趨於不學，而朱子之所以爲精且大者，亦將隨以俱失。此則稼書一人之淺夷狹識，所以終無與於衛道之大任也。

稼書於朱學後起，最服膺薛瑄、胡居仁。文集中與人書有云：

今日有志於聖學者，有朱子之成書在。熟讀精思而篤行焉，如河津餘干可矣。

又曰：

以諸儒之學言，薛、胡固無間然矣。整菴之學，雖不無小疵，然不能掩其大醇。

又曰：

學者但患其不行，不患其不明。但當求入其堂奧，不當又自闢門户。

觀上引諸條，可知稼書爲學，固是循規蹈矩，惟謹惟慎。僅能欣賞薛、胡，而必以羅整菴爲小疵，因整菴間有與朱子持異論也。只求入堂奧，不許闢門户。此乃稼書論學大旨。不知學問之事，正須能自闢門户，乃能入人堂奧。若只寄人籬下，則非能入人堂奧者。稼書不許人自闢門户，此即是其持門户之見之最深處也。故稼書爲學，必一依朱子門牆，不能自樹立。凡與朱子相異，則必加辯斥。然所辯斥，亦非能有深見。其語多見於松陽鈔存與三魚堂賸言二書。如曰：

大程云：「極高明」而「道中庸」非二事。朱子分為兩截，正相發明。象山、陽明，亦皆欲合為一事，意便不同。譬諸修屋，程子止言修屋，則修牆在其中。朱子則言修屋又言修牆，恐人只知屋忘卻牆也。象山、陽明則只要修屋，不要修牆。

又曰：

姚江一派學術，日異而月不同。正、嘉之際其辭詖，嘉、隆之際其辭淫，萬曆以後其辭邪，至今日其辭遁。

又曰：

自羅整菴痛言象山、陽明之後，如高景逸、劉念臺，不敢復指心為性。但其欲專守夫心以籠罩夫理則一也。特陽明視理在心外，高、劉則視理在心內。高則以靜坐為主，劉則以慎獨為主，而謂無動無靜。高則似周子主靜之說，劉則似程子定性之說，及朱子中和初說，而皆失其旨。

此謂高、劉皆未脫陽明心學樊籠，其言似矣。然語多膚泛，並涉安排。謂陽明「視理在心外」，語既有病；謂「高似周子主靜，劉似程子定性」，語若分明，實非貼切。眞能從事朱學者，正貴於前人書審思明辨，逐字逐句不放過，求其本義正旨所在，探其會通扼要之處。不當籠統配比，以孤辭隻語作判。貌爲深微，而實屬臆測。此風若張，則理學將成莫可究詰之空談。

又曰：

象山、陽明、景逸、念臺，皆是收拾精神一路工夫，皆是心學。但象山主靜，陽明則不分動靜。景逸主靜，念臺則不分動靜。象山、陽明竟不要讀書窮理，景逸、念臺則略及於讀書窮理。象山、陽明指理在心外，景逸、念臺則指理在心內。究竟則一樣。

此又謂「象山、陽明指理在心外」，而不見有所援舉。陸、王究何曾持此說。今必認其如此，則須經明確稱引，曲折論辨，然後可以自成己說。寧能僅以一句話斷其如是。朱子論學，寧有此乎？又以象山、景逸同爲「主靜」，陽明、念臺同爲「不分動靜」，此尤漫汗排比，說不到四家學術精神與其異同所在。講學須能講到各家自所特有之精神，然後能辨其異同而判其得失。豈能自己拈幾個字面把來加在別人身上。此是以己見評前人，非能從前人眞實處下評，豈能有當。驟看亦若配比得勻稱，然只是說話好看，說不上是學術之衡評。

又曰：

辨有明之理學，較宋更難。以陽明之功業，高、劉之節義，皆天下所信服，如順風而呼，故辨之尤難。

求能衡評學術，惟朱子爲最善。其所崇重如北宋六先生，濂溪最少評騭，其他二程、橫渠、康節、溫公，皆有從違。程門諸賢，謝、楊、游、尹，抨彈尤嚴。歷古大儒，異同長短，多加衡別。雖孟子有不免。然皆就其一節之是非，一辭之得失，剖析入微，以求於至當之歸。其致不滿者，宋儒中如荆公，如東坡，亦皆有稱揚。同時如象山，亦謂「八字立腳，惟我兩人」。即如禪宗諸祖師，亦謂「多魁傑人，爲我儒所不及」。其於功業與節義，雖講學有異，亦必推許備至。若稼書能深研朱學，何至於明代理學特有難辨之感。惟因稼書持門戶之見太深，辨其學術，乃必就其功業與節義而爲一筆之抹殺，乃自感無以服人，而苦其爲難。如其辨陽明，除上引一節只爲空洞之膚語外，每引羅整菴困知記與陳清瀾學蔀通辨兩書，作人云之亦云，更又稱引及於張武承之王學質疑，則可謂不知別擇之甚。尚不知羅、陳、張三人之高下得失，又何從而辨陽明之是非？

文集中有一段辨高、顧，謂：

即涇陽、景逸，亦未能脫姚江之藩籬。謂其尊朱子則可，謂其為朱子之正脈則未也。

此辨亦似嚴而實妄。若論朱子正脈，則其學必求體大而思精，雖釋、老亦多有可采。所謂「彌近理而大亂眞」者，即能明白抉出其亂眞處，亦當確切認識其近理處。如陽明論學，豈得謂其更無近理處乎！高、顧東林講學，意欲挽王返朱，其所以糾王之失而求重發朱子之是者果何在？能從此發明，則朱子正脈益張，而王學之與東林，要皆非無可取。何事乎堅立門戶以拒人，必爭正脈於一線乎？三魚堂賸言亦曰：

梁谿一派，看得性儘明白，卻不認得性中條目。閱其靜坐說，乃知高子所謂性體，亦是指心，亦大異於程、朱矣。

此條語多恍惚。既謂「看得性儘明白」，又謂「不認得性中條目」，更又謂「所謂性體亦是指心」。朱子本橫渠言「心統性情」，性體豈不當從心上見。如孟子言心之四端，豈不即從心上認性中條目。若論靜坐，二程固常以此教人。必欲辨景逸之學與程、朱大異，豈能只就靜坐一節，用三兩語含糊滑過。此皆只是門戶之見，非所謂愼思明辨之學也。

又曰：

高景逸名尊朱子，而亦以大學古本為是，是不可解。

又曰：

呂氏謂大學經程朱考定，如地平天成，即與鴻荒時境界有不盡合，分外分明停當，萬世永賴。後來紛紛，動援古本、石經，狡焉思逞，都是無知妄作。可謂確論。

此引晚村，謂程朱改定大學，勝過古本。若專就義理言，謂程朱所發明增補之義理，勝過了大學古本中之義理，此亦可成一說。但稼書自己所云，究持如何意見，則並不明白。若但謂尊朱便不該以古本大學爲是，則王魯齋早已謂大學無待補，豈尊朱者便不該於朱子所言有一字之更動乎？

文集有書古文尙書考後，謂「不佞平生於吳草廬諸書皆不敢輕信」。又謂「朱子於古文尙書固終信之不敢疑」。此等辨古書眞僞，更非稼書學力所及。於古文尙書則不敢疑，於古本大學則不敢信。冬烘淺陋如此，寧得爲朱子之正脈？

文集又曰：

陽明之後，如梁谿、蕺山，皆一代端人正士，而其學亦有不可解者。名為救陽明之失，而實不能脫陽明之範圍。

能「救陽明之失」斯可矣，何以必求脫盡陽明之範圍。稼書此處下語，謂「名爲救陽明之失」，其意似認高、劉實不能救陽明之失也；然未見有明白之指說。說義理，貴能在義理眞實處愼思明辨，不當依恃門戶，僅憑自己之意見。自己意見非即義理。有門戶可恃，則若意見即義理，不復深入尋求矣。

賸言有一條云：

> 黃太沖學案，序述有明一代之儒者，可謂有功，而議論不無偏僻，蓋以蕺山一家之言為斷。愚因思經師與人師不同，而人師又有二種。有興起之師，有成德之師。若蕺山先生，以為興起之師則可，以為成德之師則不可。太沖尊之太過，所以多費周旋。

此條亦未說明如何乃「興起之師」，如何乃爲「成德之師」。蕺山一代之端人正士，節義凜然，豈亦以其講學未脫陽明樊籠，故未得爲成德之師乎？余讀稼書書，每感其盡是架空立說，未見着落處，殆因其無眞知實見也。

賸言又曰：

> 近年來，南方有一黃梨洲，北方有一孫鍾元，皆是君子。然天下學者，多被他教得不清楚。

義理是非且不論，余讀孫、黄、陸三氏書，語言涵義最不清楚者乃是稼書，決非孫、黄。實緣其心中所得本不眞切曉暢也。

賸言又云：

> 陸桴亭深取高子「無聲無臭即至善」一語，謂陽明以善為有聲臭，故說「無善無惡」。不知高子此語，是知無極而未知太極也，知沖漠無朕而未知萬象森然已備也。雖若異乎陽明之說，而實與陽明之說同歸。

無極而太極，非謂「太極」之上別有一「無極」。沖漠無朕而萬象森然已備，亦非謂「沖漠無朕」之外別有一「萬象森然」之境界。即太極而即無極，即萬象森然而即沖漠無朕，不必於此兩面強作分別。今謂「無聲無臭即至善」，則不煩更立「無善無惡」一境，桴亭推說景逸立語之義極簡明，極透切。稼書乃必肆繳繞之浮辨，又何從而知景逸之只知無極不知太極乎？此須通觀景逸書，通論其爲學之詳，乃能定其是否如此。並謂「雖若異乎陽明之說，而實與陽明之說同」，則陽明亦爲只知無極不知太極乎？本屬明白可爭辨之一事，乃必提至於渺茫無可究詰之玄虛中，此最理學界中惡習。朱子於此等最所不喜。爲爭朱子正脈，排陽明又排景逸，而不知自己乃陷於朱子所深惡之惡習中，此之謂不知務。

賸言又云：

陸桴亭性善圖說，大旨謂人性之善，正要在氣質上看。此只說得朱子不離氣質一邊，而略了不雜氣質一邊。

此辨不能謂不是。然則高景逸主張「無聲無臭即至善」，豈又是只說得朱子不雜一邊，而略了不離一邊乎？誠細讀景逸、桴亭書，皆獨特有所發明。不必全合朱子，而自於朱子正脈有助。稼書一意欲求朱子之正脈，於朱學乃不見有發明。其於朱學之無所發明，即觀其讀朱隨筆一書而可知，今不再詳論。要之凡上所引，如吳草廬、羅整菴、顧涇陽、高景逸、劉蕺山、孫夏峯、黃梨洲、陸桴亭，其成學著書，皆遠出稼書之上。稼書不能廣集眾長，顧皆致不滿。其所折服無遺辭者，則惟胡敬齋、薛敬軒。然兩人之書，皆和粹惟自道其踐履，稼書則繳於言說，肆於抨彈。蓋一誤於大全講章之學，一誤於門戶之見持之已深。若以梁谿、蕺山諸人爲「興起之師」，而稼書又烏得爲「成德之師」乎？

松陽鈔存有稼書自舉必讀書一條，謂：

必窮十三經，必閱注疏、大全，必究性理，必覽朱子文集、語類，必觀通鑑綱目、文獻通考，必讀文章正宗，此學者之本務。但亦當循序而漸進。

讀史只舉綱目與通考，讀文只舉正宗，較之東發、草廬、梨洲、桴亭，遠見爲枯瘠而轂薄。其於諸子書，則全不措意。所得於六經者亦甚淺。舉爲必讀書，特以裝門面。其治朱子，實以大全爲主。如此爲學，豈得爲朱子之正脈。稼書每譏陸、王不讀書，實亦何以相踰。

四庫提要評其三魚堂賸言有云：

賸言十二卷，一至四卷皆說五經。五、六卷說四書，而附太極圖說、近思錄、小學數條。七、八卷皆說諸儒得失。九卷至十二卷皆說子、史，而亦閒論雜事。昔朱子博極羣書，於古今之事，一一窮究其原委而別白其是非。故凡所考論，皆悉有根據，不為懸揣臆斷之談。隴其傳朱子之學，為國朝醇儒第一。是書乃其緒餘，而於名物、訓詁、典章、度數，一一精核乃如此。凡漢注、唐疏，為講學諸家所不道者，亦皆研思探索，多所取裁。可知一代通儒，其持論具有本末，必不空言誠敬，屏棄詩書。其於朱、陸異同，非不委曲詳明，剖析疑似，而詞氣和平，使人自領。觀於是編，可以見其造詣矣。

清廷既特升稼書從祠孔廟，四庫館臣之於此編，乃稱之曰「國朝醇儒第一」，又曰「一代通儒」，可謂稱揚備至，與其他書之肆意抨擊者不類。其果爲由衷之論乎？其書首數卷言經籍者，較之清初順、康時代他儒之所言，已遠不逮，更遑論於往後。在稼書亦特以備數。其文集中，特有讀金史九篇，雖無創見，豈不以滿清上承金統，故特著此數篇以裝門面。此已當膺心術之誅。其說諸儒兩卷，皆由讀梨洲學案而來，上引已見一斑，可勿再論。稼書又自稱不屑爲詩古文詞。今再摘錄其文集開始第一二兩篇有關討論理學上之大問題者，以殿斯篇，亦以見稼書在理學上之眞底蘊。

一太極論。其文曰：

論太極者，不在乎明天地之太極，而在乎明人身之太極。明人身之太極，則天地之太極在是矣。

又曰：

天地萬物，浩浩茫茫，測之不見其端，窮之莫究其量，而莫非是理之發現流行，循環而不窮。理散於萬物，而萃於吾身。原於天地，而賦於吾身。是故善言太極者，求之遠不若求之近。求之虛而難據，不若求之實而可循。

濂溪太極一圖，開出宋、元、明三代理學上一絕大問題，自朱子以來，討論此一圖者，元、明迄於清初，可謂實繁有徒。今稼書獨化艱深爲淺易，謂「不在明天地之太極，而在乎明人身之太極」，豈不已將濂溪一圖輕輕勾消。不悟天地之太極不明，則人身之太極究當何指？將一實在問題，化成一落空虛談。貌若切近，反落玄虛。此誠可與俗人談，難爲知者言也。

其第二篇理氣論略曰：

理氣之辨，不難乎明萬殊之理氣，而難乎明一本之理氣。一本之在人心者易見，一本之在天地者難知。

又曰：

理氣之在吾身，其本在心。天地不可謂之有心，又不可謂之無心，此一本之在天地，所以難見。理氣之在天地，其一本者，亦曰有心而無心焉耳。

治朱子學，理氣之辨又爲一大問題。今稼書又若化艱深爲淺易，謂「不難明萬殊之理氣，而難明一本之理氣。一本之在人心者易見，而一本之在天地者難知」。是則朱子大學補傳可以不作，其格物窮理之教，乃爲導人於難明，而忽人之易見。又將朱子平生再三申辨之一問題輕輕勾消。而象山主張「先立乎其大者」，乃爲得聖學眞傳。稼書云云，亦如其所譏陸、王、高、劉之「以心爲籠罩」也。

舉此兩例，即可證稼書論學，實是強不知以爲知，徒在字面上掉弄，在朱子則必斥此曰「花言」，謂「如今世舉子弄筆端做文字者便是」。稼書之所以不脫爲一種舉業講章之學者亦正在此。驟視之，若無可非刺。深究之，則空洞無物。此乃理學中一鄉愿，而依傍門戶以自高。清廷特舉以爲治朱學者之楷模。宜乎後起諸儒益滋反感，相率以反朱自見，而稼書乃特不爲後人所稱道。惟道光時吳廷棟特重之，謂：

> 歷觀朱子以後之大儒，其篤信好學，深造自得者，固大有人。而眞知心性之辨，而不惑於似是之非者，惟陸稼書先生一人而已。

同時唐鑑爲國朝學案，亦盛推稼書。然此皆梨洲所譏「無與於學問之事」也。

（一九七二年元月臺北故宮圖書季刊二卷三期）

呂晚村學述

余在四十年前，草爲近三百年學術史，述及呂留良晚村之四書講義，根據朱子，闡揚民族思想，引起曾靜之獄。清廷特爲頒發大義覺迷錄於天下學宮，令舉子人人必讀。嗣又禁絕，不許流行。而晚村乃遭斲棺判屍之奇禍，其家人亦遣戍關外，成爲清代文字獄中最特出聳聽聞者。晚村因講四書而嬰此冤酷，亦爲自宋以下理學史中所少見。同時陸稼書服膺晚村，乃獲清廷褒獎，從祠孔廟，成爲清代第一醇儒。清政權之高下在手，予奪從心，與清廷高壓、懷柔政策之兼施，治清初學術史，此兩人之事，殊值注意。此篇稽之晚村文集，撮記其生平，以附本編稼書一篇之後，並以補往年學術史舊著所未詳。徐世昌清儒學案摭述張楊園、陸稼書兩家著述有關晚村生平者數事，殆似未見晚村集也。余撰學術史時，亦已據晚村文集，惟今所述，與學術史詳略互異，讀者可參閱。

晚村文集卷一復黃九煙書，謂：

某少時不知學，狎游結納，無所不至。今始恨悔所作，不但狹斜浮薄，惡之不為，即豪傑功名詞章技藝之志，皆刊落殆盡。世多見許為騷人，為俠士，為好客，為多能，未嘗非過情之譽，然正皆其所恨悔者。

又文集卷七孫子度墓誌銘，謂：

崇禎十一年戊寅，余兄會南浙十餘郡為澄社，雜沓千餘人中，重志節，能文章，好古負奇者，僅得數人焉，孫君子度其一也。越三年，子度擇同邑十餘人為徵書社，時余年十三，子度竟拉與同席。時外禍內訌，國勢頹壞。門戶之鬭復興，靡然敝天下之精神於聲氣，而世益無人。

是則晚村幼年初學，即已與當時社事有關。文集卷五東臯遺選序詳論之，曰：

自萬曆中，卿大夫以門戶聲氣為事，天下化之，士爭為社，而以復社為東林之宗子，咸以其社屬焉。自江、淮訖於浙，一大淵藪也。浙之社不一，皆郡邑自為，其合十餘郡為徵會者，莫盛吾兄所主之澄社。予年十三，與同里孫子度十餘子為徵書，予之交陸雯若始此。凡社必選刻文字以為囮媒，自周鍾、張溥、吳應箕、楊廷樞、錢禧、周立勳、陳子龍、徐孚遠之屬，皆以選文行天下。選與社例相為表裏。始之社也以氣節，以文字，以門第世講，互為標榜。然猶脩名檢，畏清議，案驗皂白，故社多而不分。及是則士習益浮薄傾險。一社之中，旋自搏軋。鏃頭相當，曲直無所坐。於是郡邑必有數社，每社又必有異同。細如絲髮之不可理。磨牙吮血，至使兄弟婣戚不復相顧。塗遇宴會，引避不揖拜者，咸起於爭牛耳、奪選席。販夫牧豬，皆結伴刊文。社與選至是一變而大亂。

晚村早年既預社事，自交陸雯若，又預選事。結社敝風既如此，晚村又嘗極論當時選事之敝。文集卷五今集附舊序有曰：

今日文字之壞，不在文字，其壞在人心風俗。父以是傳，師以是授，子復為父，弟復為師，以傳授子弟者，無不以躁進躐取為事。躁進躐取，則不得不求捷徑。求捷徑，則斷無出於庸惡陋劣之外。

又戊戌房書序有曰：

自科目以八股取士，而人不知所讀何書。探其數卷枕秘之籍，不過一科貴人之業。黠者剳首裂尾，私立門類，沿襲鈔撮，俄而拾取青紫，高車大馬，夸耀閭里。蓋嘗以為起祖龍於今日，搜天下八股之文而盡燒之，則秦皇且為孔氏之功臣，誠千古一大快事也。

文集中論及當時選事者尚多，而晚村之耗精力於選事者亦不少。晚村於淸順治十年就試爲諸生，與陸雯若同爲選事，則在順治十二年乙未。至康熙十年棄諸生，以不應試除名，特其留心選事則如故。自謂癸丑後立意不復評點，則在康熙之十二年。文集卷四與董方白書有曰：

選文行世，非僕本懷。緣年來多費，賴此粗給，遂不能遽已。

蓋晚村乃以批選八股成名，亦以此彌縫其生事。惟晚村之批選八股，乃與當時之以批選爲業者大不同。文集卷五有東皐遺選前集論文一則，備見晚村對有明一代三百年科舉文之評騭，而其從事評選，所大異於時俗之選手者，亦即此可見。其文曰：

洪、永之文，質朴簡重，氣象濶遠，有不欲求工之意，此大圭淸瑟也。成、弘、正三朝，猶漢之建元、元封，唐之天寶、元和，宋之元祐、元豐，蔑以加矣。嘉靖當極盛之時，瑰奇浩演，氣越出而不窮，然識者憂其難繼。隆慶辛未，復見弘、正風規，至今稱之。文體之壞，其在萬曆乎！丁丑以前，猶屬雅製。庚辰始令限字，而氣格萎薾。癸未開軟媚之端，變徵已見。己丑得陶、董中流一砥。而江湖已下，不能留也。至於壬辰，格用斷制，調用挑翻，凌駕攻劫，意見龐逞，矩矱先去矣。再變而乙未，則杜撰惡俗之調，影響之理，剔弄之法，曰圓熟，曰機鋒，皆自古文章之所無。村豎學究，喜其淺陋，不必讀書稽古，遂傳為時文正宗。自此至天啟壬戌，咸以此得元魁。展轉爛惡，勢無復之。於是甲、乙之間，繼以僞子、僞經，鬼怪百出，令人作惡。崇禎朝加意振刷，辛未、甲戌、丁丑，崇雅黜俗，始以秦、漢、唐、宋之文發明經術，理雖未醇，文實近古。名構甚多，此猶未備也。庚辰、癸未，忽流為浮豔，而變亂不可為矣。此三百年升降之大略也。

此皆本於文字以窺人心，覘世運，深得朱子論文之淵旨。與一般從事選政，徒以獲取利祿爲標的者大異其趣。

晚村既早年即從事於此，並於清初應試爲諸生，時年二十五，則晚村亦若爲一熱心舉業中人，而其實不然。晚村之悟入理學，崇奉朱子，正從其誦讀朱子四書而來。文集卷二復王山史書有曰：

某，荒村腐子也。平生無所師承。惟幼讀經書，即篤信朱子細註。因朱子之註而信程、張諸儒，因朱子、程、張而信孔、孟。故其所見，皆迂拘而不可通於世。所謂理學講道，則概乎未有聞也。其在文字，亦止知八股制義，於所謂古文詩詞，亦概乎未有聞也。而質性又僻戾不可近，亦不樂與人遊，故友朋絕少。寗人兄，心甚企羡，而從未得見，其他可知。

僅知信朱子四書註，僅知爲八股制義文，此乃晚村之自謙，抑亦其自傲之所在。晚村自謂「理學講道，概乎未聞」，此則其與當時理學家不同處。晚村又嘗與吳孟舉選刻宋詩鈔，又豈得謂「於古文詩詞概乎未聞」。而晚村爲人之亢傲不羣處，亦即此可見。文集卷一答張菊人書，謂：

宋人之學，自有軼漢、唐而直接三代者，固不係乎詩。又某喜論四書章句，因從時文中辨其是非離合，友人輒慫慂批點。人遂以某為宗宋詩，嗜時文，其實非本意也。

此證晚村之答山史，乃其過激之言。要其爲學，自朱子四書注入門，亦深喜宋儒，而乃深不喜於當時理學家之講學所爲，亦未能如亭林、梨洲諸人之轉途深治經史，而始終落在時文圈套中，乃獨以批選時文成爲中國學術史上一特出人物，此則晚村之所以爲晚村也。

文集卷一答潘用微書，亦謂：

某，南村之鄙人也。至愚極陋，未嘗學問。幼讀朱子集註而篤信之。因朱子而信周、程，因程、朱而知信孔、孟。故與友人言，必舉朱子為斷，友人遂謬以為好理學者，其實未嘗有聞也。

篤信朱子而上及二程以及孔、孟，此即理學也。而必自辨爲不好理學，未嘗有聞，此乃晚村必欲自置身於朱子以下之所謂「理學」之林之外也。又答吳晴巖書有曰：

某平生無他識，自初讀書，即篤信朱子之說。至於今，老而病，且將死矣，終不敢有毫髮之疑。眞所謂賓賓然守一先生之言者也。今教之曰：「為講義制舉文字，則當從朱。而辨理道之是非，闡千聖之絕學，則姑舍是。」夫講章制藝，世間最腐爛不堪之具也，而謂朱子之道僅足為此，則亦可謂賤之至、惡之至矣，此某之所未敢安也。夫朱子章句集註，正所以辨理道是非，闡千聖絕學，原未嘗為講章制藝而設。即祖制經訓從朱子，亦謂其道不可易，學者當以是為歸耳，豈徒欲其尊令甲、取科第而已耶！況某村野廢人，久無場屋之責，其有所評論，亦初非為制舉文字當爾也。

又曰：

某之尊信朱子，又親於孔、孟。

蓋當時人率分理學、舉業爲兩途，治舉業則尊朱子，而講理學則當別有用心，而晚村非之。謂治舉業亦當辨理道、闡聖學，而講理學亦無過乎朱子。故晚村自入清以來，雖亦應考，雖仍留心當時制舉文字，然亦即以此爲辨理道、闡聖學之藉手。而其主要信仰，則在朱子一人。不如一般理學家之門戶紛張，異同雜起。其答葉靜遠書有曰：

醫事久已謝絕，惟點勘文字，則猶不能廢。平生所知解，惟有此事。即微聞程、朱之墜緒，亦從此得之。故至今嗜好不衰。病中賴此摩挲，開卷有會，時一欣然。覺先聖賢一路，目前歷歷。而正、嘉以後諸公，講學紛紜，病譫夢囈，皆因輕看經義，不曾用得工夫，未免胡亂差卻路頭耳。若謂弟逐蝸蠅生計，弟雖不肖，不至汙下如此。

晚村深惡明代正、嘉以下之講學紛紜，而一意獨尊朱子四書章句集註，謂即此可見義理，故批點時文亦所以闡理義。若一意看輕了經義，則如明儒正、嘉以下之講學，又何嘗遽勝於講章制藝。同時顧亭林有言：「經學即理學也，捨經學，又烏得所謂理學哉。」其實晚村之意亦復如此。惟晚村乃專以朱子四書注爲學，則實爲理學史中所特有之格局。原書後幅又曰：

> 病在小時上學，即為村師所誤。授以鄙悖之講章，則以為章句傳注之說不過如此。導以猥陋之時文，則以為發揮理解與文字法度之妙不過如此。凡所為先儒之精義與古人之實學，初未有知。亦未嘗下火煅水磨之功，即曰予既已知之矣。老死不悟所學之非，鼠入牛角，蠅投紙窗，其自視章句傳注文字之道，原無意味也。已而聞外間所謂講學者，其說頗與向所聞者不類。大旨多追尋向上，直指本心，恍疑此為聖學之眞傳。而向所聞者，果支離膠固而無用，則盡棄其學而學焉。一入其中，益厭簿章句傳注文字不足為，而別求新得之解。不知正、嘉以來諸講學先生，亦正為村師之講章時文所誤，不屑更於章句傳注文字研窮辨析，乃揣撰一副謬妄淺陋之說以為得，不覺其自墮於邪異。故從來俗學與異學，無不惡章句傳注文字者。而村師與講學先生，其不能精通經義亦一。乃反謂經義必不可以講學，豈不悖哉！今日理學之惑亂，未有不由此，而其原則從輕看經義不信章句傳注始。此某所以皇皇汲汲，至死而不敢舍置也。

此處以正、嘉以後講學家爲異學，以與村師俗學並譏。而謂講學之興，正爲村師俗學所激。其指陳當時學界實病，極值注意。而晚村自所致力，乃轉若於村師俗學爲近，而於當時講學家言，若不勝其鄙薄之意。今姑不論晚村自己爲學之是非，要之論明儒學術者，不可不注意及於其同時制舉講章之所爲，與其相激相盪之情勢；則晚村之語，實是深可推敲也。

又文集卷五程墨觀略論文有曰：

儒者正學，自朱子沒，勉齋、漢卿僅足自守，不能發皇恢張，再傳盡失其旨。如何、王、金、許之徒，皆潛畔師說，不止吴澄一人。自是講章之派，日繁月盛，而儒者之學遂亡。惟異端與講章，觭互勝負而已。異端之徒，遂指講章為程、朱，而所為儒者，亦自以為吾儒之學不過如此。語雖夸大，意實疑餧。故講章諸名宿，其晚年皆歸於禪學。然則講章者實異端之涉、廣，為彼驅除難耳，故曰獨存異端也。

又曰：

講章之說不息，孔、孟之道不著。腐爛陳陳，人心厭惡。良知家挾異端之術，窺羣情之所欲流，起而抉其籬樊。聰明向上之士，喜其立論之高，而自悔其舊說之陋，無不翕然歸之。隆、萬以後，遂以攻背朱注為事，而禍害有不忍言者。識者歸咎於禪學，而不知致禪學者之為講章也。

此處晚村直指朱學之流而爲講章，而以講章之陳腐，激起異端之高論。遂使有明一代學術，成爲異端、講章觭互勝負之局。晚村此一見解，可謂隻眼獨具。明代以厭薄講章而激起良知心學，及清代晚村以下，講章家言漸衰退，然考據漢學，亦復爲朝廷制舉空疏所激起。乃與明代心學，同以攻背朱注爲事。雖清儒之考據經學，不當與元、明講章家言相提並論，亦不與良知心學同條共貫，要亦有其病害之不可勝言者，則又晚村所未及見也。

然晚村於當時講章家言，雖極致其鄙薄之意，而其自所致力，則終不出講章一途。在彼之意，實欲拔趙幟，立漢幟，借講章之途徑，正儒學之趨嚮。文集卷五戊戌房書序有曰：

漢元光五年，徵天下有明當世之務、習先聖之術者，令與計偕。所謂「當世之務」，即今之對策，所謂「先聖之術」，即今試士之經義耳。愚以為欲興科目，必重革庸腐之習而後可。計庸腐之儒，海內可數十萬人。此數十萬庸腐之儒者，其耳目無所開，其心思無所用，游談妄議，武斷鄉曲以為蠹，如此而人心不壞，教化不亂，事業不損，衣食不耗，而無害於國家者，未之前聞。愚生長草莽，不知忌諱。竊冀當世之名公鉅卿，留心時務者，當輶車之採焉。

戊戌爲順治十五年，乃晚村始從事於選事後之第三年，亦晚村從事應試後之第五年。其時晚村意態如此。逮後乃發揮君臣大義，夷夏大防，其見於身後其弟子後學所編之晚村四書講義者，余既已著之學術史。蓋其意態前後有不同。而乃驚風駭浪隨之而起。可證晚村之一意於四書講章之翻新，實是於世局可有大影響。不論講章家言與良知心學家言，乃及考據漢學家言，要之存於心斯著於外，發爲事業，蔚爲世運，如響應聲，如影隨形，誠之不可掩如此。此即程、朱理學所欲發揮之大義理所在，又烏可以晚村之所爲乃屬制舉講章之習套，而輕加忽視乎？然而晚村則竟以此罹奇禍，斯亦晚村所未前料也。

文集卷二與某書有曰：

某本村鄙，業無淵源，徒守童時誦習傳註不敢變耳。講學之事，不但非其所知，亦平生所憎疾而不欲聞者也。拙選止於癸丑，以後不復從事。目下收拾有明三百年之文為知言集，雖布衣社稿皆與焉。但生存不錄，以人物界限，必蓋棺論定也。

是晚村選時文，一以明代爲斷，入清以後，即不復論。謂人物界限必蓋棺論定者，値易世之際，人之品節，或出或處，爲遺民抑爲貳臣，非蓋棺有不可知。是晚村之旨亦嚴矣。

文集卷一復高彙旃書，有曰：

道之不明也，幾五百年矣。正、嘉以來，邪說橫流，生心害政，至於陸沉。此生民禍亂之原，非僅爭儒林之門户也。所謂朱子之徒，如平仲、幼清，辱身枉己，而猶哆然以道自任，天下不以為非。此義不明，使德祐以迄洪武，其間諸儒，失足不少。思其登堂行禮，瞻其冠裳，察其

> 賓主儔伍，知其未曾開口時，此理已失，贏得滿堂不是耳，又安問其所講云何也。故紫陽之學，自吳、許以下已失其傳，不足為法。今示學者，似當從出處、去就、辭受、交接處畫定界限，札定腳根，而後講致知主敬工夫。蓋緣德祐以後，天地一變，亘古所未經，先儒不曾講到此。時中之義別須嚴辨，方好下手入德耳。

彙旃乃高景逸子，來書辨朱、陸，晚村復書乃推廣辨及夷夏。致慨於德祐以後天地之變，許平仲、吳幼清，名爲治朱子學，而實失朱子之傳。講理學正當從出處、去就、辭受、交接處畫定界限，札定腳跟，而豈理氣心性之空言，所能辨誠僞、判是非。此一主張，乃暢發於其四書講義中。亦可謂當晚村之世，惟如晚村，乃始得爲善述朱學也。

文集卷三有答陳受成書，謂：

> 吾儒正業，與流俗外道自別。外道但欲守其虛靈，以事理為障，故必屏絕塵緣以求之。流俗陷溺於詞章句誦，亦必離遠應酬而後得力。若古人為學則不然。朱子解格物，所謂或考之事為之著，或察之念慮之微，或求之文字之中，或索之講論之際。使於身心性情之德，人倫日用之常，以至天地鬼神之變，草木鳥獸之宜，莫不見其當然與其所以然。凡此者皆學也。

晚村如此論學，如此解「格物」，則值晚村之世之所謂學者，自當無大無急於在出處、去就、辭受、交接處畫定界限，札定腳跟；朱子之教格物，此即其當務之大且急者也。文集卷四有與董方白書，有曰：

此不必講義理，只與論利害，則作宦之危，自不如處館之安。宦資之不可必，自不如館資之久而穩也。惟幕館則必不可為。書館猶不失故吾。一為幕師，即於本根斷絕。吾見近來小有才者，無不從事於此，日趨於閃鑠變詐之途，自以為豪傑作用，而不知其心術人品，至汙極下，一總壞盡。驕諂並行，機械雜出，眞小人之歸。其家人見錢財來易，皆驕奢不務本業，則又數世之害，故不可為也。

晚村勸人莫作宦，且處館。又勿爲幕館，只爲書館。此等處，只是家常平實，所謂卑之無甚高論，然吾儒之正業，格物之大訓，豈不於此等處正當熟慮明辨乎？文集卷二與高旦中書，有曰：

聞醫行鄰邑當事，得直足資薪米，甚慰甚慰。然此中最能溺埋，壞卻人才不少，急宜振拔灑脫為善。念頭澹薄，自然刪落。若不甘寂寞，雖外事清高，正是以退為進，趨利如騖，此中徑畛甚背懸，不可不察也。以老兄今日，室無堅坐之具，身有攬取之才，而胸無足畏之友，從此塌腳，不難入無底之淵，故不禁其言之屑屑耳。

明遺民之在清初，其生事皆備極艱困。文集卷八有賣藝文一篇，備述高旦中以醫自活，並兼養其友黄晦木。其文作於順治十七年，已略引於學術史，茲不贅。翌年，復爲反賣藝文，有曰：

嗚呼！知予之賣藝也非衒奇，則其不賣也，亦非高價以絶物。吾知後之哀其賣者，又不如哀其不賣者之痛深也。

晚村本亦賣醫爲活，後乃絶不爲。觀其誠旦中書，亦可想見其痛深之一斑矣。文集卷八客坐私告有曰：

某所最畏者有三。一曰貴人，夙遭多難，震官府之威，今夢見猶悸。故雖平生交契，一登仕途，即不敢復近。心有恐懼，習久性成耳。二曰名士，向苦社門之水火，今喜此風衰息，而變相傍出，尤不可方物。如選家論時藝，幕賓談經濟，尊宿説詩古文，講師爭理學，游客敍聲氣，方技託知鑒介紹。彼皆有所求，接與不接，總獲愆尤。每晨起默禱，但願此數公無一見及，即終日大幸。三曰僧，生平畏僧，尤畏宗門之僧。惟苦節文人託跡此中者，則心甚愛之。然邇年以來，頗見託迹者開堂說法，諂事大官，即就此中求富貴利達。方悟其託迹時原不為此，則可畏更過於僧矣。

此下復舉九不能，一寫字、二行醫、三酬應詩文、四批評朋友著作、五借書、六薦牘、七宴會、八貨財之會、九與講會。觀此，知晚村之孤介自守，乃亦不免於任氣傲物，憤世嫉俗，若有背於儒道之中行；然晚村固謂「時中之義別須嚴辨」，知人論世如晚村，固不當以常格衡之也。先是浙省以鴻博薦，晚村誓死得免。嗣又舉隱逸，乃翦髮為僧。自名耐可，號曰何求。文集卷六有自題僧裝像贊曰：

僧乎不僧，而不得不謂之僧。俗乎不俗，亦原不可概謂之俗。不參宗門，不講義錄。既科唄之茫然，亦戒律之難縛。有妻有子，喫酒喫肉。奈何衲裰領方，短髮頂禿。儒者曰「是殆異端」，釋者曰「非吾眷屬」。然雖如此，且看末後一幅。豎起拂子，一唱曰咄，嘮叨箇甚麼，都是畫蛇加足。

晚村處此世變，而兀傲縱恣有如此，亦幸其不壽而獲終天年。否則不待曾靜之獄，其晚節所遭遇，蓋亦有不可以逆料者。晚村殆是以狂者之性格，而勉為狷者之行徑。今在三百年後讀其遺集，猶不勝有惋惜之餘情，亦可爲同時晚明諸遺老致同樣之追念也。

當晚村之世，以理學大儒而嚴斥晚村，非斥晚村之爲人，乃斥晚村之爲學，以其人與晚村初不相識也。其人乃衡陽王夫之船山。其搔首問有曰：

近世有崇德人呂留良，字用晦，極詆陸、王之學以衞朱子之教，是已。乃其稱道三蘇不絕。蘇氏豈敢望陸、王之肩背者。

又曰：

俗學之遵朱子，適以褻侮朱子為大慝耳。朱子之注聖經，初非為經生求名計，況倚以選刊時文教人趨捷徑而自牟利乎？若呂生者，讀陸子靜白鹿喻義章講說，不知尚有恥心存焉否也。奉朱子之緒論，遂敢目空今古，其無忌憚也，不但辨陸、王而止，且譏康齋之欲入內閣，白沙之應召拜官。君子出處之節，豈雌黃時文，教人作倚門妝以射書賈之利者所能識也。甘泉、念菴並遭非毀。薛文清、羅文毅，猶不在其意中。鬻虛名，牟厚利，是鐵門限門外人；不知量，不思咎，喋喋煩言，未有小人而仁者也。況錐刀為小人之已細者乎？

船山持正論，其嚴且酷，尤甚於雍正之大義覺迷錄。後人讀大義覺迷錄，則未有不同情於晚村者。船山蟄居三湘，其守夷夏之防，豈不一如晚村，然而猶有義理之防。若義理隳而人才喪，則又於何辨夷夏乎？辛亥復國，人人知尊船山，至於晚村，乃供歷史之憑弔而已。此又讀史論道者所不可不知也。

（一九七三年元月臺北故宮圖書季刊三卷三期）

跋車雙亭刊呂子評語

呂晚村時文評語，後人薈蕞成書者，前後凡三部。一曰天蓋樓四書語錄，呂氏門人大梁周在延龍客編次，（龍客籍祥符，流寓金陵，今呂集有與周龍客、雪客三書，雪客乃龍客弟。龍客又有朱子四書語類五十二卷，入四庫存目，其書亦襲之晚村也。）凡四十六卷。（大學四卷，中庸八卷，論語二十卷，孟子十四卷。）有虞山錢陸燦序，（錢字湘靈，牧齋族孫。）題康熙二十三年甲子六月，晚村卒之翌年也。又一部曰呂晚村先生四書講義，凡四十三卷，（大學三卷，論語二十卷，中庸六卷，孟子十四卷。）亦呂氏門人陳鏦編次，自序稱「與同學蔡大章雲就，嚴鴻逵庚臣，董采載臣（今呂集有與董書一首。）及先生嗣子葆中無黨更互商酌，自春徂夏，凡六閱月而後成」。序在康熙二十五年丙寅，則語錄成書後之兩年也。又一部曰晚村呂子評語，正編四十二卷；（大學三卷，論語二十卷，孟子十四卷，中庸五卷。）又附編八卷。楚邵車鼎豐編次，自稱「此編自壬辰（康熙五十一年。）迄乙未，（康熙五十四年。）凡四年而成。胡君虹山與余季弟須上，更互商訂，又幾一載。書成康熙五十五年丙申仲春」，則又講義成書後之三十年矣。

三書體例內容，大致相似。惟車書刊行最後，編次閱時亦最久，而書亦最佳。其書分正、餘兩編，以發明書義者爲正編，相當於周、陳兩集；以論文者爲餘編，乃此書所獨有也。正編四十二卷外，卷首纂錄晚村文集十三條，（内東皋續選附錄、大題代序、補癸丑大題附錄三篇，爲今集所不收。）即以晚村平日言論，發明晚村評文宗旨，尤爲扼要得體。又各卷内附晚村慙書三十首，可見晚村自爲時藝之一斑。又所錄各條，本是時文批尾，而周、陳兩家，多斬頭截頸，不標來歷；此編多著原題及作者姓名，並約舉原文要旨或及他家評語，乃接錄呂氏評，取意於朱子文集、語類中之「問目」一項，更爲此編勝處。（目錄云：「外附親炙錄八十九條，余所得書缺之。」）至餘編八卷，專摘錄晚村評文語，一評歸、唐，二評黄葵陽、金正希、黄陶菴，三評江西五家，四評陳大樽、錢吉士及質亡集，五評大題觀略，六評小題觀略，七評程墨觀略，八評東皋續選、慙書及各本序例附錄；卷首亦纂錄文集七篇，（内與吳玉章第一書及大題代序二篇，今集未收。）以當全書序要。蓋治明代制藝八股之史實者一絕有關係之參考書也。

三書流傳，講義最廣，語錄次之，獨評語最少見。蓋語錄出最先，編次倉卒；講義承其後，又編者於呂門踪迹爲密，遂掩語錄而上之。其書布散既久，清廷雖懸厲禁，不能絕。至評語之出，下距曾靜獄發衹十二年，行世本不甚遠。其後車鼎豐、鼎賁兄弟即以「刊刻逆書往來契厚」罪擬斬。鼎賁者，即車書略例所謂「季弟須上」也。（易上經賁六二：「賁其須」，象曰：「賁其須，與上興也。」）「往來契厚」，指與嚴鴻逵言。至嚴鴻逵罪狀，則爲曾靜遺其徒張熙（衡州人，亦邵陽鄰邑。）至浙相訪，並與嚴徒沈在寬等往來投契，又搜得嚴鴻逵日記，有悖逆譏訕語，並不爲講義牽染。雍正九年十二月十六日上諭謂：「逆賊呂留良，罪蹟昭彰，普天共憤，内外臣工，咸以罪犯私著之書急宜焚燬爲請。朕以爲若因其人可誅，而謂其書宜燬，燬之固未必能盡；即燬之而絶無留遺，天下後世更何從窺其底藴，而辨其道學之眞僞乎？故燬書之議，概未允行。兹據大學士朱軾等，於其講義、語録，逐條摘駁，纂輯成帙」云云。（據駁呂留良四書講義首頁。）是當時清廷雖深惡呂書，亦知其流傳既廣，焚禁不能驟絶，乃故爲此寬假之辭。朱軾等所駁，即名駁呂留良四書講義，而奏語亦稱「臣細觀其所著講義、語録等書」云云，知當時流傳社會者，自以講義、語録爲盛也。

余又考邵陽車氏，自明萬曆以來，世以名德文學顯於時。而車家幾於人人有集。鼎豐易名道南，字雙亭，康熙副貢生。邵陽鄉土志稱其專力四子書四十年，精三禮，以朱子戴記未有成書，裒集諸説爲一編，婚、喪必仿行之。所著教學繩墨盛行於時。鼎賁易名世南，字南東，與鼎豐同坐獄。尚有兩兄鼎錫、鼎晉。鼎晉字麗上，一字平嶽，康熙三十六年進士。父萬育，字與三，（兩兄萬備、萬有，萬備子鼎立，萬有子鼎鈴。）康熙三年進士，爲諫臣，直聲震於時。吴三桂滇事起，挈家還江寧。萬育、鼎晉兩世皆卒江寧。鼎晉子敏來，字遜公，康熙五十三年進士，（尚在雙亭刊刻呂書前二年。）當時稱「三世恩遇」。（敏來子碩，碩從孫瀛，道光癸巳進士。）此車氏一家父子兄弟三世顯達，皆在曾靜事發之前也。又車萬含曾受學於無錫高世泰，（攀龍子。）其父車以遵字孝思，爲明遺民，有高露堂集，論者謂其「初與鍾、譚抗，繼乃不復知有竟陵者」也。以遵父大任，字子仁，嘗從問學於鄧文潔、羅近溪、耿子健。則與雙亭曾祖大敬爲昆季。是雙亭兄弟家學淵源，其來已久。逮遊江浙，乃得聞晚村説耳。（若以雍正七年鼎豐罹禍年七十計之，則滇事起時，鼎豐兄弟皆不逾二十。又今車書附親炙錄，或雙亭兄弟在江浙曾及晤晚村。惟稱「晚學」，不稱「門人」。大義覺迷錄引嚴鴻逵日記云：「敬卿（張熙字）欲往江寧，作致雙亭字。」則雙亭蓋仍流寓江寧也。）

又車无咎，字補旃，鼎黃（字理中）子，於雙亭爲侄輩，亦康熙中歲貢。避亂生浯溪，故小字浯生，與衡陽王敔（虎止，船山子）、同縣王元復（能愚）、攸縣陳之駓（桃文）同以時藝稱「楚南四家」。而元復亦篤信晚村。元復卒康熙六十年辛丑，善化李文炤元朗爲之撰傳，稱：

> 紫陽之學，六傳以及方侯城，遭靖難之變，而其統遂絕。河汾崛起，曲高和寡，而陳公甫、王伯安遂鼓其偏執之說以亂之，學士大夫從風而靡，雖胡敬齋、羅整菴力加攻詆，義甚正而力或未之逮也。至呂晚村氏（「呂晚村」三字，今各本皆作方圈。李文在元復卒後之六年，正曾靜命其徒張熙至浙訪求晚村著述之年也。其時晚村為人樂敬，稱道不倦。又本書之刋，則在王元復卒前五年也。）始大聲疾呼，以號於一世，然其書散在天下，不知者以為文評也，其知者以為講義也。先生獨曰：「百世絕學之傳，賴有此耳。」（車書有一印，文曰：「晚村之功，不在子輿氏下」，當時推崇晚村率如此矣。）率其同志，精思力究，南方風氣，為之一變。

而文炤之學，則亦有聞於王元復之徒而起者，一時湖湘間學者，見推以爲與船山齊倫。夫船山之與晚村，雖爲學範圍絕不同，然其峻種姓之防，嚴朱、王之界，則固極相似者。湘人士既聞其鄉先生之緒論，而深有契於晚村，亦非無因矣。則曾靜、張熙，雖僻居窮壤，而斷然爲攘夷光華之想，其環境感染有素，亦不偶然也。大義覺迷錄，曾靜供知新錄乃倣張橫渠先生「心有開朗，即便劄記」之說。則曾氏亦潛心橫渠之學矣。（以上兩節，雜據湖南文徵、清耆獻類徵及邵陽鄉土志諸書。）

及曾靜獄發，晚村受極刑於身後，而呂氏之學，漸不爲人稱道，乃或以「時文批尾」譏之，則殊有當辯者。夫時文亦一時體制，袁中郎已言：「八股，明朝之古文也。」且豈止是？即謂八股爲明朝之理學，亦何不可？自元人以朱子四書取士，明沿勿革。永樂時，胡廣、楊榮諸臣奉勑撰四書大全，特因元人倪士毅四書輯釋點竄成書，而有明二百七十年士大夫學術根柢，實在於是。弘、正以下，如蔡虛齋（清）之蒙引，陳紫峰（琛）之淺說，林次崖（希元）之存疑，黃梨洲所謂「牛毛繭絲，於朱子之所有者無餘蘊，所無者無儳入。科舉之學，限以一先生之言」，（南雷文約卷二顧麟士先生墓誌銘）而書院講席，乃起而矯其弊，陽明「良知」之說，蓋由是生也。書院之風氣，浸淫波及於場屋，而後萬曆以下村師之講章，變而爲以佛書、語錄爲時文焉。天啟則又以子書焉，於是而又有謀起而反之正者，乃有江西諸家之評選。繼之爲復社，其所楬櫫則曰「期與四方多士，興復古學，將使異日務爲有用，因名復社」，（復社紀略）而當時遂以與東林並稱。書院、場屋，各自有其號召，即各自有其建樹，烏覩書院之必爲道學，而場屋之必爲俗學哉！當其時，思欲建績立名於時藝者亦夥矣。迹其生平，亦各有以自表襮，生死不負其所學。斯亦有體有用，與東林之講席，略迹論心，竟亦何異？晚村方弱冠，已追隨其兄，與聞社事，於評選之業，夙已樂之。凡所恪遵於朱子一家之說，而絲毫必辨，銖寸必較，此亦猶夫往者大全、蒙引、淺說、存疑之所爲。上之如考亭之章句，又上而爲荆公之新義，再上而爲唐孔、賈之義疏，更上爲兩漢以迄魏、晉博士相傳之家法，此皆一意相承，凡欲立之標繩，示人規轍，內容雖異，用心一也。有聞於晚村之風而起者，首推當湖陸隴其稼書。清廷既襲明舊，以朱子四書取士，而稼書遂以清代第一人入孔廟，陪兩廡；清之學者，羣尊稼書爲正學冠冕；迹其所爲，亦猶夫晚村而已。苟必以晚村爲批尾之俗學，而以稼書爲聖賢之眞傳，此皆不免於所謂目論、耳食之類也。

竊嘗論之，中國政制，自隋、唐以來，積千餘年，要之爲舉子之天下。則學術亦無逃其爲舉子之學術。無論其爲正爲反，要不能忽忘舉業以爲衡量。故在唐有進士詩、賦，而後有韓、柳之古文，迄宋、元有王荆公之新經義。自熙寧經義頒於學官，接踵而起者則爲伊洛之講業，集大成於朱子。自元人以朱子章句爲功令，則朱之章句猶之王之經義，而於是有明姚江之「良知」，及清代而有河北顏、李之「六藝」，江浙吳皖之「考證」，要之爲反朝廷之功令而求有以爲變。其欲扶進朝廷功令勉爲無弊者，則皆當時之所目爲「正學」也。故顏習齋之四書正誤，毛西河之四書改錯，與夫呂晚村之四書講義，其異在一正一反之間耳。豈得以排擊朱子者即謂之學，而扶翼朱子者擯不得與！若專以八股薄晚村，謂不足與於學術之流，則何必章句傳注而後乃得爲學術？書院之語錄，又何爲而獨尊？且當時如閻百詩，以考證名家，著書往往稱引及於八股；八股非絕然在學術之外者，亦視其內容爲何如耳。

今就八股論之，則晚村之評語，實超前絕後，爲此道一絕大宗派、絕大法門。而車書網羅較備，比次較詳，書中凡列自明中葉以來八股名家百數十人，而如艾南英、陳子龍、金聲、陳際泰諸人，所引皆出百條以上。雖片文隻字，亦足爲考論晚明八股家思想一淵藪矣。至呂書精義，余已評著之於學術史，此不贅論。

又按：黄梨洲思舊錄：

以制義一途為聖學之要，則千子之作俑也。其所言極至，以歐、曾之筆墨，詮程、朱之名理。夫程、朱名理，必力行自得，而後發之為言。勃窣理窟，亦不過習講章之膚說，塵飯土羹，焉有名理？歐、曾之筆墨，象心變化，今以八股束其波瀾，承前弔後，焉有文章？無乃罔人昧己之論乎！千子無論，後來面牆之徒，讀其批尾，妄謂理學文章，盡歸於艾，於是猖狂妄誕，遂罵象山、罵陽明，不知天之高、地之遠，遂化為時文批尾之世界。

其言蓋指晚村。黄、呂交游不終，晚村亦自有卓處，未可一筆抹殺；而梨洲論時文非學術正宗，要爲確論。晚村之學，從時文批尾出，不從時文批尾入也。

（民國二十五年二月十三日天津益世報讀書週刊第三十五期）

記呂晚村詩集中涉及黃梨洲語

晚村與梨洲兄弟交遊，始懽終隙，其間是非，言人人殊。呂家既遭極禍，後世幾目爲匪人，畢生大節，尠有識者，更何論交遊之瑣瑣！余爲學術史，稍發其本末，於黃、呂往來，略有論記；茲復據晚村詩集補綴一二。

倀倀集餘姚黃晦木見贈詩次韻奉答：

吾頭猶戴已殘身，子袖相携亦點塵。遠抱硯山尋北固，偶隨流水過西隣。井中史在終難滅，壁裏書傳豈易湮？今夜草堂占氣象，星光劍氣總非倫。

此在順治十六年己亥。晚村、晦木始訂交，而詩中已見遺民志節。「遠抱硯山」一聯，即晚村文集卷六友硯堂記所載也。翌年晦木與高旦中同來，呂詩贈鄞高旦中，謂：

豈道君行全餓友，反令世上活蒼生。

此即文集八賣藝文所詳也。是年秋，梨洲、晚村始相識，呂詩贈餘姚黃太沖，云：

山烟海霧事何成？頭白歸來氣未平。黨籍還憎吾子在，詩文偏喜外人爭。

又曰：

絕學今時已蕩然，與君一一論眞詮。神宗以後難為史，劉子之徒早失傳。洛下久忘加倍算，燈前細注五宗禪。閉門正有商量在，春水遙迎江上船。

其弟子某原注云：

第二首太沖好論詩學，又自以為念臺先生之徒，訂刻念臺遺書，又好算術、雜學及禪書，故歷舉而正之，謂自有絕學眞詮當商量者在也。蓋初見而所以期之者如此。

是若黃、呂論學，自始即非深契。全氏鮚埼亭集評梨洲，謂其可議者有二：一未脫黨人習氣，一未脫文人習氣。余則謂梨洲尚有講學家習氣未脫。今讀呂詩，豈彼時初見，固已舉此相箴乎？要可見梨洲之招譏者在此也。

又越年，壬寅，晚村課兒讀書於家園之梅花閣，有耦耕詩，謂：

誰教失脚下漁磯，心跡年年處處違。雅集圖中衣帽改，黨人碑裏姓名非。苟全始信談何易，餓死今知事最微。醒便行吟埋亦可，無慚尺布裹頭歸。

此數年中黃、呂交遊最密，而晚村亦由是決心爲遺民，則呂之所得於黃者至大也。又有送德冰東歸詩；德冰，梨洲別字。詩中有云：

俗字抄書從省筆，奇文割本棄餘材。

此詩當在乙巳。原注云：

自喜聊近字鈔書，云省工夫一半。

又云：

太沖每見人好書，輒割取其欲者而棄其餘。

黄、呂隙末，談者謂肇端於夥買淡生堂書。細行不檢，遂累大德，良可惜也。（上引諸詩俱見悵悵集。）

丙午以下有夢覺集。是年遂棄諸生，買山陰祁氏淡生堂書，有後耦耕詩，謂：

故交疎索尤相惜，舊學孤危轉自哀。

「故交」即指梨洲。又云：

雙瀑堂中老住持，三峯位下早疑渠。得來妙法無多子，看盡人間總不如。青火竹窻賸副本，白頭蘭幕出新書。何如分據枯桑坐，掃地攤金帶月鋤？

原注：

此專為太沖作也。太沖嘗有私印云「雙瀑堂住持」。太沖會禪，故蔑視禮法，輕傲一世。是年又館於寧波姜希轍家，悉出其所手錄以求媚。故皆為惋惜之辭。

又云：

古人誰放一頭地，老子自牢雙脚跟；便無直耦也歸去，頂笠腰鐮占晚村。

丙寅初詠耦耕，本與梨洲兄弟唱和，至是梨洲別去，故云無耦獨歸也。（文集卷二有與黃太沖書兩首，下一首爲兩人絕交書，可參看。）

翌年丁未，有問燕與燕答詩，乃專爲梨洲發。問燕有云：

何圖今歲得雕梁，翻然一飽成飛颺。

原注：

自丙午，子（指晚村，下同。）棄諸生，太沖次年便去，而館於寧波姜定菴家。所以誣詆子者無所不至。此問燕、燕答之所為作也。又太沖所至必詆舊交，以示親信於新知。後海寧令請講學，至便詆姜。及住崐山徐氏，又詆海寧人士。此詩結語（云：「我聞人苦不知足，天下雕梁難更僕，明年莫更繞天飛，又咒華堂當茅屋。」）甚洞見其狡獪伎倆也。（文集卷二，復裁之兄亦論及此。）

又有管襄指示近作，有夢伯夷求太公書薦子仕周詩戲和之，原注：

太沖求姜希轍薦子館於周亮工家也。

中有句云：

有弟老叔齊，不能和協守。

是晚村於梨洲、晦木不同貶。又同萬公擇夜話詩云：

何論門第與宗師，得見先人要有詞。止矣吾今眞止矣，思之君且再思之。不愁魔外誅元晦，只恐兒曹笑叔痴。無望必同還努力，莫教虚負舊聞知。

原注：

晦木諸子逢人必暴其伯之短，所謂兒曹笑叔痴也。

據此知梨洲兄弟志節亦有别。

又零星稿有黄太沖書來三詩見懷依韵答之，第一首結句云：

慘愧賞音重鼓動，枯桐久已斷聲聞。

原注：

毅然絶之矣。

第二首云：

公於此事不得已，吾在斯時何敢言！

原注：

太沖近方借名講學，干瀆當事，醜狀畢露，故直刺之。

第三首有云：

王通弟子麒麟早，韓愈文章琬琰多。知君自定千秋業，那許餘人妄勘磨！

原注：

王通、韓愈，太沖意中所自擬。太沖弟子多時貴，以比房、杜、王、魏而不知其非時也。故下一「早」字。（按鄭禹梅見黃稿卷二陳介眉稿序，列舉甬上諸士，從學梨洲，迭獲科第，輝映後先，為師學昌明之一會。至明夷待訪錄取名，當時亦有遺議，則非晚村一人私言也。）韓愈文章自矜貴，而太沖應酬穢爛，諂諛假借無不至，故下一「多」字。

又云：

備忘錄：「乙卯十月朔，子在杭城，太沖遣其子主一持書及詩扇三首來索文，以卒歲夜次韵答之。」即此也。

又有晦木過村莊用太沖韻見贈依韻答之，原注：

備忘錄：「丙辰三月在杭城作答晦木三詩。」當即此也。

又曰：

晦木因與太沖惡，故欲親此，子則惟故人之是愛，而欲其相勉於為善耳。

此去丙午後耦耕詩已十年。梨洲兄弟重來溫故，晚村不忘舊事，未能釋然。此下又八年，晚村卒，乃不復有與二黄往來蹤跡。余觀晚村詩云云，雖片面之詞，不足定兩造之是非，要可參考，故剌取而備錄之。

又按：蕭穆敬孚類稿卷七，有跋嚴修能評閱鮚埼亭集梨洲先生神道碑，記嚴氏語，謂：

梨洲前朝遺老，又以理學自居，然其晚節頹唐潦倒，至使海寧有公憤文字以相痛詆。其集中如魯栗降賊而回籍者，魏學濂降賊不得志而自縊者，皆竭力諛墓。又於魯王官左副都御史，即以母在不起，惟有活埋躬耕一法，而乃委蛇時貴，以為此固出於大不得已，吾不知之矣。

又評鮚埼亭集外編鷓鴣先生神道表，謂：

晦木與梨洲志行不同：梨洲暮年頗涉世事，晦木赤貧自守，梨洲絕不過問，兄弟之間有難言者。此文謂「不滿於伯子」是也。要之，晦木雖癖，不媿明之遺民，竹垞明詩綜錄晦木而不及梨洲，去取之旨微矣。

又越縵堂文集卷六書沈清玉冰壺集殘本後，備錄沈氏所記黄、呂隙末由來，於梨州頗有微詞，謂其：

每塗澤學術以相炫耀；又苦貧，不免請託以冀溉潤，敝車羸馬，時駐於權貴之門，爲鄉里所呰謷。

又謂：

鴻博之徵，李二曲、顧亭林、傅青主以死拒，黄太沖、魏叔子則欣欣然食指動者也。

又云：

梨洲晚年名盛慮禍，不免踪跡近人。其居郡城時，至有言其燭籠題召試翰林者。

此皆頗可與晚村詩有證。梨洲論學，如大禹導水，固不媿一代宗師，然而巖巖之節，似若與亭林、船山諸老稍異矣。爰並誌之，俾讀學術史者參覽焉。

（民國二十六年七月十五日天津益世報讀書周刊第一〇八期）

讀張穆著閻潛邱年譜再論尚書古文疏證

回憶民國二十年秋，在北京大學講「近三百年學術史」，編撰講義，先期分發。翌年春，撰及閻潛邱。竊意「尚書古文」一案，早成定論。惟敍述此案，不當不兼及毛西河，因比讀冤詞、疏證兩書。初謂是西河駁潛邱，乃疏證中明明是潛邱駁西河；心大疑惑。兩百數十年來學人，亦絕未提及此事。時值春假，首尾七日，在二道橋寓廬第二進一小書室中，閉戶思索，窮七日夜之力，完成一篇，快怍無窮。距今已四十四年，猶回憶如新。一日神倦，隨手再翻張穆閻潛邱年譜，觀其摭拾叢碎，排比詳整。余爲學術史時，張譜亦一重要參考，頗加徵引。然辭尚簡要，棄而不取者尚多。讀余學術史者，同時未必兼讀張譜。余言創闢，乃有疑其取證若嫌未足者。今年力已衰，精心鈎稽，媿不如前；姑就張譜，再事鈔撮，亦足爲余四十四年前舊稿添助證。然苟細讀余學術史，則此篇實如買菜求益，大可不必。姑爾成篇，聊資消遣而已。

張譜清順治十二年乙未　潛邱年二十歲。

錢傳：年二十，讀尚書，至古文五十五篇，即疑其僞。沉潛三十餘年，乃盡得其癥結所在。行述：著尚書古文疏證，蓋自二十歲始。

康熙十一年壬子　潛邱年三十七歲。

疏證卷二：愚嘗以梅氏晚出書，自東晉迄今，歲次壬子，一千三百五十六年，而屹與聖經賢傳並立學官，家傳人誦，莫能以易焉者，其故蓋有三焉。皇甫謐高名宿學，左思三都，經其片語，遂競相讚述。沉渠實得孔書，載於世紀，有不因之而重者乎？是使此書首信於世者，皇甫謐之過也。賾雖奏上，得立於學官，然南、北兩朝，猶遞相盛衰。或孔行而鄭微，或鄭行而孔微，或孔、鄭並行。至唐初貞觀，始依孔為之疏，而兩漢專門之學頓以廢絕。是使此書更信於世者，孔穎達之過也。天祐斯文，篤生徽國，孔子之後所可取信者，一人而已。分經與序，以存古制。一則曰安國僞書，再則曰安國僞書。為之弟子者，正當信以傳信，疑以傳疑。乃明背師承，仍遵舊說。是使此書終信於世者，蔡沈之過也。經此三信，雖有卓識定力，不拘牽世俗趨舍之大儒，如臨川吳文正公尚書序錄，實有以成朱子未成之志者，而世亦莫能崇信之，蓋可歎也夫！善夫歐陽永叔之言曰「自孔子沒，至今二千年之間，有一歐陽修者為是說」矣。愚亦謂自東晉至今一千三百五十六年，有一閻若璩者為是說矣，其尚取而深思之哉！

又疏證卷七：憶余晤寧人壬子冬，曾問古文尚書還當疑否，曰否云云。

今按：自二十歲至是十七年，時疏證似未成書，然信力則已臻堅定矣。

康熙十二年癸丑　潛邱年三十八歲。

疏證卷八：鄒平馬公驌，字宛斯，當代之學者也。司李淮郡，後改任靈壁令。余以癸丑東歸，過其署中，秉燭縱談，因及尚書有今文、古文之別，為具述先儒緒言；公不覺首肯，命隸急取尚書以來。既至，一白文，一蔡傳，置蔡傳於余前，曰：「子閱此，吾當為子射覆之。」自閱白文，首指堯典，曰：「此必今文。」至大禹謨，便眉蹙，曰：「中多排語，不類今文體，恐是古文。」歷數以至卷終，孰為今文，孰為古文，無不立驗。因拊髀歎息，曰：「若非先儒絕識，疑論及此，我等安能夢及。然猶幸有先儒之疑，而我輩尚能信及。恐世之不能信及者，又比比矣。」復再三慨歎。余曰：「公著繹史，引及尚書處，不可不分標出今文、古文。」公曰然。今繹史有今文、古文之名者，自余之言始也。

觀此條，似疏證至是仍未有成書。

康熙十四年乙卯　潛邱年四十歲。

劄記題詞：愚年四十，甫敢出臆見、集衆聞，用纂一帙，以示兒輩。

潛邱是年始爲劄記，似當較草創疏證略後。

康熙十七年戊午　潛邱年四十三歲。

疏證卷四：余愛太史公「藏之名山」之例，此疏證第四卷成時，別錄四本，一寄寘太華山頂，友人王宏撰司之。

是年，清廷詔開博學鴻儒科，潛邱徵詣闕下，獲識同應薦者王山史，張譜以疏證卷四一條附見此年，殆此年疏證已成四卷，乃託山史携此卷歸華頂也。

康熙十八年己未　潛邱年四十四歲。

竹垞集是年有酬閻某詩，曰：「閻生并州彥，徙宅清淮濆，昨年應詔至，旅食春明春。示我一編書，其言狂且醇。雖為見者駭，猶勝徒呫呻。」

疏證卷五上：錫鬯生平不敢疑古文，見諸贈余詩。

又疏證卷八上：錫鬯近撰經義考，雖漸為愚見所轉移，終不透。

戊午、己未間，潛邱疏證至少當得四卷，並徧示同時諸學人也。

又按：張譜引黃梨洲有尚書古文疏證序曰：

淮海閻百詩，寄尚書古文疏證，方成四卷，屬余序之。余讀之終卷，見其取材富，折衷當。中間辨析三代以上之時日、禮儀、地理、刑法、官制、名諱、祀事、句讀、字義，因尚書以證他經史者，皆足以袪後儒之蔽。如此方可謂之窮經。

此文見南雷文定而無年可考，張譜亦未定其年歲。然似在戊午未赴京前在淮安所寄。

又按：潛邱子詠撰潛邱行述，稱潛邱著古文疏證自二十歲始。又曰：「諸子史集，亦自是縱學，無不博覽。」蓋其辨尚書古文之僞，所論不限於尚書，牽涉至廣，故歷二十三年而始成書四卷。觀梨洲一序，可想見其用力之勤矣。

康熙二十二年癸亥　潛邱年四十八歲。

疏證卷一：癸亥秋，將北上，先四五月間，淨寫此疏證第一卷成。六月，携往吳門。於二十二日夜半，泊武進郭外，舟忽覆，自分已無生理。惟私念曰：「疏證雖多副本在京師，然未若此本為定，天其或不欲示後人以璞乎？」越次日達岸。

疏證第一卷定本，寫於此年，距其初有意於辨古文之僞者，則已二十有八年矣。其距疏證第四卷成書，至少亦當五年。鄭重若此，並引東坡碇宿海中遇險爲例。其成書之不易，其珍視之亦可想。

康熙三十年辛未　潛邱年五十六歲。

馮山公解春集第八九兩卷，為淮南子洪保，山公自題曰：「『洪保』者何，馮子讀閻子尚書古文疏證而作也。儒者之學，莫大乎正經而黜僞。今文尚書為古文淆亂其間，莫之或正，儒者之恥也。閻子唱之，馮子和之，其義大安，故曰『洪保』。閻子晉產也，馮子吳產也。一西一南，地之相去幾千里，而作合於淮安，以卒其業，豈非天哉！故亦號『淮南子』云。」

潛邱劄記與劉超宗書：淮南子洪保，馮子山公所著書名，與閻子尚書古文疏證辨論而作也。其勢如傾山倒海而出。卻可惜所憑據在逸周書、穆天子傳，又可惜在家語、孔叢子、僞本竹書紀年，尤可惜則在魯詩世學、世本、毛詩古義耳。眞謬種流傳，不可救藥，吾末如之何也已矣。

又一書云：洪保主人亦信古文非眞，所論難者他語耳，正恐信亦不透。

馮山公與潛邱同斥古文之僞，而潛邱斥之若此。厥後毛西河辨古文非僞，而潛邱反付以閔默，其間所以，亦大可思。

康熙三十二年癸酉　潛邱年五十八歲。

疏證卷八：癸酉冬，薄遊西泠，聞休寧姚際恒字立方，閉戶著書，攻僞古文。蕭山毛大可告余，此子之廖偁也。日望子來，不可不見之。介以交余，小余十一歲。出示其書，凡十卷，亦有失有得。失與梅氏、郝氏同，得則多超人意見外。喜而手自繕寫，散各條下。

西河與潛邱論尚書疏證書：昨承示尚書疏證，此不過惑前人之說，以尚書為僞書耳，其於朱、陸異同，則風馬牛不及，而忽詬金谿及姚江，則又借端作橫枝矣。

又送閻徵君歸淮安序：予避讎之淮安，與閻君潛邱交。暨至梁、宋，復歸淮，則稍稍有言潛邱君年損而學多者。於是躬詣之，與之游。及予還舊鄉，會開制科，舉天下強才有學之士，徵車四出。其在淮，則潛邱君首應之，予得相見於京師。觀其所著書，夥頤哉，言洋洋乎！乃不見用而罷。值司寇徐公承命脩天下志書，聘君掌其局。多所論著。既而謝去，出所辨尚書二十五篇，挾之遊錢塘。時潛邱亦垂老，毛髮種種，而予則歸田有年，越七十衰矣。乃取所為文讀之，謂之曰：「吾不知於漢北海君相去何等。若唐之孔仲遠，宋之深寧叟，則出之遠矣。」

康熙十七年戊午，舉博學鴻詞，潛邱至京師。疏證第四卷初成，由王山史置其一本於太華山頂，則其時疏證方在草創中。康熙二十二年癸亥，又淨寫疏證第一卷。事均詳前。至是又十年，疏證八卷殆已成書。西河送潛邱序文，於戊午京師相見，僅言「觀其所著書」，而不提及疏證。至是年始云「出所辨尚書」，則西河或至是年始讀其疏證也。又西河與潛邱論尚書疏證書，亦僅辨朱、陸異同，不及古文眞僞。是西河於此問題，當時亦尚未深加注意耳。又考今疏證，不見詬金谿、姚江語，是潛邱已以西河書而徑自削去矣。又疏證引姚立方，散見卷二、卷四、卷五、卷七、卷八，則潛邱疏證，此年或已有八卷之本。

康熙三十四年乙亥　潛邱年六十歲。

南雷黃氏哀詞序略云：康熙乙亥秋九月，得梨洲黃先生凶問。先生愛慕我，肯為我序所著書，許納我門牆。已矣，吾不獲親及先生之門矣。遂倣聶雙江故事追稱弟子。

行述：自六十以後，時訪友數百里內，往來蘇、杭，竹垞及毛檢討兩先生，時時過從，商榷學問事蓋最多。

康熙三十八年己卯　潛邱年六十四歲。

李恕谷年譜：己卯，至淮安訪閻百詩論學。又庚辰寄毛河右書曰：「自客歲拜別函丈，過淮上，晤閻潛邱，因論及古文尚書，塨曰：『毛先生有新著。』潛邱大驚，索閱，示之，潛邱且閱且顧其子，曰：『此書乃專難我邪？』塨曰：『求先生終定之。』潛邱強笑曰：『我自言我是耳。』已而再面析他書甚夥，毫不及尚書事，想已屈服矣。」

毛西河寄潛邱古文尚書冤詞書：近蠡吾李塨，寓居桐鄉，與桐之錢氏作古文尚書眞僞之辨，列主客來問。某向亦不惬僞古文一說。宋人誕妄，最叵信。及惠教所著古文尚書疏證後，始快快。謂此事經讀書人道過，不應謬，遂置不復理。今就兩家重為考訂，就彼所辨，而斷以平日所考證，作古文尚書定論四卷，其中徵及潛邱，並敝鄉姚立方所著攻古文者，兼相質難。雖自揣生平所學，百不如潛邱。且相於數十年，誠不忍以言論牴牾，啟參差之端。只謂聖經是非，所繫極大，非可以人情嫌畏，謬為遜讓。因削去「定論」名色，改名「寃詞」，且增四卷為八卷，再加考訂。不曰「釋寃」而曰「寃詞」，以不敢釋也。吾第列其寃而世釋之，釋不在我也；世不肯釋寃，而必欲寃之，寃亦不在我也。寃詞無定，潛邱定之，何如何如。

劄記題古文尚書寃詞：孔穿曰：「謂臧三耳，甚難而實非。謂兩耳，甚易而實是。人將從難而非者乎？抑將從易而是者乎？」余則反其詞曰：「僞古文尚書，甚難而實是。不僞古文尚書，甚易而實非。人將從易而非者乎？抑將從難而是者乎？」此余所以不復與毛氏辨，而但付之閔默耳。

又曰：何休好公羊學，著公羊墨守、左氏膏肓、穀梁廢疾。康成乃發墨守、鍼膏肓、起廢疾。休見而歎曰：「康成入吾室，操吾戈，以伐我乎！」余謂此自是學海遠遜經神，故云爾。若在今日，豈其然。

毛西河在康熙三十二年癸酉，始見閻潛邱疏證，至是六年，始成寃詞。蓋引起於恕谷也。今寃詞中亦多引恕谷語。其先於此案並未注意，故潛邱引何邵公語相擬。然潛邱意乃以康成自居，以西河擬邵公，故曰「今日豈其然」也。潛邱自謂「但付之閔默」，而余考潛邱疏證，實有轉駁西河寃詞中語，是所謂「不復與毛氏辨」者，乃欺人語。西河寃詞中有擊中疏證弱點，潛邱乃默自追改舊稿，使後人讀之，一若疏證無不是，寃詞無不非，潛邱之計亦狡矣。潛邱卒在六十九歲，距此前五年，非無時間改其舊稿。其子詠所爲行述，於潛邱年五十四時，引胡朏明語：「吾輩老年人讀書，只宜優柔厭飫自得之樂，徵君用力，太苦太銳，殆非所宜。府君愈益力，十餘年中，成書云云。」則潛邱見寃詞後，斷無不理之理。且疏證中前說有誤後加改定者，亦多有之。若使潛邱肯注明因見西河寃詞，自知有誤，因加改定，豈不證大賢無我從善之公心雅量，當更使後人佩服。潛邱不此之務，誠可惜也。

又按：疏證卷二有一條，或問：「子書尚未成，何不舉前說之誤者而悉削之。」余曰：「此以著學問之無窮，而人之不可以自是也。近見世之君子，矜其長而覆其短，一聞有商略者，輒同仇敵，余用是數困於世。」潛邱之言若此，而獨於西河寃詞之指摘其書，一語不提，復於確中其短者，則削去改爲，此非「自覆其短」乎！又西河於順治末年已在淮上初識潛邱，潛邱年僅二十五、六，故西河謂其「年損而學多」。及後兩人往返，先後達四十餘年。疏證引述平生交游相識，備極詳悉，獨於西河僅一條，見卷五下，並絕與學術著作無關，豈非其「視商略如仇敵」乎！而復故掩其迹，特著此條以釋後人之疑，是何其心計之工耶！

又按：疏證卷六、卷七兩言潛邱劄記，「恐世不傳，仍載其說於此」，是潛邱自知疏證必傳，非劄記可比。西河寃詞直接與疏證有關，潛邱顧不以見於疏證，而獨載於劄記，又見其用心之若揭矣。

康熙四十二年癸未　潛邱年六十八歲。

李恕谷年譜：癸未，毛河右有書來，曰：今朏明又在吳門刻禹貢，仍與閻百詩合夥，大暢發古文尚書之謬，以禾中朱錫鬯家多書，欲就其家搜朱文公、趙孟頫、吳草廬輩，至明末本朝攻古文者合刻一集，以與我寃詞相抵。其後朏明不與事，而百詩約錫鬯携明萬曆丁丑會試第三場焦竑廢古文策來。幸余先期知其事，赴其寓同觀。焦竑襲吳澄誤說而又誤者。余因於衆中大揶揄之。百詩狼蹌散去，錫鬯亦大窘而退。

攻古文尚書之僞一案，自南宋吳棫、朱子下迄元、明兩代，絡續有人，然考據精詳，後來居上，則必首推潛邱。西河寃詞歷舉朱子、吳澄、郝敬、歸有光，獨不及潛邱。猶曰：「彼妄言之，姑妄應之，其同時附和，解語雷同者，概不置辨，省詞費耳。」是其輕蔑潛邱之意，溢於言表。恕谷出示其書，潛邱語其子曰：「此書乃專難我邪？」蓋寃詞明駁疏證，而不加指明，其意甚毒。潛邱不能忍，故於疏證中亦絕不及西河，而曰「付之闃默」。然寃詞指摘疏證疎失處，潛邱乃追改舊稿，以求完美。若遽加發刊，而不註明因西河之指摘，則西河必更肆揶揄。然亦不能對此案不作一交代，故遂有意合刻朱子以下攻古文者爲一集。此誠不得已而思其次之委曲心情也。乃其事又爲西河所悉。此證自西河寃詞行世，潛邱實時時爲此操心，其追改舊稿，自可想像得之。又張譜逐條引述疏證載及同時學人諸節，亦止於西河發刊寃詞之年，此下即不再有。然疏證卷五下實亦引及竹垞一條，即有閻潛邱有意合刻朱子以下攻僞古文一事，惟未注年月，故張譜未引。然配合西河此年與恕谷書，則其事亦應在寃詞發刊之後。是今八卷本疏證，既明有寃詞發刊後所增入者，亦自可有寃詞發刊後所追改也。

康熙四十三年甲申　潛邱年六十九歲。

墓志：皇四子以書幣禮致之。先生力疾赴至都中，悉索所著書，自二種尚書外，四書釋地至於三續，手校困學紀聞、古文百篇，凡八種，首付紀聞剞氏，餘將次第為表章，而先生不起矣。行述：執不孝手命曰：「吾一生著書九種，已刻者四書釋地、四書釋地續、孟子生卒年月考。未刻者，重校困學紀聞、四書釋地又續、朱子尚書古文疑、眷西堂古文百篇。未成者，尚書古文疏證、釋地餘論。今紀聞蒙殿下序而行之，餘未刻成者，汝當兢兢典守，不可妄改一字，以待傳者。」

此兩處舉潛邱著書，乃有朱子尚書古文疑，而無劄記，大可注意。所謂朱子尚書古文疑者，是年五月，其子詠刻於京師。序云：

家大人徵君先生，著尚書古文疏證若干卷，非之者亦復不少。徵君意不自安，曰：「吾為此書，不過從朱子引而伸之，觸類而長之耳。」因命詠取語類四十七條、大全集六條，彙次成編，名朱子古文書疑，就京師刻以行世。

是潛邱於是年力疾赴京，僅兩月而卒。朱子古文書疑，乃命其子詠彙次朱子語五十餘條，亦不成著述。蓋因疏證在追改中，乃以此上呈皇四子，以張門面。及潛邱卒僅三十六日，其子詠即以刻之京師，固因篇帙無多，易付剞劂，然其子云：「家大人著尚書古文疏證，非之者不少，徵君意不自安。」此即指西河、恕谷。而潛邱之意不自安，亦於其儘先刻此一卷之事而可知矣。

又按：潛邱次孫學林，詠出，刻尚書古文疏證成，事在乾隆乙丑之秋，上距潛邱卒已四十一年，距西河卒亦已二十九年，距恕谷卒十二年。其識文有曰：「先君子在中翰時，欲板行之，而未有成局。癸卯、己酉，學林兩至京師，先人之舊好，寥寥數人，無復贊成斯事者。丙辰以來，微秩自效，官卑俸薄，每泫然抱遺書而泣。癸亥春，謁同里夔州程先生，先生雅嗜先大父書，慨然捐貲，而淮、揚士大夫更多好義者，於是閱二載而蕆事。回憶學林之憂思徘徊，無所措手者，又二十年於茲矣。」又跋曰：「仲弟學機，珍重先大父遺書，勤加手錄。」是潛邱有子有孫，疏證之身後付刻，事極艱難，而其子若孫於先人遺書之鄭重謹愼，則確可信徵。今疏證八卷中，第三卷全缺，第二卷闕第二十八、二十九、三十條，七卷闕第一百二、一百八、一百九、一百十條，卷八闕一百二十二、一百二十七條，有目僅空存者，有並目而闕者。四庫提要謂：「若璩殁後，傳寫佚之。」然觀其子詠行述，明記潛邱遺命，「諸書未刻成者，當兢兢典守，不可妄改一字，以待傳者」。又言「一生著書，未成者爲尚書古文疏證」。則今刻疏證，乃潛邱生前因有追改而闕，故曰「未成」也。又詠刻朱子古文書疑序明云「尚書古文疏證若干卷」，不云八卷，則第三卷已先闕無書。若是傳寫佚之，不應一卷全佚。又其他各卷，亦不應皆整條全闕，而且所闕或有目或無目。此已詳論於學術史，蓋正因其子若孫謹遵潛邱「不可妄改一字」之遺命，所以有此。若是傳寫佚其一卷與諸條，學林亦當於刻書時註明，何更無一字及之。又疑潛邱生前不刻疏證，其用意所在，其子詠必知之。其孫學林知否不可知。據學林云：「癸卯、己酉，兩至京師，先人舊好寥寥數人」云云，是詠卒必在雍正元年癸卯前，時西河方卒六年，與詠卒當相近，而恕谷猶健在。是詠之欲板行疏證而未有成局，實因仍有顧忌耳。四庫提要又云：「編次先後，亦未歸條理，蓋猶草創之本。」不知潛邱此書，自二十歲迄於六十九，前後已逮五十年，豈得仍云草創。抑且其書前四卷，當潛邱四十八歲時，已多副本在京師，若佚其第三卷，儘可即在京師訪求。亦正因其書多有副本流傳，故潛邱自經追改，第三卷全删去，而不欲早刻，特恐人發見其痕迹。此即潛邱自云「不欲示人以璞」也。其子詠在潛邱卒後十五年左右，終不刊行此書，亦爲此故。情事宛然，夫復何疑。

張譜又載潛邱劄記傳本有二，一爲其孫學林所刻，一爲山陽吳玉搢所删定。並曰：

學林綴輯其祖之殘稿，徒欲一字不遺，遂致漫無體例。

又引茶餘客話：

劄記乃未定書，零箋碎紙，投入一笥。捐館後，家人與計簿混入笥中，學林不知抉擇，將他人往還手蹟，及陳言狎語，遊戲之詞，悉條舉而刻之，砆玉並陳，大失潛邱面目。余嘗刪存十之五六，卓然可傳不朽。

今按：潛邱生平著述，尚書古文疏證最所珍重，劄記較最輕視，兩書付印同在最後。劄記亦未散失，其後人過於謹愼，務求一字不遺，遂遭譏評，豈疏證轉有傳寫之佚？可知提要爲猜測不可信之辭矣。

又按：方中德古事比前刻有答閻百詩徵君書云：「伏承手翰云：『古事比奇書也，當就高明勝己之友，求其嚴加彈射，有不善者，應時改定，勿遺後人以口實。』」潛邱此書，不知在何年，然自見西河寃詞後，其疏證亦必有應時改定處可知矣。

（一九七六年三月十七至二十日中華日報，同年六月書目季刊十卷一期。）

記姚立方禮記通論

尚論古代學術者，每謂秦皇焚書而學術中熸，下迄漢武，乃始復隆。夷考其實，殊不盡然。昔章炳麟爲秦獻記，粗發此意，而猶未盡。伏生尚書終於秦誓，此明爲秦博士媚秦而作。秦誓之文曰：「若有一个臣，斷斷兮無他技，其心休休焉，其如有容。人之有技，若己有之。」又曰：「邦之杌隉，曰由一人。邦之榮懷，亦尚一人之慶。」此已戰國晚年乃至秦人統一，政府有丞相之制始有之。春秋穆公時，貴族世襲並峙，何有乎此一个臣？然則秦誓乃秦博士作而上託之於穆公也。中庸曰：「今天下，車同軌，書同文，行同倫。」又曰：「生乎今之世，反古之道，災必及夫其身。」此即李斯焚書口脗也。故舉名山則曰華嶽，其爲秦時人作無疑。祭義用「黔首」字，殆亦出於秦代。漢文令博士諸生作王制，即今戴記所收，故有「古者以周尺，今以周尺」之語。又曰：「史以獄成告於正。」漢有平正丞，承秦所置。此皆鄭玄已言之。呂氏春秋尊師篇列舉古聖帝王始自神農，最爲遥遠矣，而易大傳於神農之上復有庖羲，則大傳出呂氏後也。然秦人焚詩、書，獨易爲卜筮書不焚，則易在當時，尚不與詩、書伍，儒言羼入者當尚少。王制云：「樂正崇四術，立四教，順先王詩、書、禮、樂以造士。」

稱「四術」不稱「六藝」，與此後淮南、董仲舒、司馬遷之言不同。易大傳之出，當與王制相先後，或猶在王制後也。樂記集於河間獻王。大學引秦誓，而言「平天下」，特斥「聚斂之臣」，則似當出武帝時。學記屢言大學之教，當與大學略同時。此皆後世羣尊以爲聖經賢傳，儒教經籍，微言大義、典章制度之所寄，而實錯落雜出於秦皇、漢武之間。則其時學術之未全熸，而別有其演化轉變之甚大者，可勿煩詳論而知矣。或者將疑此等皆宏篇鉅著，何由產於其時，而又不得其主名之人？則試問呂覽、淮南，此亦百家之卓越者，豈成於呂不韋、劉安之手乎？是皆產於其時而不得其主名，則何獨於儒書而疑之？（戴記中月令、明堂位，相傳由馬融增入。又曲禮、王制、禮器、郊特牲、大傳、樂記、祭義，文皆有與何氏公羊傳注相同，而何氏並不標以「禮」名。曹廣權疑何邵公別有所據，而纂禮記者亦據以增入。此亦必漢人語，而戴記之成今書，則尚在東漢矣。）

有清初葉，學者疑古辨僞之風驟張，而錢塘姚際恒立方尤推巨擘。獨爲九經通論，惜不盡傳，其禮記通論則散見於杭世駿所編續禮記集說中。其書於小戴所收諸篇，逐一考其著作之先後，辨析其思想議論之所從來，若者爲儒，若者爲墨，若者爲道，而第其高下，判其是非得失；雖不盡當，要異於拘常守故之見也。姚氏既不信羣經盡出一源，而能辨其先後眞僞，故於後儒執禮解禮，混周禮、儀禮、禮記爲說者，尤致掊擊。曰：「讀書而不能知人論世，有以辨夫作者之後先，亦奚當哉？」（續禮記集說卷七十六喪大記篇）又曰：「禮言不必盡同，古人文字，亦欲各出其能，不爲雷同也。後儒乃欲寸寸而合之，銖銖而較之，豈不愚哉？」（卷八十祭義篇）姚氏不信周禮，以爲乃劉歆、王莽所僞造，故曰：「說者多以周禮、王制、孟子三書並言，爲之較量異同。此無識之士也。乃有信周禮疑王制，甚至有信周禮、王制疑孟子者，尤無識之甚者也。」又曰：「周禮出於王莽、劉歆，寧足敵漢文令博士所集之書？漢文令博士所集，又寧足敵孟子之書？王制所言，皆周制也。其與孟子異者，以其故易孟子之文故耳。」（卷十九王制篇）夫謂孟子所言皆周制之眞，謂周禮乃歆、莽所僞，此俱未可爲定論。然謂以周禮、王制並言，爲之較量異同，皆無識之士，則眞確論也。晚清經師不明此意，乃謂漢儒今、古文經學分家，全本體制。今文家宗王制，古文家宗周禮，一切壁壘由此而判。既知周禮、王制不可合，復將以其他一切經說，分別合之周禮、王制，豈不誠無識乎？漢儒說禮，遇不可通處，又往往以夏、殷、周三代異禮爲說，姚氏力斥之，曰：「嘗嘆鄭、孔於王制之不合周禮者，皆以爲夏、殷禮。今於禮器亦然。孔子於夏、殷禮已無徵，而周末、秦、漢之人反能徵之。噫！愚亦甚矣。」（卷四十三禮器篇）又曰：「記中如舊稱中庸子思作，緇衣公孫尼子作，三年問荀卿作，月令呂不韋作，王制漢博士集，此其可知者。其不可知者，大抵不出周、秦、漢初人也。夫以周、秦、漢初之人，其於載籍所遺留，耳目所覩記，不過周之中葉以後爲多。若文、武之制，固已邈若隔代，況能及於文、武以前孔子所歎爲不足徵者乎？鄭氏以誤信周禮之故，其注禮記，凡於周禮不合者，或曰殷制，或曰夏、殷制，或曰虞、夏、殷制，……一切武斷，紊亂禮文，莫斯爲甚。」（卷九曲禮篇）此皆深著漢儒無徵曲說之病也。

姚氏又曰：

中庸云：「禮儀三百，威儀三千」，皆言儀也。此（禮器）云「經禮三百，曲禮三千」，似放其語，然亦失之。夫「經禮」者，五品之人倫盡之矣，安得有「三百」乎？自有此說，而後之解中庸者，又據此以禮儀為經禮，威儀為曲禮，誤之誤也。然此經禮、曲禮，亦不過謂禮之大小有如此耳，初未嘗指一書而言之也。鄭氏則以周禮為「經禮」，朱仲晦則以儀禮為「經禮」。夫作禮器者，大抵周、秦間人，其時周禮未出，安得預指之？至於儀禮，其書本名為「儀」，正是曲禮之類，乃反以為經禮，何耶？且必欲各憑臆見，求一書以實之，古今陋學，洵有同揆矣。（卷四十五禮器篇）

姚氏同時萬充宗有言：「非通諸經，則不能通一經。非悟傳注之失，則不能通經。非以經通經，則亦無由悟傳注之失。」姚氏之治禮，則在分析諸經而各得其通，較之萬氏所謂「以經通經」者，其意又別焉。且姚氏不徒於儀禮、周官與小戴之間爲之區別也，即小戴四十九篇亦一一分別觀之，甚且於一篇之中，亦每就文爲說，而有不務爲強通者，其說曲禮云：

前文云「大夫士之子，不敢自稱曰嗣子某」，則諸侯子未除喪，稱「嗣子某」矣。此又云「適子孤」，是有兩稱。即一篇之中，其不合如此，況他篇他經乎？益可見其不可執禮以解禮矣。

（卷九曲禮篇）

又曰：「曲禮本雜取諸說，不必紐合。」（卷十曲禮篇）其說禮之態度如此。雖所釋未能全是，要可謂葛籐盡斬，蹊徑獨闢矣。故姚氏深不喜後儒解經之說。曰：

> 嘗謂經之有解，經之不幸也。曷為乎不幸？以人皆知有經解，而不知有經也。曷咎乎經解？以其解之致悞，而經因以晦，經晦而經因以亡也。其一為漢儒之經解焉，其一為宋儒之經解焉，其一為明初諸儒墨守排纂宋儒一家之經解而著為令焉。噫！果其為聖人復起不易之言以著為令，可也。今之著為令者，然耶否耶？夫經解與著令，其事大不相通。其君若相，不過以一時治定功成，草草裁定，初不知聖賢眞傳為何若耳。乃使天下之學人，耳目心思，卒歸於一途，而不敢或異。是以經解而著令，不又其甚焉者乎！窮變物理自然，材智日新，寧甘久腐？苟以漢、宋諸儒久悞之經解而明辨之，則庶幾反經而經正，其在此時矣。此以經解名篇，正是漢儒之濫觴，漢以前無之，則吾竊怪夫斯名之作俑也。（卷八十三經解篇）

姚氏此論，深可代表清初一輩學者之見解。深惡朝廷功令，思有以一變之，一也。直窮本經，不問漢、宋，皆所揚棄，二也。當時不乏努力欲爲新經解者，厥後淸廷仍遵程朱取士，不敢爲大變。而在野學者則高譽鄭、許，楬櫫漢學，以與朝廷功令相抗。雍、乾以下之學風，始與清初絕然異趨焉。

時閻百詩遊西泠，毛西河告之曰：「此間有姚立方，子之廖偁也，不可以不見。」嘗論三人學術，互有其同，亦互有其異。百詩辨古文尚書之僞，立方亦辨之；然謂古文尚書僞者，特剔出魏晉以下僞造之篇文於相傳經典之外，於原來經典大體猶無損也。毛氏力辨宋儒程、朱以來義解之失，姚氏亦辨之，然謂程、朱之訓釋非經典本義，特程、朱之訓釋無當，於經典本義亦無傷也。而立方所論，猶有與閻、毛兩氏異者。如其辨易繫，辨戴記學、庸諸篇，則經典之有僞，不始於東漢之後，而已起於西漢之前矣。此其與百詩之辨僞古文者異也。易繫、學、庸諸篇，宋儒所深尊高推，以爲聖經之精義在是，而自立方言之，固乃晚周先漢之沉溺於道、墨，顛倒於老、莊之徒之所爲，不僅宋儒之訓釋無當，乃其本書之自有病也。此又其與西河之辨程朱訓說者異也。由斯而論，百詩所見，不如姚氏之大；西河所論，又有遜於姚氏之精。其排擊舊說，自創新趨，立方之視二氏，尤爲深沉而有力矣。同時浙人有陳乾初，疑大學；有潘用微，疑中庸；而立方則於學、庸並施攻駁。其辨大學也，自謂：「聞海昌陳乾初有駁大學書，惜予未之見。」（卷九十七大學篇）而所論乃頗多暗合。其略曰：

「明明德」古無此語，……以明德為本體，明明德為功用，便墮入空虛，同於釋氏。……單主心體，遺卻事為，與吾儒有毫釐千里之別。

又曰：聖賢之學，知行並重，未有惟言知而遺行者。今云自知止而后定、靜、安、慮而得之，則一「知」字直貫到底，便已了畢，全無所用其行，則其所得者果何物耶？非忽然有省摸著鼻孔乎？

又曰：孔、孟皆言正身，……主乎踐履行事；以正心言，則專主心體上說，恐人墮入陰界。

又曰：以正屬心則淪於虛，以誠屬意，且失理而難通矣。……意為心之所向，或為心之所發。……心發為善則善矣，心發為惡則惡矣。……然則「誠意」兼乎善惡，不可獨以誠意為善事。且唯心正然後心之所發者自無不正，當云「欲誠其意者先正其心，心正而後意誠」。乃云「欲正其心者先誠其意，意誠而後心正」，非倒說耶？……所以明儒劉念臺曾反之，以意為心之所存。夫

「意」字自有一定之義，為存為發，相去懸絕，可以任人游移亂拈如是乎？亦可見大學說理未確，故致此弊。

又曰：

聖門之學，未有單重知而遺行者。……聖賢之言知，曰：「我非生而知之者，好古敏以求之者也。」曰：「多聞擇其善者而從之，多見而識之，知之次也。」皆實地用力，未有空言致知者。空言「致知」，非佛氏離語言文字，一惟明心見性之學而何？

又曰：

「格物」二字晦澀之甚。「物」字不知指何物，「格」字不知是何義。聖人教人，從無鶻突語。況為大學之首功，為平天下之要務，而顧用「格物」二字，豈可通哉？（以上所引均見卷九十七大學篇）

凡此所論，以大學爲禪學，謂不當重知遺行，謂「誠意」「格物」語自不可通，大體皆與乾初之辨相類。可徵一時風氣，其議論傾向自相符也。

立方所駁詰尤力者在中庸。特稱之曰「僞中庸」，其言曰：

予分出此帙以為「僞中庸」者，蓋以其為二氏之學也。然非予之私言也，實有左驗云。禮記漢儒所定，中庸在第三十一篇，自劉宋戴顒，始從記中摘出，撰中庸傳二卷。考史顒傳云：「漢世始有佛像，形製未工，父逵善其事，顒亦參焉。」唐李綽尚書故實云：「佛像本外夷朴陋，人不生敬，今之藻繪雕刻，自戴顒始也。」晉宋之世，士人競尚佛教，顒與父首為雕塑之制，蓋深信篤敬，乃能如此。……又梁武帝撰中庸疏二卷，私記制旨中庸義五卷，梁武之崇佛，世所共知。……至唐李翱益尊信是書，而論說之，創為滅情復性之說。其生平篤好禪學，五燈載其為鼎州刺史謁藥山問道云云。……迨至宋儒，益復從風而靡。周茂叔受學於東林禪師，東林授以中庸，與言中庸之旨，「一理中發為萬事，末復合為一理」。茂叔受之以授程正叔，正叔嘗言之，今章句載於篇端者是也。於是程門游、楊之徒多為中庸解，朱仲晦相承以為章句，乃復詆其師說為淫於佛、老。（見章句序）孰知其說殆有甚於游、楊之徒者哉？若夫橫浦、慈湖一輩，又無論焉。近時明代相傳猶然。薛以身贈三峯藏詩云：「知君問我參同處，請看中庸第幾章。」羅念菴習禪學者，詩曰：「何人欲問逍遙法，為語中庸第一章。」徐世溥與克明上人書曰：「三乘五車，本無二諦，若求簡盡，莫過中庸。」尤展成文序曰：「中庸『不睹不聞，無聲無臭』，尤近不二法門。」故昔人謂熟讀三十三章，已見西來大意。觀此則大概可知矣。然則好禪學者必尚中庸，尚中庸者必好禪學。中庸之為異學，其非予之私言也，不亦明乎？

又曰：

「喜怒哀樂未發謂之中」，予謂不謂之「中」，謂之「空」可也。……堯舜「允執其中」之「中」指「理」言，此以未發為中指「心」言。指理言則共之於人，故孔子言舜「用其中於民」。指心言，則獨用之於己，合眼低眉，參悟而已，於他人有何交涉耶？明僧蓮池竹窗二筆曰：「予初入道，憶子思以喜怒哀樂未發謂中，意此中即開刱以前自己也。既而參諸楞嚴，則云：『縱滅一切見聞覺知，內守幽閒，猶為法塵分別影事。』夫見聞泯、知覺絕，似喜怒哀樂未發，而云法塵分別者，何也？意，根也。法，塵也。根與塵對，未發則塵未交於外，根未起於內，寂然峭然，應是本體。不知向緣動境，今緣靜境，向法塵之粗分別也，今亦法塵之細分別也，皆影事也，非眞實也。謂之幽閒，特幽勝顯、閒勝鬧耳。空刱以前自己，尚隔遠在。」按蓮池此論，予於大學云：「學、庸僅得禪之粗迹。」正指此耳。喜怒哀樂未發，禪之下乘也，北宗近之，龐居士所呵為峭然機是也。要悟空刱以前自己，禪之上乘，南宗也。吾嘆宋儒終日觀未發氣象，只得禪之下乘耳。

又曰：

「致中和，天地位，萬物育」，此所謂說大話，裝大冒頭者也。其實皆禪也。何則？禪則其理虛無，故可以任意極言而無礙。若吾儒，則事事切實，豈可言此？言之則中和未致，天地萬物將不位不育耶？中和既致，天地萬物如何位、如何育耶？此非虛無而何？今歷取諸佛語證之！華嚴經云：「法性徧在一切處。」楞嚴經云：「色身外泊，山河虛空，大地咸是妙明眞心中物。」又云：「心徧十方，見十方空，如觀手中所持葉物。」此「天地位」注脚也。又云：「一切世間諸所有物，皆即菩提妙明元心，心精徧圓含裹十方。」此「萬物育」注脚也。肇論云：「天地與我同根，萬物與我同體。」又云：「懷六合於胸中，而靈鑑有餘。鏡萬有於方寸，而其神常虛。」又云：「至人空洞無象，而萬物無非我造。」此皆「天地位、萬物育」注脚也。

又曰：

引「魚鳶」之詩，亦一例語義。鳶魚物也，以其飛躍之上下察，而言道，……此老、莊之以氣化為道也。告子「生之謂性」，其於犬牛無別，鳶魚即犬牛類也，飛躍即生之謂也。……唐時僧問法眞禪師曰：「學人向恁處駐足？」師曰：「海闊從魚躍，天空任鳥飛。」（朱仲晦跋其後曰：「大丈夫不可無此氣象。」）德章禪師對宋仁宗曰：「空中求鳥跡，水內覓魚蹤。」覺通禪師曰：「破一微塵出大經，鳶飛魚躍更分明。」雪峯問克勤禪師，「前三三後三三」意旨何如？師曰：「水中魚，天上鳥。」淨慈寺門聯云：「魚躍鳶飛皆妙道。」殷邁侍郎作佛偈曰：「窗外鳶魚活潑。」陳白沙、王陽明，禪學也。陳詩曰：「君若問鳶魚，鳶魚體本虛，我拈言外意，六籍也無書。」王詩曰：「悟到鳶飛魚躍處，工夫原不在陳編。」凡此之類，可為明證。（朱仲晦曰：「此卽禪家云：『青青綠竹莫匪眞如，粲粲黃花無非般若』之語。」）

又曰：

中庸一書，自宋以來，尊信之尤者，非朱仲晦乎？而世所共尊信者，非因朱仲晦之尊信而尊信之乎？乃閱其文集與蔡季通曰：「『費隱』之說，今日終日安排，終不能定。蓋察乎天地，終是說做『隱』字不得。（百種計校，再說不來。）且是所說『不知』『不能』『有憾』等句，虛無怳惚，如捕風係影，聖人平日之言，恐無是也。（與「未之或知」「不可能也」不同。）」嗟乎！予閱此書，因嘆人有是心，無不皆同。第一時惑溺於師承瞽說，先入其中，又無明識以照之，遂至牢不可破，乃忽於昏沈睡夢之中，微覺醒悟，時露一星兩星，如石火電光，旋復旋息，可畏哉！

渠蓋不知「僞中庸」之文，直是亂道。依「費隱」字解，末節「造端夫婦」是隱，「察天地」是費，如此卻是隱而費了。即或謂「造端夫婦」是費，然「察天地」仍是費，如此又是費而費了。前後文理乖違不通如此。渠欲順文理解書，則思以「造端夫婦」屬費，「察天地」屬隱，所以云「百種計校再說不來」，於是不得已模糊了事，以三字注之，曰「結上文」。吁！其平居所私疑如此，乃作為章句之書，不露所疑之意，陽為尊信以示天下，豈非所謂失其本心哉？

又曰：

「能盡人之性」，此句先未允。夫堯、舜之世而有四凶，堯、舜之家而子皆不肖，豈能盡人之性耶？孔子於博施濟衆，於修己以安百姓，皆曰「堯、舜猶病」，此足證矣。「能盡物之性」，此句尤舛。……夫於民且猶病，況物耶？……又檢論語無一「物」字，記者但曰「釣」曰「弋」，於廐焚曰「不問馬」，則其於物，固已不惜戕殺之而膜外視之矣。孟子書始有「物」字，其曰「君子之於物也，愛之而弗仁」。於物曰愛，乃為仁民親親陪說，非重物也。……帝王之治天下也，唯以人為本，勢不能兼全乎物。故舜使益掌火，益烈山澤而焚之，驅蛇龍鳥獸之害，然後民可以居，可以食；而其物之不為民害者，則又任人制射獵網罟之屬以取資焉。於是取禽獸以為飲食，取蠶絲以為衣服，取材木以為宮室。人之不能無飲食、衣服、宮室也，則自不能全物之命也。夫物之「命」且不能全，而況曰物之「性」乎？……夫物之性且不有，而況曰「盡」之乎？……故此義唯同佛氏說。涅槃經曰：「一切眾生皆有佛性。」金剛經曰：「我應滅度一切眾生。」又曰：「所有一切眾生之類，若卵生，若胎生，若濕生，若化生，若無有，若有想，若無想，若非有想、非無想，我皆令入無餘涅槃而滅度之。」……凡此皆足以證。雖然，佛氏之說，猶未嘗言「盡物性」也。「盡物性」一語，不獨其義乖舛，且實有不通處。吾儒二氏皆不可用。何也？據盡物性者，使之順適其性，同歸於道之謂也。然則豺狼虎豹之屬，其性噬人，人亦將順適之以同歸於道乎？

又曰：

或曲解「盡物性」為處之各得其當，如仲冬斬陽木，仲夏斬陰木，獺祭魚然後漁人入澤梁，豺祭獸然後田獵。夫既已斬之，入而取以烹之，獵而取以戮之，胡云盡其性乎？且如期斬木取禽獸，是順天明以裁物，非盡物性之謂也。是王者食時用禮之政，非至誠學問心性之功也。義隔天淵。

又曰：

「贊化育，參天地」，同為一種大話，聖賢從無此語。

又曰：

程正叔曰：「釋氏之說，纔見得些，便驚天動地。只為乍見，不似聖人見慣。如中庸言道，只消道『無聲無臭』四字，總括了多少？釋氏言『非黃非白，非鹽非苦』，費多少言語？」按程乃首尊中庸之人，今將來與釋氏並說為一理，豈非眞實供狀乎？

凡姚氏之辨中庸，其要點略具是。故曰：

大抵佛之與老，其形迹似同而指歸實別。「僞中庸」之言，旁趨於老氏，預啟夫佛氏。其言有類老者，有類佛者。有一言而以為老可者，以為佛可者，則從其形迹而論也。

又曰：

中庸子思之言曰：「君子之道，辟如行遠，必自邇。辟如登高，必自卑。」今「僞中庸」所言，無非高遠之事，何曾有一毫卑邇來？與子思之言，不啻若冰炭。

又曰：

聖人教人，舉而近之；「僞中庸」教人，推而遠之。舉而近之者，只在日用應事接物上，如孝弟忠信，以及視聽言動之類是也。推而遠之者，只在幽獨自處，靜觀參悟上，如以「不睹不聞」起、以「無聲無臭」終是也。

又曰：

學者依孔孟所教，則學聖人甚易，人人樂趨喜赴，而皆可為聖人。依「僞中庸」所教，則學聖人千難萬難，茫無畔岸，人人畏懼退縮而不敢前。自宋以後，中庸之書日盛，而語、孟日微，宜乎僞道學日益多，而真聖賢之徒日益少也。此古今世道升降一大關鍵，惜乎人在世中，絕不覺之，可為浩嘆！

又曰：

> 「僞中庸」一味裝大冒頭，說大話。，孟子曰：「言近而指遠者，善言也。」此則言遠指近，恰與相反。語、孟之言極平常，而意味深長，一字一句，體驗之可以終身行之而無盡。「僞中庸」之言，彌六合，偏宇宙，細按之，則枵然無有也。非言遠指近而何？（以上所引分見卷八十六至卷八十九中庸篇）

昔宋儒盛推中庸，而歐陽修首辨之，立方曰：「予書成後六年，閱其文集始見之，既喜予說之不孤，而又媿予之寡學，見之之遲也。」清儒疑中庸出孟子後，非子思作者，有崔述，尚在立方後。然歐、崔之爲辨，皆不如立方之峻激。夫大學、中庸，本出於秦皇、漢武之間，不知誰何人之手。而中庸論性，泯人、物而齊之，以氣化爲大道，其爲儒、道兩家思想混合之迹，皎著無疑；且毋寧謂其道家之氣息尤濃。宋、明儒好言中庸，故往往陷於道、釋兩家之囿而不自知。今姚氏剖析語孟、學庸而二之，實足爲先秦儒學劃一較謹嚴之界線；而凡宋、明儒之所以不盡同於孔、孟者，亦可自此而顯也。

姚氏辨學、庸外，又辨樂記，樂記亦宋儒所重也。姚氏之言曰：

樂記一篇，乃漢武帝時河間獻王與諸生取文子、荀子、呂覽諸書湊集而成，其言多駁雜不純。大概揚之過高，反失其實，求之過遠，反昧其用。……聖賢之言禮樂，無非從民生日用倫常上見，所以皆切實可行。秦、漢諸儒，……言禮樂，皆非禮樂之義，與聖人之言恰相反。禮樂固皆由中而出，然自有先後本末重輕之分。如「禮云樂云」、「如禮何如樂何」之類，此先後也。如「立于禮成于樂」之類，此本末也。如言治道「為國以禮」、「道之以禮」，言學問「約之以禮」、「過庭問禮」之類，而皆不及樂，此重輕也。自夫諸子繁興，異端並起，老子毀禮，喪乎禮者也。墨子非樂，喪乎樂者也。……此篇之言，如「知樂則幾」、「樂中出而禮外作」、「樂合情而禮飾貌」、「樂應天而禮配地」、「樂率神而禮居鬼」、「樂動內而禮動外」等語，皆是先樂後禮，本樂末禮，重樂輕禮，故曰與聖人之言恰相反也。其意欲抬高樂，卻抑下禮。祖老子之毀禮，既大失禮之義。闢墨子之非樂，併不得樂之實。禮樂交喪，罪浮老、墨，何樂記之足云哉？

又曰：

「人生而靜」四句，此文子引老子語也。（說詳古文尚書大禹謨仲虺之誥。）此節之說，其誤者有四。

一言性也，一言知也，一言好惡也，一言天人理欲也。「人生而靜」四句，此言性之誤也。謂靜是天性，動是人欲，豈可截然如此區分？人生才墮地便是動，便是感，寧遂失卻天性，而徒有性欲乎？（宋儒因此有「纔說是性便不是性」之謬說。）……如其說，必將常不動，常寂無感，然後可。此老氏之「致虛守靜」，釋氏之「面壁九年」也。一也。「物至知知，知誘於外」，此言知之誤也。孔子言生知、學知，孟子言良知，知豈是壞物而惡之乎？此即莊子「以有涯隨無涯殆已，已而為知者殆而已矣」、列子「無知是謂眞知」之說也。……二也。「然後好惡形焉」至「人化物也」，此言好惡之誤也。……孔子曰：「惟仁者能好人，能惡人。」孟子言平旦之氣，以好惡為相近。今遺卻本來好善惡惡之眞好惡不言，而但言後起偏私之好惡，正與性欲之說同符，其勢必將至於無好無惡而後已。此即莊子「不以好惡內傷其身」之說，及釋氏絕去愛、憎二境之意也。又謂「物之感人無窮」，此語固是。然須先示以如孟子所謂「先立乎大者」之義，令學者本原之地預有主宰，臨時自不為所動搖。今不及此義，但以「人化物」為言，然則欲不化物，必將逃於空虛無人物之境而後可乎？三也。「人化物也者」二句，此言天人理欲之誤也。天是理，人是欲，則是天人不同矣。此陸象山之論，獨為有識。自餘宋儒譌謬相承，動以天理人欲為言，嗚呼！其於聖賢之學，何其悖也！四也。大抵聖賢之學，皆從最初者而言。二氏之學，皆從後起者而言。從最初者以教人，自使人歡忻鼓舞而不自知其進於善。從後起者以教人，則不惟忌人，勢且疑己。頭頭險地，步步畏機。是故以人心為危，以人性為欲，不得不重難以制乎己，而任權挾詐以禦乎人。所以道德之意，一變為刑名法術，若再變為虛空寂滅，而人道絕矣。斯其理勢首尾一貫，夫復奚疑？嘗謂天人之旨，心性之理，一亂於僞尚書襲道經「人心道心」之語，再亂於樂記引老子「靜性動欲」之語。加以宋儒外假儒術，而內實根柢於二氏，故於此二書之語，深信篤好，闡發詳明，以彰著於天下，而天下後世咸信之，致使異學湔漬吾儒，如油入麪，永無出理。由是天人之旨，心性之理，晦昧無餘，而猶謂之道學之傳，何哉？（卷六十八樂記篇）

姚氏又辨表記虞、夏、殷、周文質之說曰：

孔子曰：「周監於二代，郁郁乎文哉！吾從周。」又畏於匡，有「文不在茲」之歎，而卜天之將喪、未喪斯文以自解。聖人尊周若此，重文若此，初未嘗有咎其時文勝之說也。自老子尚一切元妙清虛，惡周之文，思古之質，欲以無為變之，於是以聖智、仁義、巧利三者謂之文，而絕棄之，欲一歸於素朴。（老子曰：「絕聖棄智、絕仁棄義、絕巧棄利，三者以為文不足，故令有所屬，見素抱朴。」）……其惡文之深也，併謂殷為文之至而尊夏。其思質之深也，併謂夏為厚其子而尊虞。皆異端之說也。……夏、殷之禮，孔子尚歎無徵，彼何人斯，乃能歷歷言其所尊、所敝、所尚諸端，如此之詳且悉耶？……夫文者，君臣、父子、夫婦、朋友之各安其倫，萬物之各得其理，而聖智、仁義、禮樂之所由著也。天地自黃、農而後，固有日開其文之勢，而帝王之治天下，不可一日無文。孔子言唐堯之「煥乎文章」，……非唐、虞之文乎？孔子於三代獨美周文之郁郁者，誠以文至周而尤盛，非謂周有文、二代無文也。況曰「監於二代」，正監其文耳。……蓋質者，文之質也。文者，質之文也。二者不可相離。……自古帝王，未有不兼乎文質而為治者。孔子所謂「文質彬彬然後君子」是也。使虞、夏而徒有其質，不將不得為君子乎？玆語流傳失實，以至緯書諸說，分三代為忠、敬、文，或忠、質、文，皆不經之言也。其謂周之質不勝其文，其道不勝敝，後儒因此有周末文勝之弊之說，尤大謬不然。斯文為人安其倫，物得其理，聖智、仁義、禮樂之所由著，雖歷千古而無弊。周法之弊，在於諸侯強，王室微，非文勝也。……孔子序書述詩，作春秋，傳論語，皆在定、哀之世。孟子七篇，闡明聖道，出於戰國。凡此者，其文之為功於天下萬世者何如？……而謂之文勝之弊乎？……老、莊惡文思質，（莊子曰：「文滅質然後民始惑亂。」）游虛蹈無，棄絕聖智、仁義、禮樂而文始亡。……故謂周之文勝而敝者，是即老、莊之徒厭惡其時之孔、孟而為是言也。然則奈何以吾儒之書而存是言也乎？（卷九十表記篇）

其他如論禮運，則曰「乃道家的脈」；論禮器，則曰「乃當時之儒而雜老氏之教者」。他不備舉。要之姚氏所論，近之浙人如陳乾初、潘用微、毛西河，遠之湘西如王船山、河北如顏習齋、李恕谷，一時議論意氣，率多近似。此亦學術風會之變，雖豪傑之士有不能自外者。惟姚氏抉出小戴記文字出於秦、漢，非先秦儒家之眞，則陳、潘兩家言之未盡，而毛、王、顏、李有所不知。其言或有過當處，要之戴記文字最早亦當出荀卿後。六家之論，余學術史已有敍列，故復約記姚說，資並覽焉。

（民國二十六年六月北京大學國學季刊六卷二期）

續記姚立方詩經通論

立方又有詩經通論，其自序有曰：

詩之為教獨大，易、詩、書皆夫子前所有。閒嘗竊窺之，易與書之外，不復有易與書。即夫子春秋之外，亦不復有春秋。後世之史，固與書異體。揚雄太玄、王通元經，直妄作耳。是彼三經者，一傳不再。惟詩也，旁流而為騷為賦。直接之者，漢、魏、六朝為四言五言七言，唐為律。以致復旁流為幺麼之詞曲。雖同支異派，無非本諸大海。其中於人心，流為風俗，與天地而無窮，未有若斯之甚者也。

六經之教，惟詩爲大，斯惟立方獨發之。然觀清代，學不逮古亦莫如詩。不僅遜於漢、唐、宋、明，即元亦不如。蓋詩者，性靈之教。滿族統治強於蒙古。故中國人之性靈窒塞，亦惟清爲甚。詩人傑出，兩百四十年，寥寥可數，厥以此也。

立方又云：

釋詩獨難。自東漢衛宏始出詩序，首惟一語，本之師傳。雖不無一二宛合，而固滯膠結、寬泛填湊，諸弊叢集。其下宏所自撰，尤極踳駁。宋晁說之、程泰之、鄭漁仲，皆起而排之，而朱仲晦亦承焉。自為集傳，武斷自用，尤足惑世。因歎前之遵序者，集傳出而盡反之。後之駁集傳者，又盡反之而仍遵序。更端相循，靡有止極。予以為傳、箋可略。毛傳古矣，惟事訓詁，與爾雅略同，無關經旨。鄭箋鹵莽滅裂，世多不從。惟序則昧者尊之，集傳則今世宗之。予謂漢人之失在於固，宋人之失在於妄。集傳紕繆不少，其大者尤在誤讀夫子「鄭聲淫」一語。妄以鄭詩為淫，且及於衛，及於他國。其流之弊，必將併詩而廢之。王柏之言曰：「今世三百五篇，豈盡定於夫子之手。」明程敏政、王守仁、茅坤從而和之。季札觀樂，與今詩次序同。左傳列國大夫所賦詩，多集傳目為「淫奔」者。乃以為失次，及漢攙入，同於目不識丁，他何言哉！

竊謂清儒自負在釋經，然皆腐心故紙堆中，與性靈無涉，故於詩尤爲逊。僅務反宋，一意尊漢，毛傳、鄭箋之外，又旁及齊、魯、韓三家。師法即門戶，訓詁即大義。文學性靈，渺不相涉。

立方之詩經論旨又曰：

人謂鄭康成長於禮，詩非其所長，多以三禮釋詩，故不得詩之意。予謂康成詩固非長，禮亦何長之有。苟使眞長於禮，必不以禮釋詩矣。

立方此書，成於康熙四十四年。清廷之盛尊朱子，乃在雍正朝。儒生怵於朝廷之文字獄，不敢反功令，乃尊漢抑宋，尊鄭抑朱，其風煽於後。立方亦諸生，然年五十乃曰：「向平婚嫁畢而遊五嶽，余婚嫁畢而注九經。」遂屏絕人事，以十四年之力而成九經通論。又著庸言錄，雜論經、史、理學諸子。是立方雖非遺民，要亦不務仕進。其爲學，乃平視漢、宋，自出心眼。惜其書無刻本，不傳於世。乾嘉學者風氣不同，遂少稱述。若非毛西河言之閻百詩，並世殆將不知其人。若非張穆爲潛邱年譜，後世亦將不能言其梗概矣。是誠大可惋惜之事也。

立方詩經論旨又曰：

詩何以必加圈評，得無類月峰、竟陵之見乎？曰：非也。予以明詩旨也。知其辭之妙而其義可知，知其義之妙而其旨亦可知。詩之為用，與天地而無窮，三百篇固始祖也。苟能別出心眼，無妨標舉，忍使千古佳文遂爾埋沒乎？爰是歎賞感激，不能自已，加以圈評，抑亦好學深思之一助爾。

乾嘉以下，皆以經學視詩。及同治朝滇南有方玉潤，作爲詩經原始。因其人僻在邊裔，未染蘇、皖經學家習氣，乃亦能繼立方之後，以文學視詩。清代兩百四十年，則亦僅此兩人而已。然朱子詩集傳，亦正爲能以文學視詩，故使立方、玉潤，同走此路，而有同異。自民初以來，提倡白話詩，則如立方所云由其辭以賞其義旨者，詩辭既所厭惡，義旨亦無可賞。而近人言文學，又特賞男女戀愛，又必尊民間草野。故既鄙斥宋儒，而又必循晦翁集傳而更進一層，一若凡詩均能說成是民間之自由戀愛而後快。立方所謂「詩之爲用，與天地而無窮」者，不三百年，而其用固已窮矣。蓋今人之尊洋抑己，更甚於乾嘉之尊漢抑宋。此皆內心鬱結，激發而爲門戶，而皆失其性靈之眞。余讀清初諸儒書，如亭林、船山諸家，竊謂賞其性靈，當尤更重於求其旨義。旨義有辨，而性靈則同。如立方蓋亦性靈中人也。較之潛邱，遠爲勝之。潛邱可謂之讀書人，然不能爲讀詩人。乾嘉以下，殆皆爲讀經人，非讀詩人。今以後人，殆亦將不能讀詩，故余讀立方之詩經通論而不禁有深慨也。

本篇禮記部分，成於民國二十六年三月，刊載於是年六月國學季刊六卷二期。詩經部分，增補於一九七七年之九月。前後相距，亦四十年矣。

王白田學述

朱子學之流衍，大要可分三方面言之。一曰性理修養之學，一曰經史考據之學，一曰章句注釋之學。陸、王心學，僅就第一方面與朱樹異，其第二、第三方面，皆致輕蔑不重視。迄於晚明，王學爲害，士不讀書，理學已成弩末。亭林、梨洲爲學重點，顯然自性理轉入經史，重啟讀書一路。船山僻在湖湘，亦同此傾向。桴亭最守理學舊矩矱，然經史學成分亦重，並亦旁涉詩文集部。呂晚村生於明莊烈帝崇禎二年，陸稼書生於崇禎三年，於諸遺老中爲晚輩，可謂乃遺民，非遺老。惟晚村獲交於黃梨洲、張楊園，得聞理學家緒言，其學則一本朱子四書，不免爲章句注釋之學。稼書追隨晚村，然晚村立志爲遺民，稼書則進身清廷爲循吏。晚村棄諸生之年，即稼書舉鄉試之年。此兩人治學途徑相似，而立身志節不同。自此以下，理學益衰。而有畢生專治朱子學，可爲宋、明六百年理學作殿軍者，則爲白田王懋竑予中。白田生於清康熙七年戊申，滿族入主已逮二十四年，其心情意氣，自不能與明遺民相提並論。其時學風，正是經史考據學漸盛，性理修養學日退，而清廷方提倡朱學，一承元、明，奉爲科舉功令之準繩。白田於康熙五十七年成進士，已五十一歲矣。其前六年，康熙五十一年，清廷特升朱子配享孔廟，續修朱子全書。前一年，康熙五十六年，御纂性理精義成。後五年，雍正元年，白田奉特旨進見，以教授改官翰林，入上書房行走。翌年，雍正二年，陸稼書從祀兩廡。雍正七年，曾靜案發，呂晚村戮屍。白田之卒，在乾隆之六年。故白田乃以經史考據之業治朱子，而亦不脫章句注釋之圈套，此其大較也。

白田治朱學之最大成績，在其朱子年譜一書。最先爲朱子年譜者，乃朱子門人李果齋方子。魏了翁爲之序，與黃勉齋所爲行狀並傳。然其後年譜寖有增改。明正德丙寅，婺源戴銑更爲實紀。及嘉靖壬子，李古冲默乃更名年譜。逮清康熙庚辰，洪璟重刻其兄去蕪所爲朱子年譜而序之曰：

朱子門人李果齋氏，嘗敍次朱子言行。明世宗時，李古冲從而修之，以舊譜為多出洪、宣、景間諸人所改竄。是豈果齋之譜不復見於世歟？古冲在嘉靖之朝，姚江之學方盛，其以果齋之譜為多所改竄非舊本者，不過如序中所稱果齋嘗辨朱、陸異同，從而疑其書之未能盡善。而不知果齋親見朱子辨正象山，豈嘗有晚年定論之說；其亦據實而直書之，不可謂著書立說者之不當出於此也。然古冲所修，亦有出於果齋之所未逮。如大修荒政，條奏諸州利病諸書，與陳龍川來往，及毀秦檜祠事，皆絕有關係，不可以略者。家兄去蕪，嘗輯兩家之譜，而參以朱子從學延平，及與張敬夫中和三變之書，合為一編。其書舊刻於金陵，因序述而傳之。題曰重刻，仍其舊也。

康熙庚辰三十九年，白田年已踰三十，其爲朱子年譜，當受洪氏影響。白田門人喬汲，爲其師朱子年譜後序曰：

異學爭鳴，往往取其早年論議與己稍合者，著為晚年定論，又為道一編。年譜不可不作。向有李氏、洪氏兩本，皆訛舛滲漏，淄澠莫辨，先生憂之。遂據李、洪二本，缺者增之，誤者刊之，並擇朱子晚歲論學切要語以附於後。比之閑闢錄、學蔀通辨，意則同，而纂訂加詳。未第時，即編是書。厥後成進士，入館閣，汲於都門侍側，每退食之暇，必手朱子書而紬繹之。迨歸田里，年譜屢易其稿，直至易簀前數日，釐正乃成。蓋數十年精力，皆積於此矣。

喬序在乾隆二十四年己卯，尚有王安國序在乾隆十七年壬申。其文曰：

自洙泗徂而羣言亂，有宋朱子集濂、洛之大成，以上溯孔孟，於是道之晦者復明，如日再中。明中葉以降，異論復起，或踵宋僧宗杲故智，取朱子門人所記早歲未定之言，與己意近似者，易置先後，以愚誑後人。晚近學者，深造之力既百不逮古人，又急人知，喜其說之便於放言高論，明知其痂而嗜之，以致眞僞之辨，垂五百餘年未定。甚有平日服習於朱子之道者，激於草廬吳氏調停之說，乃亦截取語錄所述早歲未定之言，附會於離問學而尊德性者，汲汲辯言，謂「吾朱子何嘗不足於是」，以為庶幾可以競勝於非朱子之徒，而不知適為惑世誣民者助之薪而張其燄。白田先生讀朱子書數十年，其所得之精微，見於文集中與友人辨論諸書。又以明李默古冲所定朱子年譜，多刪改原編，與晚年定論、道一編暗合。陽為表章，而陰移其宗旨。乃取朱子文集、語類，條析而精研之，更博求所述諸儒之緒論，師友之淵源，與夫同志諸子爭鳴各家之撰著，曲暢旁通，折衷於勉齋黃氏所作朱子行狀，以正年月之後先，旨歸之同異，訂為年譜四卷；其間辨論之迹，考據所由，別為考異四卷。又以朱子自序中和舊說，謂讀程子書，渙然冰釋，自乾道己丑之春。復取己丑以後論學切要之語，分年編次，為附錄二卷。然後朱子生平，其為學誨人，本末次第，瞭如指掌。其有裨於聖道，良非淺鮮，豈特於朱子有功已哉！先生歿後十年，子箴傳出以授梓，而屬為之序。先生學朱子之學，自處閭門里巷，一言一行，以至平生出處大節，舉無愧於典型。其成是書，求年譜原本不可得，不得已，筆削僞本以反其朔；而窮年考訂，歿而後出，其斤斤致慎又如此。

白田爲此書，不及自爲序，故備引王、喬兩序如上。方是時，清廷一意提倡朱學，而在野學術界則有厭薄功令、主張復古之風。白田草堂存稿卷十九新修寶應學記有曰：

論者以爲今之學與古大異，即自宋以來，且有不盡合者。以故學僅同於官署，而於古者所云皆廢不復講。余綜其實，則固不然。國家取士，懸五經、四子以爲準式，而一本於程朱之訓注。士子之所講習，無不自於此。而經義之文，固不離於章句誦説之習。然其所稱道者，則堯、舜、禹、湯、文、武、周公、孔子以及曾子、子思子、孟子之格言大訓，而周、張以後，演繹敷暢微言奥義，亦具載於其中。苟能推而明之，驗之於心，體之於身，以達於天下國家之大，則與古之學者無以或異。而今特以爲口耳之資，譁世取寵之具。至其行事，往往謬戾而不合，且畔越焉。則非所以教者不至，而士之學者，循乎其名，而忘乎其實也。

知其時，在野學者固已於朝廷功令一意尊朱有不滿。乾嘉以下漢、宋門戸分張，實即是此種意氣激盪之成果，而白田則無寧是站在政府一邊。雍正即位，白田以一府學教授奉特旨召見，授翰林編修，在三阿哥書房行走，亦以講正學而獲在朝顯貴之舉薦。見清廷之宏揚朱學，而終亦無以平息在野之反對。白田草堂存稿卷八有偶讀私記一篇，謂：

詳策問之意，雖並舉程朱之説，而有大不滿於朱子者。凡今之講學家類如此。

此策問之内容，今已無考。惟白田既舉策問之説而詳加闡辨，又爲之直抉其心意，可以想見當時反朱學之風氣，不僅已潛滋暗漲，亦復隨地吐露；惟與爭朱、王門戶者用意又別。此則論學術思想，所以必參會之於時代現實，乃可深曉於其消長起伏之所由也。

又存稿卷二十四有和星渚日昃之離詩前後共二十四首，其中一首云：

黃氏節鈔文集語，平湖隨筆徧丹黃，儒門規矩依稀在，同是流傳一瓣香。

平湖指陸稼書，白田認其與黃東發依稀同是儒門規矩，瓣香流傳，則白田之同情稼書可見。至於當時一般學術風氣，亦可於本題其他各詩之感慨中見之。乃余考白田奉特旨召見改官翰林之年，即戴震東原之生年。越後乾隆二十一年，東原館於王春圃安國家教其子石臞念孫。春圃自其父祖奕世相傳講理學，觀其爲白田朱子年譜序，其尊朱子甚至。而東原屢不得志於科場，屢次參加會試不第，卒以賜進士出身入四庫館，而以經學考據名掩一代。激而曰：「使戴某在，終不許朱子再喫孔廟冷豬頭肉。」語見同時章實齋引述。其爲孟子字義疏證，乃謂宋儒言理，不啻「以意見殺人」，復使人不能置辨。清末章太炎謂其激於曾靜之獄大義覺迷錄一書之頒布而然。而在春圃邀館其家時，尚在東原始草緒言前十三年，距孟子字義疏證成書尚二十年。儻春圃早知東原往後議論，決不延其教子。而石臞與其子伯申引之，父子兩世治字義訓詁，絕不涉及漢、宋門戶，與夫經學、理學之是非得失。亦因家教、師教，乃有絕不相通者，故寧默置不談。今爲抉而出之，亦可見當時學術思想界之激盪流變，其事不可逆料。而學者之內心，與夫風氣之時尚，又當分別而觀。所以知人之必貴於論世也。

白田治朱子學，所信重固在義理，而其探討之方法與途徑，則一如當時之學風，主要在考據與注釋之兩者。存稿卷十一答朱湘淘書有曰：

弟少小時，亦嘗讀洛、閩之書，略有志於學，而無嚴師友教督之。重以世故汩沒，奔走不暇，其於涵養省察、克己窮理，未嘗有一日之功。迨今老病昏忘，凡所記憶，都已廢棄。胸中昏昧雜擾，無凝定收斂之力，少深潛純一之味。應事接物，混混然與庸俗人無異。顧以數年來繙閱朱子文集、語類，以考之大學中庸章句、或問，論語孟子集註，略有窺於立教之指，似與長兄所論有不盡合者。

又曰：

弟生平惟以考訂異同、解釋文義為事，於此略有所窺，不敢自隱。

又卷二十頌朱子書謝恩呈看詳有曰：

惟我文公之出，論其道，實孔子以後一人。比其功，亦生民以來未有。乃刪脩纂輯之作具有成書，而文章議論之垂未曾裁定。全集、別集、續集之不無煩雜，池錄、饒錄、建錄之或有混淆。詮次者博采廣搜而未考其前後。編次者件分條繫而未辨其異同。間入他文，且增贅語。勉齋、果齋之承學，誰能不負其傳。西山、鶴山之勃興，亦祇無失其舊。因循既久，散軼莫釐。至於四書之訓說最多，尤生平精力所寄，而諸家之抄撰不一，乃後世學術所關。集編止於學、庸，略而未備。纂疏及於陳、蔡，擇焉不詳。雲峰之通，頗為紛舛。道川之釋，未極刪除。彼何、王、金、許之云，尚疑醇醨之異味。況胡、楊、蕭、陳之輩，何止黑白之殊觀。制雖重於膠庠，說或同於燕、郢。致使外伺者得窺閒隙，並令墨守者轉見瑕疵。橫肆觝排，公行刪削。譏摸索之影響，誚辨析以支離。考亭之書，幾為厲禁。尼山之旨，別入旁門。

此一節備述朱子文集、語類之內部本身涵有不少問題，而元、明以來懸朱子四書爲功令，如四書大全之類，其中所涵問題更多。前一項重在考訂異同，後一項重在文義解釋。實則此兩項工夫，歸根只是一項。非仔細解釋文義，即亦無以辨別其異同也。

存稿卷十三與朱宗洛書有曰：

病中閱語類論學數卷，多有可疑。即葉味道錄，以朱子語格之，亦閒有不然。程子遺書，朱子已謂其「傳誦道説，玉石不分」。況朱子語類十倍於程子，又不經門人高弟子手。勉齋於池錄金去僞，猶多擬議。後來者但以增多為美，而不復問其何人，安可盡信耶?竊謂學朱子之學者，宜詳加區別。即未必盡當，亦可以俟後人之訂正。歐陽公云：「六經非一世之書，固與天地無終極而存。」朱子之書，殆與六經同。則疏通證明，豈無望於後起之賢乎！薛文清公嘗引其端而未竟其旨，今其書尚略可考，其必有申明之者也。

白田之意，於語類，尤當下考訂疑辨之功。惟其尊朱之甚，故欲於朱子之一言一語，一字一句，莫不深細考訂，詳審解釋。而於此深細考訂、詳審解釋中，自不免有所疑、有所辨。薛敬軒最號於朱子能墨守篤信，已有此意。白田既篤信朱子，其於朱子書，尤如文集、語類，所下考訂解釋工夫，則固遠超敬軒之上。亦值其時經學考據之風已熾，白田以時人之治經學者治理學，乃得此成績。而惜乎其亦無繼起。其實朱子書中所值考訂疑辨者尚多，而白田終爲能以考據治朱學之唯一人物，此亦一可憾事也。

存稿卷十與方靈皋書有曰：

弟近年來，於朱子文集、語類皆嘗考訂，而年譜較正為多。

其實此兩事亦即一事。欲於年譜有較正，則必於文集、語類有考訂。姑舉數例言之。存稿卷七有朱子答江元適書薛士龍書考一篇。朱子答江書有曰：「出入於老、釋者十餘年，近歲以來，獲親有道，始知所向之大方。」白田考定此書在甲申，「獲親有道」，指李延平。而陳清瀾學蔀通辨謂朱子「四十前皆出入釋、老之學」，乃不載江書，可知其誤。正學考既覺其誤，而仍不載江書，則亦無據。其答薛士龍書，白田考定在壬辰，書中有云：「馳心空妙之域者二十餘年。」壬辰朱子年四十三。陳清瀾據以爲朱子四十後始悟老、釋之非，白田據答江元適書駁之，又謂答薛書「二十餘年」「二」字爲衍文。嗣又謂以癸酉見延平，至壬辰適二十年，概言之故曰「二十餘年」，「二」字非衍文。謂兼指佛學亦未然。今按：答薛書云：「熹自少愚鈍，事事不能及人。顧嘗側聞先生君子之餘教，粗知有志於學，而求之不得其術。蓋舍近求遠，處下窺高，馳心空妙之域者二十餘年。比乃困而自悔，始復退而求之於句讀文義之間，謹之於視聽言動之際，而亦未有聞也。」據書中「比乃」之語，自當下數至壬辰，不得謂二十餘年之「二」字乃衍文。所謂「馳心空妙之域」者，乃承「舍近求遠處下窺高」言，故曰「求之不得其術」，亦不指老、釋。白田又曰：

朱子悟老、釋之非在再見延平後，與汪尚書、許順之、李伯諫書確然可考。通辨不載江書，而僅以「馳心空妙」一語斷之為四十以前出入老、釋，誤之甚矣。辨之自正學考始，余因而申之，然皆不免小誤。信乎古書之不易考，而立說之未可以輕也。

於是白田又旁考答陳正己、何叔京、汪尚書、李伯諫、許順之各書，以及語類鄭可學、輔廣錄各條，以證答江書之所云。又旁考答程欽國、許順之、何叔京、張敬夫、羅參議、石子重、程允夫、曾裘父、林擇之、劉子澄、陳師德各書，以及觀列子偶書諸篇，以證答薛書之所云。又附與呂士瞻書、方賓王書一篇，並及語類楊道夫、葉賀孫、陳淳、沈僩、廖德明錄各條，說明朱子對延平教人「於靜中體認大本未發時氣象」一語之意見。關於此一問題，白田頗贊陳清瀾之通辨。自陽明作爲朱子晚年定論，同時羅整菴雖持異議，卻未深入詳作探討。直至陳氏通辨始爲翻案，極得晚明學術界重視。白田爲駁正通辨「朱子四十以前皆出入釋、老之學」一語，繁稱博證，牽連會通，一篇文字至於盈卷，此爲向來理學家集中所少見。一般理學家運思構想，皆爲義理探索，極少能如白田，一似考訂經史，實事求是，遙同於後起乾嘉漢學家所謂「樸學」之軌轍。白田此篇所論，亦不全是。如辨中和舊說之年歲問題，即大堪商榷。而白田以後，乏人繼起，理學中此一門徑，終於闃寂，此則大可惜也。

又存稿卷六玉山講義考，專爲辨正李果齋所云「晚年始指示本體令人深思而自得之」一語。又因玉山講義兼及答陳器之、林德久兩書，又牽及答方賓王、答或人兩書，又及語類呂燾錄余國秀問一條，認爲此條所錄斷斷非朱子語。因而疑及文集答余國秀書，乃曰：

> 考文集答方賓王、胡季隨書，皆門人代答，而朱子為之刊正者。則他書亦多有之，不必朱子一

一親答也。又有問目甚長，而批示止數語，各付其人，家中未必盡存底本；其後或從各家搜訪以來，其中不能必無訛誤。如答余國秀語，答問都不相值，其訛誤自顯。然則文集尚有不可盡據者，況語錄乎！呂燾所錄，斷不可信。故勉齋先生謂不當以隨時應答之語易生平手筆之書，而薛敬軒先生亦屢言當以朱子手筆之書為主，蓋以此也。

此處指出語類、文集多有不可盡據者。而黃勉齋謂當信生平手筆之書，此亦不盡然。有答某書在前，答某語在後，朱子思想見解先後有變，則語類所收，其可信價值或有更出文集手筆之書之上。此自勉齋至白田所猶未及細論也。白田此篇末又引語類沈僴錄一條，乃與呂燾錄同聞而別出；以沈錄與呂錄對勘，得失自見，而呂錄之不可據亦益明。此則即就語類各條而考訂其異同也。

存稿卷十二重答朱湘淘書有曰：

定性說未詳何年，亦是中年之作。文集雜著中如中庸首章說、觀過說、君子所貴乎道者三說，皆顯與章句集註相背，其或未定之論，其或他人之作，皆未可知。太極說絕不及太極陰陽五行，並疑題目之誤。其編次龐雜，殆不可辨。如浙本以南軒仁說為朱子仁說，此有南軒集可據以正其誤。其他無據者，安可以辨乎！語類中楊方、包揚兩錄，昔人已言其多可疑。而其他錄，訛誤亦多。即以同聞別出言之，大意略同，而語句全別，可知各記其意，而多非朱子之本語矣。今雖讀朱子之書，於文集之龐雜、語類之訛誤，尚不能以盡辨，而謂能發明朱子尊德性、道問學之全功以顯今傳後，其自處太高，而自任亦太重矣，不幾於僭且妄乎？

白田朱子年譜後附考異四卷，莫非就文集、語類，考訂異同，闡訓文義，以定李、洪兩譜之得失。又附論學切要語二卷，亦皆就文集、語類中摘取，而此兩卷中亦附考異。可見白田對朱子文集、語類，隨處加以考訂闡釋，以求其會通合一之精神與努力不懈之所至矣。

不僅如此，白田對朱子其他著作，亦同樣加以考訂闡釋工夫，而隨處有其發現。存稿卷一有易本義九圖論，認此九圖非朱子作。其言曰：

> 朱子於易，有本義、有啟蒙，其見於文集、語錄講論者甚詳。而此九圖，未嘗有一語及之。九圖之不合於本義、啟蒙者多矣，門人豈不見此九圖，何以絕不致疑？

又曰：

> 嘗反復參考，九圖斷斷非朱子之作，而數百年以來，未有覺其誤者。蓋自朱子既沒，諸儒多以其意改易本義，流傳既久，有所篡入，亦不復辨。馬端臨文獻通考載陳氏說，本義前列九圖，

後著揲法，（疑即筮儀。）學者遂以九圖、揲法為本義原本所有。後之言本義者，莫不據此，而不知本義之未嘗有九圖、揲法也。

又考儀禮與筮儀不同，而曰：

朱子豈不見儀禮者，筮儀亦斷非朱子之作。後之人以啟蒙依放為之，又雜以己意，而盡失其本指。

又有易本義九圖論後，詳列本義、啟蒙流傳諸本異同，而曰：

自理宗寶慶以後，朱子學大行，諸門人亦為世所尊信。凡其所作，無有擬議之者。流傳既久，不復可別。

又曰：

朱子復古周易，而門人蔡節齋為訓解，已大變其例。（節齋訓解今不傳，其更改次序，見鄱陽董氏所述。）以易爲卜筮作，而門人林正卿以爲設教。（見勉齋黄氏答書中。）蓋不待七十子喪，而大義已乖矣。

又曰：天台、鄱陽本皆列九圖、五贊、筮儀。朱子與吕子約書，明云五贊附啟蒙後，語録亦云啟蒙五贊，則本義之五贊，爲後來所增入，非朱子之舊。

又存稿卷十二書重答湘淘書後，據文集董叔重問，疑叔重所引乃本義元本，而今本則後人誤改。此皆白田對朱子易本義一書所下之考訂與疑辨也。

又存稿卷二爲家禮考、家禮後考、家篇考誤三篇，皆辨家禮非朱子之書。其言曰：

又曰：家禮載於行狀，其序載於文集，其成書之歲月載於年譜，其書亡而復得之由載於家禮附録，自宋以來遵而用之，其爲朱子之書幾無可疑者。乃今反復考之，而知決非朱子之書也。

按文集、語錄，皆言祭說、祭儀成於壬辰以前，而其後亡之。確然可據。若家禮則未有一語及之，其爲附託無疑。竊怪朱門諸公，何以不一致辨於此。

又曰：

性理大全家禮注，廖子晦、陳安卿皆有刊本。家禮決非朱子書，以文集、語錄考之，略無所據。而究其所從來，則沉淪詭秘，而無確然可據之實。乃朱門諸公絕不致疑，而相率尊而信之，此所謂不待七十子喪而大義已乖者，於是尚何論哉！

白田乃一仔細審慎之人，惟此辨則甚大膽。其後夏炘心伯述朱質疑，亦承白田以考據治朱學，而於白田此辨特加糾正，余已詳其説於朱子新學案，此不贅。至於今傳家禮，是否即是朱子沒後所復得爲廖、陳所刊行之原本，是否其後續有僞羼及改動，此則關於版本內容問題，白田未經提及。

白田不僅對相傳朱子著作如易本義前九圖及家禮等書盡其考訂辨僞之工作，並於朱子語認爲有誤，亦坦率加以辨正。存稿卷一尚書雜考，謂：

史記儒林傳，秦時焚書，伏生壁藏之，漢書儒林傳同。劉歆移太常書云：「孝文皇帝使晁錯從伏生受尚書，而尚書初出於屋壁，朽折散絕。」以此參考，則伏生書出於屋壁，斷斷無疑。孔安國書大序云：「伏生失其本經，口以傳授。」衛宏定古文尚書序云：「伏生老不能正言，使其女傳言教錯。」朱子始疑書序之僞，而於此偶不致察，故有「暗誦者偏得其所難，而考文者反得其所易」之語。

白田又兼及對於朱門弟子之批評，卷十一答朱湘淘書，謂：

尚書考訂，志之十年，至今未克成編。懶惰成癖，君子所棄。記嘗見黄氏日鈔言蔡傳最為精密，無復異同。此語未盡然。息齋余氏有蔡傳疑一書，今未見之，大全略有數條耳。一得之愚，間有所及，而未敢輕出。此事大不易，正未知何時得成就其說也。

是白田於蔡傳與朱子異同，亦必有說，惜今其書不傳，未可詳稽。

又存稿卷十三與喬星渚朱宗洛論學問之道一節謂：

「學問之道無他，求其放心而已矣」，語錄有兩說。銖錄，大雅、伯羽、壯祖錄同，賀孫錄，㽦錄同。銖錄在丙辰以後，賀孫錄在辛亥以後。畬錄在戊申，大雅戊戌以後，伯羽庚戌。疑當以銖錄為定。賀孫錄有兩條，唯畬錄與之合，而賀孫錄又有一條，又與銖錄合，故知前兩條非定論。近來據雙峯語，必以賀孫錄為定論，是皆懲象山之失，而未深求孟子之意、集註之旨也。

又曰：

饒氏引勉齋說，世以勉齋為朱子嫡傳，競信其說，於集註之旨反有所違戾而不復顧。

此處以集註爲據，分別語錄各條之從違。而朱子弟子如黃勉齋、饒雙卿諸人語亦得有所折衷。又曰：

或問「盡心知性事天」，語類賀孫錄、淳錄、砥錄，又賀孫錄、謨錄、道夫錄凡六條，反似集註為未定之論。讀之不能無疑。後讀文集答朱飛卿書，乃知或問為初說，語錄為中間所改之說，其後卒定從初說。故集註與或問同。非文集所載明白，無以斷斯疑。

此處又以或問、集註與語類各條比較異同，而從文集獲得其結論。凡此等所討論，皆係理學家共同探究之心性問題，而白田則一本之於文字闡釋，並考定其年歲先後，比較異同，而歸於一是。存稿卷十三答朱宗洛書謂：

常欲以文集、語錄，一一考其前後，而極異同之趣。其中可疑者，亦各疏於其下，以待後人之考證。此不過言語文字之間，而於學問源流，實大有關係。今已衰且病，度不足以了此，望足下與星兄，共有以成之。

又曰：

陽明晚年定論之所以惑世誣民者，在顛倒歲月先後，而詆四書章句集註為未成之書。今將力攻其失，而不悟其覆轍，可乎？

此見白田治朱子學之主要用力所在。考據訓釋，本亦朱子所重視，而清儒分立漢、宋門戶，必謂考據爲實學，義理爲空談，不知朱子本已綰此二者而一之，惟傳其學者各有偏長，固不當專以考據歸漢學也。

白田治朱子書，亦旁及於考史。其考史，亦一依朱子書爲主。存稿卷三孟子序說考，謂：

朱子綱目一依通鑑，而序說、集註則從史記。考沈莊仲所錄朱子語，以編年當從通鑑，伐燕當從史記，而齊宣王當為齊湣王，此為晚年定論。大全不載其語，諸儒亦無及此者，故據史記、戰國策、荀卿及汲冢紀年、古史一一疏通證明之，俾後之讀孟子者有考焉。

又曰：

新安陳氏謂孟子以齊湣王為齊宣王，乃傳寫之訛，略如語錄之說，而不引語錄為證。又謂無所折衷，姑以綱目為據。綱目朱子初年所修，多出於門人之手，後來欲更定而未及。序說則在其後，未可據此以疑序說。

又存稿卷五讀史漫記謂：

通鑑多載孔叢子語，朱子孝經刊誤後跋嘗辨其誤，而綱目仍通鑑之舊，蓋未及正。綱目成於壬辰，而刊誤之作在丙午，相距十有四年，故前後所見不同。朱子晚年嘗欲更定綱目而未及，其載於黃、李二公所述者可考也。

此論梁惠、襄、齊宣、湣年代，以後清儒考辨尚多，至余先秦諸子繫年，可謂始得定論。欲有意於考古，豈能即依朱子語爲斷。白田所辨，可謂朱子意如此，非古代史實即如此也。至論綱目，白田似未見全謝山鮚埼亭集。篇中比論通鑑與綱目處尚多，茲不備引。

又卷三書楚辭後謂：

原之被放，在懷王十六年，洪說或有所考。諫懷王入秦者，據楚世家乃昭睢。朱子辨證，謂逸合張儀詐懷及誘會武關二事為一，失之不考。又謂洪氏解「施黃棘之枉策」，引襄王為言，與上下文絕不相入，而於序說及哀郢註仍本之者，蓋偶失之。

此則據史記疑朱子。惟其釋楚辭各篇，亦多未愜。

又卷四論陶長沙侃，謂「余讀朱子乞加封陶威公狀」云云，是亦本朱子而加考辨也。又卷六記邵氏聞見錄語，亦備引語類、文集爲論。此見白田考史論史，率多從朱子語觸發引伸，非能從史籍自有超卓潛深之研究。此乃治考據學者一通病。乾嘉以下清儒治經，自標以爲漢儒之經學，然於古經籍大義乃及漢儒通經致用之精神，渺不相涉，既已漫失其綱宗。徒於散末處枝節分別，以考以辨，用力雖勤，而所得實觳。此亦如講理學者，競務空言，不尊實學，高心空腹，亦復何補。惟措心於義理之精微，而能弗忘經史之實學。有意於經史之考證，而能會通於義理之大全。內而心性，外而治平，本末兼顧，一以貫之。自宋迄清，惟朱子能達此標準。白田專以考據治朱子，衡其所得，宜自有一限量也。

與白田生同時，同里閈，同爲潛心朱子學者，有朱澤澐湘淘。嘗言：

世之名朱學者，其居敬也，徒矜持於言貌，而所為不覩不聞者離矣。其窮理也，徒泛濫於名物，而所為無方無體者昧矣。於是有舍德性而言問學，以為朱子固如是者。不知從來道問學莫如朱子，尊德性亦莫如朱子。故知居敬、窮理只是一事，窮即窮其所存之心，存即存其所窮之理，非有二也。

湘淘有止泉文集，集中有與白田書五通，白田覆書見存稿卷十一者凡三通。又卷十二爲重答朱湘淘書，乃在湘淘卒後追答，而所答湘淘之原書則不見於止泉集，蓋已遺失矣。存稿卷十七有祭朱湘淘文，卷二十四有題湘淘秋林讀詩圖詩，詩後綴一贊，曰：

深潛純一之味，收歛凝定之神，此生平之所用力，學問緣之以為本根。常閉户而精思，中緜緜其若存。追古人於千載，脱去世俗之埃塵。固獨有所逌然而自得，不在於語言文字之紛紜。

是知止泉之所用力，蓋與白田有微異其趣者。湘淘子宗洛，從學於白田。存稿卷十三有答朱宗洛書，謂：

主靜之説，前與尊公先生往復論難，卒不能合。大抵此等向上地位，與吾人相去甚遠，未可以意見窺測。今但以文集、語録求之，略見彷彿，非敢自立一論也。程子曰：「敬則自虚靜，不可把虚靜喚做敬。」又曰：「言靜則偏了，而今且只道敬。」又曰：「若言靜，便入於釋氏之説也。」朱子之論本此，而發明尤詳。如曰：「道理自有動時，自有靜時，不可專去靜處求。所以伊川説，只用敬，不用靜，便説得平。也是他經歷多，故見得恁地正而不偏。」此其大指亦瞭然矣。朱子教人專以四書集註章句，而集註章句未嘗有「主靜」一語。大學或問發明敬者聖學所以成始成終，最詳且盡。只言「主敬」，不言「主靜」也。主靜之説，出於周子。朱子作濂溪祠記凡四，未嘗一及主靜。以此為證，更大煞分明矣。尊公先生謂必從主敬以透主靜消息，以愚見妄論之，則既曰主敬，又曰主靜，心有二主，自相攫拏，非所以為學。又「主敬」之上更有「主靜」一層，未免頭上安頭，是「太極」之上又有「無極」，「上天之載」之上又有「無聲無臭」，恐其卒歸於虚無寂滅而已。朱子以靜為本，（見南軒書。）必曰主靜（見廣仲書。）之論，皆在己丑、庚寅間，壬辰、癸巳以後，則已不主此説。其或隨人説法，因病與藥，亦有以靜為説者，非學問之通法也。至於從居敬以透主靜消息，則反復朱子之書，未有所據，故未敢以為信然耳。

即此可覘白田、止泉兩家論學相歧之點。白田多在文字語言上用功，偏近道問學一邊。止泉規以向內用心，偏近尊德性一邊。若專從語言文字上考求，則誠如白田之說。但若轉就實際用功上分辨，則止泉之說亦未可厚非。朱子常以「向尊德性一邊偏了」規象山，而其賞重象山者亦在此。朱子又常以「向道問學一邊偏了」自規，而治王學者遂舉以爲朱子之晚年定論。止泉與無錫顧畇滋交好，又曾親至共學山居，其學風有近於東林之高、顧。文集中有朱子未發涵養辨，若專以此爲說，白田亦未能加之以非難。然兩人學風亦畢竟有其相近處。止泉有朱子聖學略一書，其工夫亦在彙合朱子語類、文集，分別考定其年歲先後，而後加之以闡述。惟所闡述，比較側重心性修養。然其書之體貌，則固已不似宋、明理學家著作，而實近於清儒經史實證之學之所爲。學術隨時代而轉變，止泉、白田兩氏之闡揚朱學，亦復如是。厥後變而益遠，如阮芸臺釋「敬」，幾於謂敬在事不在心，不知明道固言：「我寫字時一心在寫字上，但亦不是要字好，即此是敬。」則敬固在事，同時亦在心，寧有心不在而事得敬之理。惟一心在寫字上，未必即是敬，又須要能並不要字好，始有當於明道心中「敬」字之境界。今止泉謂「從主敬透主靜消息」，證之濂溪太極圖說自註「無欲故靜」，寫字時不是要字好，此即無欲之靜也。則止泉之意，亦如謂由一心在寫字上再透到不是要字好，既主一，又無欲，此始是「敬」，亦即是「靜」。於濂溪、明道乃及朱子之說，並無違失。若必謂不是要字好，只一心在寫字上，其序則逆。人當實下工夫時，必先求一心在寫字上，再透到不是要字好，其序則順。白田種種駁議，或尚未獲止泉內心之所欲云也。大抵白田釋朱子，多得之於文字言語，而亦頗有未得其心之缺憾，此則讀白田書者不可不知。

其他有關白田、止泉兩氏說朱學，已詳余舊著中國近三百年學術史，茲不贅。

（一九七三年元月臺北故宮圖書季刊三卷三期）

記鈔本戴東原孟子私淑録

戴東原氏緒言、孟子字義疏證兩書先後異同，余之近三百年學術史論之已詳，最近又得照曠閣鈔本孟子私淑録，題休寧戴震撰。書分三卷，卷上十一條，卷中四條，卷下八條，大體相當於緒言之上、下二卷。私淑録上、中二卷，即緒言之上卷，私淑録卷下與緒言卷下略同，而缺緒言卷中各條。量其成書，當在緒言之後，字義疏證之前，正爲兩書中間之過渡作品也。知私淑録成書在緒言後者，緣兩書相同，其字句偶異，皆以私淑録爲審當，故知私淑録乃緒言之改定本也。姑舉數例如下：

緒言卷上「問朱子本程子『性即理也』一語」條（安徽叢書本頁十三）

近思録程子云：「人生而静以上不容説，纔説性時，便已不是性也。」朱子云：「人生而静以上是人物未生時，只可謂之理，未可名爲性，所謂『在天曰命』也。纔説性時便是人生以後，此理已墮在形氣之中，（私淑録作「氣質」。）不全是性之本體矣，所謂『在人曰性』也。」宋儒剖析

至此，皆根於理氣之分，以善歸理，以有惡歸形氣（私淑錄無此二十三字。）然則孟子乃追溯人物未生、未可名性之時而曰性善，若就名為性之時，已是人生以後，已墮在形氣之中，惡得斷之曰善？（私淑錄此下有小注一節：程子云：「孟子言性當隨文看，本以告子『生之為性』為不然者，此亦性也，被命受生以後，謂之性耳。後不同，繼之以『犬之性猶牛之性，牛之性猶人之性與』，然不害為一。若乃孟子之言善者，乃極本窮源之性。」）由是觀之，將天下古今惟上聖之性不失其性之本體，自上聖而下，語人之性皆不是性。（私淑錄作「皆失其本體」。）孔子以不是性者言相近，（私淑錄作「以不全是性之本體者言相近」。）乃論性不論氣不明。（私淑錄無此八字。）孟子以未可名性者言性善，乃論性不論氣不備。（私淑錄無此八字，有「於孔子不敢顯言不明，而直斥孟子不備」十六字，下又增小注一節，凡二百零七字。）

又緒言卷上「問知覺運動不可概人物而目爲蠢然同」條（安徽叢書本頁十六）

氣之自然潛運，飛潛動植物皆同，此生生之機原於天地者也，而其本受之氣與所資以生之氣則不同。（私淑錄作「所資以養者之氣」，下兩見均同。）

又緒言卷下「問荀子之所謂性」條（安徽叢書本頁一）

杞柳湍水之喻，胥是物也，其視仁義，視善不善，歸之有思。（私淑錄作「欲」。）有為以後事，而其保此性也，主於無思無為。（私淑錄作「無為自然」。）

凡上所舉，其小有異同處，皆私淑錄下語較審當，故知私淑錄爲緒言改定本。復有證者，字義疏證有仍緒言而微易其文者，按之私淑錄亦然，故益知私淑錄應在緒言後，例如：

緒言卷上「問易曰『形而上者謂之道』條」（安徽叢書本頁二）

凡曰「謂之」者以下所稱解上（此六字疏證作「以下所稱之名辨上之實」十字，私淑錄同疏證。）

又易「形而上者謂之道，形而下者謂之器」，亦非為道器言之。（疏證「亦」作「本」，私淑錄同。）

又「形而下猶曰形以後」句注，詩：「下武維周」，鄭箋云：「下猶後也。」（疏證引鄭箋上有「如千載而上千載而下」九字，私淑錄亦同。）

又六經、孔孟之書，不聞理、氣之分，而宋儒創言之，又以道屬之理。（疏證作「遂以陰陽屬形而下」，私淑錄同。）實失道之名義也。

又如：

緒言卷上「問宋儒嘗反覆推究先有理抑先有氣」條（安徽叢書本頁五）

聖人而後盡乎人之理，盡乎人之理非他，人倫日用盡乎其必然而已矣。語陰陽而精言其理，猶語人而精言之至於聖人也，期於無憾無失之爲必然，乃要其後，非原其先，乃就一物而語其不可識議，奈何以虛語夫不可識議指為一物與氣渾淪，而成主宰樞紐其中也。

私淑錄於「語陰陽而精言其理」句下改成：

推而極於不可易之為必然，乃語其至非原其本。宋（疏證作「後」。）儒從而過求，徒以語其至者之意言思議，目為一物，（疏證作「視如有物」。）謂與氣渾淪而成，主宰樞紐其中，（疏證無此六字。）聞之者因（疏證無「因」字。）習焉不察，莫知其異於六經、孔孟之言也。

按：緒言此條疏證無有，而私淑錄改定語則又見疏證卷上「問自宋以來謂得於天而具於心」條下。又私淑錄卷上「問朱子云道者事物當然之理」條爲緒言所未有，而其文有見於疏證者，如：

生於陸者入水而死，生於水者離水而死，生於南者習於溫而不耐寒，生於北者習於寒而不耐溫，此資之以為養者，彼受之以害生。天地之大德曰生，物之不以生而以殺者，豈天地之失德哉？故語道於天地，道之實體，即理之精微，易言（此十一字疏證作「舉其實體實事而道自見」十字。）「一陰一陽之謂道」，「立天之道曰陰與陽，立地之道曰柔與剛」是也。質言之此道，精言之即此理。（疏證無此十一字，此下一大節並見疏證卷下「道」字條。）

此皆私淑錄一書在緒言、字義疏證之間，爲其過渡作品之證也。而比觀三書，則私淑錄大體仍與緒言爲近，而與字義疏證爲遠。何者？疏證卷上辨論「理」、「欲」諸條，東原極自鄭重，緒言、私淑錄皆無之，一也；又：

緒言卷中「問孟子答公都子」條（安徽叢書本頁九）

孟子所謂善者，初非無等差之善。（私淑錄此處有「非盡人生而為堯舜也」九字。）自聖人至於凡民，其等差凡幾，則其氣禀固不齊，豈得謂非性有不同？然存乎人者皆有仁義之心，其趨於善也利，而趨於不善也逆其性而不利。所謂「人無有不善，水無有不下」，善乃人之性，下乃水之性也。（私淑錄此處有「而非以善概之於物」八字。）所謂故者，以利為本，出於利乃性之本然也，順而非逆，是以利也。（按：孟子答公都子一問，私淑錄無之，此一節乃并入「問宋儒以氣為理」條下。）

今按：緒言此條，疏證已散入別條中，上引數語，略見疏證卷中「問論語言性相近」條下，其文曰：

孟子道性善，言必稱堯舜，非謂盡人生而堯舜也。（按：此用私淑錄語。）自堯、舜而下，其等差凡幾，則其氣禀固不齊，豈得謂非性有不同？（按：此上同，此下異。）然人之心知，於人倫日用，隨在而知惻隱、知羞惡、知恭敬辭讓、知是非，端緒可舉，此之謂性善。於其知惻隱，則擴而充之，仁無不盡；於其知羞惡，……。

以上所舉，緒言、私淑錄皆就人性之利逆言，疏證則就端緒與擴充言，此又私淑錄近緒言而與疏證爲遠之證二也。

今按：緒言草創在乾隆三十四年己丑，完成在三十七年壬辰，及四十一年丙申，程易疇曾影寫之。（以上論證具詳學術史。）是其時尚未有疏證，亦當未有私淑錄。東原丁酉與段若膺書云：

僕自十七歲時，有志聞道，謂非求之六經、孔孟不得，非從事於字義、制度、名物，無由以通其語言，……為之三十餘年，灼然知古今治亂之源在是……觀近儒之言理，吾不知斯民之受其禍之所終極矣。……今人以不出於私即謂之「理」，由是以意見殺人咸自信為理矣，聊舉一字言之，關乎德行行事匪小。僕自上年三月初獲足疾，至今不能出戶，又目力大損，今夏纂修事似可畢，定於七八月間乞假南旋就醫，覓一書院糊口，不復出矣。竭數年之力，勒成一書，明孔孟之道，餘力整其從前訂於字學、經學者。（安徽叢書所收東原遺墨。）

此書在正月十四日，據其暢論後儒以意見爲理而生民受其禍一節，正是疏證卷下各條所極論，而東原云「聊舉一字言之」，又曰「乞假南旋」，「竭數年之力勒成一書」，是其時疏證似尚未成書也。又同年四月二十四日一書乃謂：

僕生平論述最大者為孟子字義疏證一書，此正人心之要，今人無論邪正，盡以意見誤名之曰「理」，而禍斯民，故疏證不得不作。

是疏證成書應在正月至四月間。東原以疏證示彭尺木，尺木來書討論，東原復之，亦在四月。惟陸朗夫復東原言理欲書則云：「春杪接書，舉近儒理欲之辨」云云，不知其時疏證已有成書否。大抵疏證成書定在正月中旬與段若膺書之後，在四月杪再與段書之前；而私淑錄既未及理欲之辨，則其書應在丁酉四月前，在程易疇影抄緒言後；大抵在丙申一年間，而惜不能的知其爲何時也。

東原自言十七歲即有志聞道，求之三十餘年，考其著述，先原善三篇，嗣擴大爲三卷，又爲緒言三卷，又删並爲私淑錄三卷，又增訂爲孟子字義疏證三卷，前後綿歷踰二十年，用心不可謂不深。惜乎並世人，徒詫其爲轎夫之強力，而不能識其爲轎中人之安坐。而東原平日言談亦不免矜勝誇上，故惟章實齋能賞之，而復疑其人心術之不正。又以水經注一案招來身後謗議，雖雅重東原者不能爲昭雪。然就書論之，要爲近世傑作，乾嘉以來，未有能駕出其右者。縱言思之偏尚不免乎多瑕纇，而終自不掩其精光。若使東原得永其壽，學與年進，磨礱芒角，蹈於中和，祓濯染習，一臻平正，其修辭立說，必有異矣。東原既成疏證，緒言、私淑錄皆其所棄，身後遂泯沒不顯。緒言猶有程易疇影抄，並得刊於伍氏粵雅堂叢書中，後世尚多知之，私淑錄則更無道者。余得此稿，已值故都淪陷，方謀脫身遠行之資，以書估索價昂，遂錄副藏行篋中，携之入湘，遵海轉滇，頃又挾而入蜀；特爲刊出以廣其傳，庶於東原晚年學思精進轉變之跡，窺考有藉；而爲粗識其涯略如此。

（民國三十一年三月四川省立圖書館圖書集刊創刊號）

〔附〕孟子私淑錄

問：論語曰：「性相近也，習相遠也。」朱子引程子云：「此言氣質之性，非言性之本也；若言其本，則性即是理，理無不善，孟子之言性善是也，何相近之有哉？」據此，似論語所謂性，與孟子所謂性者，其指各殊。孔子何以舍性之本，而指氣質爲性？且自程朱辨別孰言氣質、孰言性，後人信其說，以爲各指一性，豈性之名果有二歟？曰：性一而已矣。孟子以閑先聖之道爲己任，其要在言性善，使天下後世曉然於人無有不善，斯不爲異說所淆惑。人物之生分於陰陽氣化，據其限以所分，謂之命，據其爲人物之本，始謂之性。後儒求其說而不得，於是創言理、氣之辨，其於天道也，先歧而二之。苟知陰陽氣化之爲天道，則知性矣。

問：何謂天道？曰：古人稱名，道也，行也，路也，其義交互相通。惟「路」字專屬途路，詩三百篇多以「行」字當「道」字。大致道之名義，於行尤近，謂之氣者指其實體之名，謂之道者指其流行之名。道有天道、人道，天道以天地之化言也，人道以人倫日用言也。是故在天地則氣化流行，生生不息，是謂道；在人物，則人倫日用，凡生生所有事，亦如氣化之不可已，是謂道。易曰：「一陰一陽之謂道」，此言天道也。中庸曰：「率性之謂道」，此言人道也。

問：易曰：「形而上者謂之道，形而下者謂之器。」程子云：「惟此語截得上下最分明，元來只此是道，要在人默而識之，後儒言道多得之此。」朱子云：「陰陽氣也，形而下者也。所以一陰一陽者理也，形而上者也。道即理之謂也。」朱子此言，以道之稱，惟理足以當之。今但曰「氣化流行，生生不息」，非程朱所目爲形而下者歟？曰：氣化之於品物，則形而上下之分也，形乃品物之謂，非氣化之謂。易又有之：「立天之道曰陰與陽」，直舉陰陽，不聞辨別所以陰陽，而始可當道之稱。豈聖人立言皆辭不備哉？一陰一陽，流行不已，夫是之謂道而已。古人言辭，「之謂」、「謂之」有異。凡曰「之謂」，以上所稱解下。如中庸「天命之謂性，率性之謂道，修道之謂教」，此爲性、道、教言之。若曰「性也者，天命之謂也，道也者，率性之謂也，教也者，修道之謂也」。易「一陰一陽之謂道」，則爲天道言之。若曰「道也者，一陰一陽之謂也」。凡曰「謂之」者，以下所稱之名，辨上之實。如中庸「自誠明謂之性，自明誠謂之教」，此非爲性、教言之，以性、教區別「自誠明」、「自明誠」二者耳。易「形而上者謂之道，形而下者謂之器」，本非爲道器言之，以道器區別其「形而上」、「形而下」耳。形謂已成形質，形而上，猶曰形以前；形而下，猶曰形以後。（如「千載而上」，「千載而下」，詩「下武維周」，鄭箋云：「下猶後也。」）陰陽之未成形質，是謂形而上者也，非形而下明矣。器言乎一成而不變，道言乎體物而不可遺。不徒陰陽非形而下，如五行水、火、木、金、土有質可見，固形而下也，器也；其五行之氣，人物咸禀受於此，則形而上者也。易言「一陰一陽」，洪範言「初一曰五行」，中庸言「鬼神之爲德」，舉陰陽即賅五行賅鬼神，舉五行亦賅陰陽賅鬼神，而鬼神之「體物而不可遺」，即物之不離陰陽五行以成形質也。由人物遡而上之，至是止矣。六經、孔孟之書，不聞理、氣之辨，而宋儒創言之，遂以陰陽屬形而下，實失道之名義也。

問：宋儒論陰陽，必推本太極云：「無極而太極，太極動而生陽，動極而靜，靜而生陰，靜極復動，一動一靜，互爲其根，分陰分陽，兩儀立焉。」朱子云：「太極生陰陽，理生氣也。陰陽既生，則太極在其中，理復在氣之內也。」又云：「太極形而上之道也，陰陽形而下之器也。」雖形字借以指氣，洵有未協；「而上」、「而下」，及「之謂」、「謂之」，亦未詳審；然「太極」、「兩儀」出於孔子，非即理氣之辨歟？曰：後世儒者，紛紛言太極，言兩儀，非孔子贊易太極、兩儀之本指也。孔子曰：「易有太極，是生兩儀，兩儀生四象，四象生八卦。」曰儀，曰象，曰卦，皆據作易言之耳，非氣化之陰陽，得兩儀四象之名。易備於六十四，自八卦重之，故八卦者，易之小成，有天、地、山、澤、雷、風、水、火之義焉。其未成卦畫，一奇以儀陽，一偶以儀陰，故稱兩儀。奇而遇奇，陽已長也，以象太陽。奇而遇偶，陰始生也，以象少陰。偶而遇偶，陰已長也，以象太陰。偶而遇奇，陽始生也，以象少陽。伏羲氏覩於氣化流行，而以奇偶儀之象之。孔子贊易，蓋言易之爲書，起於卦畫，非漫然也，實有見於天道，一陰一陽，爲物之終始會歸；乃畫奇、偶兩者，從而儀之，故曰「易有太極，是生兩儀」。既有兩儀，而四象而八卦以次生矣。孔子以「太極」指氣化之陰陽，承上文「明於天之道」言之，即所云「一陰一陽之謂道」，萬品之流形，莫不會歸於此。「極」有會歸之義，「太」者，無以加乎其上之稱。以兩儀四象八卦指易畫。後世儒者，以兩儀爲陰陽，而求太極於陰陽之所由生，豈孔子之言乎？謂氣生於理，豈其然乎？況易起卦畫，後儒復作圖於卦畫之前，是伏羲之畫奇、偶，不惟未精，抑且未備，而待後人補苴罅漏矣。

問：宋儒之言形而上下，言道器，言太極兩儀。今據孔子贊易本文，疏通證明之，洵於文義未協；其見於理、氣之辨也，求之六經，中無其文；故借太極兩儀、形而上下之語，以飾其說，以取信學者歟？曰：舍聖人立言之本指，而以己說爲聖人所言，是誣聖也；借其語以飾吾之說，以求取信，是欺學者也。誣聖欺學者，程朱之賢不爲也。蓋見於陰陽氣化，無非有迹可尋，遂以與品物流行同歸之粗；而空言乎理，似超迹象，以爲其精。是以觸於形而上下之云，太極兩儀之稱，恍然覺寤理氣之辨如是，不復詳審文義。學者轉相傳述，於是易之本指，其一區別陰陽之於品物，其一言作易之推原天道、是生卦畫者，皆置不察矣。

問：朱子云：「道者日用事物當然之理，皆性之德而具於心。」其於「達道五」，舉孟子所言「父子有親，君臣有義，夫婦有別，長幼有序，朋友有信」以實之。又答呂子約書云：「陰陽也，君臣父子也，皆事物也，人之所行也，形而下者也，萬象紛羅者也。是數者各有當然之理，即所謂道也，當行之路也，形而上者也，冲漠無朕者也。」如是言道，故於易稱「一陰一陽」，中庸舉「君臣、父子、夫婦、昆弟、朋友之交」，皆似語未備。且其目之爲性，目之爲道者，已屬純粹以精，故於「修道」不可通，以「修」爲「品節之」而已。至「修身以道，修道以仁」，修道與修身並言，兩「修」字不得有異，但云「能仁其身」而不置解。其舉孟子之言，實「天下之達道五」也。在孟子稱「教以人倫」，是親、義、序、別、信，明屬修道之教；既曰「率性之謂道」，又曰「修道以仁」，如後儒之云，率其仁之性，率其義之性，豈可通哉！然易稱「立人之道，曰仁與義」，後儒殆通於此而閡隔於彼歟？曰：日用飲食之爲道，亦如陰陽氣化之爲道也，據其實而言謂之事，以本諸身、行之不可廢謂之道。天地無心而成化，非得理、失理之可議也。生於陸者，入水而死；生於水者，離水而死；生於南者，習於溫而不耐寒；生於北者，習於寒而不耐溫；此資之以爲養者，彼受之以害生。天地之大德曰生，物之不以生而以殺者，豈天地之失德哉！故語道於天地，道之實體，即理之精微，易言「一陰一陽之謂道」，言「立天之道，曰陰與陽，立地之道，曰柔與剛」是也。質言之此道，精言之即此理。人之心知有明闇，當其明則不失，當其闇則有差謬之失。故語道於人，人倫日用爲道之實事，「率性之謂道」，「修身以道」，「天下之達道五」是也，此所謂道不可不修者也，「修道以仁」，及「聖人修之以爲教」是也。人倫日用之事，實責諸身，觀其行事，身之修不修乃見，故曰「修身以道」；道之責諸身，往往易致差謬，必協乎仁，協乎義，協乎禮，然後於道無憾，故曰「修道以仁」。（舉仁以賅義、禮，便文從略，故下即詳及之。）此道之實事與理之精微，分而爲言，質言之此道，精言之循而得理，斯乃道之至，所謂「中節之爲達道」，所謂「君子之道」，「聖人之道」是也。「中節之爲達道」者，中正不失，推之天下而準也。君臣、父子、夫婦、昆弟、朋友之交，五者之爲達道，但舉實事而已。智、仁、勇以行之，而後中正不失，然而即謂之「達道」者，達諸天下而不可廢也。彼釋氏棄人倫以成其自私，不明乎此也。易列仁義以配天之陰陽，地之柔剛，在天、地質言之，而在人必精言之。然則人倫日用，固道之實事，行之而得，無非仁也，無非義也；行之而失，猶謂之道，不可也。古人言道恆賅理，言理必要於中正不失，而道、理二字對舉，或以道屬動，理屬靜，如大戴禮記孔子之言曰：「君子動必以道，靜必以理。」道謂用其心知之明，行之乎人倫日用而不失；理謂雖不見諸行事，湛然存其心而不放。或道主統，理主分，或道賅變，理主常，此皆虛以會之於事爲，而非言夫實體也。以君臣、父子、夫婦、昆弟、朋友之交五者爲形而下，爲萬象紛羅，不謂之道，是顯指中庸「天下之達道五」而背之，而別求諸「沖漠無朕」，惟老、釋謂萬事爲幻，謂空妙爲眞則然。奈何以老、釋之言，衡論易、中庸之言，而粗視君臣父子哉！彼釋氏之棄人倫而不顧，率天下之人同於禽獸者，由不知此爲達道也。

問：宋儒嘗反覆推究，先有理抑先有氣，（問先有理後有氣之說。朱子曰：「不消如此說，而今知得他合下是先有理後有氣耶？後有理先有氣耶？皆不可得而推究。然以意度之，則疑此氣是依傍這理行，及此氣之聚，則理亦在焉。蓋氣則能凝結造作，理却無情意、無計度、無造作，只此氣凝聚處，理便在其中。且如天地間，人物草木禽獸，其生也莫不有種，定不會無種了，白地生出一箇物事，這箇都是氣。若理則只是箇淨潔空闊底世界，無形迹，他却不會造作，氣則能醖釀凝聚生物也。」）又譬之二物渾淪，不害其各爲一物，（朱子云：「理與氣決是二物，但在物上看，則二物渾淪，不可分開，各在一處，然不害二物之各爲一物也。若在理上看，則雖未有物，而已有物之理，然亦但有其理而已，未嘗實有是物也。」）及主宰、樞紐、根柢之說，目陰陽五行爲空氣，以理爲之主宰，（陳安卿云：「二氣流行，萬古生生不息，不成只是空氣，必有主宰之者，理是也。」）爲男女萬物生生之本，（饒仲元云：「極者至極之義，樞紐根柢之名，聖人以陰陽五行闔闢不窮，而此理爲闔闢之主，男女萬物生生不息，而此理爲生生之本。」）抑似實有見者非歟？曰：非也，陰陽流行，其自然也。精言之，通乎其必然不可易，所謂理也。語陰陽而精言其理，猶語人而精言之曰聖人耳。聖人而後盡乎人之理，盡乎人之理非他，人倫日用盡乎其必然而已矣。推而極於不可易之爲必然，乃語其至，非原其本。宋儒從而過求，徒以語其至者之意言思議，目爲一物，謂與氣渾淪而成，主宰樞紐其中；聞之者因習焉不察，莫知其異於六經、孔孟之言也。況氣之流行，既爲生氣，則生氣之靈，乃其主宰，如人之一身，心君乎耳目百體是也；豈待別求一物，爲陰陽五行之主宰樞紐？下而就男女萬物言之，則陰陽五行乃其根柢，乃其生生之本，亦豈待別求一物爲之根柢，而陰陽五行不足生生哉！

問：後儒言理與古聖賢言理異歟？曰：然。舉凡天地、人物、事爲，不聞無可言之理者也，詩曰「有物有則」是也。就天地、人物、事爲，求其不易之則，是謂理。後儒尊大之，不徒曰天地、人物、事爲之則，而轉其語曰「理無不在」，以與「氣分本末」，視之如一物然，豈理也哉！就天地、人物、事爲，求其不易之則，以歸於必然，理至明顯也。謂「理氣渾淪，不害二物之各爲一物」，將使學者皓首茫然，求其物不得，合諸古賢聖之言，牴牾不協。姑舍傳注，還而體會六經、論語、孟子之書，或庶幾矣。

問：古人言天道、天德、天理、天命何以別？曰：一陰一陽，流行不已，生生不息，主其流行言則曰「道」，主其生生言則曰「德」；道其實體也，德即於道見之者也。天地之大德曰生，天德不於此見乎！其流行，生生也，尋而求之，語大極於至鉅，語小極於至細，莫不各呈其條理，失條理而能生生者未之有也。故舉生生即賅條理，舉條理即賅生生，信而可徵曰「德」，徵而可辨曰「理」，一也。孟子言孔子集大成，不過曰「始條理者，智之事也，終條理者，聖之事也」。聖人之於天道至孔子而極其盛，條理得也。知條理之說者，其知理之謂矣。天理不於此見乎！凡言「命」者，受以爲限制之稱，如命之東，則不得而西；故理義以爲之限制而不敢踰謂之命，氣數以爲之限制而不能踰亦謂之命。古人言天之所定，或曰天明，或曰天顯，或曰明命，蓋言乎昭示明顯曰「命」，言乎經常不易曰「理」，一也。天命不於此見乎？

問：理之名起於條理歟？曰：凡物之質，皆有文理，（亦呼文縷。理、縷，語之轉耳。）粲然昭著曰文，循而分之，端緒不亂曰理。故理又訓分，而言治亦通曰理。理字偏旁從玉，玉之文理也。蓋氣初生物，順而融之以成質，莫不具有分理，得其分則有條理而不紊，是以謂之條理。以植物言，其理自根而達末，又別於幹爲枝，綴於枝成葉，根接土壤肥沃以通地氣，葉受風日雨露以通天氣，地氣必上至乎葉，天氣必下返諸根，上下相貫，榮而不瘁者，循之於其理也。以動物言，呼吸通天氣，飲食通地氣，皆循經脈散布，周溉一身，血氣之所循流轉不阻者，亦於其理也。理字之本訓如是。因而推之，虛以明乎不易之則曰理。所謂則者，匪自我爲之，求諸其物而已矣。詩曰：「天生烝民，有物有則，民之秉彝，好是懿德。」孔子曰：「作此詩者，其知道乎！」孟子申之曰：「故有物必有則，民之秉彝也，故好是懿德。」理也者，天下之民，無日不秉持爲經常者也，是以云「民之秉彝」。凡言與行得理之謂懿德。得理非他，言之而是，行之而當爲得理；言之而非，行之而不當爲失理。好其得理，惡其失理。於此見理者，人心之同然也。

問：理爲人心之同然，其大致可得聞歟？曰：孟子有言：「規矩方圓之至也，聖人人倫之至也。」此可以察理矣。夫天地之大，人物之蕃，事爲之條分委曲，苟得其理矣，如直者之中懸，平者之中水，圓者之中規，方者之中矩，夫然後推諸天下萬世而準。易稱：「先天而天弗違，後天而奉天時，天且弗違，而況於人乎！況於鬼神乎！」中庸稱：「考諸三王而不謬，建諸天地而不悖，質諸鬼神而無疑，百世以俟聖人而不惑。」皆言乎天下之理得也。惟其爲人心之同然，故一人以爲不易，天下萬世以爲不易也。所以爲同然者，人心之明之所止也。尊是理而遂謂天地陰陽不足以當之，必非天地陰陽之理則可；天地陰陽之理，猶聖人之聖也，尊其聖而謂聖人不足以當之，可乎？（以上卷一。）

問：宋儒以氣爲理所湊泊附著，（朱子云：「人之所以生，理與氣合而已。天理固浩浩不窮，然非是氣，則雖有是理，而無所湊泊，故必二氣交感，凝結生聚，然後是理有所附著。」）又謂理爲生物之本，（朱子云：「理也者，形而上之道也，生物之本也。氣也者，形而下之器也，生物之具也。是以人物之生，必稟此理，然後有性。必稟此氣，然後有形。」）人與禽獸得之爲性也同，而致疑於孟子。（朱子云：「孟子言『人所以異於禽獸者幾希』，不知人何故與禽獸異。又言『犬之性猶牛之性，牛之性猶人之性與』，不知人何故與牛犬異。此兩處似欠中間一轉語，須著說是形氣不同，故性亦少異，始得。恐孟子見得人性同處，自是分曉直截，却於這些子未甚察。」）今據易之文證明：一陰一陽，即天道之實體；其爲氣化，未爲品物，乃孔子所稱形而上；及既爲品物，乃孔子所稱形而下。然則古賢聖所謂性，專就氣稟言之歟？曰：氣化生人生物以後，各以類孳生久矣，然類之區別，千古如是也，循其故而已矣。在氣化分言之，曰陰陽，曰五行，又分之，則陰陽五行，雜糅萬變；是以及其流行，不特品類不同，而一類之中，又復不同。孔子曰：「一陰一陽之謂道，繼之者善也，成之者性也。」人物各成其性，明乎性至不同也。語於善咸與天地繼承不隔，語於性則以類區別，各如其所受。六經中言「性」，統舉人物之全，見於此，人物之生，本於天道。陰陽五行，天道之實體也。大戴禮記曰：「分於道謂之命，形於一謂之性。」分於道者，分於陰陽五行也。一言乎分，則其所受有偏全、厚薄、清濁、昏明之不齊，不特品類不同，而一類之中，又復不同是也。各隨所分而形於一，各成其性也。中庸首言「天命之謂性」，不曰天道，而曰天命者，人物咸本於天道，而成性不同，由分於道不能齊也；以限於所分，故曰天命，從而名其禀受之殊曰性，因是日用事爲皆由性起，故曰「率性之謂道」。身之動應無非道也，故曰「不可須臾離，可離非道」。「可」如「體物而不可遺」之可，君子不使其身動應或失，故雖無事時，亦如有事之戒慎恐懼，而不敢肆，事至庶幾少差謬也。然性雖不同，大致以類爲之區別，故論語曰：「性相近也。」此就人與人相近言之者也。孟子曰：「凡同類者舉相似也，何獨至於人而疑之，聖人與我同類者。」言同類之相似，則異類之不相似明矣，故詰告子「生之謂性」曰：「然則犬之性猶牛之性，牛之性猶人之性與？」明乎其必不可混同言之也。孟子道性善，言必稱堯舜，以人皆可以爲堯舜謂之性善，非盡人生而堯舜也。自堯舜至於凡民，其等差凡幾，則其氣禀固不齊，豈得謂非性有不同？然存乎人者皆有仁義之心，其趨於善也利，而趨於不善也逆其性而不利，所謂「人無有不善，水無有不下」，善乃人之性，下乃水之性，而非以善槩之於物。所謂故者以利爲本，出於利，乃性之本然也，順而非逆，是以利也。然孟子固專言人之性善，且其所謂善者，初非無等差之善，即孔子所云「相近」；孟子所謂「苟得其養，無物不長，苟失其養，無物不消」，所謂「求則得之，舍則失之，或相倍蓰而無算者，不能盡其才者也」，即孔子所云「習至於相遠」；孟子所謂「梏之反覆」，「違禽獸不遠」，即孔子所云「下愚之不移」。宋儒未審其文義，遂彼此閡隔。在天道爲陰陽五行，在人物分而有之以成性；由成性各殊，故材質各殊；材質者，性之所呈也，離材質惡覩所謂性哉！故孟子一則曰：「非才之罪」，再則曰：「非天之降才爾殊」，（才、材，古字通用。）人之材得於天獨全，故物但能遂其自然，人能明於必然。孟子言「聖人與我同類」，又言犬馬之不與我同類，是孟子就人之材之美斷其性善明矣。材與性之名，一爲體質，一爲本始，所指各殊，而可即材之美惡以知其性，材於性無所增損故也。合易、論語、孟子之書言「性」者如是，咸就其分陰陽五行以成性爲言；奈何別求一湊泊附著者爲性，豈人物之生，莫非二本哉！返而求之，知其一本，或庶幾焉。

問：朱子本程子「性即理也」一語，釋中庸「天命之謂性」，申之云：「天以陰陽五行化生萬物，氣以成形，而理亦賦焉，猶命令也。於是人物之生，因各得其所賦之理以爲健順五常之德，所謂性也。」其釋孟子云：「以氣言之，知覺運動，人與物若不異也；以理言之，則仁義禮智之禀，豈物之所得而全哉！告子不知性之爲理，而以所謂氣者當之，蓋徒知知覺運動之蠢然者，人與物同，而不知仁義禮智之粹然者，人與物異也。」兩解似相閡隔。其作中庸或問有云：「雖鳥獸草木之生，僅得形氣之偏，而不能通貫乎全體；然其知覺運動，榮瘁開落，亦皆循其性，而各有自然之理焉。至於虎狼之父子，蜂蟻之君臣，豺獺之報本，雎鳩之有別，則其形氣之偏，又反有以存其義理之所得。」合觀朱子言性，不出「性即理也」之云，故云「告子不知性之爲理」。既以性屬之理，理即其所謂「仁義禮智之禀」，天地、人物、事爲，不聞無可言之理，故釋中庸，合人物言之，以物僅得形氣之偏，故釋孟子言「豈物所得而全」，言「仁義禮智之粹然者，人與物異」。或問一條於兩注可謂融矣。程子云：「論性不論氣不備，論氣不論性不明。」故朱子言性，專屬之理，而又及形氣之偏，皆出於程子也。程朱之說，謂「理無不善，而形氣有不善」，故以孟子道性善，歸之本原；以孔子言性相近，下而及於荀子言性惡，揚子言善惡混，韓子言三品，悉歸氣質之性；是荀、揚、韓皆有合於孔子。（朱子答門人云：「氣質之說，起於張、程，韓退之原性中但說三品，但不曾分明說是氣質之性耳。孟子說性善，說得本原處，下面不曾說得氣質之性，所以亦費分疏。諸子說性惡與善惡混，使張、程之說早出，則許多說話，自不用紛爭。」）又以告子之說爲合於荀、揚，（朱子於告子杞柳之喻云：「告子言人性本無仁義，必待矯揉而後成，如荀子性惡之說也。」且於湍水之喻云：「告子因前說而小變之，近於揚子善惡混之說。」）合於孔子。（程子云：「凡言性處，須看立意如何。且如言人性善，性之本也。生之謂性，論其所稟也。孔子言性相近，若論其本，豈可言相近？只論其所稟也。告子所云固是，爲孟子問他，他說便不是也。」）使告子明云氣質之性，孟子將不辨之歟？孔子言「性相近」，亦未明云氣質之性，（程子云：「性一也，何以言相近，此只是氣質之性，如俗言性急、性緩之類。性安有緩急，此言性者，生之謂性也。」）將與告子、荀子諸人同歟？此宋儒之說，雖極完備，彌啟後人之疑。近思錄程子云：「人生而靜以上不容說，纔說性時，便已不是性也。」朱子云：「人生而靜以上是人物未生時，只可謂之理，未可名爲性，所謂在天曰命也。纔說性時，便是人生以後，此理已墮在氣質中，不全是性之本體矣，所謂在人曰性也。」然則孟子乃追溯人物未生，未可名性之時，而曰性善；若就名爲性之時，已是人生以後，已墮在形氣之中，惡得斷之曰善？（程子云：「孟子言性當隨文看，本以告子生之謂性爲不然者，此亦性也，被命受生以後，謂之性耳，故不同。繼之以犬之性猶牛之性，牛之性猶人之性與，然不害爲一。若乃孟子之言善者，乃極本窮源之性。」）由是言之，將天下古今，惟上聖之性，不失其性之本體；自上聖而下，論人之性，皆失其本體。孔子以不全是性之本體者言性相近，孟子以未可名性者言性善。於孔子不敢顯言不明，而直斥孟子不備。（朱子云：「孟子說性善，是論性不論氣；荀、揚而下，是論氣不論性。孟子終是未備，所以不能杜絕荀、揚之口。然不備但少欠耳，不明則大害事。」陳器之云：「孟子時，諸子之言性，往往皆於氣質上有見，而遂指氣質作性，但能知其形而下者耳。故孟子答之，只就義理上說，以攻他未曉處。氣質之性，諸子方得於此，孟子所以不復言之。義理之性，諸子未通於此，孟子所以反覆詳說之。程子之說，正恐後學死執孟子義理之說，而遺失氣質之性，故併二者而言之曰：『論性不論氣不備，論氣不論性不明。』程子之論舉其全，孟子之論，所以矯諸子之偏。」）宋儒剖析至此，愈令人惑。學者習聞宋儒之說完備剖析，以孔子所言者一性，孟子所言者一性，任其閡隔，不復求通。苟還而體會易、論語、中庸、孟子，於傳注洵疑惑不解矣。宋儒之所以失者安在？曰：「性」之名，自古及今，雖婦人孺子，亦矢口舉之不謬者也，本盡人可知之通名也，儒者轉過求失之。如飛潛動植，舉凡品物之性，皆就其氣類別之。人物分於陰陽五行以成性，舍氣類更無「性」之名。醫家用藥，在精辨其氣類之殊；不別其性，則能殺人。使曰「此氣類之殊者，已不是性」，良醫信之乎！試觀之桃與杏，取其核而種之，萌芽甲坼，根幹枝葉，爲華爲實，形色臭味，桃非杏也，杏非桃也，無一不可區別；由性之不同，是以然也。其性存乎核中之白，（即俗稱桃仁、杏仁者。）形色臭味，無一或闕也。凡植禾稼卉木，畜鳥獸蟲魚，皆務知其性；知其性者，知其氣類之殊，乃能使之碩大蕃滋也。何獨至於人，而指夫分於陰陽五行以成性者，曰「此已不是性也」，豈其然哉！天道，陰陽五行而已矣。人物之性，分於道而有之，成其各殊者而已矣。其不同類者各殊也，其同類者，相似也。孟子曰：「如使口之於味也，其性與人殊，若犬馬之與我不同類也，則天下何嗜皆從易牙之於味也。」又言：「動心忍性。」是孟子矢口言之，亦即別於氣類、盡人而知之性。孟子言性，曷嘗自歧爲二哉！於告子「生之謂性」必致辨者，成則各殊，徒曰「生」而已矣，將同人於犬牛，而不察其殊。告子聞孟子詰之，不復曰然者，非見於「仁義禮智之粹然者人與物異」而語塞也，犬與牛之異，又豈屬「仁義禮智之粹然者」哉！況朱子言「性之本，物與人同，至形氣之偏，始物與人異」，是孟子又舍其理之同，而就形氣以爲言矣。且謂告子「徒知知覺運動之蠢然者，人與物同」，在告子既以知覺運動者爲性，何不可直應之曰「然」？斯以見告子亦窮於知覺運動不可槩人物，而目爲蠢然同也。觀孟子以氣類之殊詰告子，知孟子未嘗謂性之爲理亦明矣。

問：知覺運動不可槩人物而目爲蠢然同，其異安在？曰：凡有生即不隔於天地之氣化。陰陽五行之運而不已，天地之氣化也。人物之生本乎是，由其分而有之不齊，是以成性各殊。知覺運動者，統乎生之全言之也。由其成性各殊，是以得之以生，見乎知覺運動也亦殊。氣之自然潛運，飛潛動植皆同，此生生之機，原於天地者也。而其本受之氣，與所資以養者之氣則不同。所資以養者之氣，雖由外而入，大致以本受之氣召之。五行有生克，遇其克之者則傷，甚則死，此可知性之各殊矣。本受之氣及所資以養者之氣，必相得而不相逆，斯外內爲一。其得於天地之氣本一，然後相得不相逆也。氣運而形不動者，卉木是也，凡有血氣者，皆形能動者也；由其成性各殊，故形質各殊，則其形質之動，而爲百體之用者，利用不利用亦殊。知覺云者，如寐而寤曰覺，心之所通曰知。百體皆能覺，而心之知覺爲大。凡相忘於習則不覺，見異焉乃覺。魚相忘於水，其非生於水者，不能相忘於水也，則覺不覺亦有殊致矣。聞蟲鳥以爲候，聞鷄鳴以爲辰，彼之感而覺，覺而聲應之，又覺之殊致有然矣，無非性使然也。若夫虎狼之父子，蜂蟻之君臣，其自然之知覺，合於人之所謂理義者矣；而各由性成。人則無不全也，全而盡之無憾者，聖人也，知之極其量也。知覺運動者，人物之生；知覺運動之所以異者，人物之殊其性。孟子曰：「心之所同然者，謂理也，義也，聖人先得我心之所同然耳。」於義外之說，必致其辨，以人能全夫理義，故曰性善，言理之爲性，非言性之爲理。人之生也，分於陰陽五行以成性，而其得之也全。聲色臭味之欲，資以養其生；喜怒哀樂之情，感而至乎物；美惡是非之知，思而通於天地鬼神；凡日用事爲皆性爲之本，而所謂人道也。上之原於陰陽五行，所謂天道也。言乎天地之化曰天道，言乎天地之中曰天德。耳目百體之所欲，血氣資之以養者，原於天地之化者也；故在天爲天道，在人爲性，而見於日用事爲爲人道。仁義之心，原於天地之中者也；故在天爲天德，在人爲性之德，然而非有二也。就天地之化而語於無憾，曰天地之中，就日用事爲而語於無失，曰仁義。凡達諸天下而不可廢者，未有非性使之然者也。古人言性，但以氣禀言，未嘗明言理義爲性，蓋不待言而可知也。至孟子時，異說紛起，以理義爲聖人治天下之具，設此一法以強之從；害道之言，皆由外理義而生。人但知耳之於聲、目之於色、鼻之於臭、口之於味之爲性，而不知心之於理義，亦猶耳目鼻口之於聲色臭味也，故曰：「至於心獨無所同然乎？」蓋就其所知，以證明其所不知，舉聲色臭味之欲，歸之耳目鼻口；舉理義之好，歸之心，皆內也，非外也；比而合之，以解天下之惑，俾曉然無疑於理義之爲性。害道之言，庶幾可以息矣。孟子明人心之通於理義，與耳目鼻口之通於聲色臭味，咸根諸性而非後起。後儒見孟子言性，則曰理義，則曰仁義禮智，不得其説，遂謂孟子以理爲性，推而上之，以理爲生物之本；匪徒於道、於性不得其實體，而於理之名亦失其起於天地、人物、事爲不易之則，使人茫然求其物不得矣。

問：聲色臭味之欲，亦宜根於心；今專以理義之好，爲根於心，於「好是懿德」固然矣，抑聲色臭味之欲，徒根於耳目鼻口歟？心君乎百體者也，百體之能，皆心之能也，豈耳悦聲、目悦色、鼻悦臭、口悦味，非心悦之乎？曰：否。心能使耳目鼻口，不能代耳目鼻口之能；彼其能者，各自具也，故不能相爲。人物受形於天地，故恆與之相通。盈天地之間，有聲也，有色也，有臭也，有味也，舉聲色臭味，則盈天地間者，無或遺矣。外内相通，其開竅也，是爲耳目鼻口。五行有生克，生則相得，克則相逆，血氣之得其養、失其養繫焉，資於外足以養其内，此皆陰陽五行之所爲。外之盈天地之間，内之備於吾身。外内相得無間，而養道備。民之質矣，日用飲食，自古及今，以爲道之經也。血氣各資以養，而開竅於耳目鼻口以通之。既於是通，故各成其能而分職司之。孔子曰：「少之時，血氣未定，戒之在色。及其長也，血氣方剛，戒之在鬭。及其老也，血氣既衰，戒之在得。」血氣之所爲不一，舉凡身之嗜欲，根於血氣明矣，非根於心也。孟子曰：「理義之悦我心，猶芻豢之悦我口。」非喻言也。凡人行一事，有當於理義，其心氣必暢然自得；悖於理義，心氣必沮喪自失。以此見心之於理義，一同乎血氣之於嗜欲，皆性使然耳。耳目鼻口之官，臣道也；心之官，君道也。臣效其能，而君正其可否。理義非他，可否之而當，是爲理義。聲色臭味之欲，察其可否，皆有不易之則，故理義者，非心出一意以可否之；若心出一意以可否之，何異强制之乎！因乎其事，察其不易之則，所謂「有物必有則」，以其則正其物，如是而已矣。

問：人物分於陰陽五行，其成性各不同。人之生也，禀天地之氣，則亦肖乎天地之德。物之得於天者，非禀氣而生，遺天地之德也。而孟子道性善，但言人之異於禽獸，槩舉之，獨人之性善；其故安在？曰：耳目鼻口之官，各有所司，而心獨無所司，心之官統主乎上以使之，此凡血氣之屬皆然。其心能知覺，皆懷生畏死，因而趨利避害，凡血氣之屬所同也。雖有不同，不過於此有明闇耳。就其明闇以制可否，不出乎懷生畏死者，物也。人之異於禽獸不在是。禽獸知母而不知父，限於知覺也；然愛其生之者，及愛其所生，與雌雄牝牡之相愛，同類之不相噬，習處之不相齧，進乎懷生畏死矣。一私於身，一及於身之所親，皆仁之屬也。私於身者，仁其身也；及於身之所親者，仁其所親也。本天地生生之德，發乎自然有如是。人之異於禽獸，亦不在是。人物分於氣化，各成其性，一陰一陽，流行不已，生生不息，觀於生生，可以言仁矣。在天爲氣化之生生，在人爲其生生之心，是乃「仁」之爲德也，非别有一物以與人而謂之「仁」。由其生生有自然之條理，惟條理所以生生，觀於條理之秩然有序，可以言「禮」矣。失條理則生生之道絶。觀於條理之截然不可亂，可以言「義」矣。亦非别有其物，而謂之「禮」，謂之「義」。合而言之，舉義可以賅禮，「立人之道，曰仁與義」是也。舉禮亦可以賅義。而舉仁貴全乎禮義，論語曰：「克己復禮爲仁。」是也。若夫條理之得於心，爲心之淵然而條理，則名「智」。故智者，事物至乎前，無或失其條理；不智者異是。中庸言：「修道以仁。」連舉義又連舉禮而不及智；言以達德行達道，舉智、仁、勇而不及禮義；互文也。禮義有愆，由於不智。告子曰：「食色性也，仁內也，非外也，義外也，非內也。」即其「生之謂性」之說，同人於犬牛，而不察其殊也。彼以自然者，爲性使之然，以義爲非自然，轉制其自然，使之強而相從。老聃、莊周、告子及釋氏皆不出乎以自然爲宗。惑於其說者，以自然直與天地相似，更無容他求，遂謂爲道之至高。宋之陸子靜，明之王文成，及才質過人者，多蔽於此。孟子何嘗以自然者非性使之然哉！以義亦出於自然也，故曰：「惻隱之心，人皆有之；羞惡之心，人皆有之；恭敬之心，人皆有之；是非之心，人皆有之。」孟子之言乎自然，異於告子之言乎自然。蓋自然而歸於必然，必然者不易之則也；非制其自然，使之強而相從也。天下自然而無失者其惟聖人乎？孔子言：「從心所欲不踰矩。」從心所欲者，自然也。不踰矩者，歸於必然也。「必然」之與「自然」，非二事也。就其自然明之盡，而無幾微之失焉，是其必然也；如是而後無憾，如是而後安，是乃古賢聖之所謂自然也。彼任其自然而失者無論矣。貴其自然，靜以保之，而視問學爲用心於外，及乎動應，如其材質所到，亦有自然不失之處，不過材質之美，偶中一二，若統計行事，差謬多矣。且一以自然爲宗而廢問學，其心之知覺有所止，不復日益，差謬之多。不求不思，以此終其身而自尊大，是以君子惡其害道也。老聃、莊周、告子、釋氏之說，貴其「自然」，同人於禽獸者也。聖人之教，使人明於「必然」，所謂「考諸三王而不謬，建諸天地而不悖，質諸鬼神而無疑，百世以俟聖人而不惑」，斯爲明之盡。人與物咸有知覺，而物之知覺不足與於此。人物以類區分，而人所稟受，其氣淸明，遠於物之不可開通。禮義者，心之所通也；人以有禮義，異於禽獸，實人之智大遠乎物。然則天地之氣化，生生而條理，生生之德，鮮不得者，惟人性開通，能不失其條理，則生生之德，因之至盛。物循乎「自然」，人能明於「必然」，此人、物之異。孟子以「人皆可以爲堯舜」斷其性善，在是也。（以上卷二。）

問：荀子之所謂性，亦孟子之所謂性，孟子知性之全體，其餘皆不知性之全體，故惟孟子與孔子合。然指爲性者，實古今所同謂之性。至告子所謂性，朱子謂一似荀子言性惡，一似揚子言善惡混，一似釋氏言作用是性。今以荀、揚不與釋氏同，則告子不得與荀、揚同矣，豈獨與釋氏所謂性相似歟？曰：然。老聃、莊周之書，其所貴焉者咸此也。杞柳湍水之喻，胥是物也。其視仁義視善不善，歸之有欲有爲以後事；而其保此性也，主於無爲自然，即釋氏云「不思善、不思惡時，認本來面目」是也，實一說而非有三說。

問：告子、釋氏指何者爲性？曰：神氣形色，古賢聖一視之，修其身、期於言行無差謬而已矣。故孟子曰：「形色天性也，惟聖人然後可以踐形。」人物成性不同，故形色各殊。人之形，官器利用，大遠乎物，然而幾如物之蠢然，是不踐形也；於人之道無憾無失，斯爲踐形耳。老聃、莊周、告子、釋氏，其立說似參差，大致皆起於自私，皆以自然爲宗。彼視一身之中，具形氣以生，而神爲之主宰，因貴此神，以爲形氣之本，究之神與氣不可相離。故老子曰：「一生二，二生三，三生萬物，萬物負陰而抱陽，沖氣以爲和。」其言乎天地間也，曰：「有物混成，先天地生。」從此而分陰陽，一生二也；陰陽與此而三，二生三也。言乎人物，三者咸具，陰也、陽也，沖氣以爲和，即主宰之者也。彼見於氣可言有，神存乎其有而不可謂有，又不可謂無，然不離氣者也，故曰「沖氣」。上之原於「有物混成，先天地生」之道，不離氣而別於氣，故曰：「道之爲物，惟恍惟忽，忽兮恍兮，其中有象。恍兮忽兮，其中有物。」莊子言神之主宰於身，則曰：「若有眞宰，而特不得其眹。」曰：「其有眞君存焉，如求得其情與不得，無益損乎其眞。」繼之曰：「一受其成形，不亡以待盡，與物相刃相靡，其行盡如馳，而莫之能止，不亦悲乎！」言此神受形而生，則不去以待，形化而有血氣，乃有情欲，皆足以戕之，趨於速斃也。又曰：「終身役役，而不見其成功，薾然疲役而不知其所歸，可不哀邪！」言求諸外者，徒勞其神者也。又曰：「人謂之不死，奚益？其形化，其心與之然，可不謂大哀乎！」言人壽有修短，雖不死之日，不知保此心，爲形君之神，至與形俱斃也。釋氏「人死爲鬼，鬼復爲人」之說，與莊子此條同。老氏言「長生久視」，釋氏言「不生不滅」，語似異；而以死爲返其眞，視形體爲假合，從而空之，不過恐害其神之自然，指歸不異也。（告子同於釋氏，以神識爲性，釋氏謂之曰「眞空」，謂之曰「作用」。謂眞空則能攝衆有而應變，謂即此識情便是眞空妙智，謂湛然常寂，應用無方；用而常空，空而常用；用而不有，即是眞空；空而不無，即成妙有。故言「空是性」，又言「作用是性」。釋氏書中，問如何是佛？曰：「見性爲佛。」如何是性？曰：「作用爲性。」如何是作用？曰：「在目曰見，在耳曰聞，在鼻臭香，在口談論，在手執捉，在足運奔，偏見俱該法界，收攝在一微塵，識者知是佛性，不識喚作精魂。」此皆「生之謂性」之說也。固無取乎善惡之分。其顯然道破處，如云「不思善、不思惡時認本來面目」，即告子「性無善無不善」宗旨。後世禪家不云不思善而渾其語，如傳燈錄云：「饑來喫飯困來眠。」即老子所云：「上士聞道，勤而行之；中士聞道，若存若亡；下士聞道大笑之，不笑不足以爲道。」彼饑食困眠，聞之即可大笑，此即「致虛極，守靜篤」，即「勤而行之」也。致虛未極，守靜未篤，乃「若存若亡」也。其說大都主於一切空之，便妙用無方。老聃、莊周、告子、釋氏立言不同，而同出一轍如是。）宋時如陸子靜、楊敬仲，及明王文成諸人，其言論皆如此。（子靜之言曰：「收拾精神，自作主宰，萬物皆備於我，何有闕欠。當惻隱時，自然惻隱；當羞惡時，自然羞惡；當寬裕溫柔時，自然寬裕溫柔；當發强剛毅時，自然發强剛毅。」又曰：「惡能害心，善亦能害心。」敬仲之言曰：「目能視，所以能視者何物？耳能聽，所以能聽者何物？口能噬，鼻能臭，所以能噬、能臭者何物？手能運用，足能步趨，心能思慮，所以能運用、步趨、思慮者何物？」王文成之言曰：「聖人致知之功，至誠無息，其良知之體，皦如明鏡，妍媸之來，隨物見形，而明鏡曾無留染，所謂『情順萬事而無情』也。『無所住以生其心』，佛氏曾有是言，未爲非也。明鏡之應，妍者妍，媸者媸，一照而皆眞，即是『生其心』處。妍者妍，媸者媸，一過而不留，即『無所住』處。」又「『本來面目』，即吾聖門所謂『良知』。隨物而格，是致知之功，即佛氏之『常惺惺』，亦是常存他本來面目耳。體段工夫，大略相似。」文成釋「格物」爲「扞禦外物」。）在老聃、莊周、告子直據己見而已。故告子言「無善無不善」，言「無分於善不善」，言「義外」者，後人因孟子嘗辨之，則以此爲善已無可復加，爲仁義禮智皆備，且所稱者出中庸、大學、孟子之書，以飾其說，學者不可不辨別疑似也。

問：邵子云：「神無方而性有質。」又云：「性者道之形體，心者性之郛郭。」又云：「人之神即天地之神。」合其言觀之，所謂道者，指天地之神無方也。所謂性者，指人之神有質也。此老聃、莊周、告子、釋氏之所謂道、所謂性，而邵子亦言之，何也？曰：邵子之學，深得於老、莊，其書未嘗自諱。以心爲性之郛郭，謂人之神，宅此郛郭之中也。朱子於其指神爲道、指神爲性者，皆轉而以理當之。邵子之書有曰：「道與一，神之強名也。」幾以道爲不足當神之稱矣。其書又曰：「神統於心，氣統於腎，形統於首，形氣交而神主乎其中，三才之道也。」此以神周乎一身，而宅於心爲之統會也。又曰：「氣則養性，性則乘氣，故氣存則性存，性動則氣動也。」此即導養之說，指神之炯炯而不昧者爲性，性之絪緼而不息者爲命，神乘乎氣，而資氣以養也。（王文成云：「夫良知一也，以其妙用而言謂之神，以其流行而言謂之氣。」立說亦同。）

問：張子云：「由太虛有天之名，由氣化有道之名；合虛與氣，有性之名；合性與知覺，有心之名。」別性於知覺，其所謂性，似同於程子云「性即理也」。與邵子指神爲性者有異。（陳器之云：「仁義禮智者，義理之性也；知覺運動者，氣質之性也。有義理之性，而無氣質之性，則義理必無附著；有氣質之性，而無義理之性，則無異於枯死之物。故有義理以行乎血氣之中，有血氣以受義理之體，合虛與氣而性全。」）然以虛指理，古賢聖未嘗有是稱，不幾猶釋氏言「空是性」歟？曰：釋氏所謂「空是性」者，指神之本體。又言「作用是性」，則指神在形質之中，而能知覺運動也。張子云：「神者太虛妙應之目。」是其所謂虛，亦未嘗不以爲神之本體。而又曰：「天之不測謂神，神而有常謂天。」然則「由太虛有天之名」者，以神而有常爲言。釋氏有見於自然，故以神爲已足；張子有見於必然之爲理，故不徒曰神，而曰神而有常；此其所見近於孔孟，而異於釋氏也。然分理、氣爲二，視理爲如一物，故其言理也，求其物不得；就陰陽不測之神以言理，以是爲性之本源，而目氣化生人生物曰「游氣紛擾，合而成質者，生人物之萬殊」，則其言「合虛與氣」，虛指神而有常，氣指游氣紛擾，乃雜乎老、釋之見，未得性之實體也。惟「由氣化有道之名」一語，合於易言「一陰一陽之謂道」。又曰：「神天德，化天道。」道以化言是也，德以神言非也。彼釋氏自貴其神，亦以爲足乎天德矣。張子之書又有之曰：「氣有陰陽，推行有漸爲化，合一不測爲神。」聖人復起，不易斯言。邵子言：「形可分，神不可分。」語可參觀。以人物驗之，耳目百體會歸於心。心者，合一不測之神也。如耳目鼻口之官，是「形可分」也，而統攝於心，是「神不可分」也。夫天地間有陰陽，斯有人物；於其推行謂之化，於其合一謂之神，天道之自然也；於其分用爲耳目百體，於其合一則爲心，生物之自然也。是故就天地言，化其事也，神其能也，事、能俱無憾，天地之德也。人之血氣本乎化，人之心知配乎神，血氣心知無失，配乎天地之德無憾無失，夫是之謂理而已矣。由化以知神，由化與神以知德。天之生物也使之一本，而以性專屬之神，則目形體爲假合；以性專屬之理，則謂「纔說性時，已不是性」，皆二本故也。

問：宋儒言「稟理然後有性，稟氣然後有形」，雖虛揣以爲說，謂「理氣渾淪，不害二物之各爲一物」，實求其物，不得若老聃、莊周、告子、釋氏之言。夫性則確有指實，不過區別於形氣之中，言其主之者耳。曰形、曰氣、曰神，三者求之一身，儼然如三物，凡血氣之屬，未有或闕者也。荀子謂「性者天之就」，雖專屬形氣之自然，固不遺夫神，而以爲非天之就也。其稱性也，兼以惡槩之，而伸其重學崇禮義之說。何以論荀子，則曰「不知性之全體」而已；論告子、釋氏，則斷爲異說，何也？曰：性者分於陰陽五行，品物區以別焉，各爲之本始，統其所有之事，所具之能，所全之德而名之，非以知覺運動者名之。易言「成之者性」是也。其一身中，分而爲言曰形、曰氣、曰神者，材也，易言「精氣爲物」是也。心爲形君，耳目百體者，氣融而靈；心者，氣通而神。告子貴其神而不知性者也，其「不動心」，神定而一無責焉之爲不動也。性可以根柢言，材可以純駁清濁言，由其成性也殊，則其材亦殊。成是性，斯爲是材。神可以主宰樞紐言，思可以敏鈍得失言，知可以淺深精粗言，皆根於性而存乎材者也。理譬之中規中矩也，氣通而神，是以能思，資於學以導其思，以極其知之量，古賢聖之教也。荀子不知性之全體，而其説至於重學崇禮義，猶不失爲聖人之徒，特未聞道耳。老聃、莊周、告子、釋氏，以自然爲宗，不知性之區別，而徒貴其神，去其情欲之能害是者，即以爲已足；與古賢聖立教，由博學審問愼思明辨以求無差謬者異。是故斷之爲異説，不得同於荀子也。

問：周子通書有云：「聖可學乎？曰可。有要乎？曰有。請問焉？曰：一爲要，一者，無欲也。無欲則靜虛動直。靜虛則明，明則通；動直則公，公則溥。明通公溥，庶矣哉！」此與老氏「爲道日損」，釋氏「六用不行，眞空妙智」之説，及陸子靜言「人心至靈，此理至明，人皆有此心，心皆具是理」，王文成言「聖人致知之功，至誠無息，其良知之體，皦如明鏡」者，立言不殊。後儒於周子則以爲切要之指，莫敢違議，於老、釋、陸、王則非之，何也？曰：周子之學，得於老、釋者深，而其言渾然與孔孟相比附，後儒莫能辨也。朱子以周子爲二程子所師，故信之篤，考其實，固不然。程叔子撰明道先生行狀，言：「自十五六時聞周茂叔論道，遂厭科舉之業，慨然有求道之志，未知其要，泛濫於諸家，出入於老、釋者幾十年，返求諸六經然後得之。」其不得於周子明矣！且直字之曰周茂叔，其未嘗師事亦明矣！見周茂叔後乃出入於老、釋。張橫渠亦訪諸釋、老之書累年。朱子年四十以前猶馳心空妙。宋儒求道，往往先以老、釋爲借階，雖終能覺寤老、釋之非，而受其蔽，習於先入之言不察者亦不少。周子論學聖人主於「無欲」，王文成論致知主於「良知」之體，皆以老、釋廢學之意論學，害之大者也。

問：程子、朱子以性爲「足於己」，其語學則曰「復其初」，（程子云：「聖賢論天德，蓋自家元是天然完全自足之物，若無所污壞，即當直而行之；若小有污壞，即敬以治之，使復如舊。」朱子於論語首章，於大學「明明德」，皆以「復其初」爲言。）「復其初」之云，出莊周書，（莊子繕性篇曰：「繕性於俗學，以求復其初，滑欲於俗知，以求致其明，謂之蔽蒙之民。」又曰：「文滅質，博溺心，然後民始惑亂，無以返其性情，而復其初。」）無異釋氏所謂「本來面目」。然孟子亦曰：「大人者，不失其赤子之心者也。」豈彼以神言，此以理言，不嫌於語同而指歸異歟？曰：孟子言性善，非無等差之善，不以性爲「足於己」也。主擴而充之，非「復其初」也。人之形體，與人之心性，比而論之，形體始乎幼小，終於長大。方其幼小，非自有生之始，即攖疾病小之也。今論心性而曰其初盡人而聖人，自有生之始即不污壞者鮮，豈其然哉！形體之長大，資於飲食之養，乃長日加益，非復其初；心性之資於問學，進而賢人聖人，非復其初明矣。形體無虧闕，故可以長大，而夭傷者失其可長大者也。赤子之心，皆有仁義禮智之端，可以擴充，而不充之者，失其能充之心者也。人物分於陰陽五行以成性，而人異於物者，其性開通，無不可以牗其昧而進於明；較其材質，等差凡幾；古賢聖知人之得於天有等差，是以重問學，貴擴充。老聃、莊周、告子、釋氏，謂得之以性皆同其神，與天地等量，是以守己自足，主於去情欲以勿害之，不必問學以充之。宋儒或出焉，或入焉，故習其說者不得所據，多流於老、釋。讀古人書，所慎尤在疑似，此亦當辨之大端也。

問：神爲形氣之主宰，莊子謂「一受其成形，不亡以待盡」，釋氏「人死爲鬼，鬼復爲人」之說同此。在古人制祭祀之禮，以人道事鬼神，而傳稱「鬼猶求食」，及「伯有爲厲」；又宇宙間怪見不一，愚夫婦亦往往耳聞目見，不得不惑於釋氏所云。而言仙者，又能盜氣於天地間，使其神離血氣之體以爲有。故其言性也，即神之炯炯而不昧者；其言命也，即氣之絪緼而不息者；有所指實也如是。老聃、莊周、告子、釋氏靜以會夫一身，見莫貴於此，莫先於此。今以形、氣、神統歸之材，而曰性可以根柢言，神可以主宰、樞紐言；理則譬之中規中矩，不以神先形氣，不以理爲主宰、樞紐、根柢。老、釋之說，宋儒之說，指歸不同而失同，何也？曰：孔子言：「原始要終，故知死生之說。精氣爲物，游魂爲變，是故知鬼神之情狀。」人物分於陰陽五行以成性，成是性，斯爲是材以生，可以原始而知也。形敝氣散而死，可以反終而知也。其生也，精氣之融，以有形體。凡血氣之屬，有生則能運動，能運動，則能知覺。知覺者，其精氣之秀也。人之知覺，能通乎天地之德，困行其所知，底於無失，斯無往非仁，無往非禮義矣。左氏春秋曰：「人生始化曰魄，既生魄，陽曰魂。」魂魄非他，其精氣之能知覺運動也；是以又謂之神靈。曾子言「陽之精氣曰神，陰之精氣曰靈」，是也。至於形敝而精氣猶凝，是謂游魂，言乎離血氣之體也。「精氣爲物」者，氣之精而凝，品物流行之常也；

「游魂爲變」者，魂之游而存，其後之有敝有未敝也。變則不可窮詰矣。彼有見於游魂爲變，而主其一偏，昧其大常，遂以其盜天地生生之機者爲己之本體。彼之以神先形氣，聖人所謂「游魂爲變」中之一端耳。在老、釋就一身分言之，有形氣，有神識，而以神識爲本；推而上之，以神爲有天地之本，遂求諸無形無象者爲實有，而視有形有象爲幻。在宋儒以形氣、神識同爲己之私，而理得於天；推而上之，於理、氣截之分明，以理當其無形無象之實有，而視有形有象爲粗。天之生物也，使之一本，荀子以禮義與性爲二本，宋儒以理與氣質爲二本，老聃、莊周、告子、釋氏以神與形體爲二本。然而荀子推崇禮義，宋儒推崇理，於聖人之教不害也，不知性耳。老聃、莊周、告子、釋氏守己自足，不惟不知性而已，實害聖人之教者也。

問：程叔子撰明道先生行狀云：「泛濫於諸家，出入於老、釋者幾十年，返求諸六經，然後得之。」呂與叔撰横渠先生行狀云：「范文正公勸讀中庸，先生讀其書，雖愛之，猶以爲未足，於是又訪諸釋、老之書，累年盡究其說，知無所得，返而求之六經。」朱子語類廖德明錄癸巳所聞云：「先生言，二三年前見得此事尚鶻突，爲他佛說得相似，近年來方看得分曉。」（癸巳，朱子四十四歲。）朱子答汪尚書書云：「熹於釋氏之說，蓋嘗師其人，尊其道，求之亦切至矣。然未能有得。其後以先生君子之教，校乎前後緩急之序，於是暫置其說而從事於吾學。其始蓋未嘗一日不往來於心也，以爲俟卒究吾說，而後求之，未爲甚晚。而一二年來，心獨有所自安，雖未能即有諸己，然欲復求之外學，以遂其初心，不可得矣。」考朱子慕禪學在十五六時，年二十四見李愿中，教以看聖賢言語，而其後十餘年有答何京叔二書，意見乃與釋氏不殊，信彼爲有實得，此爲支離，反用聖賢言語指其所得於釋氏者。及五十內外，所見漸定，不惑於釋氏。合觀程子、朱子、張子皆先入於老、釋，究之能覺寤其非，何也？曰：四君子皆志賢聖之志者也，其學本乎求是，故於此於彼，期在自得，不在虛名。考之六經，茫然不得性道之實體，則必求諸彼矣。求諸彼而其言道、言性確有指實，且言夫體用一致也似神，能靡不周。（如說性周法界，淨智圓妙，體自空寂。）故朱子嘗馳心空妙，冀得之以爲衡鑒事物之本。極其致，所謂「明心見性」，不過「六用不行」，彼所以還其神之本體者，即本體得矣，以爲如此，便足無欠闕矣。實動輒差謬。在彼以自然爲宗本，不論差謬與否；而四君子求是之心，久之亦知其不可恃以衡鑒事物，故終能覺寤其非也。夫人之異於物者，人能明於必然，百物之生遂其自然也。孔、孟之異於老聃、莊周、告子、釋氏者，自「志學」以至「從心所欲不踰矩」，皆見夫天地、人物、事爲有不易之則之爲必然，而博文約禮，以漸致其功。彼謂「致虛極，守靜篤」，「爲道日損，損之又損，以至於無」，至於「道法自然」，無以復加矣。孟子而後，惟荀子見於禮義爲必然，見於不可徒任自然，而不知禮義即自然之極則。宋儒亦見於理爲必然，而以理爲太極，爲生陽、生陰之本，爲不離陰陽，仍不離於陰陽；指其在人物爲性，爲不離氣質，仍不離於氣質。蓋不知理者，自然之極則也。視理儼如一物，加以主宰、樞紐、根柢之說，一似理亦同乎老、釋所指者之於人爲「本來面目」。朱子之辨釋氏也，曰：「儒者以理爲不生不滅，釋氏以神識爲不生不滅。」就彼言神識者，轉之以言乎理，尊理而重學，遠於老聃、莊周、告子、釋氏矣。然以彼例此而不協乎此，故指孔孟所謂道者非道，所謂性者非性，增一怳忽不可得而推究之主宰、樞紐、根柢，因視氣曰「空氣」，視心曰「性之郛郭」。是彼奉一自然者之神，居此空氣之上，郛郭之中；此奉一必然之理，居此空氣之上，郛郭之中也。苟知有物必有則，不以「則」與「物」二視之，庶幾於孔孟之言道、言性者始可通。物者指其實體實事之名，則者稱其純粹中正之名。實體實事，罔非自然而歸於必然，天地、人物、事爲之理得矣。自然之極則是謂理。宋儒借階於釋氏，是故失之也。凡習於先入之言，往往受其蔽而不覺，宋儒言道爲氣之主宰樞紐，如彼以神爲氣之主宰樞紐也；以理能生氣，如彼以神能生氣也；以理墮在形氣之中，變化氣質，則復其初，如彼以神受形氣而生，不以形氣、物欲累之，則復其初也。皆改其所指爲神識者以指理。其終遠於老、釋，而近於孔孟，則彼以「自然」爲指歸，此以「必然」爲指歸也。（以上卷三。）

讀姜白巖尊行日記

清儒戴東原論宋明理學，深斥程朱，越後戴望爲顏氏學記，嘗謂其說本諸習齋。近人因疑東原思想淵源於清初之顏、李。余舊著近三百年學術史，疑其說無據，頗加駁論。然謂東原思想未必本之於顏、李，此一說也。謂東原生前，絕未聞顏、李緒論，此又一說也。余固謂東原思想，不必本諸顏、李；然亦未謂東原生前，絕未見顏、李書，絕未聞顏、李緒論。蓋學者著書流傳是一事，後人治其學，稱引其書，闡述其遺說，則屬另一事。近人因顏、李之學，稍後稱引者少，遂謂其學不顯，一若其書絕少流傳，世無見者；遂疑東原之或可得聞顏、李之遺說於程緜莊。此則混並兩事而一說之，實無證以見其必然也。余近讀清儒姜炳璋所著尊行日記手稿，有「乙亥乾隆二十年，三月十八日，於江西友人魯絜非處，假得顏習齋四存編」一條，此下即摘要錄述四存大意。下月又備記恕谷父洞初與習齋交游，及命其子恕谷從學事。是姜氏固亦曾見顏、李書，而不以治顏、李學名。魯氏藏有顏、李書，亦不以治顏、李學名。兩人與程緜莊同時，然則豈必緜莊乃爲獨見顏、李之書者？魯氏交游於姚惜抱，姜氏與錢竹汀、紀曉嵐同年成進士，姚、錢、紀三人，皆與東原熟稔，東原又何必獨於緜莊所而獲聞顏、李之說乎？又按：恕谷與方望溪交好，絜非治古文辭，亦可因望溪集而探討及於顏、李。書籍之流布，學人之窺尋，如水銀瀉地，如獵犬逐兔，安知其所必循之塗轍哉！且是時顏、李書流傳至江西，又何獨於北京首善之區，人文薈萃，乃必不得接聞於顏、李之遺說，獲見於顏、李之遺書乎？然則東原若見顏、李書，固不必定自緜莊也。

尊行日記又有爲柴子亭石作書上鄞令宗公，推薦全謝山修鄞志，書中有曰：「謝山跅弛之才，英鋒四出，固當事未甚許可者也。」又曰：「尊意未免愼重其間者，亦以謝山往往不理於口。生竊觀其著耆舊集時，痛斥張東沙之偏狥、王一辰之穢賂。凡故家子弟，投金而欲附其祖父之詩文者，輒以爲人不足取，詩不足傳，悉麾去之，亦以此取怨於人。大抵平居影響之間，不無招謗。而著作傳後之事，極其堅忍。」是謝山當日在鄉里，似譽評亦不甚美。此亦博學奇才，時所難免。東原早年，被逐於宗黨，遂襆被至京，此後絕不返故里。其事之詳不可知。汪容甫在江都，亦極招鄉里非議。戴、汪皆高才尚氣，而少孤赤貧，其傲岸自樹，藉以自洩其內鬱不平之氣，而以招來里閈俗人之譏排，此自無傷於其治學立身之大節。戴氏之可議，在其成學立名之後，如「婺源老儒」之稱，如大典水經注之發現；此則固不當與早年鄉評一例而論也。

偶讀尊行日記，輒於有關討論東原學行，而誌其所感如此。

（一九六九年三月大陸雜誌三十八卷五期）

錢竹汀學述

竹汀晚年著十駕齋養新錄，同時阮元芸臺爲之序，有曰：

學術盛衰，當於百年前後論升降焉。元初學者，不能學唐、宋儒者之難，惟以空言高論易立名者為事，其流至於明初五經大全，易極矣。中葉以後，學者漸務於難，然能者尚少。我朝開國，鴻儒碩學，接踵而出。乾隆中學者，更習而精之，可謂難矣，可謂盛矣。國初以來諸儒，或言道德，或言經術，或言史學，或言天學，或言地理，或言文字音韻，或言金石詩文。專精者固多，兼擅者尚少。惟嘉定錢辛楣先生能兼其成。由今言之，蓋有九難。先生講學上書房，歸里甚早，人倫師表，履蹈粹然，一也。深於道德性情之理，持論必執其中，實事必求其是，二也。潛研經學，傳注疏義，無不洞徹原委，三也。正史雜史，無不討尋，訂千年未正之譌，四也。精通天算，三統上下，無不推而明之，五也。校正地志，於古今沿革分合，無不考而明之，六也。於六書音韻，觀其會通，得古人聲音文字文本，七也。於金石無不編錄，於官制史事，考覈尤精，八也。詩古文詞，早歲久已主盟壇坫，冠冕館閣，九也。元嘗服膺曾子十篇矣，曰：「難者弗辟，易者弗從。」若立一說，標一旨，即名為大儒，恐古聖賢，不若是之易也。

阮氏此序，實可爲當時推重竹汀爲學之代表。竹汀身後，潛研堂集刊行，段玉裁懋堂爲之序，所言亦無以大異乎阮氏。在竹汀亦自言之曰：

宣尼之言曰：「君子博學於文。」顏子述夫子之善誘，則曰：「博我以文。」子思作中庸曰：「博學之，審問之。」孟子之書曰：「博學而詳說之。」聖人刪定六經，以垂教萬世，未嘗不慮學者之雜而多歧也，而必以博學為先。然則空疏之學，不可以傳經也審矣。（抱經樓記，時年六十。）

則竹汀固自以博學標學的也。空疏之學，爲竹汀之所斥。然博學尤貴有的。竹汀又曰：

知德性之當尊，於是有問學之功。豈有遺棄學問而別為尊德性之功者哉！（策問）

捨問學而言尊德性，固爲竹汀所不許。然道問學正以爲尊德性，則捨德性而言問學，更尤爲竹汀所不許也。阮氏列舉九難，首之曰「人倫師表，履蹈粹然」。次之曰「深於道德性情之理」。以此爲竹汀揄揚，可謂知先後之序矣。

在阮序中，尤可注意者，乃在無一辭涉及漢學、宋學之分野。竹汀論學，即不認有此分野也。故曰：

> 濂溪氏之言曰：「實勝，善也。文勝，恥也。」儒者讀易、詩、書、禮、春秋之文，當立孝弟忠信之行。文與行兼修，故文為至文，行為善行。處為名儒，出為良輔。程、張、朱皆以文詞登科，唯行足以副其文，乃無媿乎大儒之名。聖賢施教，未有不以崇實為先。（崇實書院記）

此以濂溪、二程、張、朱爲能崇實學，故無媿乎大儒之名，則曷嘗有菲薄宋儒道學之見存其心中乎！惟竹汀極不喜宋史於儒林外別標道學傳之名，特爲文爭辨，有曰：

> 自史遷以經師相授受者為儒林傳，而史家因之。洎宋，洛、閩諸大儒講明性道，自謂直接孔、孟之傳。嗣後儒分為二，有說經之儒，有講學之儒。宋史乃創為道學傳，列於儒林之前，以尊周、二程、張、邵、朱六子，而程、朱之門人附見焉。去取予奪之例，可謂嚴矣。愚讀之而不能無疑。以為周、程、張、朱五子，宜合為一傳，而於論贊中著其直接聖賢之宗旨，不必別之

曰「道學」也。自五子而外，則入之儒林可矣。若是則五子之學尊，而五子之道乃愈尊。五子不必辭儒之名，而諸儒自不得並於五子。（跋宋史）

是竹汀特反對宋史之別標道學傳以列於儒林之前，非反對周、程、張、朱之創爲道學也。故曰「五子之學尊而五子之道乃愈尊」。又曰「諸儒自不得並於五子」。其軒輊顯然矣。學者固當尋五子之學以究其道，非謂此五子者，乃不得預於學問之門，不得列於道統之傳也。竹汀又曰：

史家之例，以列傳為重，其列於儒林、文苑者，皆其次焉者也。元人不通史法，乃特創「道學」之名，欲以尊異程、朱諸人。後來無可充道學者，而無識之輩，競以儒林為榮。愚意當總題之曰「人物」，但以時代為次，不分優劣。既遵古式，又息爭端。（鄞縣志局與同事書，時年六十。）

此爲與人論修志書，不僅欲廢「道學」之名，並亦主去「儒林」之目。此皆論史法，非於道學、儒林爭優劣，尤顯然矣。而竹汀之於朱子，則尤致其佩仰之情。故曰：

孔孟已遠，吾將安歸。卓哉紫陽，百世之師。主敬立誠，窮理致知。由博返約，大醇無疵。山

高海深，日麗星垂。浩然元氣，入人心脾。慶元黨禁，守正靡移。立德不朽，斯文在茲。（朱文公三世像贊）

此文直以朱子爲孔孟後一人，而曰「斯文在茲」，「百世之師」。可謂是至高無上之讚辭矣。所以然者，豈不以朱子窮理致知由博返約之教，特於竹汀之爲學有深契乎？故又曰：

文公窮理精而好學篤，故不為過高之論。若金溪諸子，則以為支離而不足學矣。（十駕齋養新錄）

竹汀又特爲此條標題曰朱文公議論平實，此又見其平日論學特所嚮慕之一端。又竹汀日記鈔卷三策問有一條云：

孔孟之書，儒者童而習之。孟子道性善，性之善，於親親敬長見之，所謂良知良能也。而宋儒乃謂「性中曷嘗有孝弟來」，其似異而同之故，果何在歟？明儒主良知者，又與孟子之意異，果有當於聖學否？宣尼四教，不越文、行、忠、信。學問之後繼以思辨。非徒思也。紫陽以窮理為致知，此為聖學眞傳。而或者轉譏學問為支離，毋乃與孔孟之旨相剌謬乎？

今按：竹汀長吳郡紫陽書院，始自乾隆五十三年戊申，上距雍正六年戊申竹汀生年，適花甲一周，竹汀年已逾六十。其長紫陽凡十六年，此條策問不知在何年，要之已在竹汀之晚歲。而以朱子爲聖學眞傳，則與前引兩條無異趣。其不滿於陸、王，亦與上引養新錄一條相發。此皆竹汀晚年之見也。潛研堂集又特爲王白田作傳，是竹汀之心香一瓣所在可知矣。

然竹汀論學，特戒詆毀之爭，又不喜門戶之見。故曰：

> 論學術不為非聖悖道之言，評人物不為黨同醜正之心。（養新錄）

又曰：

> 歐羅巴之俗，能尊其古學，而中土之儒，往往輕議古人。（贈談階平序，年五十二。）

斯可謂情見乎辭矣。又曰：

> 今之學者，讀古人書，多訾古人之失。與今人居，亦樂稱人失。人固不能無失，然試易地以處，平心而度之，吾果無一失乎？吾求吾失且不暇，何暇論人哉！理之所在，各是其所是，各

非其所非，世無孔子，誰能定是非之眞？（弈喻）

又曰：

大抵好詆毀人者，必非忠信篤敬之士。於古人且不能容，況能容同時之善士乎！（養新錄）

又其評論衡有曰：

其書殆所謂小人而無忌憚者。問孔之篇，掎摭至聖；自紀之作，訾毀先人。（跋論衡）

又曰：

安石心術不正，即在好非議古人。（養新錄）

又曰：

今海內文人學士，窮年累月，肆力於鉛槧，孰不欲託以不朽，而每若有不敢必者。予謂可以兩言決之，曰「多讀書」、「善讀書」而已矣。胸無萬卷書，臆決唱聲，自夸心得，縱其筆鋒，亦足取快一時。而溝澮之盈，涸可立待。此固難以入作者之林矣。亦有涉獵今古，聞見奥博，而性情偏僻，喜與前哲相齟齬。說經必詆鄭、服，論學先薄程、朱。雖一孔之明非無可取，而其強詞以求勝者，特出於門戶之私，未可謂之善讀書也。（嚴久能娱親雅言序）

不讀書而鑿空師心，既爲竹汀所深斥。而好立門戶，竹汀又謂之不善讀書。必祛此二弊，而後竹汀論學之淵旨乃可見。故又曰：

聖人議論公而度量大，王者如此，可無乏才之歎。儒者知此，必無門戶之爭。（養新錄）

又曰：

與今人爭名，命之曰「躁」，人其嫉之；與古人爭名，命之曰「妄」，天其忌之。（名箴）

其與人論史記有曰：

自王子師詆子長為謗史，宋、元、明儒者訾議尤多，僕從未敢隨聲附和。蓋讀古人書，誠愛古人，而欲尋其用意之所在，不肯執單詞以周內文致也。（與梁燿北論史記書）

又其論吳廷珍新唐書糾謬有曰：

新史舛謬固多，廷珍所糾，非無可采。但其沾沾自喜，祇欲快其胸臆，則非忠厚長者之道。（跋新唐書糾謬，時年四十七。）

觀於上引，竹汀為學，主於持論執中，實事求是，決不願見學術界有輕肆詆毀菲薄前人之風，更不願有門戶出入主奴之私爭。此在當時學術界中，洵可謂一特立獨出之人物。

余讀十駕齋養新錄，有一條云：

朱文公與陳同甫書云：「欲賢者百尺竿頭，進取一步，不作三代以下人物，省得氣力為漢、唐分疏，即更脫灑磊落。」

此條僅錄朱子語，更不自下一辭。竊意在當時，漢、宋門戶意氣已一時坌起，竹汀孤懷獨抱，明照炯然，既不願與時人競肆辨詰，亦不願爲古人一一分疏，誠所謂「省得氣力，脫灑磊落」。朱子此言，在竹汀必極有所感慨，故備錄之，而更不自著一語；則尤值後人讀其書者之神往也。此條在餘錄，已在竹汀七十六後之晚年，其對當時學術異同上之情懷，亦大可想見矣。

然竹汀論學，雖不喜立門戶，啟詆爭，亦非爲鄉愿無所是非之謂。故曰：

學問乃千秋事，訂譌規過，非以訾毀前人，實以嘉惠後學。

又曰：

去其一非，成其百是，古人可作，當樂有諍友。（答王西莊書）

其爲答問，論語之部，申古注、辨朱子集注者不少。又其讀大學篇，並有「信先儒不如信經之愈」之說。又曰：

禮記出於漢儒，而後世尊之為經。子思之學出於曾子，曾子書亦不傳。曾子、子思之微言所以

不終墜者，實賴漢儒會萃之力。後之人詆諆漢儒，摘其小失，屏斥之。得魚兔而忘筌蹏，其亦弗思甚矣。（論子思子）

得魚兔，忘筌蹏，竹汀謂之「弗思」，則寶筌蹏而忘魚兔，更非竹汀所許可知。又曰：

後之儒者，廢訓詁而談名理，目記誦為俗生，訶多聞為喪志，其持論甚高，而實便於束書不觀、游談無根之輩。有明三百年學者，往往蹈此失。聖朝文教日興，好古之士始知以通經博物相尚。若崑山顧氏、吳江陳氏、長洲惠氏父子、婺源江氏，皆精研古訓，不徒以空言說經。其立論有本，未嘗師心自用，而亦不為一人一家之說所囿。故嘗論宋、元以來言經學者，未有如我朝之盛者也。（與晦之論爾雅書）

此書所主，則曰「通經博物」。所斥，則曰「束書不觀，游談無根」。既不許「師心自用」，亦不欲「爲一人一家所囿」。其所輕則爲有明三百年學者，而所重則在清初以下諸儒，謂其直接宋、元以來。此頗與顧亭林之說爲近。阮氏序養新錄特舉五經大全爲說，似與竹汀所自言者有辨。竹汀論學辨虛、實，阮氏又以難、易說之。博學實學自爲難，意氣空言則自爲易，然竹汀似未有譏斥元儒之意也。竹汀所舉清儒，首亭林，此必有會於亭林「經學即理學」之說，而措辭尤爲持平。其曰吳江陳氏，乃陳啟源長發，作爲毛詩稽古三十卷，亦清初一經儒也。其特可注意者，即竹汀論經學，亦與清儒一般言經學者有不同。其言曰：

易、書、詩、禮、春秋，聖人所以經緯天地者也。上之可以淑世，次之可以治身。於道無所不通，於義無所不該。而守殘專己者，輒奉一先生之言以為依歸，雖心知其不然，而必強為之辭。又有甚者，吐棄一切，自誇心得，笑訓詁為俗儒，呵博聞為玩物。於是有不讀書而號為治經者。並有不讀經而號為講學者。（抱經樓記）

此所謂「經緯天地，上以淑世，次以治身」，此始爲治經宗旨，非必以學漢儒說經爲治經宗旨也。

又曰：

自宋、元以經義取士，守一先生之說，敷衍傅會，並為一談，而空疏不學者，皆得自名經師。間有讀漢、唐注疏者，不以為俗，即以為異，其弊至明季而極。（臧玉林經義雜識序）

此亦與亭林之見相同，乃指陳宋、元以下之學弊，固不以宋、元儒之言性理道學爲學弊。亦固不謂經學經師則即以能讀漢、唐注疏爲能事已畢也。

又曰：

三禮之有鄭注，所謂縣諸日月不刊之書也。宋儒說經，好為新說，棄古注如土苴。獨儀禮為樸學，空談義理者無從措辭，而朱晦菴、黃勉齋、楊信齋諸大儒又崇信之。故鄭氏專門之學，未為異義所汩。至元吳興敖君善出，乃詆以疵多醇少。其所撰集說，雖云采先儒之言，其實自注疏外，皆自逞私意，非有所依據也。然自敖氏之說興，綴學者厭注疏之繁而樂其易曉，往往舍古訓而從之。（儀禮管見序）

此文指出經學上有尊古注與空談義理好爲新說之兩途。然如朱子，後人奉以爲宋儒言義理之大宗，亦崇信鄭注。言禮不能屏理不談，言理亦不能捨禮不問。余爲朱子新學案，備著其說於朱子之禮學篇。清儒如焦循里堂，乃謂「漢儒言禮不言理，宋儒言理不言禮」，此乃門戶之見，非學術之眞。竹汀所分辨，可謂明晰。阮氏序竹汀養新錄，特舉難、易之辨，而不分漢、宋，特指其流弊始於元儒，殆即據竹汀之斥敖氏以爲言也。又竹汀言漢儒專家之學，僅舉鄭氏；至於上推西京，與一宗公羊，盛推今文，皆是此下推波助瀾之言，當非竹汀所許。

竹汀又特論鄭玄之爲人，有曰：

讀古人之書，必知其人而論其世。鄭君兼通六藝，集諸家之大成，厥功偉矣。荀慈明委蛇臺司，未有匡時之效，視北海之確乎不拔者，相去遠矣。有濟世之略，而審時藏器，合於「無道則隱」之正，此大儒出處，所由異乎逸民者流與！（鄭康成年譜序）

竹汀以此推尊康成，較之並時漢學家專尊家法，相去誠不可以道里計。

竹汀又舉宋儒孫明復而闡論其治經之意，有曰：

予謂先生立言，主乎明道。當宋盛時，談經者墨守注疏，有記誦而無心得。有志之士，若歐陽氏、二蘇氏、王氏、二程氏，各出新意解經，蘄以矯學究專己守殘之陋，而先生實倡之。觀其上范天章書，欲召天下鴻儒碩老，識見出王、韓、左、穀、公、杜、何、毛、范、鄭、孔之右者，重為注解，俾六經廓然瑩然，如揭日月，以復虞、夏、商、周之治；其意氣可謂壯哉。元、明以來學者，空談名理，不復從事訓詁，制度象數，張口茫如，則又以能習注疏者為通儒矣。夫訓詁、名理二者，不可得兼，然能為於舉世不為之日者，其人必豪傑之士也。（重刻孫明復小集序）

是則以能習注疏爲通儒，亦特是元、明學弊後始然。而通經貴在明道，貴在能復三古之治，貴在能自有心得，不僅憑於注疏之墨守。其所讚歎於宋儒治經之意趣者又如何乎？此又何嘗有絲毫尊漢抑宋之意存其胸中？其送俞楠園教授蘇州序，極稱宋儒胡安定之教法，又引朱子之言以爲䦨說。又其跋四書纂疏，辨白趙潤孫未仕元代，謂「關係格庵名節，恐爲攻道學者藉口，故不可不辨」。此尤足爲竹汀並不贊許當時學術界攻擊宋儒道學之風一明證。此跋成於竹汀六十八之年，尤見其爲晚年思想也。

竹汀又直陳當時言經學者之失，有曰：

近代言經術者，守一先生之言，無所可否，其失也俗。穿鑿傅會，自出新意，而不衷於古，其失也妄。唯好學則不妄，唯深思則不俗，可以言道。（贈邵冶南序，時年四十四。）

是則治經求以明道，而通經明道，則既貴有學，尤貴能思。豈僅暖暖姝姝於漢儒一家之言，所謂家法師承者，所能膺此好學深思之名，以任此道之寄乎？

竹汀又言之，曰：

儒者之學，在乎明體以致用。詩、書、執禮，皆經世之言也。論語二十篇，孟子七篇，論政者居其半。當時師弟子所講求者，無非持身處世、辭受取與之節。而性與天道，雖大賢猶不得而聞。儒者之務實用而不尚空談如此。今讀先生是書，指陳利病，洞達古今，其言要而不煩，其道簡而易行，蓋賈誼新書、崔寔政論、仲長統昌言之亞也。若夫勦聖賢之格言，著語錄以惑世，而經史不講，先生於距僞篇中，業大聲疾呼之矣。（世諱序，時年五十七。）

此文直斥宋儒以下之語錄，主張經世實用，經史實學，而不滿於宋以下語錄之多言性與天道，其意略似顧亭林。與空言經學者不同，與分漢、宋疆界以言經學者尤不同。竹汀極慕亭林，其爲養新錄，亦效亭林之日知錄；惟博學多聞爲相似，而經世實用若爲微遜。然此乃時代限之，亦殆才性有辨。竹汀要爲有此意，與同時之尊漢抑宋，專在注疏與家法爭是非短長者絕不類；此當爲之抉發也。

竹汀又論易學有曰：

古之聖賢，求易於人事，故多憂患戒懼之詞。後之儒者，求易於空虛，故多高深窈妙之論。（與程秀才書）

此又竹汀論學，一本之於人事與義理，不以漢、宋爲疆界，不以注疏爲終極也。

當竹汀之世，論學者已樹漢、宋之壁壘，而又爲經、史分門庭。若論史學，則必羣推竹汀爲巨擘。然竹汀論學，固常盛推經術，其言已如上引。而竹汀之論史，亦與時風眾趨有不同。其與邱艸心書，論征誅與禪讓，而謂「儒者立言，當爲萬世生民慮」。其自爲二十二史考異作序則曰：

予弱冠時，好讀乙部書。通籍以後，尤專斯業。史非一家之書，實千載之書。祛其疑，乃能堅其信。指其瑕，益以見其美。拾遺規過，匪為齮齕前人，實以開導後學。而世之考古者，拾班、范之一言，擿沈、蕭之數簡，兼有竹素爛脫，豕虎傳譌，易「斗分」作「升分」，更「日及」為「白芨」，乃出校書之陋，本非作者之僫。而皆文致小疵，目為大創。馳騁筆墨，夸曜凡庸。予所不能效也。更有空疏措大，輒以褒貶自任。強作聰明，妄生疻痏。不稽年代，不揆時勢。強人以所難行，責人以所難受。陳義甚高，居心過刻。予尤不敢效也。惟有實事求是，護惜古人之苦心，可與海內共白。（廿二史考異序，時年五十三。）

是竹汀實一本其平日所揭櫫之論學宗旨以治史，在其心中，並不見有經學、史學之鴻溝，更亦絕無以史學名家，求與當時經學相抗衡之意也。嘗稱方正學有曰：

予獨愛其論人之患，「莫過於自高，莫甚於自狹，莫難於不得其源」三語。先生之學，正以未嘗自高，而所得益深。世徒見其舍生取義，浩然與日星河嶽爭光，而不知至大至剛之氣，直養無害，如水之有源，自在流出，非有所矯強憤激而為之。斯為聖賢素位之學。（跋方正學溪喻草藁摹本）

竊謂竹汀之論學，亦一如其論人。勿自高，勿自狹，而貴乎得其源。凡沾沾以一業自名專家，以爲人莫之尚者，此皆自高又自狹，而不得其源之爲患也。其評班史古今人表曰：

此表為後人詬病久矣。予獨愛其表章正學，有功名教，識見敻非尋常所能及。觀其列孔子於上聖，顏、閔、子思、孟、荀於大賢，孔氏弟子列上等者三十餘人。而老、墨、莊、列諸家降居中等。論語篇中人物，悉著於表，而他書則有去取。後儒尊信論語，其端實啟於此。古賢具此特識，故能卓然為史家之宗。徒以文章雄跨百代推之，猶淺之為丈夫矣。（跋漢書古今人表）

此即著史學之本源也。曰「正學」，曰「名教」，古今以史學名家而能識此意者，復有幾人。又曰：

太史公修史記以繼春秋，成一家言。其述作依乎經，其議論兼乎子。班氏父子因其例而損益之，遂為史家之宗。（史記志疑序，時年六十。）

此其推奉史記以爲史學宗主，而曰「述作依乎經，議論兼乎子」，「繼春秋成一家言」，言不煩而意無窮，所謂得其本源而弗自狹者，俱在是矣。然固不見有自高之意存乎其間也。又曰：

做官時少，做人時多。做人時少，做鬼時多。徐健菴通鑑，多采善言。（養新錄）以如此意態讀史，以如此意態評人史書，可謂迥不猶人。試問古今以史學名家而能具此胸襟、抱此意態者復有幾人？竊謂竹汀之爲學，固不限於史。其成學之所至，亦不得僅以史學名。其學浩博無涯涘，不得已而必爲之名，則不如直承清初諸大儒如亭林之儔而名之曰「經史實學」，庶乎近是。此猶是清儒學風未大變時之所有也。江藩著漢學師承記，亦以竹汀列名其間，不知竹汀固未嘗以漢學自居。當時以漢學自負，以漢學相號召者，復有竹汀胸襟意趣之髣髴否？江氏之稱竹汀又曰：「嘗謂自惠、戴之學盛行於世，天下學者但治古經，略涉三史，三史以下茫然不知，得謂之通儒乎？所著二十二史考異，蓋有爲而作。」此言亦無徵。謂竹汀乃通儒之學，則然矣。謂其治史乃有爲而作，此則仍是經學、史學分門別戶之見爲之作祟，斷無當於竹汀爲學之意趣也。同時章學誠，欲標史學與戴震經學相代興，而貽書竹汀，極陳其義，謂「天壤之大，豈絕知音，鍼芥之投，寧無暗合」，（章氏遺書上辛楣宮詹書）此亦未免門戶之見，好啟爭詆。今潛研堂集中不見有復書，是竹汀固不以實齋爲知音也。

竹汀於經史外，又注意文章之學，嘗爲秦蕙田味經窩稿作序，有曰：

錫山秦公，以通經砥行為東南多士倡。錫山自高、顧諸君子講學東林，遺風未墜。尊甫給諫公，潛心性理，學養尤邃。公目濡耳染，聞道最早，顧不欲居講學之名。嘗曰：「先聖之蘊，具於六經，舍六經安有學哉？」及其出而為文，光明洞達，浩乎沛乎，一如其意之所欲言而止。譬之堂堂之陳，正正之旗，所向無敵，而不為佻巧詭遇之計。昔人稱昌黎以六經之文為諸儒倡，今公之文，非六經之法言不陳，非六經之疑義不決，折衷百家，有功後學，所謂「吐詞為經，而蘄至於古之立言者」，唯公有焉。嘗慨秦、漢以下，經與道分，文又與經分，史家至區道學、儒林、文苑而三之。夫道之顯者謂之文，六經、子、史，皆至文也。後世傳文苑，徒取工於詞翰者列之。而或不加察，輒嗤文章為小技，以為壯夫不為；是恥鞶帨之繡，而忘布帛之利天下。執穅秕之細，而訾菽粟之活萬世也。（味經窩類稿序）

此其論學，實欲匯道學、儒林、文苑而一之。經術、性理、文章，皆通儒實學所宜備。又豈當時爭門戶，分漢、宋，別經、史者之所與知乎？故曰：

讀孔、孟之書，修程、朱之行，而學韓、歐之文，能自樹立不因循。（饒陽縣新建文昌閣記）

竹汀之論文，在當時亦爲特出。嘗曰：

為文之旨有四，曰明道，曰經世，曰闡幽，曰正俗。有是四者，而後以法律約之，夫然後可以羽翼經史，而傳之天下後世。（與友人書）

此書乃與友人論桐城方氏所稱「古文義法」。竹汀極不喜方氏，謂方所得者，古文之糟粕，非古文之神理。又有跋方望溪文一篇，譏望溪以時文爲古文。然竹汀雖不喜方氏，於方氏所推尊之歸有光，則亦所佩服。嘗謂：

震川歸先生之文，近代之韓、歐陽也。（歸震川先生年譜序，時年六十。）

此其持論執中，實事求是之意，於此亦見一斑。較之因薄唐、宋經學，遂並韓、歐陽之文章而忽之者，意量相去，遏乎遠矣。又曰：

讀書談道之士，以經史為菑畬，以義理為溉灌，胸次灑然，天機浩然，有不能已於言者，而後假於筆以傳。多或千言，小或寸幅，其言不越日用之恒，其理不違聖賢之旨，詞雖今，猶古也。文之古，不古於襲古人之面目，而古於得古人之性情。性情之不古若，微獨貌為秦、漢者非古文，即貌為歐、曾，亦非古文也。（半樹齋文稿序，時年六十九。）

論文本義理性情，最爲名通。其論詩，亦如其論文。有曰：

詩有四長，曰才、曰學、曰識、曰情。放筆千言，揮灑自如，詩之才也。含經咀史，無一字無來歷，詩之學也。轉益多師，滌淫哇而遠鄙俗，詩之識也。境往神留，語近意深，詩之情也。人心有感，天籟自鳴，雖村謠里諺，非無一篇一句之可傳，而不登大雅之堂者，無學識以濟之也。胸羅萬卷，采色富贍，而外強中乾，讀未終篇，索然意盡者，無情以宰之也。有才而無情，不可謂之眞才。有才情而無學識，不可謂之大才。尚稽千古，兼斯四者，代難其人。（春星草堂詩集序，時年五十八。）

又曰：

得古人之性情，而不襲其面目。兼古人之門徑，而不局於方隅。此眞才人、大才人也。（同上）

又曰：

予不喜作詩，尤不喜序人之詩。以為詩者志也。非意所欲言而強而為之，妄也。不知其人志趣所在，而強為之辭，贅也。韓子之言曰：「物不得其平則鳴。」吾謂鳴者出於天性之自然。金、石、絲、竹、匏、土、革、木，鳴之善者，非有所不平也。歐陽子之言曰：「詩窮者而後工。」吾謂詩之最工者，周文王、召康公、尹吉甫、衛武公，皆未嘗窮。晉之陶淵明，窮矣，而詩不常自言其窮，乃其所以愈工也。（李南澗詩集序）

又曰：

昔嚴滄浪之論詩，謂：「詩有別材，非關乎學。詩有別趣，非關乎理。」秀水朱氏譏之云：「詩雖小技，其原本經史，必也萬卷儲，始足供驅使。」二家之論，幾乎枘鑿不相入。予謂皆知其一而未知其二者也。滄浪比詩於禪，沾沾於流派，較其異同；詩家門戶之別，實啟於此。究其所謂別材、別趣者，只是依牆傍壁，初非眞性情所寓，而轉蹈於空疎不學之習。一篇一聯，時復斐然，及取其全集讀之，則索然盡矣。秀水謂詩必原本經史，固合於子美「讀書萬卷，下筆有神」之旨。然使無眞材、逸趣以驅使之，則藻采雖繁，臭味不屬，又何以解祭魚、點鬼、疥駱駝、掉書袋之誚乎！夫唯有絕人之才，有過人之趣，有兼人之學，乃能奄有古人之長，而不襲古人之貌，然後可以自成為一大家。（甌北集序，時年六十三。）

竹汀論詩文，率具如是。當時經學漢學家，能知玩情肆意於詩歌文章之林囿者，固已少矣。然竹汀之論詩文，即必源本於性情，植根於經史，而尤關心於教化。乃特不喜於自明以下之小說。其言曰：

古有儒、釋、道三教，自明以來，又多一教曰小說。小說演義之書，未嘗自以為教也。而士大夫農工商賈，無不習聞之。以至兒童婦女不識字者，亦皆聞而如見之。是其教，較之儒、釋、道而更廣也。釋、道猶勸人以善，小說專導人以惡。姦邪淫盜之事，儒、釋、道書所不忍斥言者，彼必盡相窮形，津津樂道。以殺人為好漢，以漁色為風流。喪心病狂，無所忌憚。子弟之逸居無教者多矣，又有此等書以誘之，曷怪其近於禽獸乎！世人習而不察，輒怪刑獄之日繁，盜賊之日熾，豈知小說之中於人心風俗者，已非一朝一夕之故也。（正俗）

此一理論，實可見竹汀論文之又一面，此其所以爲通儒實學也。今若謂清儒治漢學，皆是故紙堆中學問，則竹汀固不爾。平心論之，當時所奉漢學魁傑，其實亦不盡爾。如惠棟定宇，其所著述，自諸經外，別有後漢書補注十五卷，此關史學。又有王漁洋精華錄訓纂二十四卷，此關文學。竹汀比之任淵之注山谷，李壁之注荊公。又有太上感應篇注二卷，竹汀亦稱之，謂其：「箋注古雅，自成一子，於吾儒明善寡過、敬身畏天之學，豈小補哉！」（重刊太上感應篇箋注序，時年七十。）又曰：「今士大夫多尊崇漢學，實出先生緒論。」（古文尚書考序）此乃推稱惠氏，非即尊崇漢學，辨文理者必能知之。又如王鳴盛西莊，與竹汀科第同年，又有婚媾之好，竹汀稱之曰：

古三不朽，立言其一。言非一端，所重經術。漢儒治經，各有師承。後儒鑿空，師心自矜。堂堂光祿，樸學自好。祖述後鄭，升堂覩奧。（西沚先生墓誌銘）

此謂立言非一，所重經術者，乃竹汀自爲言。謂漢人說經必守家法者，乃稱述西莊言。而又曰：

經明史通，詩癖文雄。（同上）

是西莊之學，亦經、史、文章三者兼擅。縱謂治經必守漢人家法，非謂學問即盡於是也。其他一時學人，兼擅經、史、文章者，尚亦不乏，而竹汀尤爲之冠冕。阮氏養新錄一序，言之備矣。顧當時戴震東原乃曰：「當代學者，吾以曉徵爲第二人。」此語引於江藩漢學師承記。江氏又曰：「蓋東原毅然以第一人自居。然東原之學，以肄經爲宗，不讀漢以後書。若先生學究天人，博採羣籍，自開國以來，蔚然一代儒宗也。以漢儒擬之，在高密之下，即賈逵、服虔，亦瞠乎後矣，況不及賈、服者哉！」是江氏爲竹汀抱不平。然東原初至京師，困於逆旅，竹汀爲之延譽，稱曰「天下奇才」，舉世始知有東原。及東原卒，竹汀爲之傳，首舉其「訓詁明而後義理明」之論，（戴先生震傳）而於此一義，竹汀乃終身稱道。如曰：

窮經者必通訓詁，訓詁明，而後知義理之趣。（左氏傳古注輯存序，時年六十。）

又曰：

六經者聖人之言，因其言以求其義，則必自詁訓始。謂詁訓之外別有義理，如桑門以「不立文字」為最上乘者，非吾儒之學也。詁訓必依漢儒，以其去古未遠，家法相承，七十子之大義，猶有存者。（臧玉林經義雜識序，時年六十六。）

類此之言猶屢見，而暢發於所爲經籍纂詁序。其言曰：

有文字而後有詁訓，有詁訓而後有義理。訓詁者，義理之所由出，非別有義理出乎訓詁之外者也。漢儒說經，遵守家法，詁訓傳箋，不失先民之旨。自晉代尚空虛，宋賢喜頓悟，笑問學為支離，棄注疏為糟粕，談經之家，師心自用，古訓之不講，其貽害於聖經甚矣。儀徵阮公，以經術為多士倡，謂治經必通訓詁，而未有會最成一編者。往歲休寧戴東原實創此議。此書出而窮經之彥，焯然有所遵循；學術正而士習端，其必由是矣。小學云乎哉！（經籍籑詁序，時年七十二。）

謂「治經必通訓詁」，此固然矣。謂「有訓詁而後有義理」，「非別有義理出乎訓詁之外」，此則大不然之甚者。若謂治學必以訓詁爲主，訓詁必以漢儒爲歸，如此則學必昧其本源，而門戶之已狹。學問只在故紙堆中，而所見之已小。實不與竹汀平日論學素旨相合。竹汀論學之淵懿，余既備引其說矣，唯此一義，實堪疵病，而實襲自東原。既奉以爲治學之最要途轍，則無怪乎東原之毅然以第一人自居，而以竹汀爲第二人也。竹汀以一代通儒，而襲此謬論，迄於晚年，曾不悟其非可與向所持論之夙旨相融洽。由此推衍，則孔、孟義理無其原，而漢、宋門戶不可泯。余誦潛研一集，每不禁於此而爲竹汀致惋惜也。

（一九七一年三月臺北故宮文獻季刊二卷二期）

讀段懋堂經韻樓集

段玉裁懋堂於乾隆二十八年癸未從戴東原講學，投札稱弟子。時年二十九。東原以非宋訾朱自負，懋堂則以小學名家。然考經韻樓集卷八，有博陵尹師所賜朱子小學恭跋，其文成於嘉慶十四年己巳，懋堂年七十五。跋中有曰：

癸亥，先君子見背，今又七年所矣。歸里後所讀書，喜言訓故考核，尋其枝葉，略其本根，老大無成，追悔已晚。蓋自鄉無善俗，世乏良材，利欲紛挐，異言諠豗。而朱子集舊聞，覺來裔，本之以立教，實之以明倫敬身，廣之以嘉言善行。二千年賢聖之可法者，胥於是在。或謂漢人之言小學，謂六書耳，非朱子所云也。此言尤悖。漢人之小學，一藝也。朱子之小學，蒙養之全功也。子曰：「弟子入則孝，出則弟，謹而信，汎愛眾，而親仁。行有餘力，則以學文。」朱子之教童蒙，本末兼賅，未嘗異孔子教弟子之法也。

東原言「訓詁明而後義理明」，一時風氣，羣以治六書訓詁爲學問唯一大門徑，懋堂尤畢生萃精許叔重說文一書。其所爲說文解字注之付梓，在嘉慶十八年癸酉，僅在此後四年。乃謂「老大無成，追悔已晚」，是其內心憤悱之情，實有大堪注意者。

懋堂跋朱子小學文，在己巳之三月，而同年正月，又有爲嚴久能作娛親雅言序，亦在經韻樓集卷八。其文有曰：

余以為考覈者，學問之全體。學者所以學為人也。故考覈在身心性命、倫理族類之間，而以讀書之考覈輔之。今之言學者，身心倫理不之務，謂宋之理學不足言，謂漢之氣節不足尚。別為異說，簧鼓後生，此又吾輩所當大為之防者。

東原舉義理、考據、辭章爲學問三大綱，而以獨能言義理自務。懋堂承其師說而變之，謂學問當首重考覈。考覈當在身心性命、倫理族類之間，而以讀書之考覈輔之。其意首發於爲其師東原集作序，而及是又發之；與其師所言，意趣有異，蓋其心猶不忘宋儒之理學也。

同年，又有答顧千里書，見經韻樓集卷十一，書中有曰：

顏氏家訓曰：「今有讀數十卷書，便自高大，陵忽長者，輕慢同列，如此以學，求益反自損，不如無學。」子朱子小學取之。顧涇陽誨錢牧翁曰：「汝自謂讀書多，我有書二本，汝卻未讀，乃小學也。」未有無人品而能工文章者。足下姑讀小學，何必一再言。

是即考覈身心倫理而以讀書之考覈輔之之意。既曰「學者所以學爲人」，又曰「未有無人品而能工文章」者，斯誠宋學宗旨所在。其跋朱子小學，必曰「恭跋」。其稱朱子，又必曰「子朱子」，斯其一瓣心香之深入骨髓可知矣。

又按：懋堂爲戴東原集序有曰：

玉裁聞先生之緒論矣。其言曰：「有義理之學，有文章之學，有考覈之學。義理者，文章、考覈之源也。熟乎義理，而後能考覈，能文章。」玉裁竊以謂義理、文章，未有不由考覈而得者。自古聖人制作之大，皆精審乎天地民物之理，得其情實，綜其始終，舉其綱以俟其目，與其利以防其弊，故能奠安萬世；雖有姦暴，不敢自外。中庸曰：「君子之道，本諸身，徵諸庶民，考諸三王而不繆，建諸天地而不悖，質諸鬼神而無疑，百世以俟聖人而不惑。」此非考覈之極致乎？聖人心通義理，而必勞勞如是者，不如是，不足以盡天地民物之理也。

懋堂編東原集而爲之序，事在乾隆五十七年壬子，懋堂五十八歲，尚在爲嚴久能作序前十八年。是懋堂雖深佩其師之學，而於其師之說，必重有引伸，加以發揮，而又反復言之；此非有意於背師，乃其幼年濡染於理學，尤其於朱子之言，至老而不能忘。其謂「盡天地民物之理」者，即朱子之格物精神也。故曰「考覈在身心性命、倫理族類之間，而以讀書之考覈輔之」也。此亦猶朱子言「讀書即格物之一端」也，而豈僅經籍訓詁之務乎？

懋堂又與劉端臨爲好友，曾爲劉端臨先生家傳；有曰：

君生有至性，六歲，母朱宜人卒，哀毀如成人。入家塾，終日端坐，未嘗離几席，終其身如是。少穎悟，九歲作顏子贊，長老無所點定。十餘歲，潛心理學，於其室設宋五子位，朝夕祀之。入里巷，目不旁視，時人有「小朱子」之目。年十六，補縣學生員。院試前夕，漏數刻不寐，家人疑其溫習經義，就視之，朱子語類也。

懋堂與端臨爲友，在其四十七歲時。其對東原正式定師弟子禮在三十五歲。東原爲孟子字義疏證尚在前，而與懋堂通函稱述此書，則在懋堂之四十三歲。懋堂編東原集作序，在五十八歲。可證懋堂雖師事東原，然其崇重朱子之意，則至是終未變。懋堂特認東原言義理，於宋儒外別有發明而已。固未以東原言易宋儒，亦顯未以當時之經學與有宋理學作對抗也。至劉端臨卒，則在懋堂之七十一歲。其爲端臨家傳，應即在此年或稍後不久。而是年有與王石臞書，云：「弟落魄無似，時觀理學之書。」又謂：「說文注近日可成。」則懋堂雖萃精許氏說文，而其崇理學尊朱子之意，則固未變。其爲博陵尹師所賜朱子小學恭跋，及爲嚴久能作娛親雅言序，則在懋堂之七十五歲，尚在此後。會合而觀，則懋堂之學術途徑與其思想向背，自始以來，顯無以經學、理學相對抗意。而其同門如王石臞，至好如劉端臨，亦皆絕不作此想。此可知當時之學風也。懋堂與劉端臨書有云：

孟子字義疏證所言，實能發明孔孟之旨，而非宋人所能見到，足下以為然否？

是懋堂亦疑東原所言與宋儒有背，疑未能定，乃以詢之於端臨也。又一書云：

白田先生集及已刻之書，能為致之否？竹汀著有白田傳一篇。

是懋堂一面稱道其師之字義疏證，一面仍留心王白田，即是仍不忘朱子宋學也。蓋懋堂心存依違，而終無定見有如是。

其與王懷祖書則曰：

東原師曾與弟書云：「僕生平著述，以孟子字義疏證為第一，所以正人心也。」今詳味其書，實實見得宋儒說理學，其流弊甚大，閣下可曾熟之覆之。

懋堂此書，自言年七十有六。在其恭跋朱子小學之後一年。是懋堂爲朱子小學跋以後，心終不安，又再熟覆東原之疏證，乃終覺宋儒說理學之流弊；與其以前與劉端臨書，僅謂東原所言，非宋人所能見到」者，語意又不同。竊疑懋堂思想轉變專主東原殆始於是。雖未明白暢論，而迹象已不可掩矣。

又按：經韻樓集卷三有在明明德在親民說一篇，有曰：

經之不明，由失其義理。義理所由失者，或失其句度，或失其故訓，或失其音讀。三者失，而義理能得，未之有也。朱子云：「明德者，人之所得乎天，而虛靈不昧，以具眾理而應萬事者也。」虛靈不昧，語近佛氏「本來面目」之云，特以「理」字易「心」字，謂吾儒本天、釋氏本心耳。「復初」之云，始見於莊子，大學言「充積」，非言「復初」。失古經句度故訓，以私定之句度故訓釋經，非大學之恉也。至於程子之讀「親民」為「新民」，則又失其音讀者也。往者東原師作大學補注，為予言開宗二句之義，而其書未得見，因述以詒後之人。

此文明據東原駁程朱。謂經中義理，必由句度、故訓、音讀而得。此正東原意，與懋堂向所言「求盡天地民物之理」者有不同。其說「明明德」，謂「明明」猶煌煌、赫赫之類，以「明」其「明德」

爲非。此終爲誰失其句度、故訓乎？惜此文著作年歲不可考。其下一篇大學此之謂自謙鄭注釋，亦駁朱子章句。題注庚午三月，在嘉慶十五年，正是懋堂七十六歲時。此兩篇當係同年所作。則懋堂意見確於此年始有轉變也。

又經韻樓集卷九有十經齋記一篇，作於嘉慶十七年壬申，懋堂年七十八，文中有曰：

余耄矣，近者亦閉户一室中，以二十一經及吾師原善、孟子字義疏證恭安几上，手披口讀，務欲訓詁、制度名物、民情物理稍有所見，不敢以老自懈。

是懋堂老而益尊其師也。其謂「二十一經」，乃於十三經外，欲廣之以大戴禮、國語、史記、漢書、資治通鑑、說文解字、九章算經、周髀算經八種，謂：

學者誦習佩服既久，於訓詁、名物制度之昭顯，民情物理之隱微，無不憭然。無道學之名而有其實。

此於十三經外又增八種，首大戴禮，末尾算經兩種，皆其師東原所曾親校也。至朱子四書集註，乃當時人人必讀書，顧擯不得預。又懋堂常用「理學」字，至是乃改稱「道學」，而曰「無道學之名而有其實」。是懋堂至是年，乃始一遵其師東原之意，至謂可以有經學，無理學，並「道學」之名亦可無。而懋堂之説文解字注，亦於是年授梓。殆可謂至此年而懋堂意見之定於一是者益顯也。

又經韻樓集卷七東原先生札册跋有曰：

哲人其萎，失聲之哭，於茲三十有八年矣。思先生而不可見，於是修先生年譜一卷付刻，又裒先生札得十四，付裝潢。

是年，懋堂八十歲。其爲東原年譜，乃遲至東原卒後之三十八年；其於年譜與裝潢之札，尤拳拳於字義疏證一書；則知懋堂意見之確然獨奉東原一家言以爲定論者，乃自其七十六至八十之年而大定也。而翌年，懋堂年八十一，五月，説文解字注全部刊成，九月亦溘然逝世矣。

又按：東原年譜載，先生與朱文正公善，乾隆三十四年己丑，文正爲山西布政司使，先生偕玉裁往。朱文正公嘗曰：「汝二人竟如古之師弟子，得孔門漢代之家法。」朱石君卒，在嘉慶十一年丙寅。經韻樓集卷七，有闕文兩篇，一戴東原先生配享朱子祠議，又一爲上大興朱中堂書。考經韻樓集始刻於道光元年辛巳，距懋堂卒已六年，疑此兩文不爲懋堂身後刻其集者所删，殆懋堂生前自删之也。蓋懋堂官卑，配享之議不獲親上，乃貽書石君，懇其上之。石君於嘉慶七年爲協辦大學士，十年，拜體仁閣大學士，以至其卒。懋堂上書稱「中堂」，即在此數年間。尚在其跋朱子小學前。殆石君卻之，議未獲上，事既不成，懋堂臨老，又改變初見，一意尊東原，遂沒其稿。又懋堂東原集序云云，及爲東原年譜時，已不再提及此意。今經韻樓集亦不收此序。此必懋堂自删之。而於恭跋朱子小學，則猶存其文。於請東原配享朱子，則猶存其題。此以誌往年之心迹，皆見懋堂稟性之敦厚也。

皮錫瑞經學歷史，據議配享及跋小學兩文，乃謂江、戴、段之學，未嘗薄宋儒。又言：「惠、江、戴、段爲漢學幟志，皆不敢將宋儒抹撥。」不知愼修在前，恪遵朱子矩矱，與東原自不同。懋堂幼年受程朱影響，至老依違兩者間，及七十六之後至於八十之年，乃始一尊東原；細讀其集，可以推知。石臞乃其同門，然出理學家庭。其父於石臞幼年，館東原於家，命之受學，乃終其生專心小學訓詁，絕不一語及義理及經學、理學異同。其識解明通，似過懋堂。及懋堂之卒，乃曰：「若膺死，天下遂無讀書人矣。」以讀書人稱重懋堂，可謂恰切。蓋石臞亦敦厚人，其父、其師爲學途徑不同，故語有分寸。皮氏所言，粗疏已甚，特附辨於此。

又按：王石臞敍端臨遺書有曰：

端臨邃於古學，其於漢、宋諸儒之說，不專一家，而惟是之求。精思所到，如與古作者晤言一室，而知其意旨所在。比之徵君閻百詩、先師戴庶常、亡友程易疇，學識蓋相伯仲。以視鑿空之談，株守之見，猶黃鵠之於壤蟲也。

石臞之贊端臨，正取其兼采漢、宋。百詩尊朱，東原反朱，而石臞並列齊稱之。易疇與東原，同師於婺源江氏，其學亦漢、宋兼采，途轍近於師門，與東原之呼「婺源老儒」者異矣。石臞親受業於東原，尊之曰「先師」，而特以與「亡友」程易疇合引，又增之以百詩，豈石臞不瞭於此三人論學之意見。又謂端臨學識於此三人可相伯仲，是石臞深賞端臨，而於其師東原轉若未爲特加重視。又豈如懋堂自謂於端臨爲至好，與石臞爲同門，而特尊其師東原，以爲超出有宋程朱理學之上。即此一端，亦可覘端臨、石臞、懋堂三人之學識深淺矣。

又石臞敍懋堂說文解字注有曰：

> 訓詁聲音明而小學明，小學明而經學明，蓋千七百年來無此作矣。

此曰「小學明而經學明」，乃承其師東原之說，然不曰經學明而理學可廢，則與懋堂之尊其師者爲有間矣。

又石臞行狀稱：其子伯申年十歲，石臞即以朱子童蒙須知命手錄，置案頭省覽。暇則講解朱子小學，佐以呂新吾小兒語，俾知寡過之方。是則石臞之教其子，正猶懋堂七十五歲恭跋朱子小學時之心情也。然石臞似未嘗如懋堂之必明辨朱子小學爲眞小學，而聲音訓詁爲不得稱小學也。

又懋堂甥龔定菴爲王伯申墓表，有曰：

士珍平日所聞於公者，曰：「吾之學，於百家未暇治，獨治經。吾治經，於大道不敢承，獨好小學。」

是伯申明承其家教，以小學非即大道，不作「訓詁明而義理明」之説。而石臞、伯申父子，亦豈誠於所謂「大道」者絕不理會，而又懵無所知乎？

又劉寶楠，字楚楨，端臨從子。爲論語正義，時人稱其「蒐集漢儒舊説，益以宋儒長義，及近世諸家」。成孺寶楠傳有曰：

楚楨雖從事漢學，然推崇朱子，絕不蹈非毀宋儒之習。

是楚楨殆能確守其從父端臨之教者。其子劉恭冕叔俛，續成其父所爲之正義，作爲後序，亦曰：

不為專己之學，亦不欲分漢、宋門戶。

是寶應劉氏自端臨、楚楨、叔俛三世，家教相傳，正猶如高郵王氏，自安國、石臞、伯申三世之家教相傳，治經學而不蔑理學也。陳碩甫謂：

高郵王氏三代經學，度架無唐以後書。

其然，豈其然乎！碩甫受學於懋堂，雖登王氏之門，似未甚稔於王氏之家風也。

又端臨弟子苗之鋋，字劍銛。寶應儒林傳稱其：

少時讀鄉先進劉練江、王白田、朱止泉遺書，即慨然慕其為人，而於端臨尤所親炙。嘗舉朱子小學、近思錄及劉蕺山人譜示生徒，曰：「此最切要。舍此則無以為人。」

又朱彬，字武曹，寶應人，有禮記訓纂。林少穆序之曰：

先生承其鄉先進王氏懋竑經法，又與劉端臨台拱、王石臞念孫、伯申引之父子，切劘有年。故編中采此四家之說最多。

白田亦寶應人，其朱子年譜，石臞父安國爲之序；高郵、寶應兩邑，有此學風。懋堂與石臞爲同門，與端臨爲至好，然及其晚年，終以尊其師過甚，似與端臨、石臞之爲學，有不甚相契者矣。後人並稱戴、段、二王，不知戴、段與二王之間，有此分歧，因爲附識於此。

（一九七六年六月臺北幼獅月刊四十三卷六期）

記鈔本章氏遺書

書肆挾鈔本章氏遺書來國立北京大學求售，余携歸燈下檢讀，疑是實齋子華紱所録副本也。何以言之？道光壬辰，華紱初刻文史通義，跋云：「先君子易簀時，以全稿付蕭山王穀塍，乞爲校定，時嘉慶辛酉。及道光丙戌，長兄杼思自南中寄出原草，併穀塍先生訂定目録一卷，查閲所遺尚多，亦有與先人原編篇次互異者。自應更正，以復舊觀。先録成副本十六册。庚寅、辛卯，得交洪洞劉子敬、華亭姚春木二先生，將副本乞爲覆勘。今勘定文史通義内篇五卷，外篇三卷，校讐通義三卷，先後付梓」云云。今鈔本適裝十六册，與華紱言合，一也。初刻文史通義外篇三，有答甄秀才論修志兩書、與甄秀才論文選義例二書、修志十議、天門縣志藝文考、五行考、學校考三序，查劉刻本知爲王氏原目所無，而此鈔本皆有之。（與甄四書在卷十通義外篇四，修志十議以下四篇在卷十八方志略例三。）華紱所謂王目「所遺尚多」，其合二也。又鈔本偶有夾附别紙評識，字跡皆出一手，不知何人所評。惟史注篇原注「義詳敍例篇」，附録云：「敍例篇内篇未見，外篇亦無其名，豈見他篇耶？似當注明。」旁附别一手字跡云：「正文已云太史敍例之作，是敍例乃太史公篇名，然史記有自敍無敍例，或是自敍之誤。師陸記。」師陸即洪洞劉子敬，時爲大梁書院山長，與姚春木同定通義篇目者。則其他評識，是否係姚春木筆，雖不可知，而此書曾爲劉子敬過目，其合三矣。本此三證，故疑此本當係華紱所錄副本也。

此本文字，有王本有目無文，劉刻於他處搜訪得之，而此本明有其文者，如評沈梅村古文之類是也。有王本有目無文，劉刻亦搜訪未得，而此本有之者，如與孫淵如論學十規之類是也。有王目所無，劉刻有之，此本亦有者，如說文字原課本書後之類是也。亦有王目、劉刻有之，而此本轉缺者；如此本卷一文史通義內篇一目錄最後一篇爲禮教，有目無文。劉刻遺書附錄王宗炎復實齋書，有「禮教已著成否」之語，是實齋當時先已擬有禮教篇目，而文則後成。或華紱副本乃從其兄杼思所寄原草寫錄，故此文亦未補入也。（此本所見，亦有目無文。）亦有王目、劉刻皆無之，而獨見此本者，如史考摘錄、清漳書院留別條訓諸文是也。有可以校補劉刻之誤者，如論課蒙學文法一篇，劉刻采自汪如瀾小方壺彙刻，乃自「故初學藉以爲資」下脫去原刻一頁，凡六七百字，逕以隔頁之首字直接上頁之末字，遂使文理不通；讀此本始見其全文之眞相。凡此之類，若彙而刊之，近有二十篇，誠可爲愛讀章氏文者一極可喜之發現矣。

章氏通義，生前曾刻其一部分。余前讀燕大圖書館所藏章氏遺書鈔本，篇目均附小註，載列年月，亦有注「已刻」者，即指實齋生前所刻也。此本凡遇已刻，即分頁散訂，不再抄寫，遂可得章氏生前所刻文字之全目及其書樣，亦此本一貢獻也。今寫其目如下：

易教上中下

書教上中下
詩教上下
言公上中下
說林
知難
評沈梅村古文
論課蒙學文法
與邵二雲論文
評周永清書其婦孫孺人事
與史餘村論文
又與史餘村
答陳鑑亭
方志立三書議
州縣請立志科議

凡二十二篇。王本自評沈梅村古文下至又與史餘村凡六篇皆有目無文，答陳鑑亭則並目失之；殆因文已前刻，故未寫錄乎？（劉刻據雙藤花館所藏文史通義鈔本補入，亦由未見章氏生前通義刻本也。）

然頗有極有關係之文，而王本失之，劉刻遂亦不知有此文，未能搜訪補入者。如此本卷九與史餘村「文章經世之業」一篇，又答邵二雲「來書於戴東原」一篇，皆評戴東原學行及自道爲學制行本末，爲考論戴、章兩人學術異同極可貴之材料，而王本並目無之。疑當時學人不知實齋論學深意，嫌其貶戴太過，恐召戴門後學之鬩爭，故遂諱之。即實齋原文，亦謂：「此時未可舉以示人，恐驚一時之耳目。」又曰：「辨戴諸說，不欲遽爲今人所知。」（上引與史餘村。）又曰：「藏其稿不敢示人，恐驚曹好曹惡之耳目。」（上引答邵二雲書。）今大典本水經注行世，戴氏偸竊趙東潛書假託欺世之事大白，則實齋論戴氏專從其心術隱微處著眼者，其意庶亦可以取諒於人也。

即如與孫淵如論學十規，劉刻本附錄臧鏞堂丙辰山中草跋，謂：「論學十規、古文十弊、淮南子洪保辨、祠堂神主辨諸篇，偉論閎議，又復精細入神，切中文學之病，不朽之作也。穀塍先生以此册惠讀，（按即指丙辰山中草。）即以鄙見質之」云云，則王穀塍處固明明有此諸文，不應此後獨失十規一稿。殆亦諱而滅之耳。此本論學十規，不知由何人貼去「十規」二字，將原文第十項批評袁簡齋一節，墨筆鉤去。是此人之意，亦欲改十規爲九規。蓋原書第八本規孫氏攻摘古人太甚，並謂：「請於辨正文字，但明其理，而亦不必過責其人。」且云：「鄙著亦染此病，特未如尊著之甚，今已知悔，多所删改。」而第十規即醜詆簡齋，目之爲「名教中之罪人，不誅爲幸」。所以規人與所以自悔者，乃一篇之中，不踰數百言而即自犯之。故疑今王本無其文，乃由王氏逕爲删去，非如酒誥之俄空也。

此本婦學篇書後，「近日無行文人」，又「彼浮薄文人」，又「人首畜鳴，創爲風趣之說」，又

「今淫邪之人」，皆旁筆改「不學之徒」字樣；又「非聖無法」下，本有「罪不容於死」五字，亦加筆抹去；末句「其視浮薄文人直穢豕爾」，旁筆改「視不學之徒直妄人爾」。此亦皆後人所爲。而章氏之評詆逾量，蓋尚有雖悔之有未盡改者。（華紱刻其父書亦多刪削，即如詩話篇「詩話論詩非論貌也」以下全滅去不刻，是也。士習篇，王有目無文，此本並目無之。豈亦砭世有太甚耶？）

此本言公篇，係已刻本散頁訂入，篇首有一行云：「道聽塗說，爭名趨詭，腑械心竊，斯文如燬，著言公上中下篇。」黏紙云：「此行宜刪。」今華紱刻本無之，劉刻本亦無之。此亦後人之意。今考實齋與邵二雲論學，有云：「鄙性淺率，生平所得，無不見於言談，至筆之於書，亦多新奇可喜。其間遊士襲其談鋒，經生資爲策括，足下亦既知之，斯其淺焉者也。近則遨遊南北，目見耳聞，自命專門著述者，率多陰用其言，陽更其貌，且有明翻其說，暗剿其意，幾於李義山之敝縕，身無完膚；杜子美之殘膏，人多沾丐；才非先哲，而涉境略同，言之可慚，亦可慨也。鄙昔著言公篇，久有謝名之意。」此函所言，正可與原刻言公篇首行互相發明，使讀者知其當時下筆之動機。然苟誠意謝名，則篇首一行固可刪去。惟居今而論，則留此一行文字，亦未始不足爲知人論世之一助也。

此本又有又與朱少白一書，謂：「鄙著通義之書，諸知己者，許其可與論文，不知中多有爲之言，不盡爲文史計者。關於身世有所棖觸，發憤而筆於書。嘗謂百年而後，有能許通義文辭與老杜歌詩同其沈鬱，是僕身後之桓譚也。」此文收入文史通義卷九，王目、劉刻，乃並篇目而失之。豈亦以中論史考一案，牽涉及於當時勝流名士種種實相，遂亦有所諱而滅之耶？余爲近三百年學術史，於實齋文史通義淵旨，頗多抉發，時風衆勢之慨，身世隱微之感，賞弦外之音於聲塵寂寞之後；惜乎子雲不作，身後桓譚，竟不知其亦見許否爾。讀此文，自比其著作於老杜之歌詩，不禁深喟長吁，若想見乎其人。余以其生前刻本流傳，皆非著作深意所寄；及身後愛重其學者，爲之搜刻全書，而此等關係文字，仍多湮滅不彰；爰亟寫錄其軼文不傳者，彙爲一卷，而記其涯略如此。

附補抄篇目：

與孫淵如觀察論學十規（鈔本卷九）
又與朱少白論文（同上）
又與朱少白（同上）
與史餘村（同上）
答邵二雲書（同上）
與史氏諸表姪論策對書（鈔本卷十）
史考摘錄（鈔本卷十五）
「書宋孝女」附錄案牘（卷二十二）
書李孝婦事（同上）
書李節婦事（同上）
家石亭封君七十初度屏風題辭（鈔本卷二十六）

許可型七十初度幢子題辭（同上）
清漳書院留別條訓（鈔本卷二十七）
定武書院教諸生識字訓約（同上）
定武書院教諸生集經傳文字異同凡例（同上）
寇難（鈔本卷三十二通志稿）
熊倩（同上孝友傳）

（民國二十五年十二月北平國立圖書館圖書季刊三卷四期）

〔附〕附記

余早孤家貧，年未冠，即爲鄉村小學教師。一日，偶見報載北京大學招生，有投考者須先讀章學誠文史通義一條，因向書肆購讀，始知其時有章、戴之爭，明遺有顧、黄之異，爲學有經、史之別。讀而好之，每存余心。忽一年，夢登一樓。樓南向，三面皆有廊，惟背北一面爲樓梯。東、西、北三面倚壁皆書櫃。中放一長桌，玻璃面，下亦放書。瀏覽皆章著，乃有人間未見者。醒後常記其事。越後讀書漸多，章氏書幾無不過目。民國二十五年，授教北京大學。一日，圖書館主持人携鈔本章氏遺書一大篋來詢余，此書值購否？因北平書肆，亦時有此書鈔本出售，定價四十元，不爲貴。余曾見燕京大學亦藏此一鈔本，目錄附注有年歲，爲刊本所無。因囑送余家，細閱之。念此書有與孫淵如觀察論學十規一篇，有目無文。劉翰怡重刊此書，登報徵求，亦無獲。乃此鈔本赫然有之。大喜二十年前所夢不虛。又檢書中夾一大紅名片，不識其人姓名，然題洪洞，知必與助校此書者洪洞劉子敬有關。乃徹底細校，得未見文凡十許篇。又刊本一文中缺六七百字。翌晨，窮日夜力鈔錄，乃以鈔本還北大圖書館，囑速購珍藏。是時，余近三百年學術史方付印，乃補入孫淵如一文，又增補學術史多條。又別爲一短記。是年冬，登之圖書季刊三卷四期。越年，抗戰起，余携所鈔各篇離北平，輾轉滇、蜀，由成都四川省立圖書館出版兩百册分贈友好及學校圖書館。及避赤禍至香港，乃見大陸已翻印此本，而沒去余之名字及所鈔來歷。嗣又見大陸印文史通義，已將此所鈔散入。然余聞此鈔本實未藏北大圖書館，乃由圖書館主持人購贈之胡適之，今已不審其所在。余所鈔撮，窮日竟夜，出之倉促，或尚有遺漏，則待得此書者重加校覈。故特識其經過於此。

（此記成於一九七七年九月）

崔東壁遺書序

距今一百四十四年以前，大名老儒崔東壁應禮部試至京師，有雲南舉人陳履和遇之逆旅，讀其所著書上古、洙泗考信錄而大服，北面請師事，相懽遊如父子然。如是者兩月餘而別去，自此不復相見。越二十有五年，履和重來省其師於彰德之里第，則東壁已先五月卒，無子嗣。家人聞叩門聲，曰：「是雲南陳舉人乎？」出遺囑哭授。遺囑曰：「吾生平著書三十四種，八十八卷，俟滇南陳履和來親授之。」履和再拜柩前，捧全書去如京師，遂次第付梓焉。當是時，世稍稍知有大名崔東壁也。嗚呼，學術之精微，其相契於心髓，相要以生死，有如是哉！

然東壁之學傳矣而不廣，存矣而不著，浮沉淹沒於書海之底者又百年，乃迄於今而始大顯。初，胡君適之自海外歸，唱爲「新文化運動」，舉世奔走響應惟恐後。胡君於古今人多評騭，少所許，多所否，顧於東壁加推敬，爲作長傳，曰科學的古史家崔述。流布僅半篇，未完稿，然舉世想見其人，爭以先覩遺書爲快。胡君友錢君玄同，主廢漢字爲羅馬拼音，讀東壁書，自去其姓而姓疑古，天下學人無不知疑古玄同也。而最以疑古著者曰顧君頡剛。顧君爲胡君弟子，亦交遊於錢君，深契東壁之治史而益有進，爲古史辨，不脛走天下；疑禹爲蟲，信與不信，交相傳述。三君者，或仰之如日星之懸中天，或畏之如洪水猛獸之氾濫橫於四野，要之凡識字人幾於無不知三君名。「推倒一世豪傑，開拓萬古心胸」，於三君乎見之。而東壁以百年前一老儒，聲名闇淡，乃留遺此數十種書，得身後百年如三君者之推挹，一旦大顯於天下。其遇合之奇，較之當日陳舉人之叩門拜柩，抱遺書而去者，其爲度越又何如耶？

顧君於東壁書，謀爲標點行世，顧鄭重其事，不欲倉卒潰於成，積十年乃卒業，而所收遺稿視前益豐。本約胡君、錢君同爲之序，值錢君病腦，不能構思，胡君牽於事，顧君亦宂忙，均自恨不能盡其意。一日，告余曰：「東壁書標點久定，方脫版，子試有以序其端。」余於三君無當爲僕役，惶慚不敢遽諾。他日，顧君又敦促。余念亦聞三君者之風而始讀東壁書，並稍稍識其涯略，義不當固辭。而是時華北之風雲驟緊，日處危城，震盪搖撼，奇詠迭起，所見所聞，疑非人境，則亦何意於爲之！及事稍定，而北平各大學青年愛國運動驟起，牢獄之呻呼，刀刃之血滴，觸於目，刺於耳，而傷於心，一室徘徊，胸沸脈竭。而顧君之限期既屆，則我又將何以序崔氏之書而應顧君之命乎？

無已，請捨崔氏書而言時事；時事之壞無足言，請言其所以壞。夫時事之所以壞，其來有漸，非一日也。爲窮源探本之論者，乃研討及於吾中華民族文化之眞價。此其事若明若昧，反覆縈繞於吾學人之胸海，自晚清以迄今茲，亦既數十年。獨至胡君乃始大聲疾呼，戒國人勿以已往之文化自傲自安，而錢君、顧君承之。古史者，吾民族自謂四千年光明燦爛文化所託始，又羣認以爲黃金時代所在也。我民族之光榮何在？曰，在古史。我民族文化之眞價何在？曰，在古史。唐、虞、三代、孔、孟幾於爲後世想慕追求之極規，而三君者起而疑之。其爲辨僞考信，夫亦曰將告人以我民族文化淵源眞相乃不過若是而已。其有取於崔書，夫亦曰辨僞考信之事昔人已爲之，不徒以爲解嘲，亦將以資起信而已。方其時，三君之立說固已深慮夫國難之無日，而思大爲之申儆；則今日者國難雖殷，崔氏之遺書，顧君之深意，固猶當有待於洗發也。

主於尊經而爲之考信，以堯、舜、禹、湯、文、武、周公、孔、孟爲古史之骨幹，此崔書之要旨也。然古史果若是乎？曰，不然。堯、舜、禹、湯、文、武、周公、孔、孟之傳統載於六經，傳之儒家，而六經之結集，儒家之獨尊，其事始於漢，中衰於魏晉，復於唐而定於宋，未必遽爲古史之眞也。漢武立五經博士，罷黜百家，兩漢四百年利祿之途在是，而學術亦在是；宋人以經義試進士，迄元、明、清勿革，千年來之利祿在是，而學術亦在是。合乎是者謂之正學，背乎是者謂之邪說。雖有一二大儒雜出乎其間，未嘗以學問牟祿利，而其所以爲學者卒亦無以大異乎朝廷之功令。崔氏之書，蓋亦是也。

顧君之辨古史則異是。疑乎尊經者之爲見，蔑乎堯、舜、禹、湯、文、武、周公、孔、孟之爲統而辨之者也。是其立說果何若？曰，此在古已多有，先秦如莊周、韓非，下及魏晉之際，凡異乎儒說者皆然。稱道堯、舜，固非自今而始開懷疑之口也。二家之辨，易辭言之，一則考諸經以信史，一則求於史以疑經。其對於經學之見解不同，斯其對於古史之觀點亦異爾。

然則儒家之所傳，六籍之所載，固於古史爲若是其不可信歟？曰，又不然。儒家亦古學一大宗，六經亦古籍一大類，儒家之與六經，其自身即爲古史一大部，謂必捨此二者而後可以求古史之眞相，我未見其有當也。治東周不能無取於春秋與左氏，治西周不能無取於詩、書，此皆儒家所傳，六籍所統，可信多於可疑，司馬遷所謂載籍極博猶必考信於是也。唐、虞不敢言，請論三代。孔子曰：「殷因夏禮，周因殷禮，所損益可知。」又曰：「夏禮我能言，杞不足徵；殷禮我能言，宋不足徵，文獻不足故也。」此孔子以夏、殷、周爲三代之說也。此西周之君臣已言之，其在周書之召誥有之，曰：「烏呼，皇天上帝改厥元子，茲大國殷之命；惟王受命。相古先民有夏，今時既墜厥命；今相有殷，今時既墜厥命；我不可不監於有夏，亦不可不監於有殷。有夏不敬厥德，乃早墜厥命；有殷受天命，惟不敬厥德，乃早墜厥命；今王嗣受厥命，我亦惟茲二國命。」則三代受命之説其來甚早，非孔子之創說也。司馬遷爲殷本紀序列自契至湯十四世，今安陽出土甲骨頗多爲之互證者；馬遷夏本紀又載自禹至桀十四世，年世略與自契至湯相當。馬遷論殷事可信，何以論夏事不可信？馬遷記殷事有據，何以記夏事獨無據？馬遷之所覩記，其不復傳於後者夥矣；若必後世有他據乃爲可信，則是馬遷者獨爲殷商一代信史以掩其於夏、周之大爲欺僞者耶？曰「桀、紂之惡不如是之甚」，此孔門已疑之；曰：「伊尹五就桀，五就湯」，則孟子又稱之；然而曰「湯、武革命」則歷古相傳，初不以稱述於儒家，記載於六籍，遂遽失其可信之價值也。然則上古雖未能如嬴秦以來之一統，而君臣大小上下之分，不惟周文王之於殷紂有之，即商湯之於夏桀已早有之矣。此三代之說所由來也。

何以言周文王與殷紂有君臣大小上下之分也？曰，此周人自言之，著於詩、書，歷有其徵。詩大雅：「摯仲氏任，自彼殷商，來嫁于周，曰嬪于京。乃及王季，維德之行。」此殷、周早相聞接之證也。書召誥曰「大國殷」，此召公言之也；多士曰「天邑商」，此周公言之也；顧命曰「大邦殷」，此康王言之也；大誥曰「小邦周」，此成王言之也。以此合之於三代受命之說，當時殷、周國際往還，其爲有君臣大小上下之分顯然矣。今出土甲文乃有「命周侯」一片，不足證詩、書之非無稽乎？

夫殷、周之爲國，既非絕不相聞接，而復有君臣大小上下之分，歷有年數；則紀年所傳文丁殺季歷，諸書所載商紂囚文王，其說亦與季歷娶於商摯，文王受命爲西伯等耳；烏見彼可信而此必不可信？若謂詩、書不言，此或周人之自諱。此如建州入關，往日告天七大恨，避而不述，努爾哈赤寧遠之創，諱而不布，自謂「念累世之宿好，棄近日之小嫌，義切同仇，用申弔伐」也。以後例昔，豈必建州知之而周人不知！今既謂見於六經，傳於儒家，其說未必絕不信；亦豈得謂六經不載，儒書不傳，即盡爲無稽不根之說耶！

崔氏之於古史，有信之太深者，亦有疑之太勇者。崔氏因不信文丁殺季歷，文王囚羑里，而遂謂周之立國與商無涉。又謂：「今日修貢，明日擾邊，弱則受封，強則爲寇，曾謂聖人而有是？蓋所以如是說者有二，一則誤以漢、唐之情形例商、周之時勢，一則惑於諸子百家之言而不求之經傳。」彼不知三代之與漢、唐固不如天壤之懸絕，百家之與經傳亦並非即是非之分限。以「曾謂聖人而有是」之見治史，此所以終不免於信之深而疑之勇也。

崔氏深信經傳，常以「曾謂聖人而有是」之見遇之，此我所謂其信古太深也；而結果所至，遂不得不並經傳而疑之，此我所謂其疑古太勇也。崔氏先橫一後世君臣之倫理於胸中，遂謂文王必不立紂之朝而爲紂臣；因不肯信紂囚文王之事，因亦不信有文王見幽演周易之說。然易之彖傳有之，曰：「內文明而外柔順，以蒙大難，文王以之。」（引此非以證周易演於文王，特證紂囚文王之說，儒者亦言之也。）崔氏則曰：「易傳本非孔子作。」然文王見幽不僅見於易傳，即左氏亦有之。崔氏則曰：「余寧從經而缺之，不敢從傳而妄言也。」然周書之無逸明言之，曰：「文王受命惟中身，厥享國五十年。」詩大雅亦言之，曰：「文王受命。」曰：「有命自天，命此文王。」而崔氏轉引歐陽氏之說以爲辨，曰：「孔子曰：『三分天下有其二以服事商。』使西伯不稱臣而稱王，安能服事於商乎！且謂西伯稱王者起於何說？而孔子之言，萬世之信也。」然崔氏又曰：「論語所謂『服事』，乃湯事葛、文王事獯鬻之類，與稱臣不同。」夫文王於紂不稱臣，既可自稱西伯，又何獨不可以自稱王？凡此之類，皆展轉矛盾，無法相通。崔氏乃據此生信，據此獻疑，進退失守，兩無可立。是則崔氏之病在於所信之過狹，其弊遂陷於所疑之過多也。

「盡信書不如無書」，孟子已言之。然輕立一例以判往古之眞僞，則其所謂眞僞者固得古人之眞乎？殷鑒不遠，即如崔氏之辨紂與文王之事者是已。夫崔氏所疑未必是，即古說之相傳未必非。周之爲周，自太王、王季、文王、武王四世相傳垂百年。雖僻處豐鎬、岐周之地，而國際交接乃遠逾其東至於千里之外，有國於淇、洹之間者；其相與往還，略相當於後世天子之與方伯焉。而此爲當時所推

「天邑」「大邦」「受命爲元子」之共主，則自盤庚以來迄於帝辛，已歷七世十二帝，垂三百年，一線相承，繼繩不絕；此自最近出土甲文證之當時經傳諸子百家之書而可信者。則縱謂文、武、周公之爲大聖乃詩、書六經之誇詞，儒家孔孟之飾說；而當時我先民之立國於大河兩岸，上自渭，下及淇，東西廣土，其規模之恢宏，垂世之永恒，必別有其相當之文化。固不得謂抹去堯、舜、禹、湯、文、武、周公聖君賢相之傳說，中國古史即全是一段草昧，其見之文字、傳之載籍者全屬自古之虛謠也。（堯、舜、禹、湯、文、武、周公一系非古史眞相，然亦古代一學派即儒學理想之所寄，治古人學術思想者仍不能不講究。）

言古代哲學者每據易謂「易經四聖，時歷三古」。此其說今人已無信者，謂十翼非孔子作，則崔氏已辨之。然姑捨十翼，就周易上下篇六十四卦言之，縱謂易是卜筮書，然卜筮之判吉凶，孰爲吉而孰則凶，其事有出於卜筮之外矣。乾之初九何以當爲「潛龍」之「勿用」？九二何以「在田」而「利見大人」？九三何以必「終日乾乾夕惕若」？九四何以「或躍在淵」而「无咎」？九五何以「在天」而亦「利見大人」？上九何以「亢龍有悔」？循是推之，周易六十四卦各有其教訓，即各有其義趣，寧得不謂是古代關於人生哲學一部甚有價值之經典乎？今苟不能確定周易上下篇亦戰國人所僞造，則治古代哲學思想者烏得不援引及之耶！

故謂六經不盡出於孔孟可也，謂堯、舜、禹、湯、文、武、周公之聖統無當於古史之眞相亦可也，然苟將從事於古史，儒家要爲古學一大宗，六經要爲古籍一大類，儒家之與六經要爲佔古史中主要一大部。拘拘乎是二者，而以定古史之眞相，其觀點爲已狹；若將排擯乎是而求以窺古史之全體，其必無當又斷可識也。

且豈僅於古爲然哉！儒家之與六經，自秦以來迄於今茲，歷二千年，蓋無往而不佔我國史最要之一頁矣。故將有志於治國史而探討我民族已往二千年文化之積累，使不通乎儒家之説，不究乎六經之旨，是猶登山未躋其巓，涉海未達其岸，終必將晻黯而有所不覩，茫洋而有所未逮矣。

當漢之初興，君相在上以黄、老清淨主無爲，百官小吏奉行於下，則因循苟簡，一遵亡秦之成法。不安於野而思騁其智力者，則奔走諸侯王國，師戰國之縱横；或侍從飲食遊獵，惟迎導其主之侈心奢慾爲容悦，而習爲辭賦。當是時，有唱禮樂教化之爲治，一反乎因循苟簡，跨越亡秦而上希三代，以開一世人之心思才力而進之歷史文化之域，探天人之大原，立仁義之正軌，而使策士縱横、文人辭賦，皆有以自見其操術之卑下；此則賈、董、公孫之功也。故博士惟限於經術，而後方技、神仙、旁門雜流始不得預學官之選；博士有弟子員，郡國守相歲得察舉，而朝廷始彬彬有文學，代軍功、任廕、貲選而進仕。兩漢文治之隆，不得謂非儒術之明效也。今人率謂漢武表章六經，窒思想文化進展之途，是未明當時之情實矣。

迄乎漢季，儒術衰熄，法家之名檢激而爲莊、老之放蕩。然名士風流，一時眉目，既盡隨典午而南渡，衣冠之留北方者大率猶守晚漢之經術。五胡雲擾，一線未絶，東及遼、燕，西暨秦、涼，下迄元魏，而儒學卒於復興。建周、隋之規模，啟唐室之盛運。北朝儒統雖不能媲美炎漢，而其守先待後，以自完於亂世，使民生未盡塗炭，生機待之萌發，其間線索，治史者固猶可按指也。

唐人以科第取士，門蔭漸衰，家教亦落。進身之資決於詞華，稍事學問則皈依佛氏，風俗日偷，弊害日顯。天寶以往，內亂外憂紛起迭乘，陷極於五季，宛轉於北宋。而乃有大謀所以振起之者，於是而爲北宋中葉以下之學術。（宋代種種積病，上起唐玄宗時，下迄宋眞宗，久已根深柢固。宋學起天聖以下，乃欲拯拔而無力。後世謂當時情勢全由學術，誤也。）其始也，范仲淹、歐陽修之徒振於上，胡瑗、李覯之倫應於下；其繼也，乃所謂「爲天地立心，爲生民立命，爲往聖繼絕學，爲萬世開太平」。士以此爲抱負，亦以此爲學業，精究之於伊洛，大成之於南宋。輓近世之學術、人才、政事，胥於是焉奠之基。或者謂近世之中國乃程朱之中國，其言殆非盡誣。故不通儒術，不明經義，終無以見國史之精神，亦無以徹悟我先民文化之眞態也。

蓋嘗論之，中國二千年來之人才幾於皆儒教之人才，故二千年來之歷史亦不啻儒術之歷史，二千年來之文化亦不啻儒術之文化也。而儒家之所誦習則曰六經，所稱道則曰堯、舜、禹、湯、文、武、周公、孔、孟，故中國之古史遂爲學者所必治，而堯、舜、禹、湯、文、武、周公、孔、孟遂永爲古史之骨幹，爲後世所謳歌而夢想。（古史之眞相爲一事，某一時代人對古史之想像爲又一事。當知某一時代人一種活潑之想像，亦爲研究某一時代之歷史者一極端重要之事項也。）迄乎今，以國運之日頹，憂時之士途窮思變，而儒術遂爲衆矢的。而崔氏之書固一本乎儒家六經，堯、舜、禹、湯、文、武、周公、孔、孟之見以爲之者，乃未顯於當身而忽行於今日，此又遇合之奇之不爲崔氏所逆料者也。

曰懷疑，曰辨僞，曰考信，此顧君之深有取於崔書者也；曰儒術，曰六經，曰堯、舜、禹、湯、文、武、周公、孔、孟，此顧君之未必有取於崔書者也。然嘗試取顧君書而讀之，凡其所辨，大要仍是儒術之與六經，堯、舜、禹、湯、文、武、周公之與孔、孟焉。故疑，可也；信，可也；考而辨之，無不可也；要之治古史不能不通儒術，不能不知經義，不能不牽連而及於堯、舜、禹、湯、文、武、周公、孔、孟，則固顧君之所不能大異於崔書者也。數年以來，有聞於辨僞疑古之風而起者，或幾於枝之獵而忘其本，細之搜而遺其鉅，離本益遠，歧出益迷。彼以爲儒術之與經義，此我之所吐棄不屑道者；然「不入虎穴，不得虎子」，瑣瑣之疑，節節之辨，豈所謂能疑辨者耶！

夫一民族之文化，有其長不能無其短，有其利亦不能無其病；故一民族之歷史，有其盛即不能無其衰，有其漲即不能無其落。當此民族歷史入於盛漲之期，即此民族能善運其文化之長處優點而發揚光大之徵也；不幸而陷入衰落之期，即其民族不能善用其文化之長處利點而遂發露其弱徵病態之候也。（東漢博士章句誠爲經學之末路，然不得并西漢董、劉諸儒之學術而一例譏之。明人八股爲中國近代之病害者深矣，然與程朱學術不能混爲一談。西漢立五經博士，宋人以經義取士，皆利害互見，不能一概論。要之利病一源，得失同體。不明此意，終搔不到國史痛癢也。）苟此民族而盡喪其固有之文化，即盡忘其已往之歷史，而民族精神亦日萎枯以盡，而前途之生命亦竭。此如人之罹大病，病在其身，而所以爲健復之資者亦即在其身；捨身而求健復，身之既死，健復何由！良醫治病，亦曰治其所以病，不能曰病在其身，必去身乃可以去病也。今日者，我誠大病且死之候矣，然有良醫，必求其病之源；病源何在，必在其受病之日，不能謂在其有身之辰也。

然則我民族今日之病源何在？曰，在吾當躬；推而上之，曰在我父若我祖之世。求之於近百年近數十年之際則得，遠索之數千年之上，而輕曰其病在我民族整個之文化，是不啻曰病在吾身，始於吾有生之辰也。或曰：我民族篤古情深，遂窒自新之機。此亦未盡然。夫思古之情，亦懷生之倫所同具耳；惟他族之有史不能如我之緜歷久遠，繼繩不絶，遂若我爲於古獨殷焉。然希臘、羅馬、埃及、巴比倫之於歐西英、法諸邦，孰與唐、虞、夏、商、周之在我？不聞彼邦學者蔑古不談，亦不聞彼邦學者以研古窒其自新。我不能深識我今日之所由病，雖絶口不道古，無益也；我能深識我今日之所由病，而痛洗滌之，民族自有其向上之機，不必先遺棄忘失其民族之古史於不聞不問之境而後可也。若曰：我族之有古與彼不同，凡我之不能自新向上皆古人遺毒浸沉，必奮迅脱去而後可。是不啻曰我之有身與彼不同，苦我之病，羨彼之強，乃忽然欲脱身以爲快也。夫文化之演進時時有其創新，即時時有其轉變，遠古遺骸何足以遙制歷史命運於數千載之下！以古擬古，我未見絀；以今準今，我乃實遜。我不自負責而巧卸其罪於古人，古人寧受之耶！然則尊古固失之，譴古亦烏得爲是哉！

一民族之復興，必將於其民族文化自身爲內力之新生；而求其文化自身有內力之新生者又必於其已往之歷史有清明之別擇。崔氏之書止僅於古代，不足以窮國史之演變；繼自今沿流尋脈，自秦以下蓋莫不有待於國人之闡發。必使我民族文化演進之眞態昭然豁然，重顯露於國人之前，如宿酲之乍醒，如久矇之忽視，而後奮躍踴興，灑然不知沉疴之既去。及是而反視己身，乃將悅然失笑於往日之求脱此軀以爲快者之無當也。

然則我國史之重光，文化之更新，國運之轉步，胥將於顧君之鄭重介紹此書於國人者發之端。謹述此意，以請教於顧君，並質之國難深重下之讀是書者。

民國二十四年十二月二十八日，錢穆謹序於北平。

讀古微堂集

晚清今文學驟起，以樹異於乾嘉經學，其主要人物，羣推魏默深與龔定菴。余著近三百年學術史，詳龔略魏，斯篇乃以補其缺。已見於舊著者，此不復詳，讀者其兼觀焉可也。

乾嘉經學考據之業，盛於吳、皖，而默深崛起湖湘，故其最先治學，受吳、皖之濡染者少。姚永樸爲魏默深傳，謂其年十五，補諸生，乃究心陽明學，尤好讀史。嘉慶十九年，以拔貢入都，從胡承珙問漢儒學，從姚學塽問宋儒學，又别受公羊學於劉逢祿。詩古文詞則與董桂敷、龔自珍相切劘。然其最先著作，如大學古本、孝經集傳及曾子章句諸書，皆帶宋學氣息。似受姚學塽影響更大，亦與其先所從入者有關也。及道光十一年，代賀長齡編皇朝經世文編，由此留心時務，志在用世。此亦湘學影響，與吳、皖有異。及屢遊京都與江、浙，交遊日廣，濡染既深，乃始從事經學考據。其首先一書爲詩古微，自述受朱子以下迄於王船山諸人之影響。則其泯除漢、宋門戶，顯仍與吳、皖經學異趣。其次一著作，當爲董子春秋發微，古微堂外集卷一載其序，有曰：

漢書儒林傳言，董生與胡母生同業治春秋，而何氏注但依胡母生條例，於董生無一言及。近日曲阜孔氏、武進劉氏，皆公羊專家，亦止為何氏拾遺補缺，而董生之書未之詳焉。若謂董生疏通大詣，不列經文，不足頡頏何氏，則其書三科九旨，燦然大備。且宏通精淼，內聖而外王，蟠天而際地，遠在胡母生、何邵公章句之上。蓋彼猶泥文，此優柔而饜飫矣。彼專析例，此則曲暢而旁通矣。故抉經之心，執聖之權，冒天下之道者，莫如董生。

吳、皖囿於古經籍，以訓詁考據爲主。默深則治經必通之史，又不忽視古人之專家著述，其意實欲會經、史、子三者而一之，故能重視董仲舒尤過於何休。與乾嘉諸儒之嫥嫥於經學一觀念之下者宜異其趣也。

古微堂外集卷一又有兩漢經師今古文家法考序，其言曰：

余讀後漢書儒林傳，衛、杜、馬、賈諸君子，承劉歆之緒論，創立費、孔、毛、左古文之宗，土苴西京十四博士今文之學，謂之俗儒，廢書而喟。夫西漢經師，承七十子微言大義，易則施、孟、梁丘，皆能以占變知來；書則大、小夏侯、歐陽、兒寬，皆能以洪範匡世主；詩則申公、轅固生、韓嬰、王吉、韋孟、匡衡，皆以三百五篇當諫書；春秋則董仲舒、雋不疑之決獄；禮則魯諸生、賈誼、韋元成之議制度；而蕭望之等皆以孝經、論語保傅輔道。求之東京，未或有聞焉。其文章述作，則陸賈新語以詩、書說高祖，賈誼新書為漢定制作，春秋繁露、尚書大傳、韓詩外傳、劉向五行、揚雄太元，皆以其自得之學，範陰陽，矩聖學，規皇極，斐然與三代同風；而東京亦未有聞焉。今世言學，則必曰東漢之學勝西漢，東漢鄭、許之學綜六經。嗚呼二君，惟六書、三禮，並視諸經為閎深。故多用今文家法。及鄭氏旁釋易、詩、春秋，皆創異門戶，左今右古。其後鄭學大行，駸淫遂至易亡施、孟、梁丘，書亡夏侯、歐陽，詩亡齊、魯、韓，春秋鄒、夾。公羊、穀梁，半亡半存，亦成絕學。讖緯盛，經術卑，儒用絀。晏、肅、預、謐、賾之徒，始得以清言名理並起持其後。東晉梅賾僞古文書遂乘機竄入，並馬、鄭亦歸於淪佚。西京微言大義之學墜於東京。東京典章制度之學絕於隋唐。兩漢故訓聲音之學熄於魏晉。其道果孰隆孰替哉！

默深長於史，其言經，亦以史證。斯篇分別兩漢經師今古文家學，皆援據班、范，事實俱在。所謂「微言大義」者，即前漢諸儒之通經致用。其研窮遺經之功雖尚疏，然其在實際政治上之發揮應用，所謂「爲漢制法」之精神，則後漢諸儒，遠非其匹。默深嘗謂：「能使壅情之人，皆爲達情之人，則天下無不起之疾苦。」（治篇十一）默深生值乾嘉以後，滿清異族政權之高壓，已臻極端，經學考據，僅資逃避；此皆壅情之人也，默深有意於使之皆爲達情之人，其寄懷於前漢之微言大義，以求一變乾嘉訓詁考據之風者，亦其情若揭矣。

又書古微例言中有曰：

藝文志曰：「古之學者耕且養，三年而通一經，故用力少而畜德多，三十而五經立也。後世經傳既已乖離，說者不思多聞闕疑之義，而務碎義逃難，便辭巧說，破壞形體，說『堯典』二字之文至十餘萬言，說『若稽古』三萬餘言。後進彌以馳逐。故幼童守一藝，白首而後能言。安其所習，毀所不見，此學者大患也。」而後知今文之敝，非盡東漢古文家敝之，乃今文家先自敝也。夫「堯典」「若稽古」，有何奧難，而漫衍至是，三萬言、十萬言之多，蓋猶後世之制藝講章也。宋儒表章四子書教士，望其學聖有塗轍，不歧於異端俗學。豈知功令既頒之後，至明而蒙引、存疑、淺說、達說、說約之講章，鄉會之程墨，鄉社之房稿，定待閑在之選本，皆至於汗牛充棟而不可極。其敝於利祿，亦何異漢士說「堯典」「稽古」者乎？故以馬融之貪肆，而公詆歐陽生為俗儒。猶今之淹博詞章者，詆業科舉之士為俗儒也。以彼今文家皆利祿之徒，而古文家為高材博學之徒矣。夫歐陽、夏侯不敝，而諸生習其支葉，甘為利祿者敝之。馬、鄭斥利祿之輩為俗儒可也，並斥歐陽、大、小夏侯之師授淵源於七十子者亦為俗儒可乎？並畔伏生大傳而不問，而臆造矯誣，使微言大誼盡變為膚淺可乎？斯則又東漢馬、鄭古文家之失也。

斯篇亦根據史實，發爲持平之論。不僅爲兩漢今古文經學作平議，亦爲漢、宋之學作平議。不當以説「堯典」「稽古」兼棄伏生大傳，亦不當以蒙引、存疑而兼斥朱子之四書。是則晚明王學空疏，正可與乾嘉博雅同譏。而功令禄利之引導俗學，則古今皆然。章實齋懲於乾嘉經學流弊，主張「六經皆史」，謂六經皆古代之官書，雖亦以糾挽乾嘉諸儒之埋首故紙堆中以逃避現實，然乾嘉諸儒亦尚能違功令，輕禄利，以媚古自安。今求其通經致用，而不陷於功令禄利之牢籠，則仍待於此下新學風之繼起。默深之學，兼采漢、宋，並重古今，誠已傑出於當時；然終亦留情考覈，不脱乾嘉遺躅。默深又曾謂：「更有國家之大利大害，上下非有心壅之，而實亦無人深悉之者。」（治篇十一）此則必待有高瞻遠矚、深識達觀之新學術、新思想之興起。而默深於此，亦實無能補其憾。

外集卷四武進李申耆先生傳有云：

自乾隆中葉後，海内士大夫興漢學，而大江南北尤盛。蘇州惠氏、江氏，常州臧氏、孫氏，嘉定錢氏，金壇段氏，高郵王氏，徽州戴氏、程氏，爭治詁訓音聲，瓜剖釽析；視國初崑山、常熟二顧，及四明黄南雷、萬季野、全謝山諸公，即皆擯為史學，非經學。或謂宋學，非漢學。錮天下聰明知慧，使盡出於無用之一途。武進李申耆先生，其論學無漢、宋，而惡夫以餖飣為漢、空腐為宋也。以通鑑、通考二書為學之門户，弟子蔣彤錄其平生緒論為暨陽答問，與陸桴亭思辨錄可相表裏。近代通儒，一人而已。

是見默深論學，主要並不在辨兩漢經學之今古文，而尤要在辨乾嘉經學之無用。故主融經、史，會漢、宋，求爲一有用之通儒，而謂當時惟李申耆當其選，並以與陸桴亭相提並舉。此誠在當時一稀遘之獨見也。

外集卷一有論語孟子類編序，其言曰：

> 經有奥義，有大義。研奥者，必以傳注分究而始精。玩大者，止以經文彙觀而自足。況論語、孟子顯白之文，奚必待傳注而後明哉！自明以來，學者爭朱、陸。自本朝以來，學者爭漢、宋。今不令學朱、學陸，而但令學孔孟焉，夫何諍。然近日治漢學者，專務記醜，屏斥躬行，即論洙、泗淵源，亦止云定、哀間儒者之學如是，在子思、孟子以前；其意欲託尊論語以排思、孟。甚至訓「一貫」為壹行，以詁經為生安之學，而以踐履為困勉之學。今即以孔、孟、曾、思之書條貫示之，其肯相從於鄒、魯否，尚未可知也。

如默深意，乾嘉經學，固無當於西漢諸儒之通經致用，更亦無當於宋、明儒深研孔孟四書之大義，而主要之病，則尤在其屏斥躬行。默深主張經世，此亦躬行之一端。而宋儒所言之「尊德性」，此亦躬行之一端也。默深繼是又曰：

孔子教人，專主博文約禮，而仁在其中。故不言心而心自存。此合德性、問學為一者。孟子直指人心，體驗擴充存養。孔子動言禮樂，孟子則不但無一言及樂，亦從無琴瑟弦歌之事，陶融禮樂之化。即博學詳説之語，七篇中亦僅一偶及焉。不必下學而自能上達，此尊德性多於道問學者也。然聖門中四科七十子，狂簡斐然，極一時之盛。孟子則一生所造就，僅樂正子一人。遂使後世有「軻死不得其傳」之嘆。正猶陸、王之學，皆不再傳而決裂，遠不及程、朱源流之久遠。又何説也？謹質所疑，俟知德君子折衷焉。

是默深論學，主「尊德性」必兼「道問學」，此皆所謂「大義」，非「奧義」也。默深上溯之於孔孟，又於孔、孟兩人間作分別，又爲程朱、陸王作分別，此等意境，乾嘉諸儒固不能有，即如章實齋、龔定菴以下之新學風，亦所未有。故若專以今文學家目默深，實不免乎淺視默深矣。然觀其著作，如詩古微、書古微、董子春秋發微之類，皆確然爲古文學破其蔀，爲今文學樹其幟，則此下今文學之起，固於默深有深賴焉。而默深之爲學所志，則實不盡於此。

外集卷四張鐵甫墓誌銘有曰：

君子之學，太上明諸心，次尊見，下徇習。以本為淵，以用為權。匪膠乎一，惟是之全，渾渾以圓，卒符人所羣然，此明諸心之事也。以己為樊，以性所近為沿。雖不軌乎大同，自信甚專，能使物靡然從焉，此尊見之事也。以眾為鵠，以耳為目，以時地所適為屬，易以自足，此徇習者之事。

如此言學，乾嘉蓋無其例。外集卷三皇朝經世文編敍有曰：

事必本夫心，心必驗於事。法必本於人，人必資於法。今必本夫古，古必驗於今。

此言兼通之心與事，人與法，古與今，豈乾嘉諸儒之所預聞乎？外集卷一庸易通義有曰：

「君子敬以直內，義以方外，敬義立而德不孤」，豈非主敬即尊德性之事，精義、集義即道問學之事乎？「致廣大而盡精微」，此敬以致知，而精義之學備焉。「極高明而道中庸」，此敬以篤行，而集義之事全焉。「溫故而知新」，此專言道問學中之致知。「敦厚以崇禮」，此專言道問學中之篤行。

乾嘉言「訓詁明而後義理明」，實則尊德性、道問學皆不在訓詁，而義理則不可外此而明。乾嘉諸儒能知此者又誰歟？故曰默深之學，固不止在以今文爭乾嘉之古文也。

古微堂内集三卷曰默觚，分上中下，中卷學篇十三，下卷治篇十六。上篇不別標題，蓋通「學」與「治」，而尤以「人」爲之主。其書爲體略似濂溪之通書。此蓋魏氏有意自成一家言，故編之爲内集。其他文字皆入外集。其遺稿雖經後人整理，非默深生前所定，然疑其蓋本之默深之已意也。其默觚上有曰：

> 學之言覺也，以先覺覺後覺，故莘野以畎畝樂堯、舜君民之道。學之言效也，以後人師前人，故傅巖以稽古陳恭默思道之君。覺伊尹之所覺，是為尊德性。學傅說之所學，是為道問學。自周以前言學者，莫先於伊、傅二聖，君子觀其會通焉。

乾嘉學尚經，默深則必由經通史。故其言學，兼「覺」與「效」，即兼「尊德性」與「道問學」。如此言之，經必成爲史，史必上承經。即所謂「心必驗於事，事必本於心，人必資於法，法必本於人，今必本於古，古必驗於今」之旨也。是其言史，亦異乎如章實齋之言矣。實齋必分亭林、梨洲而兩言之，默深極尊亭林，然不謂亭林之學偏於經。實則乾嘉經學，依默深意，亦决不許其能上承亭林。凡外乎史而言經，皆無當於默深之意，此默深之所以爲卓也。

默觚中爲學篇，下爲治篇，茲姑雜引數則以概其餘。

卷二學篇十二有曰：

氣質之性，其猶藥性乎？各有所宜，即各有所偏。非煅製不能入品，非劑和眾味，君臣佐使，互相生克，不能調其過不及。故氣質之性，君子有不性者焉。仁義禮智，孤行偏發，皆足以僨事。賢智之過，有時與愚不肖相去唯阿。況以利欲濟其氣質，但有不及，無太過乎？今夫迂、厚、剛、介、寬、審，賢者之過也。今世之士，患迂、患厚、患剛、患介、患寬、患審者幾何人？患俗、患薄、患柔、患濫、患隘、患犄疏者則滔滔皆是。求如賢智之過且不可得，矧望其純德性之用，而無氣質之偏耶？非學胡匡，非學胡成。

此條非甚深於理學者不能言。默深論學如此，求諸乾嘉，洵如空谷之足音矣。

卷二學篇十三有曰：

甯學聖人而未至，不欲以一善成名，君子之立志也有然。甯以一善成名，毋學聖人而未至，君子之下學也有然。故未能為「言不必信、行不必果」之大人，未可輕硜硜信果之小人；與貌為「言不顧行、行不顧言」之狂士，寧為慥慥篤實之君子。

內集卷三治篇一又曰：

自古有不王道之富強，無不富強之王道。王、伯之分，在其心，不在其迹。後儒特因孟子義利、王伯之辯，遂以兵食歸之五伯，諱而不言。曾亦思足民治賦，皆聖門之事；農桑樹畜，即孟子之言乎？

又曰：

工騷墨之士，以農桑為俗務，而不知俗學之病人，更甚於俗吏。託元虛之理，以政事為粗才，而不知腐儒之無用，亦同於異端。彼錢穀簿書，不可言學問矣；浮藻飣餖，可為聖學乎？釋、老不可治天下國家矣；心性迂談，可治天下乎？

治篇三又曰：

立能行之法，禁能革之事，而求治太速，疾惡太嚴，革敝太盡，亦有激而反之者矣。用人太驟，聽言太輕，處己太峻，亦有能發不能收之者矣。兼黃、老、申、韓之所長，而去其所短，斯治國之庖丁乎？

又內集卷三治篇四有曰：

郡縣、生員二論，顧亭林之少作，日知錄成而自刪之。限田三篇，魏叔子三年而後成，友朋詰難而卒燬之。君子不輕為變法之議，而惟去法外之弊，弊去而法仍復其初矣。不汲汲求立法，而惟求用法之人，得其人，自能立法矣。

晚清諸儒，競以今文學言立法、變法，若知默深此義，爲禍亦不若是其亟。

又治篇五有曰：

莊生喜言上古，徒使晉人糠粃禮法而禍世教。宋儒專言三代，徒使功利之徒以迂疏病儒術。君子之為治也，無三代以上之心則必俗，不知三代以下之情勢則必迂。無他，親歷諸身而已。讀黃、農之書，用以殺人，謂之庸醫。讀周、孔之書，用以誤天下，得不謂之庸儒乎？又使天下之人不信聖人之道。

治篇七又曰：

有才臣，有能臣。世人動以能為才，非也。小事不糊塗之謂能，大事不糊塗之謂才。才臣疏節闊目，往往不可小知。能臣又近燭有餘，遠猷不足，可以佐承平，不可以勝大變。欲求救時之相，非才臣不可。

治篇十一又曰：

三代以上之人材，由乎教化。三代以下之人材，乘乎氣運。乘氣運而生者，運盡則息。惟教化出之無窮。

又曰：

鄙夫之害治，猶鄉愿之害德。聖人不惡小人，而惡鄙夫鄉愿，豈不深哉！

此外不具引。即上列諸條，義旨深允，而包藴宏達，不僅乾嘉諸儒不能言，即此下今文學家，亦鮮能窺及。蓋因前後所爭皆在經，惟默深通之史；前後所重惟在聖言，默深會之於當前之世事；此其不同也。所惜者，默深爲學，殆可謂有其志未竟其業，引其端未伸其緒，樹其門牆而尚未備其百官宮廷之美富。而時變已亟，羣震於其海國圖志之類，方競於通洋務；又如河漕海運，鹺政銀制，凡默深所用心者，後人馳逐其小節，而茫昧其大體；是亦氣運所乘，而教化之功有所不逮。晚清一代之學運，讀默深古微集，誠使人感慨於無既也。

今當一探默觚三卷之著作年代。竊謂默深之學，前後可分三大變。最先乃由宋學入，而有志於經世，如上舉皇朝經世文編以前諸著作皆是。此亦湘學自有淵源，至默深而始見爲彰明較著也。此可謂之是「儒學」，而尚未臻於深入。其次屢遊京都，獲聞吳、皖考據訓詁之風，如詩古微、董子春秋發微諸書，皆其中年著作，可謂自「儒學」轉入於「經學」。而默深於原先從入之途，並未放棄，其默觚三卷，則其中年有志益進所學之蘄嚮。余觀其默觚中下兩卷，每條下必引「詩曰」云云，疑其模傚韓詩外傳，或是詩古微成書以後所爲。其外集又有孔孟年表，有周、程、朱、陸、楊慈湖、王文成、高、劉諸人贊，疑皆爲中年著作，即其治經學後未嘗或忘儒學之證。惟其不忘儒學，斯必志切經世，其海國圖志之類，皆其中年作品也。然學風之變，其事不易，新學術之開創，斷非一人一時之所能完成。默深所志，乃在通經、史，融漢、宋，會古今，而又情切於當前之致用。凡其獲得當時交遊間之欣賞讚譽者，終限於經學考據與經世實用之兩途。其閎識孤抱之較深入者，急切未得他人之共解，而默深亦未能沉潛以求，退默以成，内心不免於鬱悶搖惑，乃移情於老、釋，而卒爲「雜學」之歸。是爲默深之晚年期，當於此下再詳之。

默深晚年，曾輯淨土四經，每經作一序，又作一總序，教人禪、淨兼修，自稱「菩薩戒弟子」。又貽書友人，囑刊四經，謂「利益非小」。蓋默深於三十五歲時，曾遊杭州西湖，得聞禪理。及是年六十，太平軍佔鎮江、揚州，皖北又捻亂大起，默深知高郵州，遭革職示懲儆，乃始研求釋典。淨土四經，乃其六十一歲時所輯。六十三歲遊杭州，又寄居僧舍，以參禪爲事，翌年即卒。此乃其晚年佞佛之證。惟其序、其書，皆不刊入古微堂集。要其平生之學，主張融會經、史、漢、宋，通古今而濟世用者，至是乃見其無歸宿，而卒陷入空門，良可惜也。但書古微一書，完成於六十二歲，元史新編則在翌年成編。是則默深逮其晚年，終不能擺脫乾嘉考覈之餘緒。回視其爲默觚時意境，終使人有精神不能貫徹之憾也。

又按：默深有老子本義，其序收外集卷三。據袁昶跋，其書在默深生前似無刻本，袁氏刻之於光緒己亥，上距默深卒當已四十年。亦不知默深此書成於何時。然觀其書首論老子之二有云：

聖人經世之書，而老子救世書也。

之四有云：

老子與佛合乎？曰：否否。窈冥恍惚中，有精有物，即所謂雌與母。在佛家謂之玩弄光景，不離識神，未得歸於眞寂海。何則？老明生而釋明死也。老用世而佛出世也。老，中國上古之道，而佛，六合以外之教也。宋以來禪悅之士，類多援老入佛。尊老誣老，援佛謗佛，合之兩傷，何如離之兩美乎？

玩其語氣，默深當時，尚有意於用世；惟聖人六經，雖爲經世大典，而急切未獲張施，乃轉而注意及於老子救世之書。其序文大意，力辨莊、老之相異，又援引史實，歷證黄、老無爲可以治天下，乃注此書，以爲養心治事之助。故曰：「老之與佛，合之兩傷，離之兩美。」蓋默深此時，已認佛可養心，但不可以治事。而老子書則可以治事，可以救世。似默深之老子注，當在其默觚三卷之後。默觚治篇之一明曰：「釋、老不可治天下國家。」及其注老，乃其思想之一變。又轉而輯印佛經，則其思想之第二變。此皆有關其治學之根本綱宗者。而後人言默深，惟主其追隨乾嘉經學，而目之爲今文家言；與其論運漕、水利、鹽政、海防、外務、夷情，而目之爲經世之學。此皆在晚淸學術思想界發生影響作用。而不知尚有佛學盛行，亦與默深有關。如康有爲依據佛學爲大同書，爲其治國平天下之大典。章太炎亦從佛學入，而以葪漢微言爲之殿。是清末民初，不論主今文或古文，除經學外惟佛學，端可見矣。如默深中年以前想像之通儒境界，則音沈響寂，終無嗣韻。及胡、陳「新文化運動」起，主張「全盤西化」，則佛學、經學，亦一掃皆空，更不論儒學矣。然自龔、魏下迄胡、陳，其意皆主經世，則經世之學，又豈易言哉！默深沒，迄今已一百二十歲，國運日替，民生日瘁，使默深復起於地下，又不知將何以爲懷也。

（此文約成於一九七六、七年間）

跋黃汝成日知錄集釋

陽湖蔣彤李申耆年譜，載：「道光十三年癸巳夏五月，始校刊顧氏日知錄。」謂：

先是嘉定錢氏大昕評釋日知錄百數十則，生甫錄以示先生。乃謀推其義例，通為箋注。嘉定黃潛夫汝誠（當作「成」。）肯任剞劂之費。既又得楊南屏諸家，可采錄者悉收之。山子、生甫分司其事，彤亦與校讐。先生嘗謂中言時務八卷，此為有用，乃全書之精華，亭林所云「為王者取法」。故漕運、河務、鹽政諸大端，博采名臣奏議及近儒論議，慎取詳說，與本義相發明，鑿鑿可見諸施行，非視困學紀聞諸家箋釋，祇取該博而已。

又載：「道光十四年甲午夏四月，刊日知錄成。生甫又爲刊誤一卷附其後。」

今刻日知錄集釋，逕署「嘉定後學黃汝成」。敍錄一篇，亦署黃名，並稱：

鑽硏是書，屢易寒暑。又得潘檢討（次耕）删飾元本，閻徵君（百詩）、沈鴻博（冠雲）、錢宮詹（曉徵）、楊大令（簡在）四家校本。

又博采諸家疏說，自談氏允厚以下凡九十一人，而絕無一辭及於李氏。惟刊誤前有云：

曩為定本，纂成集釋，曾就正於武進李申耆、吳江吳山子、寶山毛生甫三先生。此書（即刊誤。）又乞生甫刪定。

復有續刊誤二卷，則云王君巨川佐爲之，而曰：

余（黄氏自稱。）之治是書，殫刓心力，抉擇搜訪，不厭奥阻，數年於玆。

若其書固出黃氏，與李無涉者。

考李申耆爲黃潛夫家傳，稱其：

少承家業，習聞鄉先生端緒，綜貫浩博，達於精邃。學不泥章句而務合體用，自古昔禮、樂、德、刑，以及賦稅、田畝、職官、選舉、錢幣、權量、水利、河渠、漕運、鹽鐵諸事，參校理勢，損益遷嬗，而折衷於顧氏日知錄，條比義類及所以施設者。余友寶山毛君生甫數嘆美之。後潛夫詣余暨陽書院，留信宿，聽其論識，明瑋達理道，益信生甫為知人。

又稱其所著書，「惟成日知錄三十二卷、刊誤二卷」。亦逕以是書歸黃氏，並所謂「就正」之說不以自居也。

又毛生甫爲黃潛夫墓志銘，亦謂「潛夫著書成者有日知錄集釋、刊誤」。亦並「刪定」之說而不自居。

論三人年事，黃輩行最後，毛氏自謂「弟畜之」，其卒年僅三十九。日知錄集釋刊成，李年六十六，毛年五十二，黃年三十六。雖奇俊之士，成書不論於年歲，然當時，所重於日知錄者，在經義考覈，不在時務政論。（潘次耕一序，與四庫提要抑揚軒輊，顯然倒置。）晚明致用之意久歇，乾隆博雅之風方張。而集釋爲書，頗存矯挽，若於李氏論學途轍尤合也。

同時涇縣包世臣愼伯，亦盛推亭林，謂：

乾隆壬子，白門書賈新雕日知錄出，繙閱首册，始知亭林之名。愛其書，力不能購。（時包年十八。）嘉慶壬戌至常州，主李申耆家，出說儲稿本質之，申耆以為其說多與日知錄相出入，因得盡讀日知錄三十卷。（按：包居李家凡七月。）

是顧書在當時，固未大顯，而申耆之精熟深好於此書，實歷有素矣。（時李年三十四，包年二十八，黃年四歲。）

道光二年壬午，李氏年五十四，在揚州，集八代全文，又編輯皇朝文典七十四卷，自爲序曰：

> 儒、墨之訓，雕琢之詞，疇人術流之馳說，春女秋士之抽思，皆一花一葉、一翾一蚑，各有可觀而非其至。拘學之士，閉門距躍，高指月窟，卑銓蟲天，囿於所習，得少自足。或服習卿、雲。揚搉燕、許，祇襲優冠，競陳芻狗。於朝家寶書鴻典，曾未或窺。是猶不覩建章宮之千門萬户，而妄意蓬室為璇臺；不聞鈞天廣樂之洞心駭目，而拊掌巴渝以軒舞也。

此等識議，當乾隆中葉，知者尚少。稍後惟章實齋文史通義主之。嘉、道以還，龔、魏踵起，經世通今之意始盛，李氏亦此風尚遞變之際一大師也。越皇朝文典後三年，而魏默深爲賀耦耕撰經世文編，其事尚在李氏箋注日知錄前七年。蔣譜謂李於「漕運、河務、鹽政諸大端，博采名臣奏議及近儒議論，慎取詳說，與本義相發明」，今覆按日知錄卷十漕程、行鹽兩項，箋注均寥寥，並不如蔣譜所云。卷十二水利、河渠兩項，稱引較詳，亦不甚多。蓋蔣所云云，可以爲經世文編，而不可以爲日知錄箋注，以體例所難容也。豈李氏當日有此說，及其成書，未能盡如先願？而要之其書用意，與困學紀聞箋釋諸家之「祇取該博」者不同，則固讀是書者所盡知也。（李慈銘謂其書：「畸零漏略，采擇不當，間下己意，鮮所發明，非善本。」則以此書經營前後僅一年，李亦自以「該博」之眼光評彙之耳。）

魏氏於李氏推挹尤備至，其言曰：

> 自乾隆中葉後，海內士大夫興漢學，而大江南北尤甚。蘇州惠氏、江氏，常州臧氏、孫氏，嘉定錢氏，金壇段氏，高郵王氏，徽州戴氏、程氏，爭治詁訓聲音，瓜剖釽析，視國初崑山、常熟二顧，及四明黃南雷、萬季野、全謝山諸公，即皆擯為「史學非經學」，或謂「宋學非漢學」，錮天下聰明知慧，使盡出終無用之一途。武進李申耆先生，生於其鄉，獨治通鑑、通典、通考之學，疏通知遠，不囿小近，不趨聲氣，近代通儒，一人而已。

其言李氏於當時學術風向遞嬗轉移之際，所關如是。日知錄之箋注刊傳，正其志業之一端也。且集釋之創於李氏，不僅蔣氏言之，即李氏亦自道之。其爲盧抱經詩鈔序（在道光十七年丁酉，李年六十九。）曰：

> 先生所鋟刻載籍，為當代最，以梓人自隨，兆洛亦與校讐之役。今兆洛亦以梓人自隨。而先生

所刊荀、揚、賈、董，宏偉卓絕，兆洛所刊則日知錄、繹志及鄒道鄉、瞿忠宣之集而已。不能紀遠，乃紀於近，自度才所堪耳。

此李氏自道刊行日知錄之明證也。「不能紀遠，乃紀於近」，則李氏之謙言，而可以徵嘉、道學風與乾隆盛世異趣之一端焉。

然則李氏爲黄氏家傳，何以終諱不言而以集釋歸之黄氏？曰：集釋成書，蓋李氏發踪指示，總其大義，吴氏、毛氏勤而成之，而黄氏任其剞劂之費，因遂以名爲酬，且亦毛氏之志也。毛與黄皆籍嘉定，爲同鄉，黄富而毛窮。毛之誌黄墓，稱其：

樂任人艱鉅，無親疏厚薄，苟當其意，告以緩急，累出千金不悔。

又曰：

視余困亨如己，又數濟余急，而誠敬率有餘於財。其家世居西谿上，谿旁頗饒竹木，欲買田築室佚余老。雖勿果，意誼篤矣。

此兩人之交誼也。黄之死，毛感其情不忘，因亦不之爭。黄之見李由毛介，李之傳黄由毛請。毛既不之爭，李亦因毛之心以爲言，故亦不之辨也。（朱記榮國朝未刊遺書志略謂此書乃黄氏假之李而篡爲己著，恐不如蔣譜之明確。）

清儒之學，最尚博雅，而竊稿攘名之事亦屢出，尤著者如趙、戴校水經注。戴氏既死，趙書頗出，而戴之友好如段、如孔、如程，力爲辨白，然卒不足以塞後人之口。於是而魏源、張穆，奮肆詆娸，迄乎近世，楊守敬、王國維猶爭舊案。獨黄氏以後生晚學，因大師先輩之成業，而偃然居其名，又不幸先死，而託其身後之傳狀於向所藉以成名者之手；而其人乃還如其意，就其所欲以爲名者而付之，慨然若無足介意。嗚呼！何其懿歟！豈非意量相越，趣味相殊，有異乎向之尚博矜雅，徒求陵駕者之所爲哉！

余觀李氏學術，雖精實有遜，而所涉之廣，與當時風氣頗多影響。其爲駢體文鈔，與阮元學海堂文筆策問相爲桴鼓。（李選駢體文鈔在嘉慶二十五年，時李在粵，與阮相過從。文鈔成稿在是年十一月，而學海堂課藝始於道光元年，建築經始道光四年，疑阮説實後於李。李早年即究心通鑑、通考，以此二書爲學問之門戶，而阮亦常以此教人，此阮、李學之相近者。）其編輯皇朝文典，則魏源經世文編之嚆矢。其校刻劉申受、莊存與諸書，有助於常州公羊學之傳播。（魏源以莊方耕與李申耆並稱爲「兩通儒」。又特走江陰謁李，時李已七十一矣。）其自爲一統圖、歷代沿革圖、地理韻編，爲當時研治地理者所共推。陽湖洪氏諸書，李亦爲之刊刻。（徐星伯、魏默深治地理，皆深推敬李。最後楊守敬成歷史地圖，亦可謂由李啟先也。）其爲天文圖及治曆算，則又咸、同以來講西學研天曆數理者之前輩矣。（道光二十一年，知常州府查某奉豫制軍札：「營中鑄礮多未發先裂，申耆先生通知古今，兼曉術藝，必有能推度準望，妙精火器，以禦寇侮者。萬宜備禮幣造門敦請。」李答書曰：「推度準望之事，門人有能之，然無與於火器。」當時禮重之者如此。臨卒前一月，尚與門人談論鑄砲事。以後曾國藩幕府人物，實多有受李氏風聲影響也。）其刊布鄒道鄉集、瞿忠宣集及胡石莊繹志諸書，頗異於當時漢學考據訓詁之風，而爲漢、宋兼采者導夫先路。（魏源稱其：「論學無漢、宋，以心得爲主，而惡夫以餖飣爲漢、空腐爲宋。」此即以後漢、宋兼采之門徑。）至其生平出處大節，爲安徽鳳臺縣先後閲七年，同時如包慎伯、周保緒諸人所希經世致用之實踐也。（其爲鳳臺、懷遠諸志，著意民生利病，與章實齋側重文獻之意又别。）主講暨陽書院，先後二十年，不蹈宋、明講學舊轍，而卓然爲人師；不襲乾、嘉研經虚聲，而確然爲經師。其後如陳蘭甫、朱鼎甫皆有意乎爲之。凡此皆李氏學行規模之可指説者。箋注日知錄一事，在李氏特創通義例，開示規轍，不必據以爲重；而論當時學術風尚之轉趨者，則不可不知；因特表而出之。

又李、毛注日知錄，其先乃導端於錢竹汀之評釋。又毛氏曾從遊於桐城姚氏。錢、姚在乾隆時擅場文史，以經術繩之，皆非正統。故東原以竹汀爲並世第二人，而惜抱則擯不與齒。然學術之新生，往往不在故幹而在旁蘖，此亦其可記者。

（民國二十五年七月九日天津益世報讀書週刊五十六期）

讀鄭獻甫補學軒散文集

往余讀陳蘭甫所爲象州鄭君傳，心儀其人。嗣得讀其小谷全集，凡所爲愚一錄諸書皆在，而陳傳所舉文集諸篇獨缺乏，深爲悵恨。最近始得其補學軒文集，則陳傳所舉皆在。集凡四卷，共文一百五十六首。而余所得者，其第二卷誤爲駢文，（原集駢、散分編。）原目有儲材議、救亂論、治盜說、風尙論、學宮議、隱者論，並他文合三十八首，仍未得見。然鄭君議論之大體，則較之徒讀陳傳，所知多矣。陳傳既撮敍其法論、儲材議、士策、學宮議、權論、治盜說、練民勇議諸篇，茲復就陳傳所未及者摘錄數端，以廣其傳。

其原學曰：

學莫雜於漢，莫昌於宋，莫壹於明。而人才則明不如宋，宋不如漢。夫學術之有關、閩、濂、洛，猶植物之有楩、楠、杞、梓，動物之有麟、鳳、龜、龍也。以之為天下之宗，而非以之拘天下之格。是故異材並出，奇人代興。若盡令其肖乎是，則蒙羊以虎皮，被魚以龍服，適足壞天下之才而已。天下之才，旁行斜出，有非我可概者。論流品不論賢否，故人才衰；論淵源不論造詣，故學術衰；論格式不論美惡，故文運衰。

其朋黨論曰：

國家之事如作室然，或攻金、或攻木、或攻石，皆期其成而已。聖賢之學如行路然，或以舟、或以車、或以馬，皆期其至而已。有賤丈夫焉，擅一長之技，勒一途之歸，必強金以為木，廢車而用舟，則必不潰於成，不見其至，而徒為是嘵嘵，不亦惑乎！雖然，此猶前世之弊，非今日之弊也。明代三百年，如涇陽之聲氣，陽明之學問，為後世指目者，亦無幾人。而公卿以科目自為黨，秀才以文字自為黨，昔之朋黨，變為門戶。馴至國已亡，身亦滅，而局尚未破。一古文也，而震川與弇洲分黨；一詩也，而歷下與竟陵分黨；一時藝也，而雲間又與江右分黨。所爭愈細，為害愈深，卒之於事功、學術皆無與。然則王道蕩蕩，王道平平，將何時而睹其盛哉？

其論四子書注曰：

漢諸儒之注，未能成漢諸儒之書，其於四子書無與也；宋諸儒之説，已自成宋諸儒之書，於四子書亦無與也。元人懸之為功令，明人衍之為講章，拘天下之耳目於其中。人雖共習孔、孟書，乃並未見程、朱書。所奉者，一部高頭説約，一本舉業時文而已。有好古者出，欲通聖人之經，勢不得不博考漢人之説。既見漢人之説，勢不得不閒駁宋人之書。有疑於心，而不能昧其心以從之耳。且夫釋聖人之言，猶夫模聖人之貌也。論伏羲者曰牛首，論女媧者曰蛇形，論孔子者曰龍蹲。漢人不過各詳其牛首、蛇形、龍蹲之實而已；宋人則得其説而塑為像，假以美鬚眉，飾以古冠裳，有不類則補以意，曰：「必如此而後為聖人，未至此則為賢人，不出此將不得為衆人。」而爭之者從此起，攻之者從此衆矣。然欲抗漢於宋之上，則其弊更甚。拾其遺、補其闕，如前之王伯厚，近之閻百詩，可也；若從而攻擊之、訕笑之，如前之王滹南，近之毛西河，則不可也。

其性善論曰：

仁義禮智，天之理也，豈有不善？喜怒哀樂，人之情也，豈能皆善？惟有秉天之理，箎人之情，而根吾之心者為惻隱、為羞惡、為辭讓、為是非，則但有善，而無不善。其義易明，其言亦易曉也。宋儒不知惻隱、羞惡正是性，而誤以為情，故不得不更索諸空虛而上附於理。又不知仁義禮智第是理，而誤以為性，故不得不兼夫形質而下雜於氣。自謂「二之則不是」，烏知三之愈不是哉！

其士當屬智不當屬信說曰：

講學者流，不於事辨是非，而自謂於心課虛實，欲人皆誠其所事而不僞，固也。然吾謂果當惻隱、羞惡、辭讓，而惻隱、羞惡、辭讓焉，即未出於心之誠然，尚無害也；若不當惻隱、羞惡、辭讓，而惻隱、羞惡、辭讓之，又出於心之誠然，則大害矣。此義不明，而世事大壞，上以無禮為禮，下以無學為學，其弊有不可勝言者。「欲誠其意，必先致其知」，大學之訓，眞不易哉！

其人性物性論曰：

人物之性，可以靈蠢分，不可以善惡分。物不能為善，亦不能為惡，蠢故耳；人可以為善，亦可以為惡，靈故耳。時有不同，則論有不同。大禹曾驅龍蛇；今日之王功而第驅龍蛇，則陋矣。周公亦遠虎豹；今日之相業而第遠虎豹，則謬矣。孟子之論人也，恐近禽獸；今而第近禽獸，則猶之可矣，可悲夫！

其著書說曰：

子可以言著書，而集不可以言著書也。何者？前所未嘗有，後所不可無，而吾獨剏之，曰「著書」。若集，則詩、古文之事，如草木之榮華，禽鳥之鳴嘯，雲霞之卷舒，自是天地間所同有，特有工有拙耳。止可謂之「行文」，而不可謂之「著書」。後世行文之風盛，著書之事衰，蓋由生於大備之後，而才、學、識不能如古人之奇，故愈繁而愈少耳。而世之以詩、古文名者，每輕性命、考據。論談性命者曰「空疎不學」，猶之可也；譏考據者曰「斷爛無謂」，此何理也！不通經、史、子而欲為文，猶之不通天、地、人而欲為儒也。

其論諸家文集曰：

唐代文集，韓、柳、李、孫而外，皆不甚傳；詩則李、杜、元、白以下，靡不傳，甚至女妓、鬼物亦傳。宋代文集，歐、蘇、曾、王而外，亦不甚傳；詩則尤、楊、范、陸以下，靡不傳，甚至「四靈」、「九僧」亦傳。文無比偶聲律之可諧，又無尺度格式之可守，振筆而書，靡有不成，投筆而觀，輒有不似；此作者之多，所以不敵傳者之少也。韓子以詩推孟東野，猶以文推樊紹述也；然孟詩傳，而樊文之僅存者，不過一篇。歐公以詩稱梅聖俞，猶以文稱蘇子美也，然梅詩傳，而蘇文之特絕者，亦無一篇。不煩繩削如樊，不牽世俗如蘇，又有大名如韓、歐者為之主，猶不能使其傳，則信乎所以傳者，不在字句長短、音節高下、格局盜襲之間，而有存乎其先、餘乎其外者也。

其答友人論文書曰：

詩不可不學古，而文則斷不可模古。詩有體格可辨，有音節可諧，非如文之教人自為。韓子文起六朝之衰，而詩則不廢六朝之體；歐公文剗五季之弊，而詩則尚沿五季之風。彼豈不欲盡變？理固不能盡變也。且詩不必有用，而文則不可無用；詩不可無格，而文則不容有格。唐人不盡為有用之文，亦不為有格之文，其弊也雜；宋人務為有用之文，又好言有格之文，其弊也拘。自不學者舍奏議而言書狀，舍論著而言記序，舍傳志而言辭章，而文於是乎無用；又舍才情而言義法，舍氣韵而言音調，舍體段而言章句，而文於是乎有格。

此皆其論學術文章之可記者，於其經世之策，陳傳已舉其涯略，讀者會而觀之可也。陳氏既以王符潛夫論、仲長統昌言擬之，又稱美其文集，謂：

君讀四部書不知幾萬卷，宏綱巨目靡不舉，奇辭雋旨靡不收，其考訂足以精之，強記足以久之，是曰有學。通漢、唐注疏而碎義則不尚，尊宋儒德行而空談則不取，兼擅六朝、唐、宋詩文而摹倣沿襲深恥而不為也，是曰有識。為文能同乎古人而毅然必自為，能異乎今人而又坦然莫不解，其鋒英英，其氣磊磊，其力轉轉而不竭，是曰有才。

又曰：

君文論事，必原於古，必切於時，必可行而後著其說，必不可不除而後陳其弊，是三者之不徒在於文，而又有在於文之外者。

可謂推挹備至矣！

（民國二十五年六月十七日天津益世報讀書週刊第五十三期）

羅羅山學述

清代經學考據，盛於吳、皖，而湘學猶知重義理，尚經世。羅山羅澤南，當推巨擘。惜其在軍旅中，年五十而卒，其能潛心於學者，乃四十以前事。其學宗紫陽，黜姚江。茲鈎稽其語，以見梗概。

羅山論學最有貢獻者，當推其闡申氣質之性。其言曰：

告子論性諸說，後世言性之失者，皆不出其窠臼。杞柳，性惡之說也。湍水，揚子性善惡混之說也。「生之謂性」，佛氏「作用是性」之說也。「性無善無不善」，蘇氏、胡氏之說也。孟子辨明其謬，以未言氣質之性，無以解諸子之惑。宋儒發明氣質之性，而陽明復謂「心之體無善無惡」。佛氏曰：「不思善不思惡時認本來面目。」陽明之言，固釋氏之邪說，亦告子之眞派也。人性皆善，何以人之善、不善若是之不同。曰：性善者，天命之本然也。有善有不善者，氣稟之各異也。氣稟拘於生初，物欲蔽於後起，物與人分明暗，聖與凡分通塞，變化之道，在乎人為。盡性則人事皆天，好學則氣質無權。

以上兩節，一錄自其讀孟子劄記，一錄自其人極衍義。又曰：

宋儒分言義理之性、氣質之性，雖曰天命之理不離乎氣之中，要之理自理，氣自氣，實有不相蒙者。陽明曰：「性即氣，氣即性。」又曰：「氣者理之運用，理者氣之條理。」是告子「生之謂性」，佛氏之「作用是性」矣。孟子之書，其言性與氣者亦多矣。「夜氣不足以存」，謂夜氣不足以存仁義也。「其為氣也，配義與道」，謂養其浩然之氣，足以配道義而行之也。王子之「居移氣」，孟施舍之「守氣」，氣與理是一是二，不待辨而明矣。「血氣未定」、「血氣方剛」、「血氣既衰」，君子之戒色、戒鬬、戒得，亦甚覺其不順乎理也。孔孟之言理與氣，早已判然。且夫理至一，氣不一。氣運有古今，道不以古今而殊。風氣有南北，理不以南北而異。氣數有壽夭窮通，理不以壽夭窮通而增減。氣稟有智愚賢否，理不以智愚賢否而加損。陽明言理即是氣，則人有躁氣、暴氣、乖氣、戾氣、惰慢之氣、囂張之氣、邪靡之氣、噍殺之氣，皆不得謂之為非理。匪特主持風氣，挽回氣運，與自立乎氣數之學，可以不必；即變化氣質之功，亦可以不用矣。尚得成其為人乎哉！明儒中亦有詆陽明為禪為佛者，而於理氣合一之說，終不敢以為非。抑亦未之思耶？

上一節錄自其姚江學辨。羅山文集又有性理篇，以朱子言理氣分異者，又推本之於濂溪之太極圖說，其言曰：

太極者理也，陰陽者氣也。人得陰陽之氣以成形，即得太極之理以成性。但性有天命之性，有氣質之性。天命之性者，維皇降衷，厥有恒性，全體渾然，初無偏倚；此溯源於太極者也。氣質之性者，天以此理賦之人，必隨是氣以與之。氣有互陰互陽之不同，故質有或昏或明之各異。然人之所以稟乎氣者不同，人之所得是理者，未嘗或異。有人其性柔緩，一日自知其非，勉自振作，其人則為剛健之人也。自古至今，得氣之極清而為聖人者少，得氣之極濁而為下愚者亦少，其餘，奮其力皆可以為聖賢，縱其欲皆可以為庸昏。蓋從容中道者，渾然太極也。修身體道者，復反此太極也。困知勉行，百倍其功，以至於明、至於強者，仍不失此太極者也。聖學不明，人性日失，牛山之木，徒供伐牧，可勝惜哉！

羅山言氣質之性，大意如是。其先湘人王船山言性，分「日生之性」與「日成之性」言。日生之性屬先天，日成之性屬後天。日生之性，自今言之，可謂是自然之性；日成之性，自今言之，可謂是人文之性。人文之性，不可背於自然之性。然自然之性，非即人文之性。貴能化之育之，本乎天之命以自成其人之文，此則大聖人爲民立極之功也。故宋儒言氣質之性，乃指自然言。其謂天命之性，則乃人文化成之性也。若以理、氣分言，氣屬自然，理則寓諸人文。人文原於自然，亦不得違離自然，而仍須回歸於自然。但人文與自然終有別，不得謂可一任自然，而自成人文。則此人文，非理想所存之人文。率性亦將以違性。故氣質之性，即性之自然也。義理之性，則寓有人文理想，必待化育而成。然不得謂人文理想即背其自然之性，即謂理義決不在氣質中。故朱子言理氣，既分言之，又合言之。明儒以下，即尊朱者，亦有主理氣合一，而不明理、氣之必有所分異；故羅山之說，可謂於朱學有甚大之貢獻也。

既辨理氣，乃可進而辨心性。羅山在此方而，乃力辨陽明之非是。其言曰：

「良知」二字本之孟子，陽明所言之良知，非孟子之所謂也。人之為人，有心、有性、有情。仁義性也。愛敬情也。知愛知敬者心也。人得天地之理以成性，即得天地精英之氣而為心。心之為物，虛靈不昧，性之具於中者，能燭照而不差。事物之來，心即運此理以應之。能知者，氣之靈也。所知者，心之理也。孟子言良知，隨明之曰「知愛其親，知敬其長」。又曰「親親仁也，敬長義也」，欲人即此知之自然者，以見仁義為吾性之固有；非謂「良知即天理」也。四子書言知德、知道、知禮、知止、知性、知天，道、德、禮、止、性、天指理言，未有以「知」為理者。陽明謂良知即天理即本體，蓋誤認氣為理，誤認心為性矣。

上一節亦錄自姚江學辨。陽明混理氣、心性而一言之，不僅不合於朱子，抑亦不合於孟子，羅山分疏極明晰。心有能知，有所知，羅山謂「能知者氣，所知者理」。理固在氣之中，然不得謂氣即是理。羅山又謂「聖學不明，人性日失」，反而言之，人性之得有待聖學。荀子主性惡，謂聖學非人性。陽明主「良知即天理」，乃謂能知即聖，不待有學。若知氣質之性，聖凡有通塞之辨，百兩之金知之通，一兩之金知之塞，豈可不論分量，但論成色，謂孩提之良知，即聖學之知性知天，而更無區別乎？孩提之成聖在乎學。孔子曰：「十室之邑，必有忠信如丘者焉，不如丘之好學也。」象山、陽明論學，必提孟子，卻不知其違於論語，則甚矣其不學之過也。

羅山既辨理氣與心性，乃又本此以辨朱子與陽明。其言曰：

陽明之所以異於朱子，其本體異，其大用異。朱子以性為有善無惡，陽明以性為無善無惡。朱子以性為理，心不可謂之性。陽明以心為性，吾心之靈覺即天理也。朱子以仁義禮智為性之本然，陽明以仁義禮智為心之表德也。此本體之所以異也。若夫善念之發，朱子以為率性，陽明則謂「心體上著不得些子善念」也。好善惡惡，朱子以為皆務決去而求必得之，陽明則謂「心之本體本無一物，著意去好善惡惡，又是多了這分意思」也。萬事萬物，朱子以其理皆具於心，日用倫常，各有當然之則；陽明則以事物為外來之感應，與心體無涉，以事事物物各有定理，是為揣摩測度於其外也。此大用之所以異也。蓋惟性善則實，實則萬事無不實，故必下學上達，而後能優入乎聖域，此格物致知所以為明善之要也。性無善則虛，虛則萬事無不虛，故一悟本體，即是工夫，此即物窮理，陽明所以視之為外也。兩家意旨如冰炭之不相入，此是則彼非，此非則彼是，勢有不可兩立者。

上一節，亦錄自其姚江學辨。從來辨朱、王者，多從格物致知上立論，無有如羅山此條之扼要而透徹者。今試再略申之，朱子認人心中有性有理，性與理始是天地萬物之本體所在。故朱子謂不得已而必爲理、氣分先後，則當曰理先而氣後。依其言申之，若必爲心、性分先後，亦當曰性先而心後。故除卻氣與心，若理與性無可見，然理與性實有其眞實不虛之存在也。故言氣質之性之上尚有義理之性，義理之性，乃屬先天存在。此層雖王船山似亦不認眞辨認，以船山最後信奉橫渠正蒙以氣爲太虛，與濂溪太極圖說氣上復有太極之說異也。然濂溪又謂「太極即無極」，與朱子謂離氣即理無存在之說，皆似玄而實實。非細索之，不易明其立意之所在。陽明以心爲性，以心爲理，而心實只是一虛靈之體；有心無性，則天地萬物無不虛。於是我心之工夫所在，不啻即天地萬物之本體所在矣。此非狂禪之意態而何！

於是羅山繼此而又作虛實、有無之辨。其言曰：

天地萬物，皆實理之所為也。理至虛也，而有至實者存。理至無也，而有至有者在。天地日月風雷山川民物，得此理以成。聖人順此眞實之理以達其用於天下。今陽明曰：「仙家說到虛，聖人豈能虛上加得一毫實。佛家說到無，聖人豈能無上加得一毫有。」陽明自幼酷好二氏，五十歲居南昌，始揭良知之學教人，自謂「千聖相傳一點骨血」。聖賢實有之旨，盡從而變亂之。人苟不深格致之功，確見聖道之所在，不為邪說所亂者幾希。

上一節，亦錄自其姚江學辨。常識皆認天地爲實有，以心知爲功用，亦因此而長陷於惟功利之爲見。故有以天地爲虛無、以一心爲本體者，則人盡高之矣。如羅山之意，不深得於朱子格致之功者，無不惑於其說。此格致之所以爲聖學也。

羅山又曰：

陽明之學，佛氏之學也。陽明之「良知」，即佛氏之「本覺」。佛者覺也。覺有始覺，有本覺。本覺者，常住不動，眞性如如者也。始覺者，由悟而入者也。佛經多言慧言智，曰「眞識」，曰「善知識」，曰「藏識海」，曰「平等智慧」，曰「不生不滅等是智」，曰「如來清淨智」，曰「識宅」，皆指其本體而言。蓋佛氏以知覺為性，故以慧知言本體也。陽明奉此邪說，自以為絕大神通。曰「良知即天理，即本體」，眞性如如之本覺也。曰「覺得良知訣竅，隨他多少邪思妄念，都是消融」，由悟而入之始覺也。達摩不立言語文字，即心即佛；陽明掃除學問，主良知以立教；是爲謹守孟子之言乎？抑亦入達摩之室乎？

上節亦錄自姚江學辨。自來攻擊陽明，未有如羅山之嚴正明快者。然陽明不僅以良知爲即性與理，並認草木瓦石亦有良知，天地無人的良知亦不可爲天地。儒家傳統自來無此說，即莊、老道家亦無此說，象山並亦無此說，只楊慈湖始有之。在中國思想史上，惟佛家始主張是，則不得不謂陽明之說同於釋氏也。羅山又謂：

草木猶有生機，瓦礫則無生機矣，頑質蠢塊，冥然罔覺，碎之則痛癢無關，存之亦情意胥絕，陽明果何從見瓦石之亦有良知乎？陽明以天下無心外之物，此楞嚴經所謂「山河大地，咸是妙明眞心中物也」。不知性屬乎理，知屬乎氣，氣既不同，靈頑各別，固無害於此氣此理之同。草木瓦石雖無知，亦無害於此氣此理之一。陽明矜言萬物一體，實不明乎萬物一體之道，故其言遂如是之牽強耳。

萬物一體，可從氣上言，亦可從理上言。但不當從心上言。心知萬物之氣之理之一體，仍是萬物理氣之一體，非心知之一體也。陽明又言儀、秦亦窺見得良知妙用。羅山曰：

良知，本乎天理之自然而出者也。機械變詐，不循乎理之當然，良知之賊也。古之人，性道精明，義理昭著，陰謀詭譎，概不敢用。臨事而懼，好謀而成，詐與不信，亦自能先覺。揣摩人情，無一些不中肯綮，妾婦中之慧而黠者也。三代而還，正學不行，事變之來，人多師其故智，以僥倖成功。是以禮義日見其喪亡，人心日見其偷薄，所以錮蔽此良知者甚非淺鮮。陽明於儀、秦之智，稱之為「聖人之資」，為「窺見良知妙用」。蓋陽明以虛為性，不肯講求義理，惟憑此心良知，矜為妙用，自闖自闢，自舒自卷，自以為絕大神通；是以於儀、秦之故智，津津樂道之。孰知其所以揣摩人情者，正所以戕賊其天理哉！

陽明傳習錄儀、秦一條，當時其門弟子亦多非之，不敢信據。攻擊陽明者，亦以非大義所關而略之。不知陽明之病，正在其認性爲虛，認心即理，於是此心之用，遂若無往而不是。故陽明雖亦謂儀、秦用之於不善，而終認其爲窺見了良知之妙用。不知良知妙用，應無不善。聖人之資，可謂在良知，不可謂在儀、秦之妙用也。故羅山又曰：

孔、孟之精微，非朱子無以發。濂、洛之蘊奧，非朱子無以明。掃功利，排佛、老，摧陷廓清，義精仁熟，此功直在萬世。

以上諸條，皆采自其姚江學辨。蓋羅山謹守朱子駁陽明，嚴斥陽明衛朱子。言理學而主張門戶，則其所窺於理學者必淺；然固不得以此疑羅山也。蓋羅山之辨王申朱，皆確然有見，非拘拘於門戶之爲見也。

故羅山雖力辨陽明，然羅山亦深知心之爲用。其言曰：

立一身之主宰，而提萬事之綱者，其維心乎！心者，理之輿也。事物未至，理具於心。事物既至，即運此理以應之。其静也，動之理所由存。其動也，静之理所由發。心之為物，靈變不測。出入無定時，因應無定在。放而縱之，茫然莫知所至。苦以拘之，又急迫而不能久。御之以理，而居之以敬，動静交修，內外夾持，庶能保之而不失耳。

孟子曰：「學問之道無他，求其放心而已矣。」謂學問之道，皆所以求放心也。後人誤會此旨，遂謂不必講學讀書，只要存得本心。吾不知學問之功不深，此心何由而存，幾何而不流於異端哉？

上二節一錄自其人極衍義，一錄自其讀孟子劄記。孟子主由學問求心，故道性善則「言必稱堯舜」，又曰「乃我所願則學孔子」，又曰「聖人先得吾心之同然」。若曰吾心與堯舜、孔子同，明吾心即可以爲堯舜、孔子，此乃主於心而不煩學，所以爲異端也。

又曰：

天、地、人同一太極也，理之一也。天、地、人各一太極也，分之殊也。其分殊，其理一。分之有畛，合之無間也。太極之在天地，遠而難明。太極之在吾身，近而易見。明乎吾身之太極，天地之太極不外是矣。周子曰：「聖人定之以中正仁義，而主靜立人極焉。」

上節錄自其人極衍義。又曰：

西銘之理一不難知，分殊難知。分殊不難知，分殊之中，各有其處之之道難知。然豈知之而遂已哉？古之君子，親親而仁民，仁民而愛物，必皆有以盡其當然之則。向使於分殊之處一毫有所未善，則此一理之渾然者，遂有所虧而莫周。義之不盡，又以為仁之至哉？

上節錄自其西銘講義序。凡羅山之學，上自孔、孟，下至周、張，非有新論奇說，而止以程、朱之說說之。羅山之學盡此矣。羅山以四十後始補廩，此下乃以醇儒爲名將，一時部曲，多其講學門徒；而卒於軍中，功業未畢，亦可謂其學業亦未竟也。禍亂既平，世變日亟，西學東漸，羅山之著述，遂在若存若亡間，竟亦無大影響於後世。鈎稽斯篇，感慨何極。

（此文約成於一九七六、七年間）

朱九江學述

晚清之儒，有廣東南海朱稚圭次琦，人稱九江先生，亦知確尊朱子，惜其著書無傳。今據其弟子簡朝亮所爲九江年譜，略撮其論學語，以覘一斑，以爲余研朱餘瀋一書之殿。其言曰：

孔子歿而微言絕，七十子終而大誼乖，豈不然哉！天下學術之變久矣。今日之變，則變之變者也。秦人滅學，幸猶未墜。漢之學，鄭康成集之。宋之學，朱子集之。朱子又即漢學而稽之者也。會同六經，權衡四書，使孔子之道大著於天下。宋末以來，殺身成仁之士，遠軼前古，皆朱子力也。朱子，百世之師也。然而攻之者互起。有明姚江之學，以致良知為宗，則攻朱子之格物。乾隆中葉至於今日，天下之學，多尊漢而退宋，以考據為宗，則攻朱子為空疏。一朱子也，而攻之者乃相矛盾。嗚呼！古之言異學者，畔之於道外，而孔子之道隱。今之言漢學、宋學者，咻之於道中，而孔子之道歧。彼考據者，獵瑣文，蠹大誼，叢脞無用，漢學之長有如是哉？吾今為二三子告，蘄至於古之實學而已矣。學孔子之學，無漢學、無宋學也。修身讀書，此其實也。

清儒漢、宋門戶之見，自嘉、道以下，已漸知於康成外尚當有朱子，然其視朱子，實尚在康成下。稚圭始謂朱子「又即漢學而稽之」，又謂其「使孔子之道大著於天下」，其視朱子，已在康成上。又曰「治孔子之學，無漢學、無宋學」，尤爲大見解。非深識儒學大統者，不易語此也。

又曰：

讀書之實五，曰經學、史學、掌故之學、性理之學、辭章之學。經明其理，史證其事。以經通經則經解正，以史通經則經術行。掌故者，古今之成法也。本經史之用以參成法，則用法而得法外意矣。性理非空言也。性理者，所以明吾學之大皆吾分也。用之無所驕，不用無所歉。古來才大而器小，或矜伐自用，若管仲、姚崇、李德裕、張居正者猶譏焉。吾以為性理之書誼如懿戒，足以自箴矣。歐陽氏曰：「文章止於潤身，政事可以及物。」夫文章非及物者乎？君子之學，以告當世，以傳來者，書以明之，詩以歌之，非文章不達也，皆及物者也。南宋而後，古文之道寖衰，天下必當有興者，二三子其志於斯乎！

乾嘉專經而不能通之以史，所以致於叢脞而無用。章實齋、魏默深皆已微窺其意，至稚圭乃始明白昌言之。稚圭曰：「史之於經，猶醫案也。故治史必通經。」又分史與掌故爲二，蓋史明事變，掌故以通制度。即李中耆以下，以通鑑、通考爲二通之說也。章實齋「六經皆史」，皆謂王官之所掌，此則偏掌故言。又謂「浙東史學皆本心性」，此史指事變言。稚圭分而二之，則更明顯矣。稚圭言理學，義旨更宏達。理學中本應包經、史、掌故。凡以經世致用之學，皆吾分内事。若管、姚、李、張諸人，非無功業，而滋詬病，以其不知理學也。故務功業者不能不通理學，而理學中自應有功業，非可排除功業以自成其爲理學也。理學家忽視文章，特爲一病。稚圭於經、史、掌故、性理之外，又特增辭章一門，更爲宏達之見。其前如戴東原、姚惜抱，言學皆分義理、考據、辭章，曾滌生又加經濟一項，以稚圭意繩之，皆爲未當。乾嘉諸儒意欲以漢學擯宋學，遂言考據。考據乃治學中所有事，豈能自成爲學？稚圭言五學，獨不及考據，其識卓矣。抑且五學實一學也，如戴、姚之割裂而三分之，決無當於孔子論學之道，亦無當於朱子論學之道也。

又曰：

> 讀書者，格物之事也。王姚江講學，譏朱子讀書，曰致良知可也。學者行之，流弊三百餘年。夫良知良能，皆原孟子。今舉所知而遺所能乎？既不讀書，何以致良知也？不讀書而致良知，宜姚江不以佛氏明心為非也。此心學之弊也。子路佞於孔子，曰：「何必讀書然後為學」，則孔子之讀書為學其常也。姚江謫龍場驛，憶其所讀書而皆有得。姚江之學，由讀書始也。故其

知且知兵，其能且能禦亂。

陽明知兵能禦亂，才能、功業，皆非理學所拒。陽明言「致良知」，亦從讀書來。苟不讀孟子書，何知「良知」一言。書亦天地間一物也，豈一草一木庭前竹子爲一物，五經、四書獨不得爲一物乎？草木中皆有理可格，豈聖經賢傳中獨無理可格乎？不讀書，不格物，知又何從而致？於是陽明乃轉有取於佛氏明心之説。蓋佛氏明心在菩提樹下，本不在書中、物中也。陽明因格庭前竹子不通，遂亦不以讀書爲格物。稚圭謂陽明心學流弊三百年，蓋乾嘉諸儒亦不以讀書爲格物，乃以訓詁考據爲讀書，其言曰「訓詁明而義理明」，分訓詁考據與讀書爲二。乾嘉諸儒之讀書，已非孔子、朱子之讀書矣。要之不知讀書爲學，故稚圭亦歸納之爲心學之流弊耶！姑誌吾説於此。

又曰：

陳文恭之學，非不宗朱子也。文恭自謂於古聖賢之書，無所不讀。其詩曰：「吾道有宗主，千秋朱紫陽」，此其所由入德也。文恭之學，讀書而静養，朱子所法乎孔子者也。文恭之教，使學者端坐澄心，未讀書而静養，則所養者，未必端倪之正也；非朱子所法乎孔子者也。

稚圭以白沙不赴景帝時之禮闈，許其知出處之大誼。知修身，即是知讀書矣。乃分其「學」與「教」

而兩言之，則自來論白沙者所未有也。

又曰：

六經者，古人已然之迹也。六經之學，所以踐迹也。踐迹而入於室，善人之道也。所謂「深造之以道，欲其自得之」也。子張問善人之道，子曰：「不踐迹，亦不入於室。」陸子靜，善人也。未嘗不學，然始事於心，不始事於學，而曰：「六經注我，我注六經。」雖善人乎，其非善人之道也。

經學所以踐迹。象山不主讀書，不主踐迹；乾嘉諸儒之訓詁考據，以爲治經要端在此，亦不知踐迹也。雖乾嘉諸儒中亦有善人，惟亦同非善人之道。故陸王、乾嘉同反朱子，稚圭乃亦同反之矣。

又曰：

顧亭林讀書亡明之際，抗節西山。日知錄遺書，由體及用，簡其大法，當可行於天下，而先王之道必不衰。

稚圭於明遺老獨尊亭林，亭林有言：「經學即理學也，捨經學安所得理學哉！」亭林於稚圭所分經、史、掌故、辭章諸學，皆所囊括。而經學其主腦也。自稚圭言之，此四學者，「皆吾分也」，此可謂是理學之積極面。亭林又言：「博學於文，行己有恥。」其抗節西山，可謂有恥矣。自稚圭言之，「性理之書誼如懿戒」，此可謂是理學之消極面。朱子以後，尊朱子而能超越理學家格套者，稚圭以前端推亭林，此外朱舜水亦近之。惜乎舜水羈旅海外，不能如亭林之終老祖國以成其學。此外又有陸桴亭亦近似，惟仍帶理學格套，故皆不爲稚圭所稱。

又曰：

> 紀文達，漢學之前茅也。阮文達，漢學之後勁也。百年以來，聰明魁異之士，多錮於斯矣。嗚呼！此天下所以罕人才也。

以阮元、紀昀同等律之，尤見稚圭論人論學之特識。

又曰：

> 小學非六書而已也。紀文達必從漢志，非也。朱子小學，小學之道也。大戴禮曰：「古者年八歲而出就小學，學小藝焉，履小節焉。束髮就大學，學大藝焉，履大節焉。」（尚書大傳略同。）是故小學養大學。

稚圭上采大戴禮、尚書大傳以證朱子之小學，較之紀昀及其他乾嘉諸儒之僅從漢志，以六書爲小學者，遠勝矣。是稚圭之尊朱，可謂亦「即漢學而稽之」也。

又曰：

皇清經解，阮文達之所詒也。殆裨於經矣。雖然，何偏之甚也。顧亭林之學，不分於漢、宋也，今采其說尊宋者芟焉。（如日知錄於易謂「不有程傳，大誼何由而明乎」之類，今不采。）書以國朝為目，當時之儒，非皆漢學也。若方靈皋者流，乃一言之不錄也。

稚圭駁斥紀、阮，亦皆考據家言。故知考據僅爲奴，爲工具，不得預於稚圭所舉五學之類。

又曰：

宋儒言去欲，漢學者以為非，曰：「所欲與之聚之，孟子誼也。」彼漢學者，東甿不見西牆矣。人欲有公而有私。樂記所謂「滅天理而窮人欲」者也。其宜去乎？抑不去乎？

當時漢學者駁宋學，莫過乎理、欲之辨。稚圭引樂記明白分天理、人欲，則不煩多言而判矣。是亦所謂「即漢學而稽之」也。

又曰：

經誼所以治事也，分齋者歧矣。（邱文莊大學衍義補嘗辨分齋之非。）經學所以名儒也，分門者室矣。（近人著書，有以經學、名儒分門者。）

又曰：

明經誼不能治事，治經學不能名儒，皆非眞經誼、眞經學也。乾嘉之治經，其不能治事、不得名儒者多矣。乃當時學者，誤認其施於經之訓詁考據，即爲儒者所當治之事，失之遠矣。

儒有君子小人。然儒林傳外立道學傳，則宋史之失所尊也。

因於儒林、道學之分，遂啟漢學、宋學之分，故爲稚圭所不取。不能外於儒而自成爲「道學」，此則稚圭意也。

又曰：

韓子云：「士不通經，果不足用。」然則通經將以致用也。董子云：「詩無達詁，易無達占，春秋無達辭。」此董子之能通經也。孟子言詩皆無達詁。班氏云：「後世經傳既已乖離，博學者又不思多聞闕疑之誼，而務碎誼逃難，便辭巧說，破壞形體，說五字之文至於二三萬言。後進彌以馳逐。故幼童而守一藝，白首而後能言。安其所習，毀所不見，終以自蔽。此學者之大患也。」今之漢學，其免班氏之譏否也？

乾嘉諸儒自號漢學，乃其所治不免如班氏所譏，是亦治經而不通之史，自號漢學，不能「即漢學而稽之」也。

又曰：

朱子師程子者也。朱子釋經，不或匡程子之失乎？志遜而辨，辭恭而直，朱子事師之誼也。今之漢學，喜攻朱子。蜩沸者無譏矣。將或中焉，惜其不如朱子之事師也。

稚圭尊朱子爲百世師，乾嘉諸儒固不能然。然苟能志遜而辨，辭恭而直，是亦可矣。何必效孟子之拒楊、墨耶？此皆門戶之見害之耳。

又曰：

書與春秋，經之史、史之經也。百王史法，其流也。正史紀傳，書也。通鑑編年，春秋也。以此見治經、治史，不可以或偏。

以此較章實齋「六經皆史」，「浙西治經、浙東治史」之說，遙爲深允矣。

又曰：

九通，掌故之都市也，士不讀九通，是謂不通。

乾嘉以下，亦有知讀司馬氏通鑑與馬氏文獻通考者，然其治史，治古而不治今，是不通何足以致用。稚圭治史主其近，引史記六國表序，以其近己而俗變相類，此與乾嘉諸儒不敢言近必引而遠之者大異。

又曰：

掌故之學至賾也，由今觀之，地利、軍謀，斯其亟矣。

咸豐二年，洪楊軍破武昌、安慶、金陵，北至揚州，時稚圭年四十六。其卒在光緒七年，年七十五，洪楊已平。胡林翼、曾滌生之業績，稚圭蓋有深感焉。

又曰：

知掌故而不知經、史，胥吏之才也。

章實齋謂六經乃古代王官之學，若不明稚圭此條之義，則六經亦古者胥吏之學也。

又曰：

「古無所謂理學，經學即理學也」，顧氏之言是矣。雖然，性理諸書，翦其繁枝，固經學之佐也。

乾嘉諸儒，治經學不治理學，猶治史有二通不治五史、九通之類也。五史詳後。

又曰：

經、史之誼，通掌故而服性理焉，如是則辭章之發也，非猶乎文人無足觀者矣。

僅文無足觀，僅掌故爲胥吏，僅性理爲陸王心學，僅經爲乾嘉考證，僅史是亦吏矣。凡稚圭論學大旨要如此。稚圭著述有七，曰國朝名臣言行錄，法朱子。曰國朝逸民傳，曰性學源流，曰五史實徵，錄宋、遼、金、元、明以資今。曰晉乘，如程大昌雍錄。尚有論清代儒宗者，不分漢、宋。有紀蒙古者。臨卒前，盡自焚之。即觀其書目，其學蓋本性理以通之史，而尤要在人物。即其所標修身讀書之實也。

然稚圭論學，在當時要爲孤掌之鳴。從學有簡朝亮最著，然似未能承其學，仍是乾嘉經學餘緒耳。康有爲則登其門而未能受業，轉主今文經學，又旁騖於佛典，其去稚圭論學之意益遠矣。繼此新文化運動起，辭章則曰「白話文」，掌故則曰「二千年專制政治」，性理則曰「禮教喫人」而倡非孝。其曰「以科學方法整理國故」，則持襲乾嘉考據以治史。乾嘉以反宋，而今之考據則以反中國。遂循至於不讀書，不修身。則稚圭有意提倡一種新學，實乃爲舊學之殿也。余之爲斯篇，誠不勝感慨系之矣。

（此文約成於一九七六、七年間）

朱鼎甫學述

清代學術，乾嘉時代有漢、宋之辨，道咸以下有今、古文之辨，同光以下又有中、西之辨。晚清之際，求能於此三大分辨各有所剖析評騭，自具一標準，自成一系統，不涉意氣，不蹈門户，不尚空言，有根據而求一見之於實際之履行者，則惟朱一新之無邪堂答問一書，庶足當之。

一新字蓉生，號鼎甫，浙之義烏人。張之洞督兩廣，延聘爲端溪書院山長，復主講廣雅書院。無邪堂即廣雅之堂名。一新卒於光緒甲午之夏，年僅四十有九。整一年，乙未夏，乃爲余之生日。幼時治學，僅知有康有爲、章太炎。一新以浙人講學於粵，乃余懵無知，久而始知之。草爲近三百年學術史，曾著其駁論康氏之今文學。今草斯篇，距一新之卒，已八十有三年。距余之草爲近三百年學術史，亦且五十年矣。益增余對一新之懵無知而内疚無已。稍摭其言，以贖余愆。

一新之言曰：

學問與學術，古人於此二者多合，今人多分，亦學不逮古之徵。瑣碎穿鑿，自謂能振漢儒之墜緒，不知此特班孟堅所訶為祿利之路然者。若董江都之傳經，劉更生之校書，曷嘗不重師承，不求實是，而能遠紹微通，兼通大義，夫豈如漢學者所云乎！

又曰：

古之儒者，明體所以達用。寧使世不用吾言，勿使吾言之不足用於世。聖賢垂訓，莫非脩己治人之理。降而九流之言，百家之說，亦無不以明體達用為歸。所學有淺深，斯所言有純駁。識之限於天者無如何，學之成於人者宜自勉。古未有不躬行實踐而可為學者。亦未有不坐言起行而可謂之學者。故班史譏「不學無術」。學術之發於心術者至微，其關於天下者甚鉅。漢學家乃分窮經、致用為二事，淺學所未聞也。

此言清儒經學非漢學，而「學術」必本於「心術」。一新又言曰：

宋學有宗旨，猶漢學有家法。拘於家法者非，然不知家法，不可以治經。好立宗旨者非，然不知宗旨，不可與言學術。學術者，心術之見端。差之毫釐，謬以千里，聖賢無不於此致愼焉。

又曰：

學問之壞，不過弇陋而已，於人無與也。學術之壞，小者貽誤後生，大者禍及天下。故必博考宋、元、明、國初儒者之說，證以漢儒所傳之微言大義而無不合，始可望見聖賢之門庭。漢儒所謂「實事求是」，蓋亦於微言大義求之，非如近人之所謂「實事求是」也。然此皆求知之事，知之而不能力行；雖望見其門牆，猶不得入，而可以訓詁自畫耶！

鼎甫每以漢學、宋學相提並論。窺其意，似主從清初明末諸遺老，上溯宋、元、明、兩漢以及六經，即全部中國儒學史，綜合匯通，以闡明聖賢之微言大義。自今言之，實即國家民族歷史文化傳統精神之所在，而建以爲學術之蘄嚮。至於乾嘉所提倡之訓詁，乃學問上初學入門之途徑，則無當於昌明學術之大任也。

又曰：

目錄校讐之學，商榷學術，洞徹源流，所以可貴，非專以審訂文字異同為校讐也。乾嘉以後，若高郵王氏父子之於經，嘉定錢氏兄弟之於史，皆凌跨前人。大抵為此學者，於己甚勞，而為人則甚忠，故此學終古不廢。第以此為登峯造極之事，遽欲傲宋、元、明儒者，則所見甚陋。

漢學家訶佛罵祖，不但離「文」與「行」而二之，直欲離「經」與「道」而二之，斯其所以為蔽。

曰訓詁，曰校讐，皆清儒之絕業偏勝，鼎甫皆有以致其不足之意。而尤主要者，則在抨擊戴震之非議宋儒。其言曰：

有百世之著述，有一時之著述。囿於一時風尚者，風尚既移，則徒供後人指摘矣。漢學家略涉宋學藩籬，而以之攻宋儒者，惟戴東原。孟子字義疏證、原善、緒言三書則謬甚。東原集中有繫辭論性、孟子論性兩篇，乃字義疏證之根柢。惟誤以人欲為天理，宗旨一差，全書皆謬。古書凡言「欲」，有善有惡，程朱語錄亦然。其教人遏欲存理，特恐欲之易縱，故專舉惡者言之，烏可以辭害意？東原乃以欲為「本然中正，動靜胥得」，（見讀孟子論性篇。）無論古書多不可通，率天下而禍仁義者，必此言矣。且既知義理與氣質有別，而又執氣質以為義理，自相矛盾。

又曰：

心之所同然者，謂理也，義也。天以五常之理賦人，故樂記謂之「天理」。義理之學，宋儒以之為教，孔孟曷嘗不以為教？漢學家惟惡言理，故與宋儒為仇。「理義之悅我心，猶芻豢之悅我口」，豈苦人以所難哉！宋儒所不同於三代者，特其沿革耳。戴東原則曰：「程朱憑在己之意見，而執之曰理以禍斯民。」且謂聖人以「體民情、遂民欲」為得理。聖賢正恐人之誤於意見，故有窮理之功。「體民情」，固也；「遂民欲」而亦謂之「理」，何其言理之悖！

又曰：

樂記：「人生而靜，天之性也。感於物而動，性之欲也。」性兼氣質，故有欲。有欲故須節。象山語錄謂樂記此言本於老氏，誤之甚矣。戴東原孟子字義疏證，所見與象山略同，而不敢徑駁樂記，乃強為之說。

又曰：

戴氏疏證，大率以人欲為性之本然，當順而導之，不當逆而制之。此惟聖人「所欲不踰矩」者乃可，豈中人以下之欲皆能如是？宋儒曷嘗謂欲有惡而無善？特「理」、「欲」對言，則理為善而欲為惡。故樂記言「天理人欲」，易言「懲忿窒欲」，論語言「克伐怨欲」，經典中此類甚多，東原概置之，而但援「欲立欲達」為說。不知說文「欲」訓「貪欲」，東原精研訓詁，豈獨不明乎此。第欲攻宋儒，遂於本明者而轉昧之，此即欲也。天之賦人，有食色之欲，未嘗有貪淫之欲。其有之者，人自縱之也。東原謂：「食色之性，人不可無。」宋儒不知耶？朱子語類：「濂溪言寡欲以至於無，是合不當如此者，是私欲之類。若飢而欲食，渴而欲飲，此欲亦豈能無？」東原之所辨，朱子已早言之。荀子專舉下愚以言性，東原專舉上智以言性。專舉下愚，乃欲以學愈愚。說雖偏，尚無大害。專據上智，則古今上智幾人？雖使人欲橫流，皆自以為合於天理。是尊情以滅性，而并可以廢學。東原其殆未之思耶？其譏宋儒言理，「如有物焉，得於天而具於心」，以是為宋儒罪。夫仁、義、禮、智，天所與我，而皆於四端之心見之。苟非有物焉，得於天而具於心，何以能應萬事？

又曰：

詩烝民篇鄭箋：「天之生眾民，其性有物象，謂五行，仁、義、禮、智、信也。」乾鑿度：「五常以之行」，鄭注：「天地氣合而化生五物。」鄭君以「五物」訓「五常」，非「有物焉，得於天而具於心」之謂耶？朱子注詩、注孟子，皆不從其說。東原若必以此為非，當斥鄭君，不當斥宋儒。推其致誤之由，蓋以「血氣心知」為性，而不知以「義理氣質」為性。血氣心知，但言氣質之性而未及義理。故其言曰：「心知之自然，未有不合理義者。」孟子謂心之所同然者為理義，未嘗謂心之所發皆合於理義也。心統性情，故理義具於心，性之所固有也。其動而不必皆合者，情之有善有惡也。情本可以為善，或為不善，非情之罪也。氣質亦可以為不善，乃不能變化氣質之罪。才情氣質，皆可以為善，則性相近也。若以是歸諸心知之自然，則心知有惻隱，亦知有殘忍。而以為盡合理義，不亦誣乎？東原力駁程朱「『人生而靜』以上不容說」之旨，謂性當指人物而言，不當以理義之性歸之於天。易繫辭：「一陰一陽之謂道，繼之者善，成之者性」，非歸之於天耶？蓋謂天賦人以理義而人性始善也。

又曰：

老氏之言「神」，蓋欲嗇其精神以求長生也。釋氏之言「神」，蓋欲得其神識以求不生不滅也。氣之充然者為「精神」，心之湛然者為「神識」，神識、精神且不相同。宋儒之言理，五常之燦然者謂之「天理」，五倫之秩然者謂之「條理」，皆與神識、精神渺不相涉。東原乃鍛鍊周內以牽合之。此猾吏舞文之故智。西河多有此弊，不意東原亦蹈之也。

乾嘉諸儒，競務訓詁考據，少究義理；東原孟子字義疏證三書，遂莫能辨其是非。同時有章實齋，治孟堅、漁仲之校讐，欲以史學、經學分疆，與東原樹異。顧於東原三書亦弗能辨。鼎甫融會漢、宋，貫串古今，其辨東原，頗亦取途於訓詁考據，然於乾嘉以下清儒中乃爲一人特出。以同時浙人中黃氏父子視之，亦遏乎其不逮矣。此鼎甫「學問」、「學術」之分，所當深細體會也。

（此文成於一九七六年）

讀康南海歐洲十一國遊記

余十年前，草中國近三百年學術史，於南海康氏，詳著其思想先後之激變，顧未稱引及其歐洲遊記。抑南海思想之激變，實亦歐遊有以啟之也。今年夏，避暑灌縣靈巖寺，偶於友人家攜得此書，繙閱既竟，重加摘錄，以補學術史之未備焉。

南海第一次遊歐，以行篋無書，未詳其在何年。其再赴歐則在光緒三十年甲辰之二月，以五月至意大利，由是轉瑞士、奧、匈、德、法、丹、瑞、比、荷，而至英。（此據十一國遊記總目推之。）是年冬至南海在美洲，有十一國遊記序。翌年七月又自德轉法，有法蘭西遊記。再翌年，光緒三十二年丙午，十一月，自瑞典至柏林，十二月渡來因河，有來因觀壘記。復有西痕故都記。再翌年丁未，十月自巴黎入德，有蔑士記、士遮士卜記、渡顛湖記、刊士但丁記諸篇。是年冬補德國遊記序，自謂遊德久，且多，九至柏林而四極其聯邦也。再翌年光緒三十四年戊申四月有波士淡舊京記。五月自北冰海還，六月自瑞典東裝赴南歐，遊塞爾維亞、布加利亞，復自羅馬尼亞乘船泛黑海至突厥，七月自突厥往雅典。是年冬，有突厥遊記序。至塞布兩國遊記序則成於民國二年癸丑之二月。凡南海歐遊蹤迹可考者如此。

其十一國遊記，自序在光緒三十年冬至，時居美洲北太平洋城多利之文島也。其第一編刊成於三十二年二月，爲意大利遊記，編首有海程道經記共二篇。據其總目錄，尚有瑞士、奧大利、匈牙利、德意志、法蘭西、丹墨、瑞典、比利時、荷蘭、英吉利各編，並附錄歐土政俗總論、中西比較論、物質救國論三篇，則皆未刊。其十一國遊記之第二編爲法蘭西遊記，據原目當爲第六篇。其開端即云「光緒三十一年七月二十二夜自德之克虜伯砲廠往法國」，則此卷乃成於乙巳。文中亦並無再遊之說。然則三十年甲辰草十一國遊記序目時，實未嘗有諸編遊記之成稿，逮其再遊法京，而草此記，筆墨文字間又實似初遊乍到者，洵可怪也。其丁未補德國遊記，自謂甲辰遊德，曾草遊記，失落數卷。然今可考者，如來因觀壘記，亦在丙午，其他各篇尚在後。然則甲辰遊記眞可考者，亦惟意大利一篇而已。其補德國遊記及突厥遊記、歐東五國遊記各篇皆刊於不忍雜誌中。

南海早年，實爲歐洲文明之謳歌崇拜者，其轉而爲批評鄙薄，則實由其親遊歐土始。故曰：「吾昔嘗遊歐、美，至英倫，已覺所見遠不若平日讀書時之夢想神遊，爲之失望。今來意甫登岸，而更爽然。」又曰：「吾昔聞羅馬文明，尤聞其建築妙麗，傾仰甚至。及此遊，親至羅馬而徧觀之，乃見其土木之惡劣，僅知用灰泥與版築而已。其最甚者，不知開戶牖以導光，以王宮之偉壯，以尼羅之窮奢，而其拙蠢若此。不獨無建章之萬戶千門，直深類於古公之陶復陶穴。」又曰：「往聞巴黎繁麗冠天下，頃親履之，乃無所覩。宮室未見瓌詭，道路未見奇麗，河水未見淸潔。比倫敦之湫隘，則略過之；且不及柏林之廣潔，更不及紐約之環麗遠甚。」又曰：「吾居遊巴黎之市十餘日，日在車中，無所不遊，窮極其勝，若渺無所覩聞而可生於吾心、觸於吾懷者。厭極而去，乃歎夙昔所聞之大謬而相思之太殷。」又曰：「雅典區區片土，實爲大地文明誕育之場，吾嚮往久之，故裹十日粮而來。而徧遊兩小時，吞雅典者八九，則意興與遊觀蕭然而盡，即決歸矣。天下凡有盛名之事，蓋莫不類此也。」

凡此皆可見南海親遊歐土後之觀感，故曰南海思想之激變，實以歐遊爲轉紐也。今根據遊記而分析南海之思想，其所以對於歐洲文明開始敢萌其批評與鄙薄之意者，厥有數端。一則見歐洲各地文物高下至不同，未必一一盡勝於我也。其初至意，即知意人至貧，多詐，而盜賊尤多。既見其襤褸之情，顛連之狀，乃曰：「未遊歐洲者，想其地皆瓊樓玉宇，視其人皆神仙才賢，豈知其垢穢不治、詐盜徧野若此哉？故謂百聞不如一見也。」一則知歐洲之治平康樂，乃最近百年以內事，而以前則不然也。故曰：「徧覽歐土大進化，皆在此百年內，百年前屋多低小，亦與中國同，則亦無可深媿者。」又曰：「以巴黎之盛，當我宋、明，尚如彈丸；即路易十四雄霸，在吾國初，亦不及今巴黎二十之一，何雄麗之云。故時民居多丈許茅屋，學者耳食巴黎之盛，切勿以今日之法比例百餘年之法也。柏林六十年前，僅七萬人，今逾三百萬，新世進化，古無可比，吾亦驚嘆。但當知彼百年前，不如吾中國遠甚耳。」又曰：「偏觀歐洲各國博物院，皆於十二三世紀後乃有精巧之物，可以觀歐人進化之序，故曰：吾國人不可不讀中國書，不可不遊外國地，以互證而兩較之，當不至爲人所恐嚇而自退處於野蠻也。」

南海所謂讀中國書，遊外國地，互證相校，而爲其所注意流連者，大率不外於兩端：一則在於宗教藝術、古建築、古器物方面者，又其一則歐洲政治風俗、歷史文化演變之跡乃至其所以然之故是也。歐洲古建築、古器物之瓌奇精美，南海傾倒稱羨再三而勿置；然論及歐洲政俗文化之根源，則殊爲南海所不滿。南海既鄙薄於其後者，乃更轉而批評其前者，乃曰：「凡迷信神道者，宗廟必極壯麗，自埃及、巴比倫、希臘、印度皆然。而緬甸之野蠻，尚有黃金廟數所，大者一塔至高三百尺，爲全球所無，豈得以緬甸爲文明耶？」又曰：「凡迷信神道者，宮室偉麗；凡多立貴族者，器物精奇。我之宗廟不麗，器物不精，益以見我無神道之迷信，無侯國之壓制，尚道德而貴廉讓耳。比之歐土之舊，不益見進化之高乎？」又曰：「德意志本甚野蠻，今其金寶刻劃，精工珍異，豈不近於文明；然蒙古王珍器，亦復金珠燦爛，達賴、班禪與西藏諸大僧寶器皆精工。以王者、教主之力，雖極野蠻，自能致其精異，與全國之文明無預。統觀其政俗，金甲石壘，與蒙古無異，未能以區區金珠之物、殿宇之精而稱之也。」

南海既抱若是之見解，故其遊記中所著意者，乃不在其對於各地所見古建築、古器物之描寫，而實在其推闡各邦古今政俗推演進展之所以然而衡量其是非得失之所在。故南海此書，雖屬遊記，而其精心結撰處，則實爲對歐洲文化史之闡述與批評。綜其大者，厥有數義，一者評論古羅馬文明之得失以與中國秦漢時代相比較，一者評論歐洲之中世紀，三則評論法國大革命，四則闡述英國憲政之由來。

南海謂羅馬與中國之比較，羅馬不如中國者有五。「一曰治化之廣狹。終羅馬之朝，皆以意大利境爲内國，其餘高盧、西班牙、不列顛、西西里島、迦太基等，爲藩屬地，遣都護治之，如我伊犂、蒙古、西藏、東三省之將軍、都統、領隊大臣然；故皆縱恣暴虐，而民得自行其舊俗，實與未開化等。若埃及、亞西里亞、亞美尼亞諸國，則以虚名職貢，如安南、高麗之比。其將相吏士之所自出，文人學士之所發生，政事禮俗之所盛行，圖書戲樂之所開發，繁華盛大之集會，實只有羅馬一城之内，並不能遠及於意大利之封域。羅馬極盛時，學者號稱六七萬，亦不過羅馬城中人士耳。意大利全域僅當今雲南一省。而當羅馬時尚雜蠻族未開化者，則正雲南之比。我漢時禹域百郡皆爲内國，人民平等，不限奴隸。郡國皆有學校，皆立大學掌故，縣鄉皆有三老以掌教化，特設科舉，郡國皆歲舉孝廉、茂才，學術偏於全國之鄉野。此一也。二曰平等自由之多少。羅馬開國千三百年，而貴族、平民之爭歷數百年，其後乃得少予權利而通婚姻，設護民官。然此乃同城之拉丁人得之，其意大利人仍數百年爲奴，終羅馬之朝，意大利半島奴隸百餘萬。其他藩屬人民，則如英之待印度。至末世乃稍予權利，而羅馬之紐亦解矣。若我漢世，内國人民，人人平等自由，既無世爵，人人得徒步而至卿相執政權。羅馬限於一城數十萬人之内，我漢擴之百郡萬里五千萬人之遠。此二也。三曰亂殺之多寡。羅馬内政無紀，先則有豪族、平民之爭，次則有三頭政治之爭，又次則有百年内亂。即號稱羅馬盛世，自愷撒被弑，其開國諸帝自奥古士多外無一能自保者。其後軍隊擁立之帝二十五，僅四人考終，而大亂亦頻數，於是有三十暴君之代而入於末世之亂。統觀羅馬一統八百年中，當國有位號者以百數，能保全者不及十主。而爭亂分離以數十計。其女后之亂政弑君亦復無數。比之我十六國、五季尚不如。每讀晉書及五代史，哀其時君臣人民之慘殺酷戮，爲之掩卷。而羅馬一京世載亂離，乃視爲朝餐夕飯，豈不哀哉！此其三。四曰倫理之治亂。羅馬以家族爲治與中國同，而其俗淫亂，則不及我國遠甚。觀邦渒家人屋壁圖書多寫淫具，則鳥獸之亂甚矣。此其四。五曰文明之自產與借貸。羅馬實爲武功之國，不得爲文明之國，文明本非其自產，乃借貸於希臘而稍用之，與北魏、金、元之入中國稍同。豈與漢世，上承三代，儒、墨諸子，皆本國所發生，百郡人士，生來已習，濡浴已深，無煩假借。此其五。」南海又曰：「來因河畔多羅馬古蹟，羅馬非不刻意經營，而一敗不振，並本國而永遠沉淪焉。若我國則拓外之力，暗寓於無窮。足知羅馬政理不如中國，而今羅馬律則有間接而入於我者，此我子孫之不克振拔也。」

南海之論歐洲中世，尤爲慨乎言之，而暢發其意於來因觀壘記。記曰：「未遊歐土者，想像而推測之，以爲善見之天，妙音之國，極樂之土，金堂玉宇，而神仙聖賢也。以吾徧遊歐洲，熟觀其博物院及王宮之珍儲，則舉目所見者，金鐵之甲冑戈盾也。遊於其國內山野之間，則接目而覩者，巍巍之戰壘也。其壘突兀於雲表，縱横於江邊，憑險據隘，式製詭奇，誠吾國人所未覩。」又曰：「遊歐者，徒觀其大都會，文物之殷賑闐溢，宮室之奇麗閎敞，則震而驚之，曰文明哉！文明哉！然此其最新之迹耳。試與遊奧國帝羅之阿爾頻山，奥、匈間之多瑙河上，又與遊德國漢那諸州，乃若蘇格蘭、阿爾蘭山野中，則屹然蒼然於山間雲際者，皆壘也。然遺跡疏落，尚未能惻然動遊者之心。至於循来因河邊數百里河道中，波浪泱泱，崇岡截嶭，夾河對岸三數里間憑險相見者，果何物哉？則皆壘也。壘也者，故侯之宮，而爭戰之場，歐人之白骨所築、赤血所染而成之者也。若其壘制奇詭，憑山顛而俯絕壁，峻聳入雲，處處斷而續以橋，面面壁而隔以城。高下方圓，可通可絕，可降可升。不知幾經戰爭乃得此式。故皆有一夫當關、萬夫莫開之勢。以區區小國寡民，憑險守隘，雖有謀臣如雲，猛將如雨，莫之誰何。故德意志千年帝王，自路多父平九十壘以外，無有能定之者。自非中國創火藥、火砲自蒙古、突厥而西漸，則封建之爭至今存可也。傷心哉！吾國之古戰場可弔者有幾？而來因河畔，則接目皆古戰壘。五十年前之歐民，何罪何辜而二千年蒙此慘酷，吾至今猶爲歐民哀之。」

南海既歷歷描繪歐洲中世紀故壘之遺跡，而想像其千年戰鬭之慘酷，於是又進而述當時各國侯封之數字，以推論其政理之破碎與民生之憔悴焉。故曰：「當時全歐皆封建貴族，法十萬，英一萬五千，奧二萬，普及日耳曼各國三十萬。除此四十三萬五千貴族及數十萬大僧外，其餘數千萬人皆佃民奴隸，無立錐之地。政不逮下，學亦不逮下，一切人權不逮下。內事壓制，民不聊生；外事戰爭，殺人盈野。此三百年中，歐洲始如破蒙昧也。」而南海於此，其敘述法國者尤詳，蓋此即大革命之所由爆發也。南海曰：「法地僅二十萬英里，視吾四川一省，僅較大四萬英里耳。此四萬英里作國王自領，而全法國有貴族十萬，是猶吾四川百縣，每縣有一千封建小國也。法民當時二千五百萬，是每封建國平計不過男女二百五十人而已。及近革命時，侯封尚四萬，則每縣尚有四百小侯，平計男女亦不過千人。其二十五歲以上之男子，全國六百萬，則每侯國僅百五十人耳。破碎微小，僅如中國一小地主，而貴族與公侯之號，尊驕汰侈；在此幺麼境內，皆有專制君權，設家宰，張警吏，稅官、捕役，法吏、書記皆備。牢獄絞臺，生殺刑威自專之。恣意徵稅，任情徭役。以此數百之民，而供應此尊侈之君侯，繁多之官吏寺僧，及君吏之妻子奴婢，其何以堪。」故南海曰：「吾以法封建情狀推之吾中國，無有可比者。吾國人未知法國百年前之俗，未知歐土五六十年前之政事，遊滇、黔及南洋爪哇，觀巫来由諸王與土司治民之政俗，如同一縮影也。」

夫歐洲中世紀以來之政理，其破碎黑暗有若是，則法國之大革命，事所應有，亦無足怪。南海繼而論之曰：「以歐洲萬里原陸之地，英、德、奧、法四大國，將二萬萬之人民，而有地農主只此四十餘萬人，其餘皆無立錐。加以舊教愚民之法，壓制種種，皆可為種怒之因而種民變之禍胎。中國聽人民自有田地，蓋自戰國，乃在羅馬未出現以前。孔子之道，以自然為教，絕無壓制，又豈若天主教乎！故中國人早得自由之福，已二千餘年矣。若使我中國而尚有十萬淫暴之諸侯，占國地三分有一；又有專橫之寺僧，舉中國平民不得任權要之職；則鄙人必先奮筆焦唇而唱自由，攘臂荷戈而誅民賊革命乃吾國自有之義，豈待譯書之入，先盧騷、福祿特爾而力爲之矣。」以此南海乃深不樂當日國人之慕效法國，輕言革命。其法蘭西遊記描述法國大革命之經過及其慘禍，尤爲詳備。南海曰：「法國革命，恐怖狂戮，賢革同焚，流血百二十九萬，禍垂八十餘年，實爲法國當日革命志士始料所未及。」南海於此尤深歎而切論之，曰：「今夫弈，小數也，能弈者不預知六七著，不能圖勝。即僅知三四著，可謂深遠矣，然下棋立敗。何況國政民變之深遠繁奧，有預算千萬著不能盡者。大革命之事，古今所鮮經，常道所少由，即諸志士當開議抗王命時，亦未嘗逆計夫大革命之全局，當革命時變狀若何？既革後變狀若何？變若何來，若何因應？且雖有知者欲逆計之，而事變之來，如風吹火焚，實不能料。則預爲因應之法亦無所施。而及倫的黨在當時，實見寸行寸而爲之，譬猶庸醫未識病症而敢妄用砒霜毒藥、大黃瀉劑，其不妄殺人者幸耳。」

南海之遊突厥，適值其頒新政，召國會。南海顧深憂之，曰：「舊制行之數千年，實人心國命所寄。紀綱法度雖有積弊，只可去太去甚，以漸行之。如求盡去，人心國命無所寄，則蕩然大亂耳。突之青年黨，久遊法國，日事破壞，徒口耳革命之名，而未盡從事政治理財之學；徒豔炫歐美之俗，而未細審風俗之宜；乃舉舊制之法律道揆盡棄之，一朝而易二百餘條。非不快也，然而青黃不接之時，歐美之實效，非突人所能驟受也。於是國人不知所以措手足，惟亂舞傞傞而已。」

其次請略述南海之論憲政。凡論歐洲憲政必推原於古希臘。南海曰：「孟德斯鳩稱希臘先創於海寇。亞洲大陸國，海寇無所容，而地中海萬島杈枒，又無大國，故能以海寇崛起。以其起自海寇，故分贓必均。雅典公民分公帑而公議事，民權憲法之興，亦即在是。所謂臭腐神奇，今以爲普天之洪範，而其初至不足道也。凡一切政化，皆地勢使然，故余常曰水流沙轉，非人爲也。」其論羅馬則曰：「羅馬起於部落，當我春秋之始，人口不過數千，蓋以三十族開基。羅慕路之王五世，僅治羅馬城一隅。同一酋長，故其爲治亦同部落諸族分權而治，無名義以相統。其有不可廢而棄之，貴族本自平等，孰肯以大權歸一人之手。此王權之所以永廢。」其論中世紀日耳曼諸邦之議會，則曰：「日耳曼當吾漢、晉，尚爲森林之野番。開創之始，攘闢山林，粗開部落，未成國土，未有君王。部落既多，羣族相鬭，必開會謀之。凡稱戈之卒皆得預議，不能荷戈者不得預會，所議公舉頭目將軍及編兵之事。預會者僅有贊否，無發言權。焚火射矢以集衆，集於邱陵林叢或神前，可者舞蹈，不可者擊器以亂之，大不願者投戈於地。此等集會，只可謂之部落械鬭會。今人以後世文明，蒙之以『國會』二字。今吾粵僻處，各鄉械鬭，亦必鳴鑼大聚鄉人而公議之。若苗、傜、黎、僮各種，分據山洞，各立酋長，至有戰爭，亦射矢舉火爲號，傳集各洞，公議其事。以宋史土司傳考之，日耳曼史開創時，乃如一轍。至歐洲中世封建時，日耳曼帝僅以虚名擁位，其時國會皆豪族，如諸侯、大僧、有領地者列席焉。所議爲和戰、教宗、嗣王及國際大事。此等會議，猶我春秋時列國諸侯大會。凡非大一統之世，衆國並立，必有此等會議，固吾國行之二千年矣。」其論議會制度之獨延於英邦，則曰：「此有二故，一則小國寡民，其克林威爾之革命，亦不過如春秋列國之廢逐其君。晉厲、宋殤之弑，魯昭、衛輒之出，衛人立晉乃出於衆，貴族柄政蓋視爲常。二則地僻海隅之一島，羅馬及東方之制度亦不廣播，故能傳其舊俗。及文明大啟，則國會已堅，又有希臘、羅馬議會舊事會合之。此爲議會制度獨延於英之二因。若在歐洲大陸，則早爲羅馬大國之政制所束縛，君權久定，國會奚從發達？故國會必小國寡民，王權不尊，而後始有。假令羅馬而一統至今，則英倫三島，亦中國之瓊、臺、滇、黔耳，爲羅馬之郡縣，奉羅馬之政法，何從而有國會？何從而漸精漸進以成今日之憲政？此爲歐、亞歷史之大異點，非中國人智之不及，而地勢實限之，不能爲中國先民責也。物無兩大，有其利必有其害。中國萬里數千年已享一統之樂利，歐洲列國分立，經黑暗中世千年戰爭慘禍，酷矣，乃得產此議院以先强，則有其害者亦有其利。然中國苟移植之，則亦讓歐人先穫百年耳。何傷乎！天道後起者勝也。」

南海對於歐土政俗文化演變之觀感，俱如上述。於是往昔以歆羡西化而主全變、速變者，至是乃譏斥之曰夷狄，曰野蠻，而笑畏外、媚外之爲愚。其言曰：「自明成化以前，法國内則侯爭城堡，人民土沙，外則與英、班日戰，暴骨如莽。夷狄之政，野蠻之行，無足比數。即觀其十四五世紀以前之器物，蓋亦絕不精巧。今學者無中外之學，不考其本來，徒觀其外蹟，震其百年之霸，而畏之媚之，何其愚哉！」即當前之歐洲，南海亦評之曰「半仁半義」，而不認其爲圓足標準之文明。其言曰：「吾觀今歐洲之人心風俗，由分爭而漸趨於一，由級別而漸趨於平，由好利而漸尚於名，由好禮義而益底於文明。其中非禮之禮、非義之義甚多。如各國戰不能弭，而戰時國際之條約，則不殺降，醫瘓傷，半仁半義之事極多，乃極可笑。其自誇以爲文明而異於野蠻者即在是。此與宋襄之不重傷，不鼓不成列，不禽二毛，何異？」又曰：「吾昔者視歐美過高以爲可漸至大同，由今按之，則升平尚未至也。孔子於今日，尚爲大醫王，無有能易之者。」又曰：「今之學者，不通中外古今事勢，但聞歐人之俗，輒欲舍棄一切而從之，謬以彼爲文明而師之；豈知得失萬端，盈虛相倚，觀水流沙轉，而預知崩決之必至。苟非虛心以察萬理，原其始而要其終，推其因而審其果者，而欲以淺躁一孔之見，妄爲變法，其流害何可言乎！」

至是而南海觀點，乃顯著有激變，其於一切之論評，乃有轉向内裏實事求是之意，與一時之盛誇西俗以爲模準者相異焉。其言曰：「萬法之對於人羣，無得失是非，惟其適宜；譬猶藥之補瀉，亦無得失是非，惟其對病；苟不對病，則服人葠一斤，亦可發熱而死。且藥必製煉乃可用，不製之藥，反可生病。民權固爲公理，然不知所以製之，以不教之民，妄用民權，此則誤服人葠十數斤，誤飲補酒百石，只自速其死。況服砒霜、飲烏頭，而又無分量之限度乎！死矣死矣，不可救矣。」又曰：「苟但執驗方而可以治病，不待審夫病者之老幼強弱，表裏虛實，則天下執一驗方新編，人人可以爲名醫矣。況診一國之病，其理尤難，而謂可妄執他國之驗方，以望瘳己國之痼疾，其可得哉！」南海於此，猶有言之極憤慨者，曰：「昔有貴人，有癰而割之，血流殷席；有貧子，美好無病，慕貴人之舉動，乃亦引刀自割，貌爲呻吟；已而剖傷難合，卒以自斃。今妄人媚外，發狂呼號，不幾類此。」

至是而南海不得不仍折還於自敬國本之論，而往昔之所謂速變者，今日乃自厭而自吐之。其言曰：「彼敬教愈甚，而教力之壓愈甚，於是有千年之黑暗。吾敷教在寬，故不敬教，而教無壓力，故變化最速。吾過英惡士佛學堂，各國遊學其間者，突厥只有一人，而波斯無人焉；吾國甫通歐西，而今已十餘人矣，後日益多。雖然，速變則速變矣，吾患其無自立之性也。各國於其本國言語文字讀史風俗宗教，皆最寶愛之，敬重之，保存之，而後人性能自立，一國乃自立。故各國學堂獄醫，必有其敬禮國教之室，不如是則殆比於野蠻人。」讀者繼此再披尋其以後不忍雜誌之思想與理論，則宛如天衣之無縫矣。

（此稿作於民國三十三年夏，刊載於三十六年一月思想與時代月刊四十一期。）

餘杭章氏學别記

餘杭章炳麟太炎，爲學博涉多方，不名一家。音韵小學尤稱度越前人。然此特經生之專業，殊不足以盡太炎。或艷稱其文章。太炎論學頗輕文士，於唐、宋文人多所譏彈，謂：「學貴樸不貴華，枝葉盛而根荄廢。」自稱爲文特履繩蹈墨，「説義既了，不爲壯論浮詞，以自蕪穢。」謂：「百年以前，學者惟患瑣碎，今正患曼衍也。」又謂：「非爲慕古，欲使雅言故訓，復用於常文。」其自述文章能事塵此。或又以經學稱之。太炎論經學，僅謂：「六經皆史，説經所以存古，非所以適今。過崇前聖，推爲萬能，則適爲桎梏。」亦值並世今文家言方張，激而主古文，時若不免蹈門戶之嫌，然後世當諒其意也。今論太炎學之精神，其在史學乎！

太炎論史大義，約而述之，可歸三塗：一曰民族主義之史學也。嘗謂：「惟人能羣，羣之大者，在建國家，辨種姓。其條例所繫，曰言語、風俗、歷史。三者喪一，其萌不植。」又謂：「凡在心在物之學，體自周圓，無間方國；獨於言文、歷史，其體則方，自以己國爲典型，不能取之域外。」又曰：「歷史斷無可以與人相通之理。故史者，上以存國性，下以紀成敗。人不習史，愛國之念必薄，出而行事，猶冥行索途也。」又曰：「民族意識之憑藉，端在經史。史即經之別子。承平之世，有賴儒家；一至亂世，史家更爲有用。國亡再起，非歸功史家不可。民族主義如稼穡，以史籍所載人物、制度、地理、風俗之類爲之灌溉，則蔚然以興。不然徒知主義之可貴，而不知民族之可愛，吾恐其漸就萎黃也。」遼變猝起，繼之以淞滬之戰，舉國震動，或問有可永久寶貴之國粹否？太炎答曰：「有之，即其國已往之歷史也。」嗟乎！廑斯一言，足以百世矣。二曰平民主義之史學也。嘗論伯夷與盜跖，同爲上世之無政府主義者，以春秋貴族之世無「俠」名，而盜跖以爲「盜」。又深推儒行，謂：「世有大儒，固舉俠士而包之。」「擊刺者，當亂世則輔民，當平世則輔法。」又盛稱五朝法律，爲之索隱，曰：「五朝律重生命，恤無告，平吏民，抑富人，損上益下，抑強輔微。」此可以窺其旨矣。三曰文化主義之史學也。曰：「仲尼賢於堯舜，惟在作春秋，修六藝，布羣籍，廢世卿。」又曰：「孔子賢於堯舜，由其出身編戶。孔子以前爲帝王立言者多，爲平民立言者少。孔子於中國，爲保民開化之宗，不爲教主。」然則太炎論史，三塗同趣，曰歸一於民族文化是已。晚近世稱大師，而眞能有民族文化之愛好者，其惟在太炎乎！

太炎早歲即奔走革命，故論史亦每與世事相發，而論政俗尤深切。嘗謂：「政治之於生民，猶乾矢鳥糞之孳殖百穀，百穀無乾矢鳥糞不得孳殖，然其穢惡固自若。求無政府而至治，猶去乾矢鳥糞而望百穀之自長。以生民之待政府而頌美之，猶見百穀之孳殖，而並以乾矢鳥糞爲馨香也。」又曰：「以法令化民，是聞隱括足以揉曲木，而責其生梗柟聆風，民未及化，而夭枉者已多矣。」當時主變法者，力尊黄梨洲「有治法無治人」之論，太炎深非之，爲非黄篇以見意。謂：「有時弊非關法弊者。以法救世，正如以孝經治黄巾。吾儕志在光復而已，光復者，義所任、情所迫也。光復以後，復設立共和政府，則不得已而爲之，非義所任、情所迫也。」太炎頗疑代議制之實效，爲代議然否論，曰：「中國欲圖强，不可苟效憲政，當除胡虜而自植吾夏人。」是則太炎之從事於革命，亦一本其民族之觀點而然也。

故太炎雖從事革命，而所希冀於政治者至觳。曰：「英雄之言，與鬼神等，世有其名，本無其實也。今日言治，以循常守法爲先，用人亦當敍次資勞，不以驟進。法雖有疵，自有漸進改良之日，若有法不守，精粗又何足言？資勞固非至善，驟欲破格，適長奔競之門。爲政於今日，兩言蔽之，以資勞用人、以刀筆吏守法而已。中國民智之弱、民德之衰久矣，欲令富强如漢唐，文明如歐美，正如夸父逐日之見。吾輩處之，正能如北宋，次如東晉耳。」

然太炎之望於政者雖觳，而期於俗者則深。常屢爲分異政、俗之辨，曰：「法家者，輔萬物之自然而不敢爲，與行己者絕異。行己欲陵，而長民欲恕也。言欲不可絕，欲貴即爲理，乃逮政之言，非飭身之典。以道蒞天下者，貴乎微妙玄深，不排異己。不知其説而提倡一類之學，鼓舞泰甚，雖善道亦以滋敗。蓋所失不在道術，鼓舞甚而僞托者多也。學校爲朝廷所設，利祿之途，使人苟偷。中國學術，自下唱之則益善，自上建之則日衰矣。」

昔顧亭林有言：「目擊世趨，方知治、亂之關，必在風俗人心；而所以轉移人心，整頓風俗，則教化紀綱爲不可缺。」太炎早歲即慕亭林，其嚴種姓，重風俗，皆與亭林論學之旨相近。而其評論歷代風俗、人物進退得失之故，則頗有不與亭林同者。亦各據其世而爲言也。謂東漢可慕在獨行、逸民諸傳，其黨錮不足矜。獨有范滂、李膺，已近標榜，張儉輩無可道矣。而盛推五朝，謂：「馳說者不務綜終始，苟以玄言爲詬。玄學固不與藝術文行牾，且扶翼之。經莫穹乎禮樂，政莫要乎律令，技莫微乎算術，形莫急乎藥石，五朝諸名士皆綜之。其言循虛，其藝控實，故可貴也。」「學術當辨誠僞，世說雖玄虛，猶近形名，其言間雜調戲，要之中誠之所發舒。中說時有善言，其長夸詐則甚矣。魏晉老莊、形名之學，覃思自得，政事墮於上，民德厚於下。進士之科，日崇其僞，敢爲大言，居之不疑，一自以爲俊傑，一自以爲聖賢。浮澤盛故慮憲衰，矜夸行故廉讓廢。其敗俗與科目相依，而加勁軼焉。」

又爲思鄉愿，所言益沉痛。曰：「古之狂狷者，自才性感慨。唐以降之狂狷者，自辭章夸誕。辭章於人，教之矜伐，予之嚴飾，授之詆諆，致之朋黨。鄉愿多持常訓之士，高者即師洛、閩。大抵成氣類則僞，獨行則貞。雖有矯情，未如飾狂狷者甚也。故輔存程朱，將以孳乳鄉愿，上晞庸德，令邑有教誨之賢，野有不二之老，則人道不夷於鶉鵲，利澤及乎百世。非欲苟得狂狷，爲史書增華也。」

凡太炎論政俗，大意率具是。其評騭諸家學術，亦可準此推。謂：「學以求是，不以致用；用以親民，不以干祿。孔氏之學，本以歷史爲宗，宗孔氏者，當沙汰其干祿、致用之術，惟以前王成迹可以感懷者，流連弗替。」又曰：「執禮者質而有科條，行亦匡飭。禮過故矜，平之以玄；玄過故蕩。

禮與玄若循環，更起迭用。兼之，老聃也。偏得之，孫卿、莊周也。」深賞莊周齊物，謂：「論有互負，無異門之釁，人無愚智，盡一曲之用，所謂衣養萬物而不爲主者。」其論宋、明諸儒，曰：「定性書順眾而無誠，格物論博觀而無統，至德惟匹夫可以行之，持是長國家，適亂其步伍。故程伯子南面之任，朱元晦侍從卿僎之器，王文成匹夫游俠之材。」四民分業，不必兼務，亦不可相非。自學術觀之，諸科平等，但於一科中有高下耳。近人專守一術，詆他人爲無用，此未知舟車之異宜也。其自道則曰：「莊生之玄、荀卿之名、劉歆之史、仲長統之政、諸葛亮之治、陸遜之諫、管寧之節、張機、范汪之醫，終身以爲師資。」

少年著訄書，自擬仲長統。孫詒讓見之，曰：「淮南鴻烈之嗣也，何有於仲長氏！」逮民國以還，所造益深閎，自述爲學經過，謂：「少時治經，謹守樸學。遭世衰微，不忘經國。尋求政術，歷覽前史，獨於荀卿、韓非所說，謂不可易。因繫上海，專修慈氏、世親之書，以分析名相始，以排遣名相終，從入之途，與平生樸學相似。居東釋莊子，癸甲之際，厄於龍泉，始玩爻象，重說論語。又以莊證孔，知其階位卓絕。古近政俗之消息，社會都野之情狀，華梵聖哲之義諦，東西學人之所說，操齊物以解紛，明天倪以爲量，割制大理，莫不遜順。」此其所自負也。

當其時，與爲論敵相抗衡者，有南海康氏。康極恢奇，而太炎則守平實。故康欲上攀孔子爲教主，稱長素；而太炎所慕則在晚明遺老，有意乎亭林之爲人，而號太炎。然康主保王，太炎則力呼革命。康唱爲變法，太炎又諄諄期循俗焉。太炎之於政治，其論常夷常退；其於民族文化，師教身修，則其論常峻常激。然亦不偏尊一家，輕立門戶。蓋平實而能博大，不爲放言高論，而能眞爲民族文化愛好者，誠近世一人而已矣。

（民國二十六年六月十日天津大公報圖書副刊一八五期）

太炎論學述

太炎之學，可分四支柱：一爲其西湖詁經精舍俞樾蔭甫所授之小學；一爲其在上海獄中所誦之佛經；一爲其革命排滿從事政治活動，而連帶牽及之歷代治亂、人物賢奸等史學理論；一爲其反對康有爲之保皇變法，而同時主張古文經學以與康氏之今文經學相對抗。而其崇信印度佛學，則尤爲其四支柱中擎天一大柱。然太炎既非一佛徒，又非一居士。其佛學，僅如西方人抱一哲學觀點，乃依之以進退上下中國之全部學術史，立論怪誕，而影響不大。一因其文字詰屈，讀其書者不多。一因其縱觀博覽，所涉既廣，而民初以來讀書風氣已衰，讀其書者，如泛大海，僅求其船之靠岸而止，大海渺茫，固非意存。故幸而其思想在當時及身後，亦未有何力量。否則其爲禍之烈，恐當尤駕乎其所深惡的後起「新文化運動」之上。而主持新文化運動者，亦僅以「死老虎」目之，置之不論不議之列。近世則羣敬以爲大師，或目以爲怪人。然固無知其立論之怪。余爲近三百年學術史，止於南海康氏，太炎尚在世，因未及。太炎逝世，余在燕京大學曾作演講，介紹其學術大概。然於其怪誕之論，則未有及。此已四十年前事矣。頃讀章氏叢書以外絡續發行之各書，乃知太炎此等理論，畢生持守，終始不變；是終不可以不述，以爲考論民初學術思想，及有意知人論世者作參考，固非好指摘前賢也。下之所引，僅其梗概，備讀者之自究之。

太炎最先著作有齊物論釋，又有重定本，烏目山僧爲之序，有曰：

近人或言，自世說出，人心為一變。自華嚴出，人心又為一變。今太炎之書現世，將為二千年來儒、墨九流破封執之扃，引未來之的，新震旦眾生知見，必有一變以至道者。

此序，實可發揮太炎此書之宗旨。否則太炎傲視倫儕，決不許他人之序其書也。然則太炎意，中土惟莊生道家陳義，同於印度之佛教，其他如儒、墨九流，則皆等而下之；此書出，乃可使國人開其知見以變而至道也。

齊物論釋重定本成於辛亥，繼是乃有國故論衡，其及門弟子黃侃季剛爲之贊，有曰：

方今華夏彫瘁，國聞淪失。西來殊學，盪滅舊貫。懷古君子，徒用蠹傷。尋其痟殘，豈誠無故。老聃有言，物壯則老，是謂不道。不道早已。然則持老不衰者，此復丁乎壯矣。於穆不已者，必自除其道矣。

黃侃乃太炎得意弟子，其贊論衡，猶烏目之序釋義，皆可謂得太炎著書宗旨者。太炎深不喜西學，然亦不滿於中學，故其時有國粹學報，而太炎此書特稱「國故」，此「國故」兩字，乃爲此下提倡新文化運動者所激賞。季剛之贊，亦僅曰「國聞」，則其於中國文化傳統之評價可知。「論衡」者，乃慕效王充之書。太炎對中國已往二千年學術思想文化傳統，一以批評爲務。所謂「國故論衡」，猶云批評這些老東西而已。故太炎此書，實即是一種新文化運動，惟與此下新文化運動之一意西化有不同而已。

太炎既主批評中國二千年來一些老東西，自不免首及於孔子與儒家。太炎最先有訄書，其批評孔子，殆有甚於後起「新文化運動」及更後共產黨之所謂「批孔運動」。蓋後二者，皆不學，徒恣空論，而太炎則具甚深之學術立場。惟不久即自悔其書，不再刊布。繼國故論衡而成書者有檢論，其中亦仍有訂孔上下篇，較之訄書，遠爲平實。其言曰：

仲尼，良史也。談、遷嗣之。孔子歿，名實足以抗者，漢之劉歆也。

康有爲主今文經學，尊孔子爲聖人，斥劉歆爲作僞之人。太炎主古文經學，力反康氏，乃謂孔子乃一史家，司馬父子嗣其業，劉歆則名實皆足與孔子抗。孔子僅與劉歆爲伍，可謂千古創論。然太炎意，孔子究不失爲一良史，亦非一筆抹殺。康氏尊孔亦尊佛，奉公羊春秋爲其變法張本，自創大同書，欲使人奉爲治國平天下之終極規模。其書雖多抄襲佛書，然必歸之小戴之禮運。然孔子實未縱言及此，故康氏自認己所造詣已踰孔子，自號曰長素，乃以素王長兄自居。太炎則以左傳言春秋，孔子僅一良史，而己則通印度佛學，所造遠踰孔子之上。民初大儒意態如是，則此下學風演變自可知。

檢論又有學變篇，盛讚王充之論衡，其言曰：

有所發擿，不避上聖，漢得一人焉，足以振恥。至於今亦尟有能逮者也。

孔子僅似劉歆，而國人兩千年來皆不能有所發擿，此誠國人之恥。惟王充能振之。太炎自爲書曰國故論衡，即承充意。然幸中國全部學術，亦非專尊孔子。檢論又有通程篇，其言曰：

善作述者，其惟二程邪！言道之情，非鄒、魯所能盡也。顧未能方物釋、老耳，雖雜釋、老何害。

程氏尊孔，卻能雜釋、老，此所以爲善。獨惜其所得於釋、老者猶淺，未能髣髴耳。

太炎於宋、明理學中，獨推陽明。檢論有議王篇，其言曰：

文成所謂致良知，不下帶而道存。

凡晚明諸遺老，如顧亭林、王船山攻王學者，太炎皆爲之解釋。又曰：

嘗試論之，古者王官散而為九流，晚世諸子，本材性以效王官，前民用。程伯子，南面之任也。朱元晦，侍從鄉僎之器也。王文成，匹士游俠之材也。

此承章實齋「六經皆史」之論，而謂儒統卻王官之學。大程能雜老、釋，故可當南面。朱子辨老、釋以衛儒，故得爲卿佐。惟陽明假老、釋以飾儒，又明白主張三教合一，其言於老、釋時有甚深契會，故如匹士游俠，於儒統帶有革命精神，故爲太炎所深賞。

繼檢論後有菿漢微言。論衡、檢論，檢討國故，屬太炎學之旁面。菿漢微言明倡佛學，乃太炎學之正面。微言起乙卯，訖丙辰初春，當民初四、五年之間。其言曰：

論語所說勝義，大抵不過十許條耳。其餘修己治人之術，乃在隨根普益，不主故常；因情利導，補救無盡。謂本無微言妙義者非也。謂悉是微言妙義者亦非。

其言較之專以劉歆相擬，似尤較平實。又曰：

陽明之學，展轉傳變，逮及臺山、尺木，遂不諱佛法矣。

是不啻謂陽明本佛法，特諱言之耳。太炎又分別中土師儒之差等，其言曰：

明道、白沙，見理亦未究竟，故謂純亦不已，勝於前後際斷；此乃分別法，執所見，然其受用已足，當是二乘不趣寂者。陸子靜、楊慈湖、王陽明，知見高於明道、白沙，而受用不如，當是大乘十信將發心者。晦庵之說，雜有二乘人乘外道，是為不定種姓，信分微劣者。濂溪、康節，純是天磨，而受用尚多，是為外道已成就者。橫渠亦純是天磨，而受用不如，是為外道未成就者。陶靖節則近部行獨覺矣。陽道州則近麟角獨覺矣。焦先則近苦行頭陀矣。

太炎於中國歷代人物，一一憑佛義，判其高下，定其差別。後起新文化運動，一尊西法，亦如太炎之一尊印度。惟諸人嬾治故緒，故於中國固有，汗漫揮斥，一丘之貉，曾不再加以剖辨；則於太炎爲遜耳。

以上諸書外，尚有文錄、別錄。別錄卷二有答鐵錚書，其言曰：

足下不言孔學則已，若言孔學，願亟以提倡歷史為職。

又曰：

孔氏舊章，其當考者，惟在歷史。

又曰：

孔氏之教，本以歷史為宗。

又曰：

僕所奉持，以「依自不依他」為臬極。佛學、王學，雖有殊形，若以楞伽「五乘分教」之說約之，自可鑄鎔為一。

又曰：

足下主張孔學，則禪宗與姚江一派，亦非不可融會。

以上，皆收入民國六年浙江圖書館所刻章氏叢書內。太炎論學宗旨，約略可見。越後民國二十一年，其弟子錢玄同、吳承仕等又爲叢書續編，刻於北平。至民國三十二年又由成都刻行。中有葑漢昌言六卷，其一條云：

問曰：「王學末流，昌狂亦甚，如李贄之徒，蓋與近時為新說者無異。」答曰：「贄之昌狂，卒以法逮捕，不食而死，是當時朝野未嘗容此。豈若今之舉止自便者邪？然陽明論學，蓋專為高明者言，未及提倡禮教也。禪宗狂者，至於呵佛罵祖，而行止未嘗踰軌，則以戒律持之也。上蔡、象山、慈湖、白沙之倫，其弟子亦未有昌狂者。蓋宋世儒者多崇禮教，明代崇禮不如宋人，白沙則有『名節為藩籬』之說。故四家之學，行之或百餘歲，或幾二百歲，卒未聞其徒有破檢者。所惜陽明未慮及此耳。」

此處因新文化運動驟起，遂悟陽明講學有偏。又曰：

陽明之說，所以有效，由其服習禮義已成乎心也。若施於婆羅洲殺人之域，其效少矣。施於今之太學，其效更少矣。

是謂當時之大學，尚不如婆羅洲殺人之域也。其深惡於新文化運動者有如此。

又曰：

戴東原之學，根柢不過二端，曰：「理麗於氣，性無理氣之殊；理以絜情，心無理欲之界。」如是而已。老子云：「聖人無常心，以百姓心為心。常善救人，故無棄人。常善救物，故無棄物。」東原蓋深知此者。使其宰世御物，則百姓得職，人材不遺矣。陽明、東原，其術相背，以用世則還相成也。

陽明、東原，皆能闢朱子，易言之，皆能反儒統，故皆爲太炎所取。惟東原言「求理於事物」，不專主「心即理」，故謂其與陽明相背。

又曰：

羅整菴於氣見理，羅近溪得力於恕。東原辨理似整菴，歸趣似近溪。太炎於陽明後亦取近溪。整菴論理氣反朱子，故太炎亦稱之。觀是知太炎論學大旨，實與前無大殊。

又有太炎文錄續編，不詳始於何時，卷二有王文成公全書題辭及後序兩篇，皆成於民國十三年，則在叢書編印後又七年。題辭之言曰：

宋世道學諸子，刻意欲上希孔、顏，及明王文成出，言心即理，由是徽國格物之論瓦解無餘。文成之徒，以羅達夫、王子植、萬思默、鄒汝海為過其師。達夫言：「當極靜時，覺此心中虛無物，旁通無窮，如長空雲氣，流行無所止極；如大海魚龍，變化無有間隔。無內外可指，無動靜可分，所謂無在而無不在，吾之一身乃其發竅，固非形質所能限也。」子植言：「澄然無念，是謂一念，非無念也，乃念之至微至微者；此所謂生生之眞機，所謂動之微，吉之先見者也。」二公所見，則釋氏所謂藏識恒轉如瀑流者。宋、明諸儒，獨二公洞然燭察焉。然不知藏識當捨，而反以為當知我在，以為生生非幻妄。思默言：「易之坤者意也。乾貴無首，而坤惡堅冰。資生之後，不能順乾為用，而以坤之意凝之，是為堅冰，是為有首，所謂先迷失道者也。」此更知藏識非我，由意根執之以為我。然又言：「天壽不貳，修身以俟，命自我立，自為主宰。」是固未能斷意根者。所謂儒、釋疆界邈若山河者，亦惟此三家為較然，顧適以見儒之不如釋爾。

又言：

汝海謂：「天理不容思想。顏淵稱『如有所立卓爾』，言『如有』，非眞有一物在前。本無方體，何可以方體求得。今不讀書人止有欲障，而讀書更增理障，一心念天理，便受纏縛。爾祇靜坐，放下念頭，如青天然。無點雲作障，方有會悟。」又言：「仁者人也。識仁者，識吾本有之仁，不假想像而自見。毋求其有相，惟求其無相。此與孔子無知，文王望道而未之見，老子『上德不德是以有德，下德不失德是以無德』，及釋氏所謂『智無所得為住唯識』者，義皆相應。」然汝海本由自悟，不盡依文成師法，今謂文成優入聖域，則亦過矣。

觀此，知太炎言學，儒不如釋之定見，始終執持，迄未有改。儒家中陽明所言最近釋，故太炎最所心折。及讀書益多，乃知羅念菴、王塘南、萬思默、鄒聚所諸人，所言更近釋，乃更謂諸人過於陽明，而陽明亦未得謂「優入聖域」。所異者，更不聞太炎平生亦曾爲此等靜坐禪定之功。遊其門者，治小學、文章、經史，更不聞有治理學、治釋典逃佛學者。言教不如身教，固宜及門之多不厝情於斯也。

題辭又曰：

當今之士，所謂捐廉恥、負然諾以求苟得者也。辨儒、釋之同異，與夫優入聖域以否，於今為不亟。亟者，乃使人遠於禽獸。必求孔、顏以為之師固不得，或欲拯以佛法，則又多義解，少行證，與清談無異。且佛法不與儒附，以為百姓、居士於野則安，以從政處都市、涉患難則志節墮。徑行而易入，使人勇改過促為善者，遠莫如子路，近莫如文成之言。起賤儒為志士，屏唇舌之論以歸躬行，斯於今日為當務矣。

此亦太炎感慨於當時之士風而發。又曰：

宋儒視禮教重，明儒視禮教輕。是文成之闕。

又曰：

子路可以責人陰謀，文成猶不任是。

太炎之意，遂若教人學陽明，不若教人學子路。因又特舉儒行篇，曰：

> 漢世奇材卓行，若盧子幹、王彥方、管幼安者，未嘗談道，而岸然與十五儒方，蓋子路之風猶有存者。

然則太炎之意，殆如教人誦儒行學子路，即可以移頹風而易末俗也。此因長素高擡禮運，故太炎特提儒行，在其爲訄書時已言之。太炎往往固執一見，歷數十年不變有如此。

又王文成公全書後序有曰：

> 今學者浸重物理，置身心不問，本末倒挈，以身為形役。徽公窮至物理之說導其端也。清末言新法，未幾有云新道德、新文化者，專己自是，以拂民之舊貫，如削趾適屨。新道德、新文化者，有使人淫縱敗常而已。是則徽公新民之說導其端也。誠所謂洪水猛獸，文成力為之閑，不驗於明，而驗於今之世。

太炎謂清末言新法以及當時新文化運動皆由朱子導其端，眞不知何從說起。抑若王學復盛，新法、新文化兩運動隨即消散。且太炎明言教人學陽明，不如學子路，奈何又言陽明之閑洪水猛獸，其言將驗於今。抑亦未聞太炎生平有宏揚王學之意，豈其所爲齊物論釋、菿漢微言，爲功尤在宏揚王學之上乎？此見太炎不切事實，憑空立論，不惜高下古人以就己意。豈此即是陽明所主「心即理」之具體表現乎？

文錄續編卷一又有伯夷叔齊種族考，定夷、齊爲鮮卑人，而曰：

> 種類不同、禮俗素異之人，有能化及中原，永為世範者，自釋迦以前，未有過終伯夷者也。

此亦太炎感於當時新文化運動盛唱西化而發。夷、齊是否鮮卑人，不深論，要之太炎之崇重釋迦至老不衰。其意亦謂當時提倡新文化運動者，不能如伯夷、釋迦，故亦無以達其所期望也。

卷一又有格物致知正義，其言曰：

> 鄭君注：「格，來也；物，猶事也。其知於善深，則來善物。其知於惡深，則來惡物。言事緣人所好來。」孔子曰：「我欲仁，斯仁至矣。」鄭君之說，上契孔子，而下與新建「知行合一」之義適相會。

又曰：

鄭、王二說，皆深達心要，又不違於孔孟。佛家說五識，身外與境觸，以逮善惡成就，前後相引，略有五心。初「率爾墮心」，無間引生「尋求心」、「決定心」，此「物格而知至」也。決定心後，於怨住怨，於親住善，於中住捨，命之曰「染淨心」。於此持續，有善不善轉，命之曰「等流心」。此皆「誠意」也。

太炎主古文經學，乃以反康有爲。今以鄭、王同說，而又以佛說爲衡，則所學益條貫矣。

又有康成子雍爲宋明心學導師說，其言曰：

王子雍僞作古文尚書及孔叢子，古文尚書所云「人心」「道心」，宋儒悉奉以為準，然尚非其至者。孔叢子言「心之精神是謂聖」，微特於儒言為超邁，雖西海聖人何以加是。故楊敬仲終身誦之，以為不刊之論。前有謝顯道，後有王伯安，皆云「心即理」，亦於此相會焉。

此又推尊及於僞古文尚書與孔叢子。要之一言同於釋氏，即皆千古不刊之論。太炎與康氏所遭時變同，惟康氏讀書不如太炎之多，而論學則前後多變。太炎可謂終身蠹書叢中，而持論則少所變。曰古文經，曰陽明心學，曰佛學，幾皆終身焉。此見康、章兩人性格之異，不得以變爲非、不變爲是，亦不得以不變爲非、以變爲是也。然兩人皆用世心亟，亦同於崇佛，亦皆不修居士行，而亦同是近代士風之楷模。欲知近代學風之所起，誠於此兩人不得不有知也。

太炎又有國學略說一書，由其門人孫世揚校錄，乃在蘇州講學時，最值太炎之晚年，然其論學要旨則仍無變。茲續貂數條作例。其一云：

孔門弟子，獨顏子聞克己之說。克己者，破我執之謂。顏子之事不甚著，獨莊子所稱心齋坐忘，能傳其意。然論語記顏子之語曰：「仰之彌高，鑽之彌堅。瞻之在前，忽焉在後。」蓋顏子始猶以為如有物焉，卓然而立。經孔子之教，乃謂：「如有所立卓爾，雖欲從之，末由也已。」「如」當作假設之辭，不訓「似」。此即「本來無物，無修無得」之意。絕四之說，人我、法我俱盡。「雖欲從之，末由也已」，亦除法我執矣。此等自得之語，孔、顏之後無第三人能道，佛、莊不論。

此謂儒統雖遜於佛、莊，然除孔、顏外亦無第三人。又曰：

德充符言：「以其知得其心，以其心得其常心。」知者，佛法所謂意識。心者，佛法所謂阿賴耶。阿賴耶恒轉如瀑流，而眞如心則無變動。常心者，眞如心之謂。以止觀求阿賴耶，所得猶假。直接以阿賴耶求眞如心，所得乃眞。此等語，與佛法無絲毫之異。世間最高之語，盡於此矣。

又曰：

內篇七篇，佛家精義俱在。

此則較齊物論釋益爲推廣。

又曰：

老子云：「天下萬物生於有，有生於無。」後之言佛法者，往往以此斥老子為外道，然非外道也。佛法有「緣起」之說，唯識宗以阿賴耶識為緣起，起信論以如來藏為緣起，二者均有始。華嚴則稱「無盡緣起」，是無始也。其實緣起本求之不盡，本無始，無可奈何稱之曰「始」，無可奈何又稱之曰「無始」，故曰无通於元。儒家無極、太極之說，意亦類是。故老子曰：「天下萬物生於有，有生於無。」語本了然，非外道也。

又曰：

太史公孔子世家，老子送孔子曰：「為人臣者毋以有己，為人子者毋以有己。」空談無我，不如指切事狀以為言。所以舉臣與子者，能事說理。華嚴所謂「事理無礙」矣。唯聖人為能知聖，孔子耳順心通，聞一即能知十，其後發為毋意、毋必、毋固、毋我之論。顏回得之而克己。此如禪宗之傳授心法，不待繁詞。然非孔子之聰明睿知，老子亦何從語之哉！

太炎長於小學，而不精訓詁。「如有所立卓爾」，解「如」爲假說辭，將實作虛，乃不知古人無此語法。太炎博極羣書，而不擅考據。如認史記老子告孔子，而不知與作爲五千言之老子不相類。要之以佛書爲準繩。通於釋，即皆名論、定論也。其好莊尤甚於老，而喜顏亦若尤甚於孔，以其尤爲出世，與佛書近也。

其論陽明，曰：

格物致知之說，王心齋最優。蓋陽明讀書多，不免拖沓。心齋讀書少，故能直截了當，斬斷葛藤。心齋解「在止於至善」，謂：「身名俱泰，乃為至善。殺身成仁，便非至善。」其語有似老子。

傳統論學，必爲儒、道分疆，而太炎絕不存此意，似老則境界尤高，語非貶辭。

又曰：

羅念菴辭官後，入山習靜，日以晏坐為事，謂理學家闢佛乃門面語，周濂溪何嘗闢佛哉？陽明再傳弟子萬思默，語不甚奇，日以晏坐為樂。王塘南初曾學佛，亦事晏坐。然所見皆高於陽明。塘南以為一念不動，而念念相續，此即生生之機不可斷之意。思默自云：「靜坐之功，若思若無思。」則與佛法中「非想非非想」契合。鄧定宇語王龍谿曰：「天也不做他，地也不做他，聖人也不做他。」張陽和謂此言駭聽，定宇曰：「畢竟天地也多動了一下。」此是「不向如來行處行」手段。胡正甫謂「天地萬物皆由心造」，獨契釋氏旨趣。前此理學家謂「天地萬物與我同體」，語涉含混。孟子「萬物皆備於我」之說亦然。皆不及正甫之明白了當。

此謂王學後起優於王，亦太炎舊見。惟又謂陽明讀書多，不如心齋讀書少。而太炎讀書之多，則明末除顧亭林等極少數外，殆無倫匹。爲學固當多讀書，抑少讀書，此問題未見太炎有所明言。又陽明主即知即行，事上磨練，而羅念菴以下，萬、王、胡、鄧，皆務默坐。又不聞太炎好爲默坐功。太炎惟因此諸人一語近佛，遂不問向來學術界傳統意見，即認爲其所見皆高於陽明。豈不如當時新文化運動，只求一語近於西方，亦盡排傳統，刻意尊之。而太炎又極惡此病，則誠不知何以爲善也。

太炎又曰：

> 印度地處熱帶，衣食之憂非其所急。不重財產，故室廬亦無多用處。自非男女之欲，社會無甚爭端。政治一事，可有可無。故得走入清談一路而無害。中土不然，衣食居處，必賴勤力以得之，於是有生存競爭之事。團體不得不結，社會不得不立，政治不得不講。目前之急，不在乎有我、無我，乃在衣食之足不足耳。故儒家、道家，但務目前之急，超出世間之理，不欲過於講論。非智識已到、修養已足者，不輕為之語也。此儒、道與釋家根本雖同，而方法各異之故也。

此論似嫌浮薄。人生主要重在心，不在衣食。若謂中土人生所重應在衣食，則同時新文化運動所主西化，豈不遠勝印度之佛法乎？太炎謂「莊子七篇，佛家精義俱在」，其實內篇所闡，豈盡超出世間之理乎？至論政治，太炎則曰：

> 政治之論，老子已足。

又曰：

老子譬之大醫，醫方眾品並到，指事施用，都可療病。五千言所包亦廣矣，得其一術，即可以君人南面矣。

又曰：

若以政治規模立論，荀子較孟子為高。

是太炎果得志於政治，亦追隨老聃、荀況而止耳。如儒統所爭王霸、義利之辨，恐非所厝意。亦未見其於當時，能有大興起、大作爲也。要之「儒不如釋」之一見，自足限太炎之所至矣。當清末民初之際，學者菲薄傳統，競求一變以爲快，太炎與南海康氏，其表率也。皆無師承可言，然亦可微窺朱九江、俞曲園之未嘗無其影響矣。深識之士，亦將有會於斯篇。

（一九七八年六月中央研究院成立五十周年紀念論文集）

略記清代研究竹書紀年諸家

清儒治紀年有專書者，覩記所及，凡十六家，十有八種。

一、孫之騄　考訂竹書十三卷

二、徐文靖　竹書統箋十二卷

三、任啟運　竹書證傳（未見）

四、張宗泰　校補紀年二卷

五、陳詩　紀年集注二卷

六、鄭環　竹書考證

七、趙紹祖　校補紀年二卷

八、韓怡　紀年辨正

九、洪頤煊　校本竹書紀年二卷

十、郝懿行　竹書紀年校正十四卷

十一、陳逢衡　竹書紀年集證五十卷
十二、雷學淇　竹書紀年校訂八卷
十三、又　竹書紀年義證四十卷
十四、林春溥　竹書紀年補證四卷
十五、朱右曾　汲冢紀年存眞六卷
十六、董沛　竹書紀年拾遺六卷
十七、王國維　古本竹書紀年輯校一卷
十八、又　今本竹書紀年疏證二卷

其間可分三期：孫、徐、任三家爲第一期，大率在雍、乾之間。張、陳、鄭、趙、韓、洪、郝、陳、雷九家爲第二期，其著書成說皆在嘉慶。林、朱、董、王四家爲第三期，則在道光以下也。

一　孫徐任三家

孫書頗少見，其成書年月無考，清史列傳僅謂徐書在孫後而已。陳氏集證凡例謂：孫引頗雜，並有將原注改易者。統箋則於正文及原注下，逐條細注，雖間有未當，較之孫本遠勝矣。任書，陳逢衡、林春溥諸家皆稱未見。據崔見龍序陳氏集注（在嘉慶六年）謂：雍正間，荆溪任鈞臺先生嘗作紀年證傳一書，見於所作四書文敍中，屢經訪求，竟不可得。則未知其書果成否。徐書最通行，其書凡例稱：年八十有二，始箋注此書，閱三寒暑而後成。徐氏生康熙六年，年八十二爲乾隆十二年，越三年，爲乾隆十五年，統箋凡例即作於是年也。夏炘徐文靖别傳謂：統箋十二卷，爲自有紀年一書以來未有之作，其後甘泉張氏宗泰、蘄州陳氏詩、經川趙氏紹祖、臨海洪氏頤煊、江都陳氏逢衡，互有論著，皆自統箋益致其精，不能出統箋之範圍也。

二　張陳鄭趙韓洪郝陳雷九家

治竹書而辨眞僞，其事起於孫、徐之後。偃師武億，生乾隆十年，卒嘉慶四年，年五十五。乾隆四十五年進士。其授堂文鈔有與李書源書，論及紀年，備引山海經注、後漢書注、水經注、史記索隱、正義諸書，而水經注引至二十六條。又錢大昕十駕齋養新録，書成在嘉慶四年，即武億之卒年，書中亦辨今書乃明人所僞。而四庫提要於紀年亦歷引諸書以證今本之不可信。提要成於乾隆四十八年，蓋與武、錢諸家相爲先後呼應，而於是治紀年者其取徑遂與前人不同，諸家以此紛紛起。

張氏校補二卷，成書年月無考，其人生乾隆十五年（正徐氏統箋成書之年），卒道光十二年，年八十三。崔述考古續說有竹書紀年辨僞一篇，謂：

前歲自閩還，過蘇州，於書肆見甘泉張君宗泰校補竹書紀年，因買歸閱之，見其徵引之詳，考核之精，糾其舛誤，摘其缺略，用力之勤，吾所見聞，未有如張君之盡心者也。顧吾猶惜其不肯直黜其書以絕後人之惑，而但取其漏者補之，誤者改之。豈遂謂其他文皆可信乎？

東壁得張書，蓋在嘉慶七年自閩回里之時，則張書刊行在嘉慶七年前也。崔見龍刻陳詩集注，序文在嘉慶六年辛酉，與張書略相先後。

鄭環生雍正八年，卒嘉慶十一年，年七十七。陳康祺燕下鄉脞錄謂：

武進宿儒鄭先生環，乾嘉之際，以經學名宇內。躬行峻潔，志在經世。自以學成不得用，常與當路言民間疾苦，於兵政、海防、屯田尤詳切，卒甘泉訓導官署。

陳氏紀年集證謂：

丙寅（即嘉慶十一年）仲冬，甘泉鄭廣文環知予纂訂此書，欣然過予取閱，並許借手纂稿本，始得盡觀大略。惜未及匝月，先生已歸道山。其書大約就徐箋而損益之，而仍訛襲誤之處，間亦不免。緣兩先生書皆出自晚年，不及細檢故也。

傳，謂：

據是則鄭氏年世較張雖前，而成書轉在張後。張書初刊爲甘泉學署本，鄭當見之。鄭書不知有刊本否，今就陳氏集證稱引所及，可知涯略也。

趙書亦爲陳氏所取資。趙生乾隆十七年正月，卒道光十三年七月，年八十二。朱琦爲趙琴士徵君

其竹書紀年二卷，歷引史記、山海經、漢書、水經注、宋書符瑞志、史記索隱、正義等，條理甚密。維揚陳君逢衡作集證，擴充繁衍，然時采其說也。

韓氏京江人，其書年月亦不詳。惟亦爲陳氏集證所採。

上述諸本，惟張書刊入聚學軒叢書中，流傳較廣，餘則皆不甚著。其稍後起而流播亦廣者，有洪、郝兩家。

嘉慶五年夏，洪頤煊游學武林，孫星衍屬重校紀年。七年書成，十一年刊版，即平津館本也。郝書成在十三年，胡培翬爲郝墓表，稱其：據唐以前書所引，比附校勘，使秩然就緒。

然當時研討紀年諸家，論其工力之鉅，要當首推陳、雷二氏。陳逢衡草創集證，在嘉慶九年，時陳年僅二十七。成書在嘉慶十七年，先後凡九年。而鐫版則在嘉慶十八年。雷書草創在陳前，介庵經說卷九自稱「自辛酉（嘉慶六年）後考訂紀年，閱九歲書成」。紀年辨誤答或問所謂「歲在辛酉，余述紀年，庚午始卒業」也。雷書分校訂、義證兩部，其義證自序云：

> 辛酉仲秋後，取載籍中凡稱引紀年者，匯而錄之，以校世之傳本，正其訛，補其缺，考訂者凡三百餘事。依世分次，釐為六卷。又為辨誤一卷、考證一卷，唐虞以來及戰國年表一卷。閱五年書成，於是更作義證四十卷。凡正經史之疑義、舊說之違誤者，又五百餘事。

序成嘉慶十五年冬。是雷氏校訂成書在丙寅。又四年庚午，義證成書，前後總九年。其書猶在陳氏集證前也。陳氏遍採孫、徐、張、鄭、陳、趙、韓、洪諸家，而獨不知有雷書。雷通州人，僻在北方，其爲書也，於同時諸家之作，亦多未見。校訂刊布，流傳未廣。義證巨帙，獨有稿本，世更尠知。然陳書雖博采宏搜，尙不能辨今本之僞，其識出雷下遠甚。而義證尤爲精博兼擅，足以掩出諸家之上，而顧獨闇晦不彰，良可惜也。

三　林朱董王四家

林春溥爲竹書紀年後案，在嘉慶十五年庚辰，時林氏方在都。其補證成書，則在道光十八年戊戌。稱引所及，有孫、徐、張、鄭、趙、韓、洪、陳諸家，惟亦不知有雷氏。王國維稱之，謂：「三百年來學人治紀年甚勤，而臨海洪氏、棲霞郝氏、閩縣林氏三校本，尤爲雅馴。」然林書謂今本紀年非後人所僞，又不信司馬貞索隱，則似誤於梁玉繩志疑、陳逢衡集證，識頗未卓。惟謂諸書引紀年，其古有據而今無者，固屬散佚，即古無而今有者，亦非僞作，則持論平實，較之王氏之爲古本、今本絕然劃分者，似稍允也。朱右曾於道光十八年（即林氏補證成書之年）成進士，其所爲逸周書集訓校釋，屬稿於丁酉（道光十七年），成書於丙午（二十六年）。其爲紀年存眞年代不可考，要當在戊戌後，則較林書似晚出也。

董沛生道光八年，卒光緒二十一年，年六十八，有竹書紀年拾遺六卷。董晉祺爲行狀，謂其斥通行本爲僞，別采他書之引紀年者；亦張氏、朱氏舊例，而繁富過之。其書刊於劉氏嘉業堂，而傳世仍甚希。大抵林、朱、董三家較晚出，用力較易。雖林書識嫌不卓，要皆有所超過前人，可資觀覽，亦其宜也。

王氏書成於丁巳，已入民國（六年）。爲古本輯校、今本疏證，判劃最析。然輯校古本依據朱書，間加補正，亦有轉不若朱書之允愜者。自云欲爲考證、札記，而未有成書。輯校取材，大抵諸家已具，王氏截然劃分，則若今本全出後人僞造，更無依據，恐不盡然。大抵王書出於最後，故其憑藉獨厚，而用力則有遜於前人之專精也。

余爲先秦諸子繫年，比論史記、紀年異同，自春秋以下，頗多考辨發明，爲三百年來學人研治紀年所未逮。於前賢諸書，繙檢所及，久而忽忘，因約略記其梗概。有志治紀年者，先由王書進而窺朱、董、林、郝、洪、張諸家。博之於陳、雷二氏，溯其源於徐氏之統箋，返而觀余繫年之所考論，亦有志治古史者一大公案也。

（民國二十五年十一月十九日天津益世報讀書週刊七十五期）

漢學與宋學

一　對於漢學宋學一般的看法

中國學術思想之重心爲孔子與儒家與六經，統謂之「經學」。後代經學有二大時期：一即兩漢約四百年，二即宋、元、明約六百年。中經魏、晉、南北朝、隋、唐約七百餘年爲儒學中衰時期。此時期中不講儒學，而崇黃、老、莊周；不攻六經，而好佛釋、辭賦。及宋興，不直魏、晉、隋、唐之輕儒，但亦不從漢學，謂儒術自孟子死而不得其傳，至宋儒始得眞傳，直接「道統」。至清儒復起而反對宋儒，謂其過重主觀，於是用訓詁考據方法，自漢儒上窺孔子，又謂之「漢學」。自來講論孔子者，其主要點即此漢、宋學之分。

二　現在的問題

漢學與宋學的不同，已如上述，現在所成爲問題者，即：

一、漢學、宋學是否只是一個經學上的問題？

二、而所謂「經學上的問題」者，是否只是「誰解釋那幾部經對，誰解釋那幾部經不對」的問題？

三、又所謂孔子與儒家與經學，是否只是「解釋書本」？

四、所謂漢儒、宋儒，是否專做了解釋書本的工作？

三　從歷史上對於漢宋學術之新看法

無論漢學、宋學，是否只是「解釋書本」？倘漢儒講學問並不僅在書本，宋儒講學亦並不僅在書本，那麼漢、宋諸儒的解釋書本同否，就不成爲問題了。我們若欲脫離經學上的見解，（即「訓詁考據」

的見解，即誰解釋書本對的見解。）而要另尋漢、宋學術之眞精神，應該從歷史上看去。下面便是從歷史上看漢、宋學術的一個大概。

四 歷史上之所謂漢學

一 漢學之來歷

先看漢初學術界情形。漢初學術界大體上說，可分二大派：一派活動於中央政府，一派則活動於地方諸王國。中央復分二派：消極的崇尚黃、老，主無爲，與民休息。積極的崇尚申、韓，講形名，嚴法律，以賞罰爲主。地方派亦有二支：效蘇秦、張儀之縱橫，與枚乘、司馬相如之辭賦。如戰國游士食客之變相。在此紛亂狀態中，儒家因其自身之努力而產生，乃主張「復古更化」之論，盡駁各家之說，以三代、堯、舜來代替亡秦，以禮樂教化來代替法律與無爲，以大一統的思想來代替列國縱橫與辭賦。經長久之奮鬪，始造成漢武帝之尊儒，及武帝以下之漢治。

二　兩漢儒學之兩個重要見解

漢儒努力之結果，除其在政治上直接的表見外，有兩個重要見解：

（甲）歷史哲學　乃根據易經、老子二書，證明世界爲變動的而非静止的，從四時、五行之循環，說到「天人相應」，以自然界的現象律令，說明社會和歷史。主「五德終始」與「三統循環」，即政教法令皆須隨時改易，三皇、五帝亦因時代而遞變。無萬世一姓之帝王，功成即退，無論三皇、五帝、夏、商、周，皆然。古如是，今亦必如是。既無萬世一姓之帝王，則必有新聖人受命。春去夏來，有生必有死，新聖人受命，舊王必讓國。既云「受命」，則必「推德改制」。漢既受命繼秦，則不應遵秦之制，於是鄒衍、董仲舒輩主張「更化」。此說愈演愈烈，致王莽篡位，而亦委爲新聖人受命，不敢斥爲不正也。

（乙）政治哲學　乃根據孟子、荀卿之論，以爲政治的任務在爲一般民眾負責，尤其是小民的經濟與生活。凡社會經濟，民眾生活，要用政治来統制與調整。應以最高的理論，來統制民間社會，如此行之即謂之「禮」。「禮治」之眞精神，不在對上帝祭祀，而在對下民教化。即在民間社會經濟生活上，予以系統的裁制，而造成一種有意義之生活是也。自孟子而至漢之董仲舒，再至王吉、貢禹等，此說亦愈演愈烈。結果王莽篡位，即欲本此而改造一切社會狀態，發生極大變化。

由上二大見解匯合爲王莽之受漢與變法，而爲書生政治、理論政治之試驗。王莽失敗，漢儒精神轉移，故東漢儒者多偏重個人言行，而不依前人空洞之講論，似其精神眼光均不如西漢之偉大。

三　漢學之衰運與博士章句

由上看來，漢儒學術，是以政治社會，即整個人生爲對象之學問，並非專爲「解釋書本」之學。解釋書本者，不過爲一部分博士的工作。「博士」本古之學官，漢武罷黜百家，專設五經博士，復爲博士設弟子員，得爲將來入官之途。其後博士對經書愈解愈精，自漢武至東漢歷三百年之積累，成爲諸經極煩瑣之「章句」。偏狹的個人道德，與繁瑣的博士章句，使漢學精神漸漸衰落，故漢末儒風漸息而莫能振之。

五　歷史上之所謂宋學

一　宋學之來歷

先看唐代學術界之形勢。唐時學術界大體上亦可分積極、消極之二大派。積極派考進士，升官發財，重文選詩賦。消極派做和尚，出家成佛；或做道士，修行成仙；重佛經與道書。當時只有韓退之大聲疾呼，斥佛排老，反對進士詩賦，尊儒術，唱古文，繼孟子立師道。在當時雖無多大影響，而宋學則遠承韓氏而起。最先有胡瑗（安定）繼續韓氏，提倡書院講學。神宗曾問安定門人劉彝：「胡瑗與王安石孰優？」對曰：「臣師胡瑗以道德仁義教東南諸生時，王安石方在場屋中修進士業。國家累朝取士，不以『體用』爲本，專尚聲律浮華之詞；臣師以『明體達用』之學授諸生二十餘年，故今學者知聖人體用以爲政教之本，皆臣師之功，非安石比也。」同時人石介著怪說三篇，謂世有三怪：一即詩賦（進士），二即佛（和尚），三即老（道士）。故知當時儒術實沿韓退之一派而來。胡瑗在太學，程伊川亦其門人。王安石亦極佩服胡氏，故興書院，變新法。宋儒精神即要從「進士」與「和尚」的兩面中間打尋出路，以「經學」來代替文選和佛經。以「修、齊、治、平」來代替考進士做官和當和尚出家。

二　宋儒的最高理論

宋儒主張「存天理，去人欲」，修、齊、治、平之總綱即「天理」，亦即聖人所謂之「體」，由體便可達「用」。天理爲「公」的，而人欲則爲「私」的。考進士、升官發財固爲私的人欲，而出家做和尚、道士，多存怕死的心思，亦是私的人欲。因天理、人欲之不同，是以發生王霸、義利之辨。個人的行爲，要看他居心與動機，即「義、利之辨」。政治的評價亦要看他的居心與動機，即「王、霸之辨」。若居心動機並不爲社會民生，只爲一姓一家打算，則係「霸道」非「王道」，係「私欲」非「天理」。皇帝若只爲一家謀福利，則只謂之「霸道」，若爲謀天下福利，則謂之「天理」、「王道」。三代以上皆爲天理，漢、唐以下皆爲人欲、皆霸道，非王道。宋儒論認識天理的方法，在於「格物窮理」、「致知存心」，以解決一切問題。

三　新經義之完成與宋學之衰運

由上看來，宋儒學術亦以政治社會，即整個人生爲對象之學問，並非專爲「解釋書本」之學。然也不免有時要假助於解釋書本的工作。唐人本以詩賦取士，重「進士」不重「明經」。及王安石改以經義取士，並自著三經新義。宋儒雖反對王氏的三經義，然亦各自努力於新經義之創造。及朱子，乃集宋儒新經義之大成。元代即以朱子之書取士。明沿之，而變爲「八股」解釋書本之學問矣。及王陽明出而反對元、明以來之認訓釋書本字句爲學問，主張「知行合一」。因八股雖說得有理，而與行爲全不相干，此等知識仍是不知。故唱「致良知」、「知行合一」之教。然朱子學派因只認朱書爲經義，故朱子以前各書均不讀；而王氏學派因主知行合一，偏重於「行」，即朱子之書亦不讀，而成明學之空疏。故清代諸儒既反對朱派之不讀古書，復反對王派之不讀古書，遂漸成以下考據訓詁之「漢學」。

六　清學之病態的發展

清代乾嘉學者以訓詁考據，上尋漢儒「家法」，其精神不在政治社會，即亦不在整個的人生上。其所以如此之故，當爲清係異族，處處予漢人以壓迫。著書立說，稍涉政治社會，即遭文字之禍。清代文字之獄，其株連之多，洵前古所無。故雖欲對政治社會發表意見，奈處淫威之下，毫無自由發揮之餘地，不得已只有從考據訓詁上做無聊之研究，遂成此病態之發展。清儒門戶家法之見極深，初分漢、宋，繼分今、古文。無論其爲漢、宋或今、古文，要皆爲考據訓詁上之工作，而儒術乃走入絕路，成爲無用之學矣。

七　漢宋兩派學者之共同精神

漢學派的精神在「通經致用」，宋學派的精神在「明體達用」，兩派學者均注重在「用」字。由經學上去求實用，去研究修、齊、治、平的學問，即是從哲學、文學、史學上去研究人生問題、家庭問題、政治問題、社會問題。都欲找到最根本的「原理」（即是「道」），來做實際的改革。這就是「儒學」的精神，即是「經學」的家法。至於書本子的訓釋與考據，亦學者所應有的工作，惟非學者主要之急務。

（民國二十三年在北平輔仁大學之講稿，載同年該校磐石雜誌二卷七期。）

四庫提要與漢宋門戶

清廷自康、雍以來，盛尊朱子，升祠十哲。而乾隆時四庫館臣爲總目提要，於宋儒備加詆詰，雖程、朱不免。此非敢與朝旨相違。清廷雖尊朱，然聚徒講學，朋黨清議，皆所厲禁，則尊者其名，排者其實。館臣據旨立論，屢言門戶水火，朋黨亡國，其意欲使人盡孤立，以蟻附於一義，他非所計也。宋儒學術精微，當時館臣固不足以知之；若立言有據，援證明確，不爲臆決竅論，此正當時館臣所自負以樹異於宋儒者。乃不謂不數十年，即有人焉出面索瘢尋釁，作是非之平反。且所反不在義理，即在考據。甚至有當時館臣據書興論，至再至三，而覈諸原書，絕無其事，幾於嚮壁虛造。所謂「東書不觀，游談無根」，考據之實學，時乃更甚於義理之空疏。如魏默深氏古微堂集所舉宋名臣言行錄一端，眞可怪詫之事也。魏氏爲學，蓋亦有聞於漢學考證之風而興者。蠹生於木而還食木，豈不信歟？然不數十年，而復有掎摭魏氏書爲平反者，不啻即以魏之譏館臣者反譏魏氏，有如李越縵日記之所指摘，不又奇之尤奇耶！越縵雖不以考據名家，而淹雅通博，固自睥睨一世，然其文復亦多誤。夫名臣言行錄非難見之書，提要牽涉其事者僅凡四、五篇，亦非難檢之事。若紀、若魏、若李，皆縱橫博辯，而目窮千里，失之眉睫，則不僅義理精微有難言，即考據明確亦非易事。兼陳並觀，亦清代漢、宋相爭公案中一有趣文件也。

魏默深古微堂集書宋名臣言行錄後：

紀文達不喜宋儒，其撰四庫總目云：「茲錄於安石、惠卿皆節取，而劉安世氣節凜然，徒以嘗劾程子，遂不登一字。」以私滅公，是用深憾。是說也，於茲錄發之，於元城語錄發之，於盡言集發之，又於宋如珪名臣琬琰錄發之，於清江三孔集發之，於唐仲友經世圖譜發之。昌言抨闢，汔再汔四，昭昭國門可懸，南山不易矣。雖然，吾未知文達所見何本也？茲錄前集起宋初，後集起元祐，而劉公二十餘事在焉。文達殆徒睹董復亨繁露園集之瞽說，適愜其隱衷，而不暇檢原書，遂居為奇貨。至書目於慶元黨禁，謂「南宋亡於諸儒，不得委之侂胄」，於龜山集，謂「東林起於楊時，遂至再屋明社」，則固無譏焉。

李慈伯越縵堂日記：

案：文達誠不喜宋儒，書目中於通鑑綱目、伊洛淵源錄、小學集注等書，亦或有言之小過者。然皆循其終始，反覆折衷，雖至語錄諸編，最為蕪雜，亦深求其編輯之先後，去取之是非，未有不檢其原書，輕肆詆詰者。蓋名臣言行錄傳刻者多，衆本雜出，四庫所收，或非足本。

按：四部叢刊景宋本名臣言行錄，前集十卷，後集十四卷，與提要卷數合。提要又謂：「趙希弁讀書附志，載此書七十二卷，今合五集計之，實七十五卷；殆傳刻者誤以『五』爲『二』歟？」是提要於趙氏卷數一字之誤，尚加訂正，不應有異本多寡而不辨。今劉安世二十餘事在後集十二卷之三，並占卷中之泰半。若將安世事全節去，則此卷於全書各卷中爲獨少。李氏「或非足本」之語，僅屬懸揣。惜不能一檢四庫原本，然恐仍以魏說爲是也。

今考提要於史部傳記類宋名臣言行錄，但云：於安世不登一字，而載趙普、王安石、呂惠卿等，終所未喻；並無「以私滅公，是用深憾」之言。

按：「以私滅公，是用深憾」，乃魏語，非提要語。提要於盡言集有「朱子作名臣言行錄，於王安石、呂惠卿皆有所採錄，獨以安世嘗劾程子之故，遂不載其一字，則似乎有意抑之矣」云云，即魏之所據，特誤以歸之此篇耳。

史部奏議類載盡言集，子部雜家類載元城語錄，皆無是語。

按：盡言集提要語，已錄在前，元城語錄提要云：「安世風裁嶽嶽，氣節震動天下。朱子作名臣言行錄，於王安石、呂惠卿皆有所節取，乃獨不錄安世。董復亨繁露園集有是書，序曰：『朱文公名臣言行錄不載先生，殊不可解。及閱宋史，然後知文公所以不錄先生者，大都有三。蓋先生嘗上疏論程正叔，且與蘇文忠交好，又好談禪。文公左袒正叔，不與文忠，至禪則又心薄力拒者，以故不錄其說，不爲無因。』是亦識微之論」云云。提要引董語，許爲「識微」，故魏以「適愜隱衷」譏之也。提要於盡言集、元城語錄兩書，皆無「以私滅公，是用深懣」語，是讀提要與魏文皆未審也。提要於盡言集、元城語錄兩書均顯言之，故於言行錄則隱抑其辭：「終非後人所能喻。」魏氏下「以私滅公，是用深懣」八字，雖非提要之文，實得提要之意。李自有意爲提要辯護耳。

宋如珪名臣琬琰錄，並無其書。蓋是杜大珪名臣碑傳琬琰集之誤。然提要惟以朱子之取安石、惠卿，例大珪之載及丁謂諸臣，未嘗言安世也。

按：此乃魏之誤憶。

清江三孔集，提要無一語及之。

按：此亦魏氏誤憶，殆因元城語録提要，有「道命録備載孔平仲諸人彈論程子疏議，以示譏貶，獨不載安世之疏，不過於孔平仲條下附論其不知伊川而已。蓋亦知安世之人品，世所共信，不可動搖，未敢醜詆之也」一節而誤。

又按：道命録卷一，共收文六篇：一、司馬溫公薦伊川劄子。二、伊川授西京國子監教授制詞。三、孔文仲劾伊川疏。四、伊川乞歸田里奏狀。五、范太史乞還伊川經筵劄子。六、伊川涪州編管指揮。伊川經筵之職，即因孔文仲一疏而罷，故特録入。至劉安世盡言集論歐陽棐差除不當共九首，文繁不能備録。又雖詈及伊川，而非伊川進退所繫，故道命録不之載。又道命録辨朱子所作伊川年譜，「載文仲劾疏有云：『騰口間亂，以快恩讎，致市井目爲五鬼之魁。』今李丙丁未録中，有文仲全章，乃無此語。考張商英紹聖初章疏，則謂『五鬼』者，乃指歐陽棐、畢仲游、楊國寶、邵鯱及先生。謂受命於呂希純，通傳機密、報復恩怨。呂居仁記劉諫議劾先生章疏，亦有之。疑申公在相位時，文仲未應出此語，譜或誤也。」「五鬼」之誚，朱子雖納之文仲，而道命録辨其誤，又著其見於劉疏。則提要論道命録云云，全出嚮壁，並道命録原文未能細讀也。「未有不檢其書，輕肆詆詰」，其然，豈其然乎？

惟於孔平仲珩璜新論，略言平仲與安世、蘇軾皆不協於程子，未嘗及朱子之言行録也。

按：提要云：「考平仲與同時劉安世、蘇軾，南宋林栗、唐仲友，立身皆不愧君子。徒以平仲、安世與軾，不協於程子；栗與仲友，不協於朱子；講學家遂皆以寇讐視之。……安世與軾，炳然與日月爭光，講學家百計詆排，終不能滅其著述。平仲則惟存本集、談苑及此書，栗惟存周易經傳集解一書，仲友惟存帝王經世圖譜一書。援寡勢微，鑠於眾口，遂俱在若存若亡間。實抑於門戶之私，非至公之論。今仍加甄錄，以持其平」云云。其謂安世「講學家百計詆排，終不能滅其著述」，即暗指名臣言行錄不載安世而言。其謂「抑於門戶之私，非至公之論，今仍加甄錄，以持其平」，即魏氏所謂「以私滅公，是用深懣」也。李氏謂「未嘗及朱子之言行錄」，語雖近是，然恐未的。

至慶元黨禁提要，本高宗御題詩章，以趙汝愚為開門揖盜，因謂黨禁諸人，「聲氣交通，賢姦混糅，釀成門戶。遂使小人乘其瑕隙，蘭艾同焚，國勢駸至於不振。春秋責備賢者，不能以敗亡之罪，獨諉諸韓侂胄」。其言最為平允。龜山集提要，謂「時受學於程子，三傳而及朱子，開閩中道學之脈。其東林書院，存於無錫，又為明季講授之宗」，乃盛推其淵源廣遠，身繫學統，並無「再屋明社」之言。

按：此亦魏氏誤憶。然慶元黨禁提要云：「聚徒講學，未有不水火交爭，流毒及於宗社者。東漢不鑒戰國之横議，南北部分而東漢亡。北宋不鑒東漢之黨錮，洛、蜀黨分而北宋亡。南宋不鑒元祐之敗，道學派盛而南宋亡。明不鑒慶元之失，東林勢盛而明又亡。」則魏氏「再屋明社」之説，實據此篇，而誤憶以爲在龜山集耳。滿清以異族入主，最惡朋黨公論，横摧深鋤，必使人盡孤立，不敢出聲發一言，而後彼乃得以聖天子萬世一姓，偃然踞我上。提要諸臣，禀承睿鑒，高論直指，此固無足譏者。魏既粗心，李尤短視，必逐條爲提要諸臣辯護，眞無聊也。

要之，官書自有體裁，況四庫總目，禀承高廟睿鑒，朱子之學，國朝所尊，豈有任臆放言，攻擊先哲，如文士私家著書之比。

按：清廷雖尊朱子，然並不許效朱子聚徒講學。至於私家著書，任臆放言，尤屬厲禁。惟官書如提要之類，禀承睿鑒者，乃可有之耳。

默深亦未嘗喜宋學，集中偶有一二推闡理學之言，皆掇拾皮毛，裝點門面，以自附於眞儒。而其譏彈朱子者，不可枚舉。此不過知考據非其所能，嫉忌近世漢學諸家，乘間肆詈。學問自有公言，無取妄詆也。

按：妄詆固無取，公言亦非易有。魏詆李護，孰公孰不公，其誰與定之！

（民國二十四年十一月十四日天津益世報讀書週刊第二十四期）

清儒學案序目

序

國於天地，必有與立。五國家民族文化緜歷，迄五千年不弊，厥有一中心力量焉爲之潛持而默運者，則儒家思想是也。儒家思想淵源於上古，成熟於先秦。在兩漢以迄隋唐則曰經學，在宋明以迄清季則曰理學。理學之興，淺言之，若爲蔑棄漢、唐而別創。深言之，則實包孕漢、唐而再生。苟非漢、唐諸儒補緝注疏勤懇於前，則宋明理學何所憑藉而產茁？當唐之季世，下逮五代十國，天下壞亂已極，而佛學之來東土，漢末以來，亦垂八九百年矣。爲宋人謀之，苟非有以大振作，將無以起衰而救弊，開物而成務。故宋學者，實依然沿續漢唐經學精神，特因時代之激刺而一變焉者也。宋明理學之盛，人所俱曉，迄於清代，若又爲蔑棄宋明重返漢唐。故說者莫不謂清代乃理學之衰世。夷考其實，亦復不然。宋元諸儒，固未嘗有蔑棄漢、唐經學之意。觀通志堂經解所收，衡量宋元諸儒研經績業，可謂蔚乎其盛矣。清代經學，亦依然沿續宋元以來，而不過切磋琢磨之益精益純而已。理學本包孕經學爲再生，則清代乾嘉經學考據之盛，亦理學進展中應有之一節目，豈得據是而謂清代乃理學之衰世哉？

大較而言，清代理學，當分四階段論之。一曰晚明諸遺老。當明之末葉，王學發展已臻頂點，東林繼起，駸駸有由王返朱之勢。晚明諸老，無南無朔，莫不有聞於東林之傳響而起者。故其爲學，或嚮朱，或嚮王，或調和折衷於斯二者，要皆先之以兼聽而並觀，博學而明辨；故其運思廣而取精宏，固已勝夫南宋以来之僅知有朱，與晚明以來之僅知有王矣。抑且孤臣孽子，操心危而慮患深，其所躬修之踐履，有異夫宋明平世之踐履。其所想望之治平，亦非宋明平世之治平。故其所講所學，有辨之益精，可以爲理學舊公案作最後之論定者；有探之益深，可以自超於理學舊習套而別闢一嶄新之蹊徑者。不治晚明諸遺老之書，將無以知宋明理學之歸趨。觀水而未觀其瀾，終無以盡水勢之變也。其次曰順康雍。遺民不世襲，中國士大夫既不能長守晚明諸遺老之志節，而建州諸酋乃亦唱導正學以牢籠當世之人心。於是理學道統，遂與朝廷之刀鋸鼎鑊更施迭使，以爲壓束社會之利器。於斯時而自負爲正學道統者，在野如陸隴其，居鄉里爲一善人，當官職爲一循吏，如是而止；在朝如李光地，則論學不免爲鄉愿，論人不免爲回邪。此亦一述朱，彼亦一述朱。往者楊園、語水諸人謹守程朱榘矱者，寧有此乎？充其極，尚不足追步許衡、吳澄，而謂程朱復生，將許之爲護法之門徒，其誰信之？其轉而崇陸王者，感激乎意氣，磨蕩乎俗僞，亦異於昔之爲陸王矣。又其次曰乾嘉。理學道統之說，既不足饜眞儒而服豪傑，於是聰明才智旁迸橫軼，羣湊於經籍考訂之途。而宋明以來相傳八百年理學道統，其精光浩氣，仍自不可掩，一時學人終亦不忍捨置而不道。故當乾嘉考據極盛之際，而理學舊公案之討究亦復起。徽、歙之間，以朱子故里，又承明末東林傳緒，學者守先待後，尙宋尊朱之風，數世不輟，通經而篤古，博學而知服；其素所蘊蓄則然也。及戴東原起而此風始變。東原排擊宋儒，刻深有過於顏、李，章實齋譏之，謂其飲水忘源，洵爲確論。然實齋思想議論，亦從東原轉手而来。蟲生於木，還食其木，此亦事態之常，無足多怪。理學本包孕經學爲再生，今徽、歙間學者，久寢饋於經籍之訓詁考據間，還以視夫宋明而有所獻替，亦豈遽得自逃於宋明哉！故以乾嘉上擬晚明諸遺老，則明遺之所得在時勢之激盪，乾嘉之所得在經籍之沉浸。斯二者皆足以上補宋明之未逮，彌縫其缺失而增益其光耀者也。又其次則曰道咸同光。此際也，建州治權已腐敗不可收拾，而西力東漸，海氛日惡；學者怵於内憂外患，經籍考據不足安定其心神，而經世致用之志復切，乃相率競及於理學家言，幾幾乎若將爲有清一代理學之復興；而考其所得，則較之明遺與乾嘉皆見遜色。何者？其心意迫促，涵養浮露，既不能如晚明諸遺老之潛精抑彩，歛之有以極其深；又不能如乾嘉諸儒之優遊浸漬，涉之有以窮其廣。徒欲懸短綆而汲深井，倚弱篙而渡急湍，則宜乎其無濟也。量斯時之所至，其意氣發舒，若稍稍愈乎順康雍之慘沮鬱紆則已耳。要之有清三百年學術大流，論其精神，仍自沿續宋明理學一派，不當與漢唐經學等量並擬，則昭昭無可疑者。

抑學術之事，每轉而益進，途窮而必變。兩漢經學，亦非能蔑棄先秦百家而別創其所謂經學也，彼乃包孕先秦百家而始爲經學之新生。宋明理學，又豈僅包孕兩漢隋唐之經學而已，彼蓋並魏晉以來流布盛大之佛學而並包之，乃始有理學之新生焉。此每轉益進之說也。兩漢博士之章句家法，自有鄭玄之括囊大典而途已窮。魏晉南北朝之義疏，自有唐初諸儒之五經正義而途亦窮。至於理學，自有考亭、陽明，義蘊之闡發，亦幾乎登峯造極無餘地矣。又得晚明諸遺老之盡其變，乾嘉諸儒之糾其失，此亦途窮當變之候也。而西學東漸，其力之深廣博大，較之晚漢以來之佛學，何啻千百過之！然則繼今而變者，勢當一切包孕，盡羅眾有，始可以益進而再得其新生。明遺之所以勝乾嘉，正爲晚明諸遺老能推衍宋明而盡其變，乾嘉則意在蔑棄宋明而反之古。故乾嘉之所得，轉不過爲宋明拾遺補闕。至於道咸以下，乃方拘拘焉又欲蔑棄乾嘉以復宋明，更將蔑棄陽明以復考亭，所棄愈多，斯所復愈狹，是豈足以應變而迎新哉？

今世運之變，又亟於道咸，一世方激盪旋轉而開生人未有之新局。吾國家民族文化所以緜歷五千年迄今未弊者，又將重回洪鑪，再經煅煉，以重成其爲衛國家、福種姓之所賴。夫豈抱殘守缺，蹈常習故者之所能勝其任？且學統猶治統也。譬如諸方分峙，蜀不能併魏、吳，豈足以爲魏、吳之統？宋不能併金、夏，豈足以爲金、夏之統？夫亦各成其爲偏方之暫局而已。今既世界逮通，五洋如同堂，六洲如合宇。他日人類大同，安知治統、學統不有日趨於一之勢。然而劉禪之奉表，趙構之屈膝，則終爲天地所恥鄙，不足以語此。吾國家民族獨擅五千年文化優秀傳統，回念諸聖先哲，光明燦爛，豈得不憬然動，惕然勵，而知所自負荷也乎？吾中央正值抗戰艱險之際，有意合刊宋、元、明、清四朝學案簡編，頒之中外，其意可深長思矣。惟清儒學案，雖有唐、徐兩家成書，而唐書陋狹，缺於閎通；徐書泛濫，短於裁別；皆不足追蹤黃、全之舊業。穆奉命承乏爲清儒之役，因重加編訂成若干卷，而敬述其大義於卷首。

例言

昔江藩子屏著漢學師承記、宋學淵源記，爲記載清代理學之開始。或譏其漢、宋分編之不當，然就實論之，亦復未可厚非。義理、考據，境界固屬互通，分編敍述，轉可各盡其勝。惟江書僅迄乾嘉，又詳漢略宋，殊嫌不備。嗣起者爲唐鑑鏡海之學案小識，其書專重宋學義理，而篇末亦附「經學」，「經學」之名復與「漢學」有別。即宋明諸儒，豈得謂其非「經學」乎？唐書於黃梨洲、顏習齋諸人，均入「經學」，則何以如顧亭林、王船山諸人又獨爲「道學」？分類之牽強，一望可知。其編「道學」，又分傳道、翼道、守道諸門，更屬偏陋無當。魯一同氏評之已詳。唐書盡於道光季年，亦未窮有清一代之原委。最後有徐世昌菊人之清儒學案，全書二百八卷，二千一百六十九人，迄於清末，最爲詳備。然旨在搜羅，未見別擇，義理、考據，一篇之中，錯見雜出。清儒考據之學，軼出前代遠甚，舉凡天文、曆算、地理、水道、音韻、文字、禮數、名物。凡清儒考訂之所及，徐書均加甄采而均不能窮其閫奧。如是則幾成集錦之類書，於精、於博兩無取矣。昔秦蕙田氏有言：「著書所患，在既不能詳又不能略。」竊謂唐書患在不能詳，徐書患在不能略也。本編所錄一以講究心性義理，沿續宋明以來理學公案者爲主，其他經籍考據，概不旁及；庶以附諸黃、全兩家之後，備晚近一千年理學升降之全。此乃著書體例所關，非由抑漢揚宋，別具門戶私見也。

梨洲明儒學案六十二卷，大略分之，僅得崇仁、白沙、河東、三原、姚江、止修、泰州、甘泉、東林九宗；而於姚江復分浙中、江右、南中、北方、粵閩五宗。其崇仁、白沙，爲姚江之源；止修、泰州、甘泉、東林，爲姚江之流；不相入者，河東、三原而已。若授受在九宗之外者，別爲諸儒學案統之。（此采惲子居說）此乃梨洲一書大綱領，亦即其書宗主所在，論列明儒而專主性理，又於抉發性理中專宗陽明。其實陽明亦自爲明儒之眉目，明儒學詣亦自當以研究性理爲宗極，固非梨洲專爲自尊其一己傳統之私而然也。至宋元學案，梨洲原本僅以三十五人標案，案中小傳，兼取各派，故免疏隘之病。（此采鄭東甫說。）全謝山修補而成百卷，每卷各爲一序錄，亦復備見全書宗主，故能約而不陋，詳而不蕪。至論清儒，其情勢又與宋明不同，宋明學術易尋其脈絡筋節，而清學之脈絡筋節則難尋。清學脈絡筋節之易尋者在漢學考據，而不在宋學義理。唐書傳道、翼道、守道之分，既不可從；徐書仍倣黃、全兩家舊例，於每學案必標舉其師承傳授，以家學、弟子、交游、從游、私淑五類附案；又別出諸儒學案於其後，謂其師傳莫考，或紹述無人，以別於其他之各案；其實亦大可不必也。姑舉一例論之。如費密，徐書入諸儒。然費氏之學，先得其父經虞之家教，亦復問學於孫夏峯，則非無師傳；有子錫瓚，近代貫道堂集雖不傳，然章實齋文史通義固曾論列，其議論大體，亦能傳其父緒，亦非無紹述；奈何列爲諸儒？又如劉獻廷，其學眞不見師傳所自，亦不見紹述之人，斷當自成一家，依徐氏例，歸之諸儒允矣；而顧附之萬斯同之下。繼莊之與季野，信爲交游，然交游未必可以相統，附劉於萬，於義何取？如此之類，不勝偏摘。故編次清儒學案最難者在無統宗綱紀可標，在無派別源流可指。然因其聚則聚之，因其散則散之，正不妨人各一案，轉自肖其眞象。雖異黃、全兩家之面目，實符黃、全兩家之用心。何必亦顰亦趨，乃爲師法？本編竊取斯旨，每人作案，不標家派，不分主屬。至其確有家派、主屬者，則固不在此限也。

清儒理學既無主峯可指，如明儒之有姚江；亦無大脈絡大條理可尋，如宋儒之有程朱與朱陸；然亦並非謂如散沙亂草，各不相繫，無可統宗之謂也。竊謂尋前有清三百年理學大綱，莫如分爲晚明遺老，與順康雍諸儒，以及乾嘉與道咸同光之四部分。其大別已詳於篇首之總序，其各家異同，則分誌於各卷之小序。讀者由此認入，庶易得有清一代理學之派別與流變耳。

梨洲明儒學案發凡有言：「每見鈔先儒語錄者，薈撮數條，不知去取之意謂何。其人一生之精神未嘗透露，如何見其學術？是編皆從全集纂要鈎玄，未嘗襲前人之舊本也。」本編竊慕斯義，凡所纂錄，亦皆從各家全集鈎貫成之，務求可以透露其精神，發明其宗旨。然此特就大家巨儒言之。人之爲學，深淺廣狹不同，一言一節，時有可取，此編亦加采列。此如一邱一壑，各有風光，可以欣賞；不必名山大川，始足言遊。或以見一時之風尚，或以備多方之啟悟，義各有當，不妨兼羅並存也。讀者誠以此意求之，則本編所列諸家，一二萬言不爲多，三四百字不爲少；要之在讀者之自具慧眼，自有會心也。

昔章實齋有言：「爲學不可有門戶，而不可無宗主。」本編取舍權衡，絕不敢存門戶之見，或漢或宋，或朱或陸，一體采摭，異同互見；見仁見智，俟之讀者。惟漢學而專爲考據者不錄。朱陸而各務謾罵者亦不錄。斯道之在斯世，本如日月光明，人所共覩；亦有語自圓正，而落格套近空洞者亦不錄。又如全謝山所譏，「其書雖純乎經，而其人則純乎緯」者亦不錄。亦有其人確乎醇儒，言行無疵累，堪爲後世矜式，而本編亦多棄置。此則限於篇幅，與其人人備列，而人人省略，不如詳其一二，使可爲親。此如人之親師取友，豈得遍天下之名師益友而遍師遍友之？凡欲遍謁天下名師，遍交天下益友者，此必不名一師、不擇一友之人也。若讀者以爭論從祀聖廟之意見責備本編，則疏漏之罪，所不敢辭。

亦有其人本非理學名家，其立言陳義亦若有偏駁，而本編頗加采錄者。誠以斯道之在天地，雖曰終古而如常，亦當與時而俱新。自非聖人復生，誰能語大道之恆常，而得免於蹈襲之嫌？中庸曰：「其次致曲，曲能有誠。」語有切己切時，從身世感觸，眞心流露者，此皆一曲之誠；能推其一曲，即通乎大方矣。梨洲所謂「有一偏之見，有相反之論，學者於其不同處正宜著眼」是也。

孟子曰：「物之不齊，物之情也。」夫斯道廣矣大矣。學之有深淺，體之有純駁，然苟內能切己，外能切時，致曲有誠，出言自衷，斯亦已矣。守門戶者往往以道統門戶之空論，高自位置，睥睨一切；亦有純藉一己之體會而評騭古今之學術。此亦一是非，彼亦一是非。夫日月有明，容光必照，由一隙爲私窺，孰若與各方爲共覩？本編於所錄各家，概不再加批註按語，庶免以指點而限視聽。在己可避專輒之嫌，在人可廣聰明之用。梨洲「風光狼藉」之憾，此編轉可或免也。

謝山宋元學案，有附錄一項。李蒓客極稱之，謂其：「翦裁尤具苦心，或參互以見其人，或節取以存其概，使純疵不掩，本末咸賅。」徐氏清儒學案，亦有附錄。此編依之。昔亭林淹雅，而二曲誠其騖外；梨洲閎通，而楊園譏其近名。若二先生之艱苦篤實，庸德庸行，尤足師表末世。采摭較詳，亦寓風世之微意焉。

本編纂錄，正值國難，覓書匪易，又期日迫促，疏誤必多，斟酌盡善，俟諸異日。拙著近三百年學術史，與本編取材各別，不相踵沓，而義旨互足，讀者幸賜兼觀。

序錄

第一編

夏峯、梨洲、二曲學脉同出陽明，清初稱三大儒。而夏峯之學，流衍尤遠。弟子著者有王餘佑介祺、魏一鼇蓮陸、耿極誠齋、薛鳳祚儀甫、申涵光鳧盟、趙御眾寬夫、湯斌潛庵諸人。其一時交游，刁包、魏裔介、魏象樞、張沐、杜越、許三禮之徒，亦如眾星之拱北斗，羣山之仰喬嶽也。稍後顏習齋崛起博野，得交蘇門弟子王五修、王介祺，蓋有聞於夏峯之規模而興者。其爲學門徑亦略相似。夏峯誠不媿當時北學之冠冕。明儒學案已收之諸儒下卷。徐氏謂蘇門講學時入清初，取靖節晉、宋兩傳之例，以弁清儒。茲本其義。述夏峯學案第一。

梨洲師事劉蕺山，平生以捍衛姚江自任，而於王學末流亦痛斥至嚴，蓋屹然王學之干城也。然梨洲之學已從性理一轉手，博綜經史，務爲廣大。南雷弟子最著者，莫如萬氏兄弟，皆寖寖乎專攻經史，畢精著述，蓋與晚明講堂語錄之爲學迥以別矣。梨洲正其繼往開來之人也。述梨洲學案第二。

楊園踐履，篤實明粹，亦清初之吳康齋也。而身當易世，痛切明夷，其貞晦之操，深潛之節，尤爲過之。交游有海鹽何商隱、烏程凌渝安、歸安沈石長，嘉、湖之間稱四先生。而楊園深遠矣。平生懲講學標榜之風，務自謙抑，請業奉教者雖不絕，而受贄著籍者寥寥。惟吳江張嘉玲佩葱、姚瑚螯庵、桐鄉顏鼎受孝嘉、石門姚夏大也數人。晚年與石門呂晚村交好。平湖陸隴其，因晚村而知楊園，讀其遺書而推之。清廷既以隴其從祀孔廟，遂及楊園。後人乃每以清獻、楊園並舉，目爲一代儒學正宗，實非楊園之所願也。述楊園學案第三。

清初學者，多主調和朱、王，折衷宋、明。其著者，北方有夏峯，南方有桴亭。桴亭之論明儒，尤爲後人所稱。至其究心六藝，實闢學術之新嚮。顏習齋聞聲想慕，引爲同調；而其弟子李恕谷南遊，得讀桴亭書，返告其師，欲以心性存養補師門事物經濟之不逮。此可以見桴亭學術之恢張與平稱焉。同時有陳瑚確菴、盛敬聖傳、江士韶藥園，與桴亭爲切劘之友，皆籍太倉，所謂婁東之學是也。桴亭弟子著籍，亦多太倉人，西及江陰、武進，而其傳不著。六藝之學，終不光昌，南北一例，是可慨也。述桴亭學案第四。

亭林推爲清代開國儒宗。其學實事求是，務爲經世致用，日知錄一書規模尤閎闊。後之學者，各因其一端而申之，皆成專業。惟亭林猶得晚明講學遺緒，故其書亦尚兢兢以世道人心爲主，論學、論治皆推本焉，不似後人專務博雅考訂。此亭林之所爲卓絕也。平生深惡明季招門徒立名譽之習，故其門牆甚峻，著籍者罕，傳學著者僅潘次耕一人。而交游特廣，崑山歸莊玄恭、吴江吴炎赤溟、潘檉章力田、朱鶴齡長孺，皆少日鄉里之遊。及其渡江而北，足跡遍天下，遂盡識其賢豪長者，若李顒二曲、張爾岐蒿庵、傅山青主、吴任臣志伊、張弨力臣、王宏撰山史、李因篤天生、馬驌宛斯、路澤農安卿、汪琬苕文、王錫闡曉庵，以及朱彝尊竹垞、楊瑀雪臣、閻若璩潛邱之徒。凡當世知名士，亭林無不奉手納交，通聞論業，曲證旁推，兼集眾長，宜乎其學之益臻於大也。述亭林學案第五。

船山、梨洲、亭林，於晚清號「明末三大儒」，而船山之學尤爲治新學讀西方哲家書者所喜稱，以其探求宇宙本末，分析心理精微，路徑略相似也。船山父修侯，少從遊伍學父之門，又問道於鄒泗山，蓋遠承東廓之傳。故船山之學，長於抉剔心隱，洞人肺腑。其精神血脈，略近江右王門，而於東廓、念菴尤似。再復於此轉手，得北宋横渠正蒙之神契，故亦善言道氣陰陽宇宙之變。其論心術而會於佛，則旁治八識。其論宇宙而會於道，則兼探圖緯。浸深涵學，匯爲大觀。惜身後湮沒不彰，直至晚清始顯。述船山學案第六。

石莊先世累代講義理之學，及其身，以勝國遺貞，窮年誦讀，於書靡所不窺。而韜晦之深，過於船山。遺書垂二百年而始傳，自擬爲徐幹中論、颜之推家訓之流，而論者謂其廣大精微猶過之。清代鄂學稍微，石莊特爲一大家。述石莊學案第七。

清初江西言理學者有程山、髻山、易堂諸子，皆明遺民也。易堂聲氣特盛。「寧都三魏」競爽，叔子爲之魁。氣節、文章，志在經世。交游著者有南昌彭士望躬菴、林時益確齋、寧都邱維屏邦士，所謂「易堂九子」是也。而星子宋之盛未有，與其邑人同隱講學，稱「髻山七隱」。其學以識仁爲要，微言奥義，頗雜老、佛。程山最醇亦最細，尚不失宋明矩矱。晚年築尊雒堂，其學一以程朱爲歸，而所得於陽明者實深。其辨「喜怒哀樂未發之中」，可謂窮前人所未窮。江右本王學精神所在，程山實其薪傳矣。程山弟子甚衆，高弟皆在南豐，稱「程山六君子」。述程山學案第八。

昔北宋横渠張子，崛起關中，開門授徒，與洛學分庭抗禮，馮少墟關學編遂以託始。有明一代關中大儒，若王恕石渠、呂柟涇野、馮從吾少墟，皆恪守程朱；而渭南南大吉、瑞泉兄弟則純主姚江；師說各有不同。二曲論學雖主陸王，然亦兼取程朱，遂爲清初關學大師。門下執贄著籍號以千計。弟子最著者曰鄠縣王心敬爾緝，號豐川。其他如李天生因篤、王山史宏撰，皆爲交游，足徵一時關學之盛。述二曲學案第九。

晚明兵燹，河朔殘破特甚，一時豪傑之士，若容城孫奇逢啟泰、祈州刁包蒙吉，皆習齋書中所謂「忠孝恬退之君子，豪邁英爽之俊傑，是爲吾儒一線之眞脈」者。此自當時河朔學風之大同，雖習齋莫能外。惟習齋制行雖近孫、刁，而立論頗多創闢。其氣益厲，其辭益激，排擊宋明，別開生面。而其注重六藝、兵、農，則又與同時婁東之學，南北相呼應焉。弟子最著者曰李塨、王源。述習齋學案第十。

江、浙自晚明夙爲人文淵藪。學術久而必變，疑辨之風，激已萌茁。其著者如乾初之疑大學，爲當時理學界一絕大公案。乾初亦出蕺山門下，而論學則具隻眼，與同門如楊園、梨洲諸人皆不合。同時有慈谿潘平格用微，不喜中庸，於朱、陸皆昌言排擊，梨洲與之辨難尤苦。此皆可見當時理學界轉變之風嚮。稍後有休寧姚際恒立方，疑古文尚書，疑小戴禮，作九經通論，又徧疑古今僞書，而深以未見乾初大學辨爲憾。其爲恒言錄，謂周、程、張、朱皆出於禪，則議論與北方顔、李合轍矣。述乾初學案第十一。

晚明考覈之風，已南北俱盛，惟南士頗多疑辨，而北人則尚綜整。蒿菴隱居績學，爲清初山左第一醇儒。而精擘禮經，墨守高密，最爲亭林所推服。其時亭林方唱「經學即理學」之說，頗厭心性空談；蒿菴貽書獻難，尤見卓識。蒿菴交游有長山劉孔懷果菴，亦長考覈。述蒿菴學案第十二。

鼎革之際，浙有隱君子一人焉，曰應潛齋，拔起於明季社事、文學之中，卓然有以自得。論學於陽明多糾繩，而於朱子亦不盡合，蓋其自得者然也。交游有仁和沈昀朗思、徐介狷石，皆貞確潛德隱君子也。述潛齋學案第十三。

晚明兵燹，蜀中所罹尤慘酷，宜其學者談思所及，常有餘痛；而激宕所至，亦與河北顏、李如合符節。若新繁費氏其著也。燕峯曾從遊蘇門，並交李恕谷，序其大學辨業。述燕峯學案第十四。

第二編

潛菴，夏峯弟子，爲政以清節稱，清初數儒臣者必及焉；然與晚明諸遺老志節鏗然者異矣。一時從遊有柘城竇克勝敏修、鞏縣姚爾申岳生，而上蔡張沐仲誠、登封耿介逸菴，皆與夏峯、潛菴交遊，亦皆出仕清廷。此清初洛學之大宗也。述潛菴學案第十五。

清初王學尙盛，夏峯、梨洲，壇坫門牆，南北相望。獨石門呂留良晚村，納交於楊園，闢王尊朱，不遺餘力。其批選四書時文，不脛走天下。而晚村亦抗志不出，並時時寄其種姓文物之感，謂紫陽之學自吳、許以下已失傳。稼書聞其說而悅之，獨不能守節勿仕，嘗遺書晚村曰：「吾與君不同者止出處耳。」其後晚村既死，猶以湖南曾靜之獄全家遇禍；而稼書之學，遂爲清廷所尊，首得從祀孔廟。自是朝官講學，必奉程朱爲準，而稼書粹然稱醇儒。然稼書論學，門戶之見過甚，並時學者已不滿。湯潛菴貽書諍之，稼書亦不能改也。同時大興張烈武承，著王學質疑，攻陽明最烈，稼書引爲同志，極稱其書。錢塘沈近思闇齋，出孝感熊賜履之門。熊亦朝臣尊朱者，而闇齋尤篤信稼書，輯其遺書，爲之傳法焉。述稼書學案第十六。

西河與張武承同在明史館，憤於武承王學質疑之偏激，而爲折容辨學文，既以申王，力尊古本大學，而排詆朱子益甚。章實齋謂其：「發明良知之學，頗有所得，而門戶之見，不免攻之太過，雖浙東人亦不甚以爲然也。」然後之治考證者深推之，阮文達謂：「西河經說，學者不可不亟讀。」而凌次仲氏則謂：「西河之於經，如藥中大黄，以之攻去積穢固不可少，而誤用之亦中其毒。」顧亦稱其四書改錯，爲「有功聖學」。說者謂自西河以下，人始不敢以空言說經。其人其學雖未醇，要亦當時一大家也。述西河學案第十七。

習齋之學，得恕谷而大，亦至恕谷而變。恕谷遨遊南北，問樂於毛西河，問禮於萬季野，雖一遵習齋六藝之旨，而内慕南士博辨之風，不能如習齋之卓立。平生交遊甚廣，有武進惲鶴生臯聞、上元程廷祚緜莊，皆因恕谷而信習齋之學，顏學之流衍南方由是始。述恕谷學案第十八。

圃亭其先亦蜀人，而寓吳，與魏叔子、潘次耕、顧景范、王崑繩、梅文鼎交游。其學頗特出，亦由往來於數子者之間耳。述圃亭學案第十九。

緜莊生平講學之友，嚴事者曰梁谿顧昀滋、衡山王而農，而尤心服者曰彭躬菴。昀滋創共學山居，衍高忠憲之遺緒；躬菴則易堂講友，治學宗陽明、念菴，而以致用爲歸者也。則緜莊平日之所存亦可知。而復遊徐乾學之門，南北宿老，爭趨競赴，又多藏書，緜莊之學遂益恢張無涯畔。然全謝山推其用心是也。述緜莊學案第二十。

南畇父一菴，初好佛，又喜道家言，年六十餘，始得梁谿高、顧書而潛心焉，號爲一宗程朱。至南畇則釋毀、密證兩錄顯祖姚江矣。至其曾孫尺木，則復由儒而釋矣。然彭氏門庭鼎貴，世爲三吳望族，其子弟恪守庭訓，不踰規矩，有萬石之遺風；亦其學風之漸被爲家風者則然也。述南畇學案第二十一。

餘姚沈國模求如，明季諸生，嘗與蕺山證人講會。歸而闢姚江書院，邑人史孝咸子虛、孝復子復、管宗聖霞標，實共從事。其先即錢緒山講學之故址也。是謂「餘姚四先生」。越後有韓孔當仁父、山陰王朝式金如，皆國模弟子，又合稱六先生。又有邵曾可子唯，師事史孝咸。而劉門學者多以沈、史爲禪學。姚江之與證人，亦明季浙中講學兩大結合也。念魯，曾可孫，幼時猶及聞國模之講會，長師孔當。毛西河亦主書院講席，念魯列門牆稱弟子焉。念魯於毛氏深推敬，厥後毛氏不爲浙人所喜，而章實齋表章思復堂集甚至。述念魯學案第二十二。

餘山自奮隴畝之中，名立而教成，剛毅篤實君子人也。弟子錢塘桑調元弢甫、仁和盧存心玉巖。玉巖之子文弨抱經爲經師。私淑有仁和沈廷芳椒園，而弢甫弟子有秀水盛世佐庸三、錢載籜石，風流所被廣矣。述餘山學案第二十三。

清初中州諸儒多奉夏峯爲依歸，至孝先始專宗程朱，一遵平湖陸氏之說，遂以理學而兼名臣，纂輯宣揚，厥功甚偉。康雍理學之有張孝先，一猶乾嘉經學之有阮芸臺也。弟子以漳浦蔡世遠聞之爲最著。述孝先學案第二十四。

凝齋之學出於安溪李光地晉卿。康熙朝盛獎儒學，孝感、安溪實左右之，皆號爲恪奉程朱，而光地旁及曆算、樂律、音韻。皆爲清帝所契許。又能以慎密固寵。清帝嘗曰：「知光地莫若朕，知朕莫若光地。」其信任如此。出其門下者有中牟冉覲祖永光、湘潭陳鵬年北溟、漳浦蔡世遠聞之，而凝齋尤闇然躬修，程魚門以之比潛菴、稼書，稱爲「國朝三大儒」，異乎光地之經其書而緯其行者矣，又豈止能補師說所未及而已哉！述凝齋學案第二十五。

自朱、陸有異同之論，而陽明朱子晚年定論，遂爲理學一大公案。辨之最力者爲東莞陳建之學蔀通辨。其書極爲清儒所稱。自宛平孫承澤有考正晚年定論，而柏鄉魏裔介、孝感熊賜履、大興張烈承之。然皆逞意氣，爭門戶。最後有寶應王懋竑白田，爲朱子年譜，始確然學人之言。較之陳建以下，超出遠矣。止泉與白田同邑交游，而論學不相合。頗與顧昫滋往還，又親至共學山居，蓋有得於高忠憲之遺旨。所契視白田爲深，惟一顯一晦。其朱子聖學考略流傳未廣，摘其文集。述止泉學案第二十六。

康熙中葉，朝野皆尊朱學，有激而樹異幟者，穆堂也。穆堂同時交游有南昌萬承蒼孺廬、鄞縣全祖望謝山。二人者頗能糾穆堂之偏，而謝山他日之成就，蓋亦自穆堂啟之。又有全州謝濟世梅莊，爲學不遵程朱，然亦并斥陸王，與謝山同時得罪。此又學術風氣將變之徵。述穆堂學案第二十七。

第三編

清初東林之學，高忠憲從子世泰彙旃實主之。四方學者，相率造廬問業，凡三十餘年。鉅儒如李二曲、陸桴亭、張清恪皆嘗至會，祈州刁蒙吉尤往復論學，有「南梁北祁」之稱。而休寧汪璲默菴、施璜誠齋、歙縣吳曰愼徽仲，及汪學聖、陳二典、胡淵、汪佑、朱弘之徒，先後游世泰門，相次問學。時新安有紫陽、還古兩書院，皆自東林上探朱子。流風不沫，其後遂有婺源江永愼修，與元和惠氏同時並起，治漢學者奉爲先河。愼修之學，一傳爲休寧戴氏，再傳爲金壇段氏、高郵王氏，徽州經學遂較惠氏尤爲光大。然其淵源實本紫陽，則不可誣也。雙池與愼修同時同鄉，而生平未嘗相見。其學涵泳六經，博通禮樂，亦恪守朱子家法，與愼修同中有異，乃顯晦迥殊。其弟子有婺源余元遴蘗齋，又洪騰蛟鱗雨稱私淑。蘗齋孫龍光黼山，亦能傳其家學。述雙池學案第二十八。

雍乾之際，風氣已變，理學漸衰，經學漸盛。榕門起自偏陬，治學猶循舊轍，居官蒞政，粹然儒者，堪與湯潛菴、張孝先後先媲美。述榕門學案第二十九。

閩學自安溪梁村，皆宗朱子。翠庭受業於梁村，閩嶠後進，多依歸焉。述翠庭學案第三十。

關學自李二曲同時，有朝邑王建常仲復，閉戶窮經數十年，與二曲東西並峙。而恪守洛、閩，秦士或莫之知也。蘿谷師康百藥，又與王豐川交游。康、王皆二曲門人，而蘿谷獨信好復齋。所撰開知錄，三原賀瑞麟角生亟稱之，是可謂關學之中權矣。述蘿谷學案第三十一。

魯人之學，自蒿菴以下，久無嗣響。值三吳、徽歙經學考據之風既盛，乃仍有循舊躅，守故轍，墨守平湖陸氏作尊朱非陸之辨者。公復亦其一人。同時先後山陽有任瑗東澗，昌樂有閻循觀懷庭，皆篤守洛、閩；惟膠州法坤宏鏡野，亦與公復、懷庭游，而爲說出入姚江云。述公復學案第三十二。

章實齋謂：「浙東之學雖出婺源，然自三袁之流，多宗江西陸氏。而通經服古，絕不空言德性。」蓋其爲學重根柢，尙志節，心性爲體，經史爲用，自南雷開先，二萬繼之，謝山又繼之，風氣緜延，數百年弗替。而謝山宋元學案一書，亦足與梨洲明儒學案後先爭美。述謝山學案第三十三。

東原爲愼修高弟，惟愼修不菲薄紫陽，而東原則盛肆詆呵。治程朱者多斥陸雜禪，東原則並以雜禪譏程朱。其立說乃頗與清初河北顏、李及浙人陳乾初、潘用微之說相符合，是亦可謂卓然成一家言者。東原學高天下，而不好爲人師，故著弟子籍者不多，能傳學者爲金壇段玉裁懋堂、高郵王念孫石臞、曲阜孔廣森巽軒。然皆傳其經學考據，義理之蘊所不談焉。惟歙縣洪榜初堂，生平服膺東原，謂其孟子字義一書，功不在禹下也。述東原學案第三十四。

易疇與東原同學於江愼修，東原自謂說經遜其精密。而論學小記所述性命誠敬之學，亦復平實明粹，所詣有超東原之上者，惟不能如東原之才氣縱橫耳。述易疇學案第三十五。

二氏之學，吳人耽之甚深。惠氏經學喜涉讖緯，亦其變也。大紳落落，蹊徑獨闢，孤往絕眾。其書調停二氏，進退百家。原本心術，而思以用世。自謂於儒、佛書有一字一句悟之十餘年始通者。又謂：「讀吾二錄、三錄，當通其可通者，不可強通其不可通者。」其自負如此。此在吳中學者洵爲矯矯特出矣。從之遊者有常熟程在仁。述大紳學案第三十六。

尺木世家子，既承其家學，有志建樹，不得意乃一逃於禪，又治金石碑版以自怡。同時瑞金羅有高臺山，不得志於功名，亦逃於禪，與尺木、大紳、在仁諸子相往還。尺木考求文獻，臺山篤志訓詁，在仁精熟史乘，皆非耽溺寂滅，甘心忘世。身當太平盛運，一切蹈常襲故，聰明意氣無所舒，則暫而湊於此。時尚有薛起鳳家三，亦逃於佛。江沅鐵君從尺木遊，其佛學傳之仁和龔自珍定菴，清季士大夫學佛之風漸盛自是始。述尺木學案第三十七。

方惠、戴之學，盛行吳、皖，而嘉定錢大昕竹汀，崛起婁東。其學無所不擅，而尤邃於史，一門羣從互爲師友，學術之盛，照映當代。然竹汀持論大體，頗亦鄙薄宋儒，不能出東原之範圍。東原嘗謂人曰：「當代學者，吾以曉徵爲第二人。」蓋東原毅然以第一人自居也。餘姚邵晉涵二雲繼之，亦以史學名家，而宗仰其鄉先生陽明、念臺、梨洲之遺風，故雖通漢詁而宗主仍在宋學。然明而未融，不足以開壁壘而張一軍。實齋與二雲交好，有通識能持論，乃始以浙東史學自負。其於東原，不啻欲爲楚、漢之劃鴻溝。嘗謂東原學術實自朱子，其在清初則爲亭林浙西之學。「梨洲出於浙東，雖與顧氏並峙，而上宗劉、王，下開二萬，較之顧氏源遠流長。」又謂：「顧氏宗朱，黃氏宗陸，浙東貴專家，浙西貴博雅，各因其習而習也。」然實齋持論雖高，乃欲以周公下掩孔子，尊政事而薄心性，則亦稍異夫浙東之傳統矣。實齋在當時，頗見闃寂，身後數十年，學者始相翕然。述實齋學案第三十八。

當乾嘉漢學極盛之際，理學既衰歇，而始有以古文爲程朱干城者曰「桐城派」。其學託始於方苞望溪，至姚鼐姬傳，標義理、考據、辭章三者並重爲宗旨。一時徒衆稱盛。其弟子方東樹植之，著漢學商兑，漢、宋門戶之爭乃益顯。桐城古文之學又流衍而至陽湖。陽湖治古文者，惟張惠言皋文、惲敬子居，然皆不囿於桐城。皋文長於經，子居精於子。時同郡多秀，如孫星衍淵如、洪亮吉稚存，皆以詞章傑才進臻樸學。而治經孳古，相尚不涉宋以後書。蓋其趨嚮近乎惠、錢。皋文經尚專家，亦近惠氏。惟子居鋒鋩，頗能於漢學致譏刺焉。述子居學案第三十九。

三吳學人多出世家，而徽、歙之間則頗業行賈，吳徽仲、汪默菴、汪雙池皆是也。故其學翔實，旁通於藝，而近禮家。次仲拔起市販之間，禮學專門，亦精樂律，不失其鄉先輩之遺風。能持論，一本東原而推之愈遠，則不免於偏陷。述次仲學案第四十。

漢學之稱始於三吳惠氏。然其楹帖曰「六經尊服鄭，百行師程朱」，是尊漢尚不詆宋。甘泉江藩鄭堂，受學於惠氏弟子元和江聲艮庭、長洲余蕭客仲林，而爲漢學師承記、宋學淵源記，亦不於漢、宋分軒輊。東原乃始一義理於經訓，雖本顧亭林氏「經學即理學」之説，然其排詆宋儒，則雖其後學不敢效也。故東原既卒，其弟子段、王傳其小學，巽軒傳其測算，興化任大椿幼植傳其典章制度，而義理之學無傳者。獨凌次仲以私淑而推極東原之意，往往偏至。里堂與鄭堂同邑，一時有「二堂」之目。説經精粹，而言義理亦本東原，然較次仲爲深篤矣。後世以「戴、焦」並稱，非無由也。述里堂學案第四十一。

芸臺、里堂同里同學，然芸臺早躋通顯，歷中外，所至提倡經學，爲萬流所傾仰。而其所自得者亦精卓。其持論則與次仲伯仲之間，未逮里堂之醇正。其教澤傳衍浙、粵，詁經精舍、學海堂諸生，皆親受裁成，人才蔚起。而如高郵王引之伯申、歸安姚文田秋農、陽湖張惠言皋文、閩縣陳壽祺恭甫、德清許宗彦積卿，雖係科舉受知，然多相從講學，可以徵一時學術風會之大趨焉。述芸臺學案第四十二。

第四編

經學考據莫盛於乾隆，嘉道以下，則義理心性之說復張。鏡塘以澹定之姿，生平未嘗著書，燕處京邑，而諸名士帖然出其下。仁和龔自珍定菴，於時少所許可，獨心折先生，至不敢道其字，稱曰姚歸安，可以見矣。述鏡塘學案第四十三。

誨叔姿性卓犖，遨遊數萬里，顧獨與鏡塘講爲寡過之學而終身焉。或曰：誨叔自交鏡塘，變化氣質，由狂返狷，而平實未逮。或曰：誨叔規模宏遠，足濟鏡塘所不及。其遊京師，上自公卿，下至婦孺，莫不知有潘先生也。述誨叔學案第四十四。

湖、湘之間，船山而後，士多潛修。康熙間有善化李文炤恒齋，一時同遊，皆恪守程朱，而名行未顯。鏡海繼起，適當吳、皖經學盛極轉衰，京朝學者翕然歸之。述鏡海學案第四十五。

清代之盛，萃於揚州，而其衰象亦至揚州見之。鹽漕之病，吏胥之蠹，莫不於是乎而著。乃有經世之學，起於淮、揚、江、皖之交，涇縣包世臣慎伯、荆溪周濟保緒，其著也。四農獨以爲「近世一二魁儒，負匡濟大略，非雜縱横，即陷功利」。乃闇然爲懲忿窒欲之學，立身教世，清明醇粹，蓋能主經世而復返之宋儒之軌轍者。其弟子有清河吳昆田稼軒、孔繼鑅宥函、漢陽葉名澧潤臣。述四農學案第四十六。

嘉道以来，學者自漢返宋，遂有鄭君、朱子並尊之論，儆居實導成之。其申戴氏性理諸義，分析透闢，初堂、次仲所未逮也。子以周，從子以恭，孫家岱，俱能傳業，東南稱經師者必首舉黄氏焉。述儆居學案第四十七。

心伯父鑾朗齋，官徽州訓導，居朱子之鄉，已以誦法程朱爲唱。心伯承家學，又自爲婺源教諭十八年，當經學考據之盛，兼采漢、宋，而以發明紫陽爲幟志，其所獲有足正淸瀾、白田之缺失者。一門兄弟，自相師友，心伯長於經，季燮謙甫長於史，仲炯卯生能言政事，而抨擊乾嘉有過甚者。述心伯學案第四十八。

乾嘉之際，平湖有蔣大始，慕其鄉先輩陸淸獻之學，謹守程朱。著人範一書，未行於世。生齋繼起，亦一依正學舊矩，於當時江、浙經生博雅考訂之業，悠然若無足動其意。其子寅甫，及冠而卒，亦有志向，並附見焉。述生齋學案第四十九。

咸同以來，理學之風日盛。竹如官京朝，與蒙古倭仁艮峯、河南李棠階強齋，稱清代中興儒臣；而竹如篤信恪守，剖辨儒、釋，所得爲細。即薛文清、陸桴亭之書，有毫釐必析者。述竹如學案第五十。

強齋與竹如同朝，而所學成於堅苦，兼采衆說，自求心得，不分門戶，有足美焉。清代中州鉅儒輩起，強齋爲之後勁。述強齋學案第五十一。

當乾隆期，武進莊存與方耕，於六經皆有撰述，而不漢不宋，自爲一派。其猶子述祖葆琛，及外孫同邑劉逢祿申受、長洲宋翔鳳于庭，推衍穿鑿，益廣益深，所謂常州之學是也。龔、魏說經皆本常州，定菴言古史源自實齋，默深言時務經世則發自善化賀長齡耦庚。述默深學案第五十二。

通甫文字交游，盡一時知名士，而淸修篤學，獨重山陽潘四農，誼在師友之間，相契莫逆。曾文正至淮安，數屏騶從，就問天下事。述通甫學案第五十三。

湘中自唐鏡海講學，學者無不宗紫陽而黜姚江。羅山飢窮刻厲，意氣益奮，以醇儒爲名將，一時部曲多出講學生徒。雖事功未竟，亦足彰儒生之實效矣。述羅山學案第五十四。

粵東自阮文達建學海堂，學者競起，然多從事漢學考訂。九江獨超然門戶之外，有志宋人遺緒，崇氣節，尚躬行，經、史並業，志在經世；規模閎闊，足以開一方之風氣焉。弟子著者有順德簡朝亮竹居、南海康有爲長素。述九江學案第五十五。

東塾之學兼宗鄭君、朱子，意在通漢、宋之郵，而於淸代尤尊亭林，嘗謂：「政治由於人才，人才由於學術，吾當專明學術而待效於數十年之後。」故其書醇正篤實，爲求速化、期急效者所畏。弟子著者南海桂文燦子白、廖廷相澤羣，則皆經學舊轍也。交游有象州鄭獻甫小谷，東塾擬之王符、仲長統之流。述東塾學案第五十六。

滌生之學，文章宗桐城姚氏，訓詁尊高郵王氏，經學考據師崐山顧氏、金匱秦氏，窮賾擷精，海涵地負。其在京朝，常從唐鏡海、倭艮峯、吳竹如諸人遊。然不拘拘爲講學家言。嘗自謂「欲以禹、墨爲體，老、莊爲用」。雖非從容中道，亦庶幾矣。誠近世間出一偉儒也。述滌生學案第五十七。

筠仙始宗朱子，治宋學，既乃轉而致力於考據訓詁，於晚清經師中，卓然成一家。而於宋以来士大夫議論虛矯誇張，不求實用，尤慨乎言之。其爲學塗轍，戛戛獨造，如其爲人。述筠仙學案第五十八。

霞仙與滌生、仲嶽交游最密，平昔相與講貫磨礪者甚勤且至。獨於晚年得養晦家居，抽身世外。讀其思辨錄疑義，知所得者邃矣。述霞仙學案第五十九。

融齋性靜情逸，與委艮峯以操尚相友，而論學兼取朱、陸，不尚門戶。主講上海龍門書院十四年，論者謂其有胡安定之風。述融齋學案第六十。

儆季少承家學，並尊鄭君、朱子，欲以禮學代理學，即以禮學代經學，以泯漢、宋之争。禮書通故體大思精，蓋遠承浙東經制遺意，而近綰之於徽、歙之學者。述儆季學案第六十一。

清季歐風東漸，政治、學術，皆有新舊交争之象。香濤以封疆大吏所至興學，教澤之宏，或以上擬阮芸臺，而時會之艱千百過之。其人之功罪是非，雖在身後，未有定評，然「中學爲體，西學爲用」之說，亦爲輓近學界争論一公案，幾於亭林之「經學即理學」焉，是亦未可存而勿論。述香濤學案第六十二。

清季士大夫恫於内憂外患，羣知非考據詞章之學所能挽，乃相率思以經世厲天下。古愚承數百年關學傳統，聞風奮發，本陽明良知之教，通之經術，見之時務，欲使官吏兵農工商，各明其學以捍國。講學數十年，門弟子千數百人，是亦不當僅以關學限者。述古愚學案第六十三。

魯人尚樸學者，嘉道間有棲霞郝懿行蘭皋、安邱王筠貫山，其後繼起則鮮。東甫精研諸經，尤篤於春秋三傳，所論猶循乾嘉遺轍而獨有意於前哲微言大義，使儒術鑿然可施效。惜享年不永，所欲著書多未就。同時交游如榮城孫葆田佩南、膠州柯劭忞鳳孫，皆博究羣籍，學有本原，實山左諸儒之後勁也。述東甫學案第六十四。

（民國三十一年十一月四川省立圖書館圖書集刊第三期）

〔附〕後跋

民國三十年，中央政府遵蔣委員長指示，欲爲宋、元、明、清四朝學案之簡編，以清代一編諉余，時日字數皆有限定。余既膺命，即日從事。惟唐鏡海所爲學案未竟全清，既不足據。徐世昌一書，篇幅甚鉅，若置案頭，余恐爲之束縛，僅務鈔撮，殊違政府諉諈之意。因亦決意放棄一旁。惟求一一誦讀原書，自出心眼。雖時日倉促，要依余之精力與見解爲主。時成都省立圖書館藏書甚豐備，齊魯大學國學研究所得某氏寄存書避轟炸，貯於西郊之賴家園，爲數亦不少。余居賴家園中，兼用省立圖書館藏書，有清一代各家著述，其所必讀者幾已無缺。晨夜繙閱，手自謄錄，幸獲依限成書。篇幅力求其簡，字數超越亦不多。以其時生活艱窘，又時限已到，匆匆將成稿寄重慶中央國立編譯館，未覓人另寫一副本。手邊僅有此書一序，刊之省立圖書館所編圖書集刊之第三期。乃國立編譯館待宋、元、明、清四朝各稿交齊，依次付排，而勝利遽然来臨，未及付印。余稿裝箱運回南京，中途此箱在長江中沉沒。積年辛勤，乃僅存此一序。

猶憶余爲此書，於諸家著述，皆竟體閱覆，未敢忽略。尤如張楊園、李二曲諸集；雖部帙甚繁，從不遺落一字。二曲一案，特從全集中摘錄，依時先後，爲二曲編一新年譜，備見其生平學思之經歷，殊自愜意。又於清初江西易堂、程山諸子，既皆徧讀其各集，於程山獨多會悟。竊謂清儒於理學，傳述多，創闢少。獨程山於「喜怒哀樂未發之中」諸說，可謂闡述而幾近於創闢。如此之類，在此編中，亦不易多得。

又余方編此書，適有某友，自成都赴西安。此君邃於國學，余囑其代爲搜購關學諸集。某友返，所獲幾近二十種，多關外人所少見者。故余爲此編，於自二曲以下之關學，特自鄭重。某君代購各集，均轉贈省立圖書館，今不知尚完好否。然余此稿既沉沒，昔日爲關學諸集網羅抉剔之一番苦心，亦已付之東流，不知何日仍有人再理此業，尤深自惋惜。

清儒於理學無深究，少特創。摘錄編排，亦所不易。隨文評騭，更有商榷。余自爲此編，距今已三十餘年，自問於宋明理學，又絡續有新得。果使此編尚存，今日再加披讀，恐於原稿，亦當多有更定。然使余重再爲之，則已無此精力，無此興趣矣。偶亦繙查徐氏書，終感不滿，然亦無從加以批評指摘。此余所以重讀此序，而不勝其回溯之情於無已也。

自余著朱子新學案以後，又續爲朱學流衍考，於清儒之述朱者，重有撰述。自亭林、桴亭以下，亦得不少家。自問較之此編原稿，或當稍有進步。每念學問無止境，而年歲日邁，能所窺見，已僅止於此矣。少壯不努力，老大徒傷悲。今再讀此序，不憾原稿之失落，更憾年光之遽逝。低迴感慨，夫復何言。

一九七七年八月錢穆跋，時年八十三。

〔附〕清儒學案摘鈔（柳詒徵摘鈔）

目錄

夏峯　梨洲　楊園　桴亭　亭林　船山　石莊（胡承諸）　程山（謝文洊）

二曲　習齋　乾初　蒿庵　潛齋　燕峯（以上共三冊）　潛庵　稼書　西河

恕谷　圃亭（唐甄，達州人。）　繼莊　南畇　念魯　餘山　孝先　凝齋（楊名時）

止泉　穆堂　雙池　榕門　翠庭　蘿谷（張秉直，字會中，號蘿谷，澄城人。）　公復

謝山　東原　易疇　大紳　尺木　實齋　子居（惲敬）　次仲　里堂　芸臺

鏡唐（姚學塽，歸安人。）　誨叔（潘咨，會稽人。）　鏡海　四農　儆居　心伯（夏炘，當塗人）

生齋（方坰，字思盛，號子春，平湖人。）　竹如　強齋（李棠階，河内人，謚文清。）　默深　通甫

羅山　九江　東塾　滌生　筠仙　霞仙　融齋　儆季　香濤　古愚　東甫

摘鈔

孫夏峯語：「人孰爲重，身爲重。前有千古，以身爲承；後有千古，以身爲垂。身之所繫者如此之重，而可輕視乎？不輕視其身，則莫大於學，學則大吾身，以通天地萬物爲一體，而千古之上，千古之下，皆繫於一氣之中。不學則身亦夷於物矣，何從仰答天地父母之生我。」

「眼界欲寬，胸襟欲廓，而得力處要枯寂收斂。約則鮮失。大得須防大失，多憂只爲多求。此語可作『約』字註腳。」

湯潛菴曰：「破除流俗是學者第一關鍵，透出便是豪傑。」

又曰：「昔文中子生隋唐之際，佛老盛行，毅然以孔子爲宗，匹夫肩絕學之統，其有功於斯世甚大。朱子集羣儒之大成，其徒傳之金華，諸子遞相授受，至明初制作一代典章，率本朱子之教。以是知大儒抱道空山，修明六經，非一世之業也。」（孫徵君文集序）

陸稼書曰：「天下有興起之師，有成德之師。興起之師，廉頑立懦，能拔人心於陷溺之中。成德之師，切磋琢磨，能造人材於粹精之地。」

又曰：「所貴爲儒者，卓然自立而不染於流俗，安分守己而不屈曲於人，刻勵於中而不炫耀於外。其遇與否，聽之命焉。一有屈曲炫耀之心，君子恥之。」

嘗書座右曰：「人生學問正當在失意磨煉出来，勿爲境累也。」

「楊慈湖知溫州，自奉最菲。常曰：『吾安敢以赤子膏血自肥乎！』陸象山知荆門軍時曰：『簿書目數之間，此奸貪寢食出沒之處。』故於錢穀事綜核不遺。張子韶簽書鎮東判官，大書於壁曰：『此身苟一日之閒，百姓罹無涯之苦。』讀此三言，可悚然於清、慎、勤之不可須臾忘矣。是三先生學術，皆偏僻不可爲訓，而其居官乃能如是！學程朱者，其可不知愧哉！」書之壁間，朝夕自儆。又嘗思三先生天資如是之美，所以不能入聖人之室者，則以其不善學也。仕優而學文，居官者所當汲汲者。

毛西河大學知本圖說：「大學首功雖在誠意，然誠意在知止，信不誣也。」（西河全書凡五十種，二百三十四卷。）

「用功時，志氣須清明，即氣也。精神須抖擻，即力也。未事而用心，謂之意。既事而用心，即謂之思。」

「大學以修身爲本，又云修身以誠意爲本，似有二本，然誠意即修身也。大學分誠意、修身爲二，而中庸合之曰『誠身』，孟子合之曰『反身而誠』，以誠意而修身之事已盡也。」

「作聖全功只誠意到底，亦即爲善到底。」

「必去其自私自利之意，而後可進於位天地育萬物，是存理先去欲也。」

李恕谷曰：「大戴禮保傅篇曰：『古者年八歲，出就外舍，履小節，學小藝；束髮就大學，履大節，學大藝。』故內則列爲學次第，自『能食食』以及『四十出仕』，皆修己治人之事，周官取士以『三物』。孔門傳習，由以治兵，求以足民，亦以禮樂，未嘗有所謂先讀某書，後讀某書，以占畢爲專業也。即有時誦讀，則誦詩以習樂，觀書以知政耳。夫人精力有幾，乃不力禮、樂、兵、農之學，水、火、工、虞之業，而驁於誦讀著述，何爲哉？孔子删定，乃末年不見用，恐先王既遠，大道就湮，故删繁就簡，以詔後世，使其效吾行而行，非謂襲吾言而言也。況言之似是而非以誤来學者乎！則後儒之問學非古聖之道問學也。」（上許酉山先生書）

又曰：「格物之『物』即周禮之『三物』，而人多疑之。門下不必作周禮三物觀。但以仁、義、禮、智爲德，子、臣、弟、友爲行，禮、樂、兵、農爲藝，試問天下之物有出此三者外乎？吾人格物尚有當在此三者外乎？道原於天，事習於學，二帝三皇擇民之秀者爲士，使之入學習六藝之事，而即以此供子、臣、弟、友之職，全仁、義、禮、智之性，名異而事則一。後世行與學離，學與政離，宋後二氏學興，學者浸淫其說，靜坐內視，論性談天，與夫子之意，一一乖反，而於扶危定傾大經大法，則拱手張目，授其柄於武人俗士。當明季世，朝廟無一可倚之臣，坐大司馬堂批點左傳，敵兵臨城，賦詩進講，覺建功立名，均屬瑣屑，日夜喘息著書曰：『此傳世業也。』卒至天下魚爛河決，生民塗炭。嗚呼！是誰坐厲階哉！」（與方靈皋書）

又曰：「士承南宋道學後，守章句，以時文八比應試，高者談性天，撰語錄，卑者疲精死神於舉業，不惟聖道之禮、樂、兵、農不務，即當時之刑名、錢穀亦懵然罔識，而搦管呻吟，日矜有學，萊陽沈迅上封事曰：『中國嚼筆吮毫之一日，即外夷秣馬利兵之一日。』卒至盜賊蜂起，大命遂傾，而天乃以二帝三王相傳之天下授之塞外。』吾每讀其語，未嘗不爲之慚且慟也。」（書明劉戶部墓表後）

恕谷二十歲科考一等，當補廩，謀之習齋先生，先生曰：「補廩有與書辦陋規，是以賄進也，不可。」乃辭不補。

習齋曰：「學者勿以轉移之權，委之氣數。一人行之爲學術，衆人從之爲風俗。民之瘼矣，而忍膜外。」先生泣下。

先生一日納新履，小行遂不莊，嘆曰：「此不利用也，而即不能正德，是知三事缺其一，並失其二。」

「思史記言孔子『溫溫無所試』，甚佳。若窮居而慷慨悲歌，上者爲屈賈，足以自戕；下者悲歌久，則變節矣。」

鎭江虞龍章問學，曰：「子、臣、弟、友之道，禮、樂、兵、農之學，位應何道，即道其道；才應何學，即學其學。」

王昆繩請學禮，先生曰：「禮一而分爲四：有心禮，治中高明是也；有身禮，非禮勿視、言、動是也；有隨時而行之禮，冠、婚、喪、祭、士相見是也；有待用而行之禮，朝廟、宮府、軍旅是也。」

「治生之道四：天無違時，地無遺利，人無匿力，物無遁情。治平亦以是矣。」

唐甄潛書曰：「老養生，釋明死，儒治世，三者各異不可相通。合之者誣，校是非者愚。釋出天地外，老出人外。衆不能出天地外，不能出人外，一治一亂，非老釋所能理，是以乾坤管鑰專歸於儒。」

潛書又曰：「儒者不言事功，以爲外務。海内之兄弟，死於外暴，死於内殘，禍及君父，破滅國家；當是之時，束身錮心，自謂聖賢。彼自以爲爲己之學，吾以彼爲失己之學。」

楊賓實曰：「天下之治，非一人所能成也，而常轉於一人。」

又曰：「人之可法可傳者，無時無事無處而非精神之所貫徹。」

李穆堂曰：「惟實指五倫爲道，然後二氏之徒無所容其身，無所置其喙。此中庸之功所以爲大，而道之所以明也。」（中庸明道解）

雷翠庭曰：「不學便老而衰，志氣衰也。惟學則志以帥氣，血氣雖有時而衰，而志氣日見其剛大。」

程易疇曰：「以私行其公，是天理人情之至，自然之施爲，等級界限，無意、必、固、我於其中者也。如其不私，則所謂公者，必不出於其心之誠，然不誠則私然而已矣。」

先生少入塾，塾師問其志，曰：「無志。窮達由天命，窮則爲匹夫，不得曰非吾志而卻之也。達則爲卿相，不得曰吾志不及此而逃之也。」師曰：「此即聖賢之志也。」

汪大紳曰：「莊子以人爲小，荀子以性爲惡。夫以人爲小、以性爲惡，天、人二矣，其去一也遠矣，其去大全也遠矣，所由與孟子之知各異也。」（絕荀）

章實齋曰：「三人居家而道形矣。三人居室，則必朝暮啟閉其門戶，饔餐取給於樵汲。既非一身，則必有分任者矣。或各司其事，或番易其班，所謂不得不然之勢也，而均平秩序之義出矣。又恐交委而互爭焉，則必推年之長者持其平，亦不得不然之勢也，而長幼尊卑之別形矣。至於什伍千百，部別班分，亦必各長其什伍，而積至於千百，則人眾而賴於幹濟，必推才之傑者而理其繁；勢紛而須於率，必推德之懋者司其紀，是亦不得不然之勢也；而作君作師，盡野分州，井田封建，學校之意著矣。故道者，非聖人之智力所能爲，皆其時勢自然漸形漸著，不得已出之，故曰天也。後聖法前聖，非法前聖也，法其道之漸形而漸著者也。」

「學於聖人，斯爲賢人；學於賢人，斯爲君子；學於衆人，斯爲聖人。自古聖人皆學於衆人之不知其然而然，而周公又遍閱於自古聖人之不得不然而知其然也。周公集成之功在前王，而夫子明教之功在萬世，若歧視周孔而優劣之，則妄矣。舍天下事物人倫日用而守六籍以言道，則固不可以言於道矣。事變之出於後者，亦經不能言，固貴約六經之旨而隨時撰述以究大道也。」

惲子居曰：「彼諸儒博士者過於尊聖賢，而疏於察凡庶。」

又曰：「世說新語：『愍度道人始欲過江，與一傖道人爲侶。謀曰：「用舊義往江東，恐不辦得食。」便共立「心無義」。既而此道人不成渡。愍度果講義積年。後有傖人来，先道人寄語云：「爲我致意愍度，無義那可立？治此計，權救飢爾。」』按：此術明儒多用之。」

焦里堂曰：「上古之民不知有父，惟知有母，與禽獸同。伏羲教之嫁娶，定人道，無論賢智愚不肖皆變化而知有夫婦、父子。始食鳥獸蠃蚌之肉，飢則食，飽則棄餘；神農教之稼穡，無論賢智愚不肖皆變化而知有火化粒食。是爲利也。人之所以異於禽獸者，在此利不利之間。利不利即義不義，義不義即宜不宜。能知宜不宜則智也，不能知宜不宜則不智也。智，人也；不智，禽獸也；幾希之間，一利而已矣，即一義而已矣，即一智而已矣。」

又曰：「捨六德、六行、六藝、詩、書、禮、樂而以心悟爲宗旨，皆亂天下之楊墨也。」

阮芸臺曰：「論語言五常之事詳矣，惟論仁者凡五十有八章。仁字見於論語者凡百有五爲尤詳。」「元謂詮解仁字，不必煩稱遠引，但舉曾子制言篇：『人之相與也，譬如舟車然，相濟達也。人非人不濟，馬非馬不走，水非水不流』，及中庸『仁者，人也』，鄭康成註：『讀如「相人偶」之「人」』數語足以明之矣。凡行必於身所行者驗之而始見，亦必有二人而仁乃見。如一人閉戶齋居，瞑目靜坐，雖有德理在心，終不得指爲聖門所謂之仁矣。」

潘誨叔曰：「學者志願太高亦有分別。實心向上，是有志之士；如遇事輒厭，自言別有志願，是無恒之士。讀書有四個字曰：『闕疑好問』；做人有四個字：『務實耐久』。大人物、大功業、大文章未有不從實學出者。」

夏心伯曰：「教官以教爲職，非獨教士，雖庶民亦有責焉。」

方生齋曰：「人如有卓然自立之志，而後求道也勇；必有毅然不惑之操，而後守道也堅。」又曰：「自古聖賢君子，未有不以眞實刻苦成其德者也。」

方寅甫曰：「朱子之言往往兩邊俱說到。」

吳竹如曰：「人生在世，縱不能爲轉移風俗之人，亦不當爲敗壞風俗之人。」

李強齋七、八歲時歲饑家貧，上學以三錢買秫麵豆包充飢。

羅羅山曰：「人之爲學如治田然。去稂莠固所培嘉禾，然稂莠既去，猶必勤灌溉，盡栽培，始得嘉禾之暢茂，非一去稂莠而禾遂碩也。」

陳蘭甫曰：「儒行曰：『博學而知服』，蓋惟博學乃知服古人。不知服古人者，學不博之故也。」

劉霞仙與羅仲岳書云：「陳廣秀言朱子於古今時務政治之宜靡所不講，而後之學朱子者，但守心性、理氣之辨。太極、西銘之說，以爲的傳，所以只做得個閉門獨坐泥塑木雕的好人，一涉仕途，便成鑿枘。身所值者，皆無可奈何之事；日所應者，皆未之前聞之務。宜乎智略之士，睨視竊笑，以道學爲廢物也。」

劉融齋平居以「志士不忘在溝壑」、「遯世不見知而不悔」二語自勵。先生曰：「志乃人之大主意，一生之學術、事業無不本此以貫之，故不可容其少有差失。」「志於道，則藝亦道也；志於藝，則道亦藝也。故君子必先辨志。」「立品要不自菲薄，又要不自滿假。菲薄則不知聖賢人人可學，滿假則不知才傑往往無成。」「眞博必約，眞約必博。」

張香濤曰：「禁方奇藥往往有大毒，可以殺人。道光以來學人喜以緯書、佛書講經學，光緒以來學人尤喜治周秦諸子，其流弊恐有非好學諸君子所及料者。」「滄海横流，外侮荐至。不講新學，則勢不行，兼講舊學，則力不給。再歷數年，苦其難而不知其益，則儒益爲人所賤，聖教儒書，寖微寖滅，曾無嬴秦坑焚之禍，亦必有梁元文武道盡之憂。此可爲大懼者矣。尤可患者，今日無志之士，本不悦學，離經畔道者，尤不悦中學，因倡爲中學繁難無用之説，設淫辭而助之攻。於是樂其便而和之者衆，殆欲立廢中學而後快。是惟設一易簡之策以救之，庶可間執仇中學者之口而解畏難不學者之惑。今欲存中學，必自守約始。義主救世，以致用當務爲貴，不必殫見治聞爲貴。大抵有專門著述之學，有學堂教人之學。專門之書求博求精，無有底止，能者爲之，不必人人爲之也。學堂之書，但貴舉要切用，有限有程，人人能解，且限定人人必解者也。經學通大義，史學考治亂典制，理學看學案，詞章讀有實事者，政治書讀近今者，地理考今日有用者，算學各隨所習之事學之。」

「通經貴知大義，方能致用。義理必出於訓詁，於是因訓詁而事考據，因考據而務校勘。久久漸忘本義，窮末遺本，買櫝還珠，與身心世務全無關涉，此漢學之流弊也。」

清儒學案諸先生卒年及享年

夏峯	康熙十四	九十二
梨洲	康熙三十四	八十六
楊園	康熙十三	六十四
桴亭	康熙十一	六十二
亭林	康熙二十	七十
船山	康熙三十一	七十四

石莊	康熙二十一	七十五
程山	康熙二十一	六十七
二曲	康熙四十四	七十九
習齋	康熙四十三	七十
乾初	康熙十六	七十四
蒿庵	康熙十六	六十六
潛齋	康熙二十六	六十九
燕峯	康熙三十八	七十七
潛庵	康熙二十六	六十一
稼書	康熙三十一	六十二
西河	康熙五十五	九十四
恕谷	雍正十一	七十五
圃亭	康熙四十三	七十五
繼莊	康熙三十四	四十八
南昀	康熙五十八	七十五
念魯	康熙五十	六十四

餘山	康熙五十二	五十九
孝先	雍正三	七十五
凝齋	乾隆元	七十七
止泉	雍正十	六十七
穆堂	乾隆十五	七十八
雙池	乾隆二十四	六十八
榕門	乾隆三十六	七十六
翠庭	乾隆二十五	六十四
蘿谷	不詳	
公復	嘉慶四	七十
謝山	乾隆二十	五十一
東原	乾隆四十二	五十五
易疇	嘉慶十九	九十
大紳	乾隆五十七	六十八
尺木	嘉慶元	五十七
實齋	嘉慶六	六十四

子居		六十一
次仲	不詳	
里堂	嘉慶二十五	五十八
芸臺	道光二十九	八十六
鏡塘	道光六	六十一
誨叔	咸豐三	七十八
鏡海	咸豐十一	八十四
四農	道光十五	五十五
儆居	同治元	七十四
心伯	同治十	八十三
生齋	道光十四	四十三
竹如	同治十二	八十一
強齋	同治四	六十八
默深	咸豐六	六十三
通甫	不詳	
羅山	咸豐六	五十

九江	光緒七	七十五
東塾	光緒八	七十二
滌生	同治十一	六十二
筠仙	光緒十七	七十四
霞仙	同治十二	五十八
融齋	光緒七	六十九
儆季	光緒二十五	七十二
香濤	宣統元	七十三
古愚	未詳	
東甫	光緒二十六	四十九

平均六十九歲有奇。

一九四二年無錫錢賓四先生撰清儒學案，先翼謀先生奉委任訂校之責，一九四二年二月二十三日自重慶專程赴貴州遵義浙江大學晤賓四先生。二十五日起逐日閱學案稿。三月二日草審查清儒學案報告，並逐日摘抄原書，間加註語。至三月五日摘錄竟。載翼謀先生壬午年日記者，首尾凡十二頁。及勝利復員，錢先生稿附江輪東下，不期墮江，飽江魚之腹，除序目一篇先刊於四川省立圖書館所編圖書季刊外，四、五十萬字之全稿竟佚。及今錢先生年近九旬，猶撰文記之不能忘。溯撰稿迄今四十年，翼謀先生當年日記居然幸存，因亟錄所摘以公於世。非惟可存賓四先生著作之鱗爪，且可見翼謀先生摘抄之權衡。翼謀先生晚年居上海思著學案通纂未竟，讀此亦可知其意之所注焉。一九八七年五月柳曾符謹誌。

柳翼謀審查清儒學案報告書：

奉委校閱清儒學案，謹即熟複數過。體裁宏峻，抉擇精嚴，允爲名著。前過遵義，曾以鄙見商之作者，謂晚明諸儒似宜移續明儒學案，以符諸儒惓惓故國之思。猥荷贊同，允將此稿第一編自孫夏峯至費燕峯十四學案移續明儒。明、清之界畫既清，儒術之隆汚亦顯。綜四朝觀之，宋正而元閏，明正而清閏，一展卷已瞭然於民族精神之關係，似宜更屬原著諸公，合四朝爲一編之義例，揭櫫卷首。此稿案序，亦略刪改，庶前後例目一氣貫注，有銜接而無牴牾矣。清儒既移十四家入明，則第二、三、四編改爲一、二、三編，僅得五十人。就清言清，似亦不妨添入安溪、望溪、白田、艮峯、存之、靈峯諸人。蓋以清儒較宋明則不逮，較元之魯齋、草廬亦尚足述也。稿中誤字脱文，随所見籤記。至諸儒辨析宋明鉅儒語錄，未及詳檢宋明兩編，宜更綜合校閱。如此書所採諸儒論程朱，辨析未發、已發諸語，倘程朱諸案漏載，則因此書中曾論及，宜補載之。是否有當，伏候鈞裁。